Vicky Baum
Die Karriere der Doris Hart

Vicky Baum

Die Karriere der Doris Hart

CARL HABEL
VERLAG

Die Karriere der Doris Hart
Genehmigte Sonderausgabe für den Carl Habel Verlag, Königswinter
© 1994 by Verlag Kiepenheuer & Witsch, Köln
Umschlaggestaltung: Rincón^2 Design & Produktion GmbH, Köln
Coverfoto: Tony Stone, München
Gesamtherstellung: Carl Habel Verlag, Königswinter

ISBN 3-87179-357-4

JUDDY entdeckte die Statuette zuerst. Es war ein kleines Ding, nicht höher als zwölf Zoll, und man konnte nicht behaupten, daß Raphaelson sie besonders vorteilhaft herausgestellt hätte. Juddy besah die Statuette von vorne und von oben, sie trat zwei Schritte zurück, wie die Kenner in den Ateliers es immer taten. Keineswegs wurde die Statuette dadurch verständlicher. Juddy forschte in dem Ausstellungskatalog der «Zurückgewiesenen», der aus drei maschinegeschriebenen Blättern bestand. Nummer Siebenundzwanzig. Basil Nemiroff. Studie.

Juddy seufzte. Den Namen konnte man nicht aussprechen, und der Titel erzählte nichts. Sie grub ihr Kinn in den Kragen ihres Pelzmantels, schnüffelte behaglich den Duft ihres Parfums ein und streichelte zaghaft über die sonderbaren Halbkugeln und Würfel, aus denen die «Studie» bestand. Ihre Hände empfingen einen angenehmen Eindruck, es war beinahe ein klein wenig unanständig, und Juddy nahm sie wieder an sich und brachte sie in ihrem Muff zur Ruhe. Dann rief sie ihren Mann.

Franklin O. Bryant stand mit dem Anwalt Vanderfelt am andern Ende der kleinen Galerie, in der die Zurückgewiesenen ihre Werke ausstellten. Er sah außerordentlich schläfrig aus, noch schläfriger als gewöhnlich und hörte zunächst nicht; Juddy mußte zu ihm hinübergehen und ihn holen.

«F. O., da ist eine vollkommen idiotische Sache, die ich haben möchte», sagte sie mit Bestimmtheit. F. O. schüttelte den Kopf und setzte sich widerwillig in Bewegung. Seine erste Begegnung mit Nemiroffs Werk fiel unbefriedigend aus. Er nahm die Zigarette aus dem Mund, sagte: «Gaga—» und steckte die Zigarette wieder an ihren Platz. Unverzüglich wurde Juddy kalt vor Ärger. Es war schon seit ein paar Monaten so, daß F. O.'s träge Bemerkungen, Bewegungen und Reaktionen sie rasend machten. «Das hat es bei Picasso auch geheißen und bei —und bei Van Gogh—und bei allen Impressionisten—und jetzt zahlt man enormes Geld dafür», sagte sie, es klang altklug und eingelernt. F. O. blinzelte schwach, als von Geld die

Rede war. «Wenn du mir erklären könntest, was dieses Ding vorstellen soll», murmelte er.

«Es ist—es ist eine Studie.»

«Steht das Ding auf dem Kopf? Ist es ein Tier? Ein Mann oder ein kubistisches Gemüse?»

Juddy sah sich um Hilfe um. Sofort kam denn auch Raphaelson herbei und stellte sich neben die umstrittene Statuette, die mit all ihren Kugeln und Würfelgebilden immer mehr einzuschrumpfen schien, je mehr sie angeblickt wurde.

«Es ist eine Porträtstudie—das Porträt einer Frau», sagte er bereitwillig. «Es ist ausgezeichnet in der Aufteilung der Flächen, finden Sie nicht, Mrs. Bryant? Es ist eine von den wenigen Plastiken, die wirklich und wahrhaftig drei Dimensionen haben. Die meisten Bildhauer arbeiten ja doch nur zweidimensional—ich meine, sie machen immer eine Vorderseite —man kann es nicht von allen Seiten ansehen, wie das da. Und wie die Schatten ausgenützt sind! Ich sehe, es ist Ihnen auch aufgefallen, Mrs. Bryant.»

Nachdem Raphaelson seine ganze Beredsamkeit losgelassen hatte, begann Juddy plötzlich sich zu langweilen. Die Statue mit allen ihren Flächen, Dimensionen und Schatten, diese ganze verschrobene Ausstellung der Zurückgewiesenen, all diese unzusammenhängend auf der Leinwand flatternden Gesichter, Farbflecke, Unbegreiflichkeiten, all dies,—vor ein paar Minuten noch unterhaltend,—wurde mit eins langweilig und öde. Juddy erlitt häufig solche Anfälle einer unausfüllbaren Leere, als wenn alle die Dinge, die sie in ihr Leben stopfte, nur Sägespäne wären und hoffnungslos wieder durch irgend ein unsichtbares Loch davonrinnen würden.

«Für hundert Dollar können Sie die Statue kaufen», sagte Raphaelson. «Geschenkt. In ein paar Jahren, wenn Nemiroff seinen Weg macht, wird sie Tausende wert sein.» Bryant schüttelte sich unwillkürlich bei dem Gedanken, das Ding in seiner eigenen Wohnung stehen zu haben.

«Meine Frau ist ein Snob», sagte er zu Raphaelson. «Sie schleppt mich in Ausstellungen, die ich nicht sehen mag. Sie möbliert das Haus mit Stühlen, auf denen man nicht sitzen kann. Sie hat Aquarien in die Fenster einbauen lassen, so daß man den Garten nicht durch die tropischen Fische durchsehen kann. Sie zwingt mich Dinge zu kaufen, die ich scheußlich finde. Sie—»

«Aber ich will das da ja gar nicht kaufen», sagte Juddy.

«Nicht—?» riefen Bryant und Raphaelson mit dem gleichen Erstaunen.

«Nein. Das da ist mir viel zu klein. Ich möchte dieselbe Statue in lebensgroß haben. Ich will sie auf den unteren Rasen stellen. Es ist genau das, was immer dort gefehlt hat. Wenn man von der Terrasse hinunterschaut—mit dem Sund dahinter—»

Sie fühlte, daß sie wieder wärmer wurde. Sie hatte sich plötzlich daran erinnert, daß der Schriftsteller Ernest Long, mit dem sie seit einigen Wochen ein Verhältnis hatte, von der unrealen Gestalt eines nackten Weibes auf dem unteren Rasen phantasiert hatte. Unreal war diese Gestalt, das war sicher.

«Jawohl», sagte sie nun völlig bestimmt und nickte mit dem Kopf. «Die lebensgroße Gestalt einer nackten Frau auf dem unteren Rasen. Glauben Sie, daß dieser Norimoff oder wie er heißt das machen kann?»

F. O. rang die Hände. «Eine nackte Frau—» rief er aus, «die Gestalt einer nackten Frau—gut—also eine nackte Frau auf dem unteren Rasen. Aber willst du behaupten, daß dieses Scheusal hier irgendetwas mit dem Aussehen einer Frau zu tun hat. Und dann noch in lebensgroß—»

«Hier ist von Kunst die Rede», erwiderte Juddy erbittert. «Wo du deine Ideen über Frauen herbeziehst, das weiß man ja. Aber gestatte mir zu sagen, daß die Ziegfield-Revue nicht sehr glücklich auf deinen Geschmack eingewirkt hat. Du wirst schließlich nicht von mir verlangen, daß ich ein Porträt der nackten Miss Cater auf den unteren Rasen stelle—obwohl mich das auch nicht mehr wundern würde—»

9

F. O. schnappte erst einmal nach Luft. Er war dem Mund-
stück seiner Frau nicht gewachsen. Und er hatte eine gute
Ahnung, von wo diese druckreif gesprochenen Redensarten
herkamen.

«Ich verlange nichts anderes, als daß du Miss Cater aus dem
Spiel läßt. Ich habe dir tausendmal gesagt, daß ich sie nur
flüchtig kenne und auch nicht besser kennen lernen will. Aber
eines weiß ich: diese Mädels aus der Revue haben mehr Herz
—und mehr Wärme—und mehr—und mehr—ich weiß nicht
was, als du jemals haben wirst—mit allen deinen Intellektuellen
und deinen Ernest Longs und deinen sonstigen Freunden, die
nur meinen teuren Whisky trinken wollen und sonst nichts—»

Über die kleine Statue gebeugt zischten sich die beiden an.
Blaß vor Wut riefen sie einander häßliche und schmähliche
Sachen zu. Der winzige Anlaß: Daß Juddy für Kubismus war
und Franklin O. Bryant dagegen, so weit er überhaupt eine
Ahnung von Dingen der Kunst besaß—dieses Nichts von
einem Anlaß genügte, um sie wie Feinde aufeinander losstürzen
zu machen. Raphaelson floh erschreckt und taktvoll. Er mochte
den Mann etwas besser leiden als die Frau, denn der tat wenigstens nicht so, als verstünde er etwas. Die Statuette war ein
Mist, dessen war Raphaelson sicher. Nemiroff war ein Narr.
Raphaelson war ein guter Kenner. Er hatte als Besitzer einer
kleinen Kneipe im Village angefangen und mehr Diskussionen
über Kunst angehört als die meisten Studenten, Professoren
und Akademiker. Er hatte Moden kommen und gehen gesehen, hatte Richtungen gebären helfen und Richtungen zu
Grabe getragen. Insgeheim liebte er die üppigen Maler des
Barock, die Rubens, Jordaens. Dem alten Bryant, der viel,
ungeheuer viel davon verstand, wie man mit schlechten Eisenbahnen gutes Geld verdienen konnte, ihm hatte er einen echten Jordaens und zwei beinahe echte Frans Hals für sein
Eßzimmer verkauft. Raphaelson spähte besorgt aus den Augenwinkeln nach dem jungen Bryant. Noch in der Erbitterung war

dessen Gesicht weich, obwohl er seinem Vater ähnlich sah. Als wenn alles, was bei dem Alten aus Bronze gemacht zu sein schien, aus Stahl, aus irgend einem harten und dauerhaften Material, bei dem Sohn aus einer schwammigen Substanz geformt wäre. Jetzt nahm er die kleine Statuette in die Hand, drehte sie hin und her und setzte sie grob wieder hin. Von allen Wänden sahen die verrückten Bilder der «Zurückgewiesenen» dem zankenden Ehepaar zu.

Neben einer Gipsplastik, die «Knockout» hieß und zwei unendlich dünne und erbarmungswürdige Kämpfer zeigte, stand der Anwalt Vanderfelt abwartend. Auch er beobachtete das Ehepaar Bryant. Eine Ehescheidung lag in der Luft, das spürte er genau und nicht erst seit heute. Er hatte schon vor Monaten angefangen Material zu sammeln—gegen die Frau sowohl als gegen den Mann. Es würde sich später entscheiden, welchen der beiden man vertreten würde. Der Anwalt zog tief die Luft ein, die schwach nach Ölfarbe roch. Zuletzt war es doch am einträglichsten, die Partei des alten Bryant zu nehmen und ihn zu unterstützen, wenn er sich erst daran machte, diese zerbröckelnde Ehe zusammenzukitten.

«Sie sind eine Fanatikerin, Juddy», sagte er liebenswürdig, als nun das Ehepaar sich näherte. F. O. zündete sich eben eine neue Zigarette an, nicht weil sie ihm schmeckte, sondern weil es etwas war, daran man sich halten konnte. Der kleine Veilchentuff an Juddy's Kragen hatte zu welken begonnen. «Sie werden mich auch noch dazu bekehren, daß ein Klecks, ein Strich und ein Dollarzeichen zusammen ein angemessenes Porträt von Pierpont Morgan vorstellen ...»

«Danke», erwiderte sie. «F. O. hat mir auch grade das Kompliment gemacht, daß ich ein Snob sei. Ich glaube, ein Snob ist etwas sehr Amüsantes, nicht? Amüsanter jedenfalls als einfach jemand der Geld hat.»

«Wie ist es mit der Studie?» fragte Raphaelson mit neuer Hoffnung.

«Danke, nein», sagte Juddy, schon nahe der Türe. Mit einemmal kamen alle die Wände und Bilder und Plastiken auf sie zu und machten ihr schwindlig. Sie hielt sich an Franklins rauhem Mantelärmel fest. «Mein Mann möchte aber die Adresse von diesem Manuroff oder wie er heißt haben. Nicht wahr, Junior?»

«Gewiß», sagte Junior schwach. Er spürte, daß auf seiner Oberlippe kleine Schweißtropfen standen, die der Schnurrbart verbarg. Noch immer redete Juddy über diese Geschichte mit der Cater—und man konnte ihr nicht sagen, daß dies vorbei war, seit er sie mit ihrem Direktor erwischt hatte. Er stand mit einem törichten und geistesabwesenden Gesicht dabei, während Raphaelson die Adresse ausschrieb.

«Ich kann sie ja gleich verlieren—» dachte er, als er sie in seine Manteltasche schob.

Es dämmerte früh an jenem Februartag, als Franklin O. Bryants Wagen an der Ecke von 2nd Avenue und der 56sten Straße hielt. Langwierig stieg er aus, sah sich um und pfiff. Hier war nun der Osten, nur wenige Blocks entfernt von der heimatlichen Üppigkeit der Fifth Avenue. Eben waren noch Brokate in den Schaufenstern gelegen, Erdbeeren im Winter, Sommertoiletten für diejenigen, die nach Florida und Honolulu fuhren. Hier roch es nach Ruß und nach Armut. Engbrüstige Häuser, vor denen Kinder in der kalten Dämmerung spielten. Ein kleines Wirtshaus, gebackene Äpfel und Hamburger im Fenster, nebst der Aufschrift: Nichts teurer als fünf Cent.

Bryant stellte sich unter eine Laterne und untersuchte den zerknüllten und verbrauchten Zettel, auf den Raphaelson ein paar Wochen zuvor die Adresse des Bildhauers geschrieben hatte. Die Hausnummer war verwischt. Junior seufzte schwer. Daß er nun hier war, um seiner Frau eine Überraschung zu bereiten, war eine von den Niederlagen, aus denen sein Leben bestand. Er steckte sich eine Zigarette an und betrat das Haus.

Gleich hinter dem engen Haustor stieg eine steile, noch engere Treppe aufwärts. Man hatte das Treppenlicht noch nicht angestellt, und Bryant mußte ein Streichholz anzünden, um die Namen an den Briefkästen zu untersuchen. Nemiroff. Es klang reichlich bolschewistisch. Der junge Bryant konnte sich nicht verhehlen, daß er etwas Angst vor diesem Nemiroff hatte. Vierte Etage. In der zweiten Etage stand die Tür zu einer Schneiderwerkstatt offen, und der Geruch eines heißen Bügeleisens auf feuchtem Zeug drang heraus. Von oben kam das Singen einer hohen, zerbrochenen Frauenstimme, das lauter wurde, als Bryant die dritte Etage erreichte; eine Opern-Arie, die nicht in die Umgebung paßte. Er nahm die Stufen zur nächsten Etage, als wenn es sich um den Aufstieg zu einem Berggipfel handeln würde. Er stieß im beinahe Dunkeln gegen zwei Körper, die keine Anstalten machten, sich zu trennen. ‚Nachher gehe ich zu Bob's und erhole mich', dachte Bryant. Bob's war ein Speakeasy in der 59sten Straße, das vor wenigen Monaten zugleich mit den ganz kurzen Damenröcken in Mode gekommen war.

Es dauerte noch ein paar Minuten, bevor Bryant sich in der vierten Etage zwischen dem Gewimmel von Türen zurechtgefragt hatte, aber schließlich landete er in einem Korridor, stolperte nochmals einige Stufen aufwärts und klopfte an eine Glastüre, die mit einem Tuch von innen verhangen war. «Herein», sagte drinnen eine tiefe gleichmütige Stimme. Bryant trat ein.

Das erste was er sah, war eine vollkommen nackte Frau, die auf einer Kiste stand und ihre Arme starr vor sich hingestreckt hielt. Eine grelle elektrische Birne hing über ihr in einem Drahtgestell. Bryant hatte solche Lampen in den Garderoben der Revuetheater gesehen—aber nicht solche Frauen. Die Brüste waren jung und prachtvoll, die Hüften lang und die Knie schmal in die hohen Beine gesetzt. Das Gesicht sah bekleidet aus im Gegensatz zu so viel Nacktheit. Übrigens war es nicht sehr hübsch. Bryant blinzelte wie geblendet. Die Frau bewegte sich nicht, sie drehte nur ihre Augäpfel in seine Richtung und schaute ihm aus den Augenwinkeln entgegen. Ihm hatte der Anblick im ersten Augenblick den Atem genommen; nun spürte er, daß er wütend wurde. Noch niemals war er in nüchternem Zustand in eine derart unanständige Situation gekommen. «Hallo», sagte er mit grober und belegter Stimme und räusperte sich sogleich.

Jetzt drehte sich der Mann um, der bisher halbverdeckt hinter einer Masse grauen, nassen Tons gestanden hatte und schaute Bryant lächelnd an, halb erwartungsvoll, halb spöttisch.

«Habe ich das Vergnügen mit Mr. Nemiroff?» fragte Bryant töricht. «Sie haben das Vergnügen», erwiderte der Bildhauer. Sofort danach lachte er gutmütig heraus. Bryant blickte schnell zu dem nackten Mädchen hinüber, aber die verzog keine Miene.

«Mein Name ist Bryant. Meine Frau hat mich auf Ihre Arbeit aufmerksam gemacht», sagte Junior. ‚Wenn er bloß das Weib wegschicken würde‘, dachte er in Panik. Nemiroff nickte erwartungsvoll mit dem Kopf. Eine Pause trat ein.

«Es handelt sich um die Statue, die Sie bei Raphaelson ausgestellt haben», stammelte Bryant noch, und dann gab er es auf.

«Aha», sagte Nemiroff. ‚Wenn sie sich wenigstens bewegen würde. Wie merkwürdig, ihre Brustwarzen sind fast violett‘, dachte Bryant. «Die habe ich zerschlagen. Sie war Dreck», setzte der Bildhauer hinzu, während er mit dem Daumen zwei Klümpchen Ton auf das Gebilde aufsetzte, das vor ihm stand.

«Schade. Ich dachte, ich könnte Ihnen einen Auftrag geben», sagte Bryant. «Eine lebensgroße Gestalt—für unseren Garten— es ist eine Idee meiner Frau—»

«Es ist gut, Dorschka», sagte Nemiroff. Das Mädchen griff langsam nach einem rötlich vergilbten Kaschmirschal, der auf der Kiste lag, hüllte sich ein und kam herunter. Der Bildhauer half ihr dabei mit einer altmodischen Höflichkeit, als wäre sie eine Königin, die vom Pferd steigt.

«Dies ist Mr. Bryant, Dorschka», sagte er. «Dies ist Miss Hart, Mr. Bryant», sagte er mit unangebrachtem Zeremoniell. Bryant hatte keine Ahnung, wie man sich einer Dame gegenüber verhielt, die man nackt gesehen hatte, noch bevor man ihr vorgestellt wurde. «Ich hätte nicht gedacht, daß Sie ein Modell benützen», sagte er. «Ich dachte, so Sachen wie die Ihrigen—die kann man aus dem Kopf machen.»

«Miss Hart erweist mir die Ehre, mir für ein paar Porträtstudien zu stehen—ich wüßte nicht, was ich ohne sie machen würde», sagte der Bildhauer. Sein zeremoniöses Benehmen verwirrte Bryant. «Vielleicht ist sie eine Dame der Gesellschaft», dachte er entsetzt. Es gab Harts im «Social Register». Er verbeugte sich.

«Soll ich Tee machen?» fragte das Mädchen. «Wenn Sie die Güte haben wollen», antwortete Nemiroff. Das Mädchen knotete das Tuch unter ihren Achseln fest und ging auf ihren nackten Sohlen in eine Ecke, wo ein kleiner Gaskocher neben einem großen russischen Samowar stand. Sie hatte eine heisere Stimme und sprach mit einem harten Akzent. Der Bildhauer sprach ohne Akzent, aber seine Stimme war russisch, auch sein Lächeln. So lächelte auch der Oberkellner im Savarin, von dem behauptet wurde, daß er ein Großfürst sei.

«Nehmen Sie Platz», sagte Nemiroff. «Trinken Sie eine Tasse Tee mit uns.» Bryant sah sich um, fand aber kein Möbelstück, auf das man sich hätte setzen können. Er blinzelte wieder, als Nemiroff einen Mantel von einem Eisenbett schob, sich niederließ und mit dem Fuß einen Tisch heranangelte. Bryant sah entsetzt zu Miss Hart hinüber, die einen winzigen Narzissenstrauß aus einer Teetasse nahm, die Tasse ausspülte und sie zum Tisch brachte. Sie fing seinen Blick auf und begann zu lachen. «Kümmern Sie sich nicht um Basil», sagte sie. «Er spielt heute nur, daß er Fürst Pückler ist, wissen Sie, der die hübschen Briefe geschrieben hat.»

Dies hatte gerade noch gefehlt, um Bryant völlig zu verwirren. Erschreckt schaute er auf die Hände des Bildhauers, die grau von Ton waren und in seine spöttisch lächelnden Augen.

«Miss Hart wünscht damit nicht anzudeuten, daß ich wahnsinnig bin, sondern lediglich, daß ich mir das Dasein etwas weniger einförmig mache, indem ich mich in verschiedene Personen verschiedener Zeitalter hineinversetze. Letzte Woche war ich Napoleon auf Elba, es war ein großer Spaß. Gestern war ich die alte Frau, die an der Ecke von Second Avenue Äpfel verkauft. Sehr lehrreich. Sie sollten es auch versuchen, Herr.»

«Ich möchte etwas Geschäftliches mit Ihnen sprechen», sagte Bryant energisch. Er hatte nun genug davon. «Ich möchte meine Frau mit dieser Statue überraschen, lebensgroß.»

Nemiroff schaute ihn vorwurfsvoll und schweigend an. Es war durchaus zweifelhaft, ob er verstanden hatte. Das Mädchen aber blieb mit dem Samowar in den Händen stehen, gespannt und abwartend. «Basil—» sagte sie beschwörend.

«Lebensgroß. Soso. In Stein?» fragte Nemiroff plötzlich. «Sie meinen doch wohl in Stein? Wenn ich es überhaupt tue, dann muß es in Stein sein—wenn Sie es bezahlen können, heißt das. Steine sind teuer.»

«Können Sie mir eine Idee geben, wieviel es kosten würde?—» sagte Bryant zögernd. Er war nur Junior und nicht viel nütze im Geschäft, aber er war doch der Sohn des alten Bryant und konnte mit Geld umgehen.

«Wissen Sie, daß die Ägypter ihre Figuren direkt aus den Felsen herausgehauen haben? Keine Kindergartenkneterei mit Ton und Dreck. Der Alte auch—Michelangelo. Direkt mit dem Hammer in den Stein—deshalb hat Moses keinen Hinterkopf mehr kriegen können; der Stein war einfach zu klein.»

Wieder brach der Bildhauer in sein Lachen aus, er nahm dem Mädchen den Samowar ab und füllte die Tassen mit einem heißen, braunschwarzen Tee. Bryant schüttelte sich nach dem ersten Schluck. Dies alles war irrsinnig, und er hatte keine Geduld mehr.

«Wieviel würde es also kosten, und wann kann es fertig sein?» fragte er.

«Oho», rief Nemiroff. «Statuen werden nicht in der Fabrik gemacht. Lassen Sie mich den richtigen Stein finden und bezahlen Sie ihn, alles weitere wird sich von selbst ordnen. Vielleicht finde ich den Stein noch diese Woche, vielleicht dauert es ein Jahr. Zuerst muß ich überhaupt den Garten sehen, wo die Statue hinkommen soll und die Frau, für die sie gemacht werden soll. Dann werde ich Ihnen sagen können, ob ich Ihren Auftrag übernehme.»

«Erlauben Sie mal...», sagte Bryant gereizt, «... erlauben Sie mal...»

«Haben Sie einen Hund?» fragte der Bildhauer. «Ja? Würden Sie Ihren Hund zu Leuten geben, die Sie nicht kennen? Nun also—eine Statue ist mehr als ein Hund.»

«Ich sage Ihnen etwas. Ich lasse Ihnen meine Adresse hier. Ich muß jetzt gehen», sagte Bryant nunmehr zornig. Er war aufgestanden, das eiserne Bettgestell ächzte, als er sich erhob. Er hatte nun genug davon. Er legte seine Karte auf den Tisch, verbeugte sich kurz vor dem Mädchen und strebte energisch der Türe zu. Nur Juddy konnte einen vernünftigen Menschen in derartige Situationen bringen.

Plötzlich stand Miss Hart neben ihm und legte ihre Hände gegen seine Brust, legte sie mit einer sonderbaren Bewegung flach gegen seine Brust, um ihn zurückzuhalten.

«Sie kennen Basil nicht», sagte sie mit ihrer heiseren Stimme. «Er ist außer sich vor Freude, daß er in Stein arbeiten soll. Er hat noch nie genug Geld gehabt, um sich einen Stein zu kaufen. Er geht zugrunde an all diesem Ton und Gips. Sie werden ihn besser kennenlernen—»

Sie schaute Bryant noch einen Augenblick flehend an, dann ließ sie ihre Hände heruntergleiten.

«Erzählen Sie bitte nicht alle unsere Familiengeheimnisse, Miss Hart», sagte im Hintergrund der Bildhauer. Er stand schon wieder hinter seinem Ton und hatte Ton in der Hand. «Es war mir ein Vergnügen, Sie kennenzulernen», stotterte Bryant ganz ungehörig und ergriff die Flucht. Er gab es auf, seinen Hut zu suchen, er hatte genug Hüte zu Hause, er wollte nur fort von hier. Im Treppenhaus brannte jetzt ein trübseliges Licht, und in der dritten Etage wurde noch immer gesungen.

«Zu Bob's, Perkins», sagte er zu seinem Chauffeur, als er seinen Wagen erreicht hatte. Dann lehnte er sich erleichtert zurück und schloß die Augen. Der Besuch im Unbekannten hatte ihn angestrengt. Aber es zeigte sich, daß auch hinter geschlossenen Augenlidern keine Ruhe zu finden war. Sogleich war da das Mädchen—nackt. Sie bückte sich langsam und hob das Tuch auf. Sie war nackt, sie bückte sich, sie hob das Tuch auf. Dieser Anblick kam wieder und wieder, wie wenn man im Traum immer zu der gleichen Stelle zurückkehrt. ‚Ich schlafe ja‘, dachte Bryant. Er öffnete die Augen. Er fand Perkins breiten irischen Rücken vor sich. Sie waren an der Kreuzung von Fifth Avenue und der 58sten Straße. Lärm, Licht, aufgestaute Wagen—das Mädchen hatte ihre Hände gegen seine Brust gestemmt, er spürte noch immer die Stelle warm unter seinem leichten Sweater.

Bei Bob's war es voll an der Bar und leer im Speiseraum. Bryant bohrte sich geistesabwesend zwischen vielen Bekannten durch; es war Cocktailstunde. Er bemerkte seinen Vater, der an einem kleinen Tisch saß mit Kaffee und Kognak vor sich. Der alte Bryant hob die Hand und rief ihm etwas zu, das er nicht verstand. Er arbeitete sich zu ihm durch. «Was meintest du, Vater?» fragte er. «Nichts. Ich sagte Hallo, Junior», erwiderte Bryant. Obwohl er in Juniors Kreisen «Der alte Bryant» genannt wurde, war er nicht älter als vierundfünfzig. Er hatte die Figur eines Fabrikarbeiters, und sein Haar war grau wie Zinn. «Was macht Juddy?» fragte er. «Danke», erwiderte Junior.

«Hast du ihr die Europareise ausgeredet?»

«Bin grade dabei. Ich will ihr dafür eine Überraschung schenken.»

«Solltest dir die Conner'sche Auktion ansehen, vielleicht findest du dort etwas.»

«Nein, das ist es nicht. Juddy will etwas ganz Verrücktes.»

«Gib es ihr», sagte der Alte gleichmütig. «Gib es ihr, mein Junge.» Frauen muß man alles abkaufen, dachte er dabei. Je anständiger sie sind, je teurer. Er hatte einen gründlichen und unterhaltenden Vorrat an Erfahrungen. Eigentlich fand er eine kleine Erpressung den folgerichtigsten Abschluß jeder Beziehung zu einer Frau.

Bryant Junior lehnte sich an die Bar und trank schnell einen Oldfashioned und sofort einen zweiten. Er hatte, so schien es ihm, noch niemals so unsympathische Menschen kennengelernt wie diesen Bildhauer und sein Modell oder was immer diese Miss Hart sein mochte. Er schüttelte sich und trank ein drittes Glas.

«Ich kann ja zurückfahren und meinen Hut holen», dachte er plötzlich. Es war eine enorme Erleichterung. Er schob sich zwischen den Bekannten durch, man klopfte ihm auf die Schulter. «Vergiß nicht, daß du morgen bei uns Dinner hast», sagte er zu seinem Vater. Am Tisch des alten Bryant saß jetzt eine junge Dame, die eben verheiratete Schwiegertochter des Bankiers Shugers. Er hob nur die große Hand zu einer salutierenden Gebärde, und Junior erreichte die Türe. «Zurück», sagte er zu Perkins. «Zurück in die 56ste Straße. Ich habe meinen Hut vergessen», setzte er noch hinzu, denn das unbewegte Gesicht seines Chauffeurs machte ihm schlechtes Gewissen.

«Herein», rief der Bildhauer, als Bryant zum zweitenmal an diesem Nachmittag vor der Glastür des Ateliers anlangte. Gott weiß, was er erwartet hatte. Aber eine große Ernüchterung bemächtigte sich seiner, als er eintrat und Miss Hart vollkommen angekleidet vorfand. Sie trug einen einfachen Mantel und einen

einfachen Filzhut, und ihr Gesicht darunter war nicht der Rede
wert. Die Hände hielt sie in den Manteltaschen, und von ihrer
Figur war nichts zu sehen. Sie schaute Bryant überrascht an.
«Ich habe meinen Hut vergessen», sagte er schnell, beinahe grob.
Nemiroff trocknete sich gerade die Hände; sein Haar, das früher
in die Stirn gefallen war, lag nun naß und glatt zurückgekämmt.
Erst jetzt sah Bryant den Mann und den Raum genauer. Es
war, als ob er blind gewesen wäre, solange Miss Hart nicht
bekleidet war. Das Atelier war kein richtiges Atelier, sondern
ein mittelgroßes Zimmer mit einem großen Fenster. Es roch
nach Gas, und alles sah unwohnlich aus mit Ausnahme einer
kleinen Ecke neben dem Gaskocher, dort wo sie Tee getrunken
hatten und wo die Narzissen nun wieder in einer Teetasse standen. Nemiroff kam mit dem Hut zu Bryant und sagte vollkommen manierlich und vernünftig: «Es tut mir leid, daß Sie nochmals die vier Stockwerke laufen mußten. Wollen Sie noch ein
wenig hier bleiben? Wir könnten die Sache in Ruhe besprechen.»

«Na, ich jedenfalls muß gehen—und schleunigst», sagte Miss
Hart. Bryant wußte noch immer nicht, ob sie eine exzentrische
Dame der Gesellschaft oder ein Berufsmodell war. Eine so
vollkommene und ruhige Schamlosigkeit ließ nur diese beiden
Möglichkeiten zu.

«Haben Sie Ihren Wagen unten?» fragte er. «Nein», sagte
sie und zog Handschuhe an. «Ich nehme die L bis zur 86sten.»

«Es fängt zu schneien an. Kann ich Sie nicht hinbringen?»
fragte er und wunderte sich, als er es gesagt hatte.

«Gerne. Das ist reizend», antwortete sie. Auch Nemiroff fand
es reizend. Er kam zu dem Mädchen, beugte sich über ihre
Hand und küßte sie. Bryant hatte derartiges bisher nur auf der
Bühne oder bei den Gigolos an der französischen Riviera gesehen. «Ich lasse das Licht dann hier brennen», sagte Nemiroff.
Es war Bryant vorher nicht aufgefallen, wie groß er war. Er
hatte sandfarbenes Haar und die Andeutung eines sandfarbenen

Schnurrbartes. «Viel Vergnügen», sagte er. Einen Augenblick später ging Bryant mit dem Mädchen die enge Treppe hinunter.

Im dritten Stock wurde noch immer gesungen, dünne Tonleitern diesmal. Miss Hart blieb eine Sekunde stehen und horchte. «Das ist die Salvatori», sagte sie voll Respekt. «Sie hat noch mit Caruso und mit Bonci gesungen.»

Bryant fand die Töne scheußlich. «Sind Sie musikalisch?» fragte er, nur um etwas zu sagen.

«Leider nicht genug. Aber das macht nichts. Ich singe. Ich werde einmal eine berühmte Sängerin sein», sagte sie mit ihrer heiseren Stimme.

«Ist das so sicher?» fragte er amüsiert. Sie war demnach doch keine Dame der Gesellschaft, sondern nur ein verrücktes Wesen aus der Bohème.

«Ja. Ich lerne bei der Salvatori. Sie hat meine Stimme entdeckt—und sie hat sich noch nie geirrt.»

«Hier—» sagte Bryant, nahm sie unter den Ellbogen und schob sie in den Wagen. Perkins machte sein blindes Gesicht, als gingen hinter seinem Rücken verbotene Dinge vor. Bryant ärgerte sich. Er machte sich nicht das Geringste aus Miss Hart. Hätte er nicht zuerst ihren Körper gesehen, sondern ihr unscheinbares Gesicht, er würde sich nicht einmal nach ihr umgeblickt haben. Er war sich nicht klar, daß er wünschte, sie möge wieder ihre Hände gegen seine Brust stemmen.

«Furchtbar nett, daß Sie mich mitnehmen. Ich wollte ohnedies mit Ihnen reden», sagte sie und richtete sich behaglich in ihrer Ecke ein. «Wissen Sie, ich sage es Ihnen ganz aufrichtig: Basil hat noch nie einen Auftrag bekommen und da wußte er natürlich nicht, wie er sich benehmen sollte. Er wird Ihnen etwas Wunderbares machen. Er ist ein Genie. Ich meine nicht das, was die Damen in Amerika einen Genius nennen. Er ist ein wirkliches Genie.» Bryant hörte halb abwesend die heisere Stimme und den harten Akzent. Er ärgerte sich, daß das Mädchen hochmütig über Amerika sprach. Möglicherweise hatte sie recht. Juddy entdeckte jede Woche jemanden, den sie einen Genius nannte.

«Sie sind keine Amerikanerin?» fragte er.

«Nein. Ich bin Deutsche», antwortete sie.

Mein Gott, auch das noch, dachte er unangenehm berührt. Er war in einer Epoche des Deutschenhasses aufgewachsen und konnte sich nicht ganz davon frei machen, obwohl die Deutschen seit Kriegsende eine vorzügliche Presse hatten.

«Es ist nicht ganz einfach für uns Deutsche», sagte sie plötzlich, als wenn er laut gesprochen hätte. «Ihr wißt ja nicht, wie es war im Krieg—und ausgesucht hat sich ja schließlich keiner seine Nationalität—»

Bryant haßte es, wenn Leute anfingen ernsthaft zu reden. Erschreckt bot er ihr eine Zigarette an.

«Ich soll nicht—wegen der Stimme—aber ich rauche zu leidenschaftlich gern», sagte sie. Er schaute ihr unwillkürlich zu, wie sie den Rauch wild in sich hineinfraß. «Wohin bringe ich Sie eigentlich?» fragte er.

«Schuhmachers Wirtshaus, 86ste Straße.»

«Wollen Sie nicht lieber wo anders mit mir essen?» fragte Bryant. Vor ihm dehnte sich plötzlich der Abend vollkommen leer und langweilig, sobald dieses Mädchen ausgestiegen sein würde.

«Ich gehe nicht zum Essen dorthin. Ich bin da Kellnerin», sagte sie. Sie hatte die Zigarette schon aufgeraucht. Bryant schnappte eine Sekunde nach Luft. Die Mädchen, die er sonst kannte, steckten alle im Theater, soweit sie nicht Park Avenue waren. Er hatte sich nie recht klar gemacht, daß Mädchen auch auf andere Weise Geld verdienen konnten als durch teilweise Entkleidung und Hochschmeißen der Beine.

«Abends Kellnerin und bei Tag Modell—wann bleibt da Zeit zum Vergnügen?» fragte er. Da sie nur Kellnerin war, glitt er mit Leichtigkeit in gewohntes Gesprächsfahrwasser. Sie öffnete den Mund und schloß ihn wieder, ohne etwas gesagt zu haben.

22

«Wissen Sie, ich dachte da oben in dem Atelier, daß ich eigentlich auch Bildhauer sein möchte», sagte er nun ohne weiteres.

«Ja? Warum?» fragte sie.

Er schaute sie eindringlich an. «Nun, das können Sie sich doch wohl denken», sagte er. Mit einemmal, getragen von seiner eigenen Frechheit, fühlte er sich auf einer Welle der Erregung dahinsegeln.

«Wissen Sie», sagte sie gleichmütig, «ich bin gegen solche Redensarten abgehärtet. Wenn ich empfindlich wäre, müßte ich bei Schuhmachers in einem Taucheranzug servieren.»

Bryant mußte lachen, und sie stimmte mit ein. «Werden Sie Basil den Auftrag geben?» fragte sie sogleich, als sie ihn vergnügt sah.

Er zuckte die Achseln. «Das hängt jetzt von verschiedenen Dingen ab», sagte er und kam sich recht gerieben vor. Sie schaute gerade in sein Gesicht, und er spürte, daß seine Augen nicht so waren, wie er gewünscht hätte. Er hatte dies oft, daß er mit seinen sechsundzwanzig Jahren die Schlaffheit seines Gesichtes mehr fühlen als sehen konnte.

«Sagen Sie—ist dieser Bildhauer Ihr Freund?» fragte er ganz ohne Anlauf.

«Ja, wir sind Freunde. Wir helfen einander so gut es geht. Er ist wunderbar.»

«So meine ich das nicht», murmelte Bryant unzufrieden. «Ich meine—»

«Danke. Ich verstehe sehr gut Englisch», sagte sie. «Nein—so wie Sie es meinen, ist es nicht—wir sind richtige Freunde. Hat diese Tatsache—ich meine—hat das etwas damit zu tun, ob Sie Basil den Auftrag geben werden oder nicht?» setzte sie noch hinzu. Die Weiber, dachte Bryant unglücklich. Was für Zungen sie haben; die verflossene Miss Cater, seine Frau und nun auch diese neue Erscheinung. Er blinkte mit den Augen. «Vielleicht—» hörte er sich zu seinem Erstaunen sagen. Wenn er

Absichten auf dieses unsympathische und beunruhigende Mädchen hatte, dann war dies eine gute Antwort. Aber hatte er Absichten?

Der Wagen hielt, noch bevor er zu Ende gedacht hatte. Man befand sich vor Schuhmachers Restaurant. Ein Kegelklub war auf dem Schild angezeigt. Das Mittelstandsgewirr von Yorkville drängte am Wagen vorbei. Miss Hart, obwohl sie einen fremden Akzent sprach und schmerzlich zugab, eine Deutsche zu sein, gehörte nicht hierher. Er hielt sie am Mantel fest, als sie ausstieg.

«Danke tausendmal. Und geben Sie bitte Basil den Auftrag», sagte sie.

«Wo sehe ich Sie wieder?» rief Bryant hinter ihr her, so laut, daß sogar Perkins für den Bruchteil einer Sekunde die Haltung verlor. Sie antwortete nicht, wahrscheinlich hatte sie es nicht mehr gehört. Sie winkte über die Breite des gedrängten Fußsteigs zu ihm hin und verschwand in der Türe von Schuhmachers Restaurant, aus dem ein Geruch nach Zwiebel und geräuchertem Fleisch bis in Bryants reserviertes Auto wanderte.

Doris hatte gelogen, als sie Bryant erzählte, daß sie und Basil nichts als Freunde seien. Sie war Nemiroffs Geliebte. Oder vielmehr, sie war für ein paar atemlose und verbissene Stunden lang seine Geliebte gewesen. Das schien vorbei zu sein. Das hatte so plötzlich geendet, wie es angefangen hatte, und ließ Doris Hart in einer schmerzlichen und ratlosen Verwirrung zurück. Sie wohnte im gleichen Haus mit ihm; sie wusch seine Wäsche, stopfte seine Socken, kochte seinen Tee. Sie stand Modell für seine rätselhaften Bildwerke, die nicht die geringste Ähnlichkeit mit ihr oder irgend einem menschlichen Wesen überhaupt aufwiesen. Sie wartete vibrierend, daß er sie wieder in seine Arme nehmen solle. Aber er hielt sich von ihr entfernt—oder vielmehr, er hielt sie von sich entfernt.

Er lag auf seinem Eisenbett, und sie saß auf dem Stuhl daneben und nähte Knöpfe an. Es war kalt im Studio, denn er hatte kein Geld für den Gasautomaten. Als sie vorsichtig sein Haar aus der Stirne strich, um zu sehen, ob er schlief, nahm er sogleich ihre Hand, besah sie wie einen mehr oder weniger interessanten Gegenstand, legte sie wie einen Gegenstand zurück auf ihre Näharbeit. Doris seufzte leicht, ohne es selbst zu wissen.

«Und dann?» fragte Basil etwas später. Er hatte seit mehr als einer Stunde geschwiegen. Er konnte besser und länger schweigen als irgend ein Mensch, den sie kannte. Sie versuchte die letzten Worte einzufangen, die sie vor diesem Schweigen gesprochen hatte.

«Und dann starb mein Vater eben», sagte sie, es klang trocken. «Lungenentzündung. Fünf Tage.» Sie biß den Nähfaden ab und nahm den nächsten Knopf vor. Es dauerte eine geraume Weile, bevor Basil wieder etwas sprach.

«Und dann?» sagte er.

«Dann—das Übliche. Es war plötzlich kein Geld da und noch Schulden. Vaters Patienten bezahlten nicht. Einem toten Doktor zahlt niemand. Unser Haus wurde versteigert—es war ein ganz kleines Haus. Ich wurde aus der Schule genommen. Meine Mutter wußte nicht, was wir anfangen sollten. Vater hatte sie unter einem Glassturz gehalten, so etwas rächt sich dann. Sie hatte eine Schwester in New York, die immer fabelhafte Briefe schrieb, wie großartig es ihr da ging. Schön. Wir kratzten unser bißchen Geld zusammen und fuhren nach Amerika. Du hättest meine Mutter sehen sollen. Die Aufregung. Der Kanarienvogel. Der Papagei. Sechzehn kleine Pakete schleppten wir ans Land. Meine Mutter trug unsre alte Brotbüchse unterm Arm. Ich weiß nicht, wie wir es gemacht haben, daß wir überhaupt herübergekommen sind. Und dann New York. Bingsheim—das ist der Ort, wo wir herkamen,—hat zwölftausend Einwohner. Kannst du dir vorstellen, wie wir in New York ankamen?»

Basil drehte sich ihr zu und nickte. Ja, er konnte es sich vorstellen.

«Dann fing die Konfusion erst an», sagte sie nachdenklich. «Weißt du, was mit meiner Tante los war? Sie war Köchin geworden. Sie kochte für einen alten Junggesellen; der heiratete plötzlich, sie war ohne Stellung. Sie hatte nur aufgeschnitten in ihren Briefen. Du weißt ja, wie alle Leute es machen, die nach Amerika kommen. Sie erzählen denen zu Hause immer Wunder, wie gut es ihnen geht. Ich mache es auch so. Glaubst du, ich würde meinem Großvater schreiben, daß ich Kellnerin bei Schuhmacher bin? Den alten Herrn Regierungsrat würde der Schlag treffen. Ach Gott, der Teufel soll überhaupt die gute Familie holen. Ich wollte, ich wäre in den Slums geboren— alles ginge so viel leichter. Gott sei Dank ist die Mutter bald gestorben, es war zu schwer mit ihr.»

Basil schaute sie eindringlich an. Sie hat nur Ecken und Kanten, dachte er. Sie war hart überall. Gott sei Dank ist die Mutter gestorben. Wie sie es sagte, gleichgültig und ohne Verzierung. Manchmal kam sie ihm vor wie ein Glas, das bei einer leichten Berührung zerspringen würde. Er stand auf und begab sich fort aus ihrer Nähe. «Bitte, stelle dich einmal gegen das Licht», sagte er und nahm das nasse Tuch von der letzten Skizze, die er angefangen hatte.

Doris schlang ihre Finger ineinander. Es war das erstemal, daß Basil sie um ihre Vergangenheit befragte, und sie hatte willig erzählt. Gott weiß, was sie sich von diesem Bericht ihrer Kindheit und ihres Lebenskampfes erwartet hatte. Wahrscheinlich ein wenig Lockerung, ein bißchen Trost, eine winzige Anerkennung dafür, daß sie sich mit einiger Tapferkeit durch das Dickicht dieser mörderischen Stadt schlug. Als nichts erfolgte, erhob sie sich und begab sich auf die Kiste, auf der sie, wie es ihr schien, nun den größten Teil ihres Lebens verbrachte. Zugleich griff sie schon mit einem gewohnten Griff in ihren Sweater, um ihn über den Kopf auszuziehen.

«Laß nur», sagte Basil rasch. «Ich brauche nur die Linie.»

Sie nahm die Pose an, die er zuletzt von ihr gefordert hatte. Sie war dankbar, daß sie in dem kalten Atelier angezogen bleiben durfte. Manchmal hatte sie einen irrsinnigen Hunger nach Zärtlichkeit. Ihr Vater hatte sie zuweilen geküßt. Seitdem niemand mehr. Manchmal war ihre Haut unglücklich und ganz verhungert nach Wärme und Berührung.

«Ist es so recht?» fragte sie. Basil nickte nur kurz. Er trat zurück, schaute den skizzenhaften Tonklumpen mit einer beinahe haßvollen Eindringlichkeit an, stürzte dann vorwärts und schwang seine Hände in das Gebilde.

«Warst du einmal Boxer?» fragte sie lachend. Sie konnte sich nicht helfen, seine kämpferhaften Bewegungen erfüllten sie immer wieder mit der gleichen unerklärlichen und leuchtenden Glückseligkeit.

«Ja», erwiderte er unerwartet, als sie ihre Frage schon vergessen hatte. Seine Antworten kamen immer verspätet an, wie Licht von einem andern Stern. «Ich lasse mir jetzt noch manchmal die Fresse zerschlagen, wenn ich unbedingt Geld brauche.»

«Und sonst?» fragte sie. «Ich möchte auch etwas über dich wissen.»

«Uninteressant. Ich bin einer der vier russischen Emigranten, die nicht den Anspruch machen, daß sie Großfürsten waren. Mein Vater muß eine Art Journalist gewesen sein. Ich muß wohl auch eine Mutter gehabt haben, aber daran erinnere ich mich nicht. Ich erinnere mich an gar nichts aus Rußland. Mein Vater kam von Zeit zu Zeit ins Gefängnis, und ich lebte dann bei seiner Schwester. Schließlich verließ er Rußland, das war noch vor dem Krieg. Ich weiß nicht, ob es eine Flucht war, ich schlief die ganze Zeit, im Schlitten und dann in der Bahn. Wir waren dann eine Zeitlang in Konstantinopel, und ich merkte, daß ich eine große Last für meinen Vater war. Er fing an, mich zu prügeln, und ich lief davon. Ich arbeitete mich auf einem Schiff bis Marseille durch und später kam ich nach

Paris. Das Komische an der Sache ist, daß ich nicht wußte, wie alt ich war. Ich dachte, ich wäre achtzehn, und ich lebte danach. Mit Frauen und auch sonst. Damals fing ich an zu boxen und daneben malte ich. Dann kam ich in die Fremdenlegion. Fünf Jahre großes Reinemachen in Marokko. Später tauchte mein Vater nochmals auf und gab mir meine Papiere. Da stellte sich heraus, daß ich erst dreizehn gewesen war, als ich mich für achtzehn hielt. Ich tat alles Mögliche, um mich über Wasser zu halten und malte scheußliche Bilder. Der große Schlag kam, als ich zum erstenmal eine Skulptur von Arzman sah. Ich wurde sein Schüler. Ich fuhr hinter ihm her nach Amerika. Er war wie der Messias für mich. Es hat Jahre gedauert, bis ich herausbekam, daß seine Plastik nur Schwindel ist. Das war soweit die einzige schlimme Erfahrung meines Lebens. Sonst war alles wie es sein soll. Kopf mehr nach links, bitte.»

Doris wandte ungern den Kopf von ihm ab. Zum erstenmal sprach er über sich selbst, wegwerfend zwar, als handelte es sich um ein fremdes und unwichtiges Leben—aber doch zusammenhängend, wie er sonst noch nie gesprochen hatte.

«Plastik ist wohl überhaupt das Einzige, das dir irgendwie nahegeht», sagte sie mit plötzlicher Erbitterung.

«Selbstverständlich», erwiderte er.

«Ist es nicht schade, daß wir immer Englisch sprechen müssen, keiner von uns in seiner eigenen Sprache?» sagte sie etwas später.

«Milaja, dorogaja devotschka», antwortete er, ohne den Blick von seiner Arbeit zu lassen.

«Was heißt das?» fragte sie erwartungsvoll. Diesmal schaute er sie einen langen Augenblick an, bevor er antwortete. Er lächelte unverschämt.

«Großmütterchen, du bist besoffen, heißt es», antwortete er sodann.

Eine Pause trat ein. Doris' Gedanken wanderten ziellos von Basil fort, um immer wieder bei ihm zu landen. Während er

28

arbeitete, den Ton zu winzigen Kügelchen drehte, die er da und dort mit Heftigkeit aufsetzte, hatte er die Augen so gesenkt, daß er aussah als schliefe er.

«Wieviel Männer hast du schon gehabt?» fragte er plötzlich. Doris mußte erst Atem holen. «Rate», sagte sie.

«Wie alt bist du?»

«Dreiundzwanzig», sagte sie etwas gekränkt, sie hatte es ihm schon dreimal erzählt.

Er schien zu rechnen. «Dreiundzwanzig. Arm, allein in New York. Vier? Fünf? Sechs?» fragte er zweifelnd. Doris wurde kalt vor Wut. «Du warst der achte», sagte sie gerade in sein Gesicht. Er sah sofort so aus, als wenn er taub wäre. Sie hatte Mühe, nicht zu weinen. Ganz und gar unmöglich war es, ihm zu erzählen, daß er der einzige und erste war. Es war eine ungeheure Arbeit, immer mit ihm zusammen zu sein und ihm zu verbergen, daß sie ihn liebte. Manchmal machte es so müde, daß es fast nicht weiterging. Während Doris die Nächte hindurch bei Schuhmacher die Schüsseln mit Saftbraten, mit Pökelrippchen, die Leberwürste mit Kraut und die Schweinshaxen servierte, hatte sie sich lange Szenen und Dialoge ausgedacht. In dem Zigarrendunst und dem Stimmengewirr setzte sie sich wieder und wieder mit einem abwesenden und halsstarrigen Basil auseinander. Sie sagte ihm, daß es so nicht weiterginge. Daß sie sich entweder trennen oder aber ein richtiges Liebespaar sein müßten. Obwohl die Jahre in New York sie gehärtet und geformt hatten, dachte sie noch in den Begriffen der deutschen Kleinstadt. Ein Liebespaar war ein Doppelwesen, das abends Hand in Hand auf Bänken saß, das miteinander ruhte und miteinander glücklich war. Bei Basil aber gab es kein Miteinander, nur frierendes Alleinsein.

«Was tust du?» fragte er aufgestört, als sie ihre Kiste verließ und auf ihn zukam. Sie hatte ihre Hände um seinen Hals legen und ihn küssen wollen, aber feige murmelte sie «Ich bin etwas schwindlig», und kehrte auf ihren Posten zurück.

Fast im gleichen Augenblick stieß etwas gegen die verhängte Glastüre, das sich anhörte wie ein Gewittersturm. «Ecco la donna», sagte Basil ohne aufzublicken. Es bumste ein zweites Mal gegen die Türe, dann wurde sie aufgerissen und durch die Öffnung zwängte sich, rollte und drängte eine Masse Frau: die Salvatori.

«Mein Kind», rief sie sofort, «wie kannst du es nur in dieser Eishöhle aushalten. Den Tod—du wirst dir den Tod holen. Und deine Stimme—glaubst du, daß eine Stimme sich das gefallen läßt?» Sie stürzte sich mit ihrem ganzen Gewicht gegen Doris, ihre Hand fuhr hastig in die Tasche ihrer wollenen Jacke und brachte eine schwärzliche Substanz zum Vorschein. Gehorsam öffnete Doris den Mund und begann die gedörrten Pflaumen zu kauen. Bonci, der berühmte Tenor der Neunzigerjahre hatte, wie es schien, den Glanz seiner Stimme einzig und allein dem Genuß von Backpflaumen zu verdanken gehabt. Basil schaute mit hochgezogenen Brauen zu. Die Salvatori fuhr herum und gegen ihn an. «Sie mißbrauchen diesen Engel!» rief sie und hob beide Arme zu einer beschwörenden Operngebärde hoch. «Sie nützen diesen Engel aus und geben ihr nichts dafür. Schluß», sagte sie. «Basta. Ich hole jetzt das Kind und gebe ihr Unterricht. Wir haben keine Zeit zu verlieren. Nächstes Jahr muß Doris in der Metropolitan singen, so wahr ich hier stehe. Los, komm, mein Kind», sagte sie und zerrte Doris von ihrer Kiste herunter. Doris schaute besorgt auf Basil, sie wußte, daß die beiden einander haßten, und sie wurde zwischen ihnen zerrieben. Aber Basil war schon dabei, seine Arbeit in ihr nasses Tuch einzuwickeln. Die Gebärde, mit der er es tat, erinnerte Doris immer daran, wie ihr Vater abends den Kanarienvogel eingehüllt hatte. Es war Behutsamkeit darin und Zartheit. Manchmal beneidete Doris den Klumpen Lehm, und immer war sie eifersüchtig darauf.

«Es trifft sich gut», sagte er jetzt. «Ich muß nach Long Island. Ich hätte es vergessen, wenn Madame nicht die Freundlichkeit gehabt hätte, zu stören.»

«Was tust du in Long Island?» fragte Doris völlig erstaunt.

Statt zu antworten, nahm Basil einen zusammengeknüllten Brief aus der Tasche und gab ihn Doris. Während sie las, wanderte die Salvatori rastlos an den Wänden entlang und schüttelte den Kopf wehklagend über die Absurdität der Kreideskizzen, die mit Reißnägeln dort befestigt waren. Der Brief, den Doris mit immer runder werdenden Augen las, kam von Juddy Bryant und lud in saloppen Wendungen und mit übergroßen, übersteilen Buchstaben Mr. Nemiroff ein, am Nachmittag des 4. März nach Greatneck zu kommen, und seinem Wunsch entsprechend sowohl sie, Juddy, als auch den Platz kennenzulernen, wo die Statue stehen sollte.

«Basil—» sagte Doris, atemlos vor Überraschung. «Aber davon hast du mir ja gar nichts gesagt—»

«Wir haben über Wichtigeres zu reden gehabt», erwiderte er wegwerfend. Sie kannte ihn nun schon gut genug, um zu wissen, daß er nur schauspielerte. Es prickelte und brannte ein wenig, daß er sie von seinen Plänen fern hielt. Sie wußte, wieviel dieser Auftrag für ihn bedeutete. «Die Knöpfe an dem weißen Hemd sind in Ordnung», sagte sie hastig. «Nimm den braunen Anzug.» Dies war etwas lächerlich, da Nemiroff außer der alten Hose und dem Sweater, die er trug, nur den einen Anzug besaß. Doris fühlte selbst, daß sie wie ein aufgescheuchtes Huhn im Zimmer herumfuhr. Plötzlich begann sie zu lachen.

«Könntest du versuchen bei diesen Leuten nicht Trotzky zu sein, sondern—zum Beispiel—Lord Byron—oder—oder der Prinz von Wales?» sagte sie lachend und bemerkte mit Erstaunen, wie Basil im gleichen Moment sich zu verwandeln anfing.

«Schlecht», sagte er gleich darauf und fuhr sich mit der Hand über das Gesicht, als nähme er eine Maske ab. «Du kennst die Snobs nicht. Die Lady in Long Island hat Hunger nach Bohème.» Er warf mit einem Ruck seines Kopfes sein Haar in die Stirn.

«Ich werde mir mit dem Fingernagel in den Zähnen bohren und den Auftrag bekommen», sagte er voll Freude.

Die Salvatori hatte all dies mit Ungeduld betrachtet.

«Hat der junge Mann etwas Wichtiges vor?» fragte sie Doris. Plötzlich warf sie ihre schwere Masse gegen ihn herum und spuckte dreimal über seine Schulter. «So», sagte sie befriedigt. «Nun kannst du ihn beruhigt gehen lassen, mein Kind.»

Sie nahm Doris an der Hand und zerrte sie von Basil fort und aus dem Zimmer.

In Basils Atelier war es der 4. März 1927. Eine Etage tiefer, in der winzigen Wohnung der Salvatori war es 1890. Vertrocknete Kränze, Schleifen und die verblichenen Bilder verblichener Berühmtheiten überzogen die Wände mit ihrem Gewirr. Ein Pianino stand neben dem Fenster und kämpfte mit einer Samtportiere um ein wenig Licht. Auf der Schwelle stolperte man über ein Hufeisen, das in den Fußboden eingelassen war, denn die Salvatori war abergläubisch wie eine Wilde. Die sonderbarste Sitzgelegenheit in Gestalt einer Garnitur von Fliegenpilzen nahm die Mitte des Zimmers ein. Ein ausgestopfter Papagei namens Carlotta hing zwischen den Blättern einer künstlichen Fächerpalme. Es war unerfindlich, daß eine so dicke Frau wie die Salvatori sich durch die Fülle ihrer Einrichtungsgegenstände durchwinden konnte.

Doris, die nun schon seit Wochen heiser war, fühlte wie ihre Kehle noch trockener und widerspenstiger wurde, sowie sie diesen Raum betrat, der aussah, als wäre seit dem Tag, da die Salvatori ihre Stimme verloren hatte, nicht mehr abgestaubt worden. Die alte Sängerin streifte mit einer Bewegung ihre Schuhe ab und zog zugleich ein paar Haarnadeln aus ihrem dicken dunkeln Haar. Sie trug mit Vorliebe purpurfarbene Gewänder und als sie sich ans Klavier setzte, sah sie aus wie ein alter, fetter und erbitterter Kardinal. Sie schlug den tiefsten

Ton einer Tonleiter an, und Doris öffnete gehorsam den Mund und begann zu singen.

Doris hatte immer eine hübsche Stimme gehabt, und sie hatte immer leicht und mühelos und mit Freude singen können, bis zu dem Tag, da sie von der Salvatori entdeckt worden war. Seit diesem aufregenden Tag war das Singen zu etwas unsäglich Mühseligem geworden, zu etwas, das sie nicht zustande bringen konnte und zu etwas, das sie allmählich zu hassen anfing. Ihre Stimme selbst, diese leichte und angenehme Stimme, hatte sich verstockt, irgendwohin in ihre Brust zurückgezogen und kam nicht mehr zum Vorschein.

Doris schloß die Augen—auch die Salvatori hatte die Augen geschlossen vor Anspannung und Konzentration. Doris versuchte, alles auf einmal zu tun, was von ihr verlangt wurde. Sie füllte ihr Diaphragma mit Luft, sie rundete den Mund, sie holte die Akustik aus ihren Stirnknochen, sie spannte die Kehle —die Hand hielt sie prüfend vor ihren Magen, und nun sollte der Ton nur einfach mit der Luft ausströmen: aber nichts dergleichen geschah.

Die Salvatori ermahnte sie in den irrsinnigen Fachausdrücken, die allen Gesangslehrern zu Gebote stehen. «Deine Luft ist eine Stahlstange, die den Ton stützt», sagte sie. «Du mußt dir nur vorstellen, daß eine Stahlstange vertikal durch deine Kehle führt, dann kannst du nicht gicksen.»

Doris stellte sich diese entsetzliche Stahlstange in ihrer Kehle vor und gickste. «Die Luft ist ein Strahl Wasser», sagte die Salvatori, «wie in einem Springbrunnen. Oben darauf balanciert ein kleiner runder Ball—das ist der Ton. Stützen!» schrie sie, «stützen, stützen, mehr nach vorne, höher, noch mehr nach vorne, mehr oben, Kopfresonanz, stützen nicht vergessen!» Sie schrie alle diese Befehle auf italienisch, denn es war ein Prinzip ihres Unterrichtes, daß sie in ihrer eigenen Wohnung keine andere Sprache benützte. Sie war der Ansicht, daß Italienisch die einzige Sprache der Welt sei, alles andere war nur ein

33

Schweinegrunzen—und man konnte kein Sänger werden, ohne diese Sprache zu beherrschen. Die lauten italienischen Schreie der Lehrerin verwirrten Doris noch mehr. Es hatte sie Kampf und Mühe genug gekostet, das amerikanische Englisch zu erlernen. Noch immer, nach vier Jahren in New York, machte sie Fehler—und nun kam diese neue Komplikation mit dem Italienischen dazu. «Scusi, Signora, scusi», murmelte sie unglücklich. Ihre Wangen brannten, und die Kehle war heiß und rauh. Die Salvatori schwitzte ganz offenkundig; ihre überfüllte Wohnung war immer überheizt. Mit einer dramatischen Bewegung riß sie ihr Kardinalsnegligé auf und legte Doris' Hand auf die ausgedehnte Fläche ihres Magens. Doris fühlte mit Bewunderung und leisem Widerwillen, wie dieser Magen sich voll Luft pumpte und wie er zu vibrieren begann, während die Salvatori drei hohe, laute und langgezogene Töne zum besten gab.

Nach den Tonleitern kamen die Solfeggien, und nach den Solfeggien kam eine Kanzone mit italienischem Text. Um diese Zeit hatte Doris es aufgegeben, bei der Sache zu sein. Längst waren ihre Gedanken vom Singen fortgewandert und hinter Basil her. Sie folgte ihm, wie er zur Pennsylvania Station ging und in den vollen Zug stieg. Da Doris seinem Weggehen nicht beigewohnt hatte, wußte sie nicht, ob sie sich ihn mit oder ohne Mantel und Hut vorstellen sollte. Sie machte sich Sorgen um ihn wie um ein Kind. Ihre Phantasie versagte völlig, als es dazukam, sich Basil vis-à-vis dieser Mrs. Juddy Bryant auszumalen. Saß er auf der Stuhlkante und balancierte eine Teetasse? Lächerlich, dachte Doris. Er flegelt auf einer Couch und hat die Beine auf dem Tisch. Plötzlich war sie eifersüchtig auf Mrs. Bryant. «O cara mio...» sang sie dazu, und hatte vollkommen vergessen, daß sie sang.

«Bravo!» schrie die Salvatori und drehte sich mitsamt dem quietschenden Klavierstuhl um. «Endlich. Gut. Sehr gut. Bravissimo. Gleich noch einmal.»

Das Encore mißglückte. «Ich kann nicht mehr», stöhnte Doris, die erst in diesem Augenblick fühlte, daß ihre Kehle keinen einzigen Ton mehr hergeben wollte. Die Salvatori tobte nicht, wie Doris erwartet hatte, sondern saß ganz still und schaute sie geistesabwesend an. Sie knöpfte sogar ihr Gewand wieder zu und zog die Schuhe wieder an.

«Mein Kind», sagte sie sodann beschwörend und überraschenderweise auf Englisch, «mein Kind, beantworten Sie mir eines. Aufrichtig. Glauben Sie daran, daß Sie einmal eine große Sängerin sein werden?»

«Ich weiß nicht, Madame», erwiderte Doris eingeschüchtert. «Es wird ja immer schlechter mit mir. Zu Hause, in Deutschland, in der Schule—ich konnte ein H singen—jetzt kriege ich nicht einmal ein A zustande . . .»

«Mein Kind—» sagte die Salvatori. «Ich unterrichte Sie unentgeltlich, das bedeutet, daß ich felsenfest an Sie glaube. Aber ich weiß, was Sie zugrunde richtet: dieser Mann, dieser Teufel von einem Bildhauer. Machen Sie Schluß, weisen Sie ihm die Tür. Es wird Ihr Herz brechen, ich weiß, aber das ist gut so. Wissen Sie, was der große Chimani einmal zu mir sagte? ,Salvatori', sagte er, ,keiner wird im Zirkus ein Meister, der nicht seine Knochen gebrochen hat. Keiner wird in der Oper ein Meister, der nicht sein Herz gebrochen hat.'»

«Aber ich—» versuchte Doris zu unterbrechen, denn sie schämte sich stets, wenn die Salvatori noch pathetischer wurde als gewöhnlich. Jedoch die alte Sängerin fuhr unaufhaltsam fort: «Ihr unwürdiger Beruf ist das zweite Unglück. Der Rauch. Die Speisedünste. Zu wenig Schlaf. Die Vulgarität der Umgebung. Nein, mein Kind, du mußt das alles aufgeben und du wirst eine große Sängerin werden und der alten Salvatori reichlich zurückzahlen, was sie für dich getan hat.»

Doris hatte die Erfahrung gemacht, daß Vernunftgründe keinen Eindruck auf die Salvatori machten. Trotzdem versuchte sie es. «Wovon soll ich leben, Madame?» fragte sie nüchtern.

Die Salvatori machte eine große Gebärde. «Wovon leben andere junge Künstlerinnen in dieser Stadt? Wovon habe ich gelebt, als ich jung war—wir alle—die Toscani—die Bossi—die Giottina? Wo Talent ist, da findet sich immer ein Gönner. Du bist jung und erträglich hübsch, mein Kind—»

Doris beantwortete den unvollendet gelassenen Satz mit der gleichen Vernünftigkeit, mit der sie gefragt hatte.

«Sie werden es vielleicht lächerlich finden, Madame», sagte sie. «Aber ich kann das einfach nicht. Es ist mir nicht gegeben—»

Die Salvatori schaute sie noch einen Augenblick sinnend an, dann zuckte sie die Schultern und wendete sich wieder dem Klavier zu. «Tugend ist ein großer Luxus», sagte sie auf italienisch. «Du mußt selbst wissen, ob du ihn dir leisten kannst. Nochmals die Kanzone.»

Doris warf einen gehetzten Blick auf ihre Armbanduhr. Es war inzwischen beinahe dunkel geworden. Die Schultern der Salvatori sah man nur im Umriß, und ihr großes Gesicht war ein weißer Fleck in der Dämmerung. Doris gab sich einen Ruck. «Ich habe keine Zeit mehr», stieß sie hervor. Sie hatte eigentlich immer Angst vor der Salvatori, die mit Gewalt eine berühmte Sängerin aus ihr machen wollte. Richtig blähte die Lehrerin die Nasenflügel und stieß eine kleine Explosion von Luft hervor, ein nachdrückliches und verächtliches «Pah».

«Schweinebraten», sagte sie höhnisch. «Sauerkraut. Ich zwinge Sie nicht zum Singen, mein Kind, ich nicht.»

Als Doris sich schon dankbar zum Gehen wandte, schleuderte sie ihr noch eine Beleidigung nach. «For la cuoca!» rief sie nämlich und übersetzte es zum Überfluß noch: «Du gehörst in die Küche.»

Doris murmelte ein «Danke» zur Erwiderung und machte sich davon. Auf der Treppe mußte sie erst einmal atmen, sich räuspern und ein wenig husten. Dann lief sie rasch zu Basils Studio hinauf.

36

Sie hatte noch ein wenig Zeit, bevor bei Schuhmachers ihr Dienst begann. Der Grund, weshalb sie die Gesangstunde so plötzlich verlassen hatte, war, daß sie mit unabweislicher Heftigkeit den Wunsch spürte, noch ein paar Minuten allein in Basils Studio zu sein, bevor sie ihre Uniform anzog und hungrigen Spießbürgern Essen servierte. Basils Studio, kahl wie es war, schien ihr immer wie eine Heimat. Es war die einzige Heimat, die sie besaß, seit sie Deutschland verlassen hatte. Sie trat ein, die Glastüre wurde niemals geschlossen. Sie drehte das Licht an und sah sich um.

Manchmal ließ Basil einen kleinen Zettel für sie liegen, einen Gruß, einen Befehl oder bloß einen seiner verrückten Späße. Unbewußt hatte sie all die Zeit, während sie sang, auf einen solchen Zettel gewartet und gehofft. Aber es fand sich kein Zettel. Sie ging zu dem Eisenbett hinüber, stand eine Weile so und schaute darauf hinunter. Ihr schien, Basil wäre noch nie so weit von ihr entfernt gewesen wie in diesem Augenblick. Wieder hatte sie eine eifersüchtige Vision von ihm, wie er in dem feinen Haus saß und mit einer feinen Dame redete. Wie alle verliebten Menschen konnte auch Doris sich nicht vorstellen, daß jemand das Objekt ihrer Liebe kennenlernen könne, ohne sich zu verlieben.

Sie schlug die Decke zurück und warf sich auf das Bett. Ihr hatte geschienen, daß es bloß dessen bedurfte, um sie weinen zu machen. Sie hätte gerne geweint. Sie spürte so viele ungesagte Dinge trocken und brennend in sich aufgespeichert. Aber als sie auf Basils Kopfkissen lag und mit vorsichtig angehaltenem Atem nach einem Duft, einer Erinnerung spürte, kamen keine Tränen. Sie drückte ein wenig, erfolglos. Zuletzt lachte sie über sich selbst und ging im Zimmer auf und ab, um Ordnung zu machen. Basil ließ immer Sodom und Gomorra hinter sich zurück. Wieder schaute sie auf die Armbanduhr. Eigentlich bin ich glücklich, dachte sie unerwartet. Eine unglückliche Liebe ist immer noch besser als gar keine. Sie erinnerte sich

der vollkommenen Leere ihres Lebens, bevor Basil kam. Jetzt
war es angefüllt zum Explodieren.

Sie riß ein Blatt von einem Block und schrieb darauf:

«Ich habe das Fenster zugemacht. Gute Nacht. Käse liegt auf
dem Balkon.»

Sie zögerte, dann schrieb sie schnell noch:

«Wenn Du mich noch sehen willst, dann lasse das Licht
brennen.» Sie überlas es, errötete und strich das Letzte wieder
aus. Dann verlöschte sie das Licht und ging zu Schuhmachers.

Es war etwa zwei Wochen später, an einem Abend, der sehr
neblig war,—man konnte die Nebelhörner der Schiffe im Hafen
hören,—als Bryant Junior sich dem Restaurant Schuhmacher
näherte.

«Sie können an der Ecke essen und mich dann hier erwarten,
Perkins», sagte er, zögerte einen Moment, und betrat dann re-
solut das Restaurant.

Schuhmachers war ein langgestreckter Raum mit kleinen Ab-
teilen und ein paar Tischen in der Mitte. Es war im penetrant
deutschen Geschmack der Achtzigerjahre eingerichtet, mit Stein-
krügeln auf den Wandborden, mit ausgestopften Hirschköpfen
und mit Sprüchen in gotischen Buchstaben an den Wänden.
Zigarrenrauch hing schwer unter der geschnitzten Decke, und
es roch nach Bier, obwohl Bier verboten war.

Etwas eingeschüchtert durch die Schäbigkeit der Umgebung
suchte Junior sich einen Platz. Hier schien einer den andern
zu kennen, und über kauenden Backen hinweg wurde er verstohlen angestarrt. Ein dicker Mann in spiegelndem schwarzen
Anzug, Mr. Schuhmacher persönlich, wies ihn in eine der
kleinen Abteilungen. Erschöpft starrte Bryant auf die Speisekarte, die der Wirt ihm hinlegte.

Es muß gesagt werden, daß Juniors Erscheinen an diesem un-
gewohnten Ort das demütigende Ende von ein paar Wochen
voll innerer Kämpfe darstellte. Junior, um es mit seinen eige-

nen Worten zu sagen, konnte Miss Hart nicht aus den Knochen kriegen. Tausendmal hatte er ihre gottverdammte Nacktheit zum Teufel gewünscht. Er hatte sich reichlich betrunken und ein paar bequeme Nächte der Ablenkung bei anderen Damen gesucht. Es half nichts. Miss Hart verdarb ihm den Appetit auf sämtliche Dinge des Lebens. Nicht einmal die Zigarette schmeckte mehr.

Warum er unter solchen Umständen nicht schon früher versucht hatte, das Mädchen wiederzusehen, darüber konnte er sich selbst keine rechte Auskunft geben. Sie war ihm unsympathisch. Beinahe hatte er Angst vor ihr. Sie war schamlos und kaltschnäuzig auf eine erstaunliche Art, und es machte ihr keinen Eindruck, daß er Bryant Junior war, der Sohn des alten Bryant. Möglicherweise wußte man in ihren unordentlichen radikalen Kreisen gar nichts von dem Gewicht und der Bedeutung dieses Namens. Und so saß er nun hier, in einem schlechtgelüfteten Lokal der 86sten Straße, starrte auf eine fleckige Speisekarte und wartete mit schwach zitternden Knien und Händen darauf, daß das verdammte Mädchen sich zeige.

Mr. Schuhmacher seinerseits war nervös. Er hatte im Souterrain, wo der sogenannte Kegelklub tagte, einen heimlichen Bierausschank, und das Erscheinen eines Unbekannten konnte Unangenehmes bedeuten. Er mochte ein Spion der Polizei sein, oder das Mitglied irgend einer Bande oder ganz einfach ein Privatmann, der schnüffeln und dann ein wenig erpressen wollte.

«Dora», sagte er halblaut zu dem Mädchen, das eben ein paar Bestellungen in die Küche hineinrief, «Dora, halte mal ein Auge auf den Bruder in Nummer drei. Schaut nicht ganz koscher aus». Mr. Schuhmacher sprach das verdorbene Deutsch des Amerikaners, untersetzt mit englischen und jiddischen Worten. Doris nickte gleichmütig, nahm ihre Platten von der Anrichte, unterschrieb den kleinen Zettel, der dabeilag, und stieß mit dem Fuß die Tür zum Speiseraum auf. Auch sie war

39

nervös an diesem Abend. Basil war neuerdings in elender Laune, er arbeitete für Stunden wie ein Rasender und zerstörte nachher wieder, was er geformt hatte. Es war nun ganz und gar so zwischen ihnen, als wenn nie etwas anderes existiert hätte als eine etwas kühle und brüchige Kameradschaft. Seit zwei Tagen war er überdies unsichtbar geworden. Die offene Glastüre zum Studio war nun versperrt; ohne Erklärung hatte er sich entfernt und Doris ausgeschlossen. Die Kommentare der Salvatori dazu waren auch keine reine Annehmlichkeit. In der L-Bahn war jemand zudringlich geworden, und die Straßen, durch die sie gegangen war, hatten unfreundlich und drohend ausgesehen im Nebel. Manchmal kam es Doris so vor, als ob alle Hausmauern in New York schräg stünden und eines Tages auf sie herunterkommen werden.

Sie setzte die Speisen vor die Leute, die sie bestellt hatten und nahm sich dabei zusammen, nichts zu verwechseln oder zu versäumen. Es hatte kurz vorher Krach mit Mrs. Schuhmacher gegeben, weil Doris übersehen hatte, einem Kunden den Käse zu verrechnen, den er gegessen hatte. Obwohl sie diesen Verlust aus eigener Tasche gutzumachen hatte, gab es eine Menge Gerede darum, und die Luft war geladen.

«Gebratenes Huhn», sagte sie, «und Sie wollten den Rinderbraten?» Sie lächelte ihr Kellnerinnenlächeln, rückte Pfeffer, Salz und Senf in Reichweite und ging weiter zum Tisch Nummer drei. Aus dem Souterrain kam ein Stoß von Gelächter, wie es nur betrunkene Männer lachen.

«Was darf es sein?» fragte sie, zwischen die Wände der kleinen Abteilung tretend und erst dann erkannte sie Bryant. «Oh—» sagte sie kurz. Sie wußte sofort, daß er ihretwegen kam, aber sie wußte nicht, wie sie sich dazu verhalten sollte. Zu oft hatte sie sich während der verquälten letzten Tage ausgemalt, wie sie zu Bryant vordringen und mit ihm wegen Basil reden wolle. Da saß er nun, etwas jünger, etwas hübscher, als sie sich seiner erinnerte, aber auch noch schlaffer und lebloser.

Der Mann hatte etwas Hängendes, Fallendes. Die Whiskyflasche bauschte seine Seitentasche, und seine Hände mit der
Speisekarte zitterten.

«Na also—» sagte er erleichtert. «Ich hatte schon Angst, Sie
wären nicht mehr da. Ich muß mit Ihnen reden.»

«Was darf's sein?» wiederholte sie, angespornt durch einen
Blick Schuhmachers, der den Gast nicht aus den Augen ließ.

«Bringen Sie mir, was Sie wollen», sagte Bryant. «Hören Sie,
können Sie nicht dabeibleiben, während ich esse?»

«Filet Mignon?» schlug sie vor. Echte Amerikaner wählten
meistens diesen neutralen Gang aus der deutschen Speisekarte.

«Gut, Filet Mignon—» sagte Junior und sah ihr nach, als
sie ihn verließ. Sie trug eine Art Kostüm, einen kurzen ab-
stehenden Rock und eine gestärkte Schürze. Er fühlte sich flau,
nachdem die erste Begegnung vorbei war, und er trank einen
Schluck Whisky aus seiner Flasche, die wie ein Zigarettenetui
aussah. Das Mädchen kam wieder und brachte ihm sein Steak.
Er faßte nach ihrem Leinenrock, als sie sich zum Gehen wandte.
«Bleiben Sie doch—» sagte er ungeduldig. «Setzen Sie sich zu
mir.»

«Darf ich nicht», sagte sie, aber sie blieb neben ihm stehen,
die Hände in den Schürzentaschen. Sie sah unverschämt aus,
als würde sie fragen—«Was nun?»

«Ist dieser Nemiroff noch immer Ihr Freund?» fragte er. Das
Mädchen zuckte die Achseln. «Ich habe ihn lange nicht gesehen», antwortete sie. Bevor er seiner Befriedigung Ausdruck
geben konnte, war sie davon.

Vor dem Küchenfenster wartend, überlegte Doris, was dieser
Besuch bedeutete. Sie hatte Basil lange nicht gesehen, ewig
lange. Zwei Tage. Sie hatte sich so ziemlich mit der Idee vertraut gemacht, daß sein verändertes Benehmen viel mit Mrs.
Juddy Bryant zu tun hatte. Wahrscheinlich liebte er Mrs.
Bryant. Er hatte ihr, als sie ihm zum letztenmal Modell saß,
zwar erklärt, seine kalte und unerträgliche Verfassung käme

daher, daß er für einige Zeit der Großinquisitor von Spanien sein wolle—aber das war ein fadenscheiniger Spaß, der ihre Eifersucht nicht zum Schweigen brachte. Und nun saß Mr. Bryant in Abteil drei und aß Filet Mignon.

«Kellnerin», rief er durch den ganzen Speisesaal, als sie wieder dort erschien, und ein Blick Mr. Schuhmachers wies sie zu Tisch drei. «Hören Sie, Sie können mich hier nicht so sitzen lassen», sagte Bryant rüde. Die Whiskyflasche lag auf dem Tisch, nur notdürftig bedeckt mit der Serviette. «Wo ich nur Ihrethalben hergekommen bin», setzte er etwas weinerlich hinzu.

«Also?» fragte Doris scharf.

«Also», sagte Bryant und schaute starr auf ihre Hände, die sie über der Schürze gefaltet hielt. «Ich will Sie haben, und Sie wissen es.»

Doris lächelte spöttisch. «Sind Sie fertig?» fragte sie und nahm den halbabgegessenen Teller fort. Gerade als sie gehen wollte, sagte Bryant etwas, das sie zum Stehenbleiben veranlaßte.

«Ihr Freund hat sich ja hübsch aufgeführt in meinem Haus», sagte er nämlich.

«Wieso—?» fragte Doris gegen ihren Willen.

«Hat radikale Reden geschwungen. Hat meine Frau beleidigt und meinen Vater einen reaktionären Ausbeuter genannt. Meine Frau hat einen Nervenzusammenbruch gehabt, und mein Vater hätte ihn beinahe hinauswerfen lassen.»

«Und was hat das mit uns zu tun?» fragte Doris. Sie zitterte vor Vergnügen—sie konnte sich Basil vorstellen, wie er das Millionärshaus der Bryants auf den Kopf stellte.

«Nett, daß Sie schon von ‚uns‘ sprechen», sagte Bryant. Er fühlte, daß er damit eine besonders brillante Bemerkung gemacht hatte und ruhte sich darauf aus.

«Dessert?» fragte Doris.

«Wie? Ja—bitte. Käsekuchen—» stotterte er und wurde allein gelassen.

Doris schwebte davon wie auf Flügeln. Es war gut zu wissen, daß keine Mrs. Bryant hinter Basils Veränderung steckte. Sie holte Käsekuchen und Kaffee von der Küche und kehrte zu Tisch drei zurück. Schon auf dem kurzen Weg dahin verließ sie der kurze Aufschwung, den sie genossen hatte. Wenn es nicht Mrs. Bryant war, was und wer in Gottes Namen zog Basil weiter und weiter von ihr fort?

«Ist es nun vorbei mit dem Auftrag für die Statue?» fragte sie, als sie mit dem Käsekuchen bei Bryant anlangte. Er wiegte den Kopf hin und her. «Meine Frau will nichts mehr von ihm hören», sagte er. «Ich persönlich habe die Idee noch nicht ganz aufgegeben. Aber es hängt von vielen Dingen ab.»

«Von was für Dingen?» fragte sie schnell. Und eben so schnell erwiderte er: «Von Ihnen zum Beispiel.»

«Das ist lächerlich», antwortete Doris und ging weg, zu Tisch acht, wo nach ihr gerufen wurde.

Bryant Junior hatte einen gewissen Sinn für Humor; in seiner trägen und schläfrigen Weise konnte er es erkennen, wenn eine Sache komisch war. Dies war komisch. Daß er in einer deutschen Kneipe saß, zähes Filet und zu fetten Käsekuchen aß, um einer Kellnerin den Hof zu machen, war komisch. Er fing an, die Situation zu übertreiben, indem er immer neue Gänge bestellte, wodurch er das Mädchen zwang, zu ihm zu kommen und das abgerissene Gespräch fortzusetzen. Er aß Schweizer Käse, trank wieder Kaffee, bestellte einen Salat, den er stehen ließ, und nach und nach drei Flaschen Mineralwasser, in die er den Inhalt seiner Whiskyflasche, bis auf eine kleine Neige leerte. Whisky verlieh ihm zwei Eigenschaften, die ihm nüchtern fehlten: Schwung und Eigensinn. Nach der zweiten Stunde seines Aufenthaltes und dem sechsten Glas begann Doris ihn ganz nett zu finden. In seiner leichten Betrunkenheit hatte er etwas Gutmütiges und Unbeholfenes, das ihn sympathisch machte. Aber im gleichen Maß, wie der Abend oder die Nacht fortschritt und Bryants Rechnung anwuchs, wurde Doris müder und müder. Seit Wochen hatte sie keine anständige Portion Schlaf gefunden, und immer brannten ihre Augenlider. Sie ging zweimal in die wüste kleine Toilette am Ende des Küchenganges und legte ein nasses Taschentuch auf ihre Augen, um sie vom Tränen abzuhalten, dann kehrte sie wieder auf ihren Posten zurück, bediente den unnachgiebigen Bryant und hörte seinen trockenen und direkten Beteuerungen zu. Er sah sie nun nur mehr durch Whiskynebel, und sie wurde immer schöner und begehrenswerter. Sie hatte nichts mehr dagegen. Dies hatte wenig mit ihr zu tun, aber auf irgend eine verschränkte Weise viel mit Basil. Wenn er diesen Auftrag bekam—und wenn sie vor Basil treten konnte mit der Nachricht, daß sie, sie ganz allein es für ihn geschafft habe—sie brach diese Perspektive ab, um Bryants Hände von ihren Hüften zu entfernen. «Ich kriege dich einfach nicht aus den Knochen—» murmelte er hartnäckig. Mr. Schuhmacher warf warnende und kritische Blicke nach Tisch drei. Wenn er auch heimlich Bier verkaufte, so war sein Lokal doch ein gutes Lokal und Unziemlichkeiten duldete er nicht.

Doris lief zurück zur Küche und wieder zurück zum Speisesaal. Um diese Zeit kam der zweite Schub von Gästen in das Wirtshaus, Leute, die aus den Theatern, Kinos und Konzerten kamen. Die Besucher von Schuhmachers waren größtenteils Deutsche, einfache aber kulturhungrige Leute, die es begeisterte, zu Vorträgen und Versammlungen zu gehen und sich nachher noch ein Wurstbrot bei Schuhmachers zu vergönnen. Gegen Mitternacht war Doris gewöhnlich stockheiser, und im Nacken und in den Schultern meldeten sich sonderbar ziehende Schmerzen. Sie bediente, eingehüllt in den blauen Rauch billiger Zigarren und wurde mehr und mehr zu einem Automaten. Flüchtig fiel ihr die Salvatori ein, und sie dachte unklar, daß die alte Frau recht hatte. Man konnte bei Tag keine Stimme haben, wenn man bei Nacht Kellnerin war. Nur schien ihr dies nicht wichtig. In der letzten Zeit hatte sie oft Lust, das ganze

Singen aufzugeben, diesen kindischen Traum, an den sie nie wirklich geglaubt hatte, beiseite zu legen und Platz zu schaffen für etwas anderes. Was dieses Andere sein sollte, das aber wußte sie selber nicht.

Sie hatte beinahe darauf vergessen, daß Bryant noch immer an Tisch drei saß, als er sie laut über den ganzen Raum hin anrief. «Kellnerin, die Rechnung.»

«Ich kann schließlich nicht die ganze Nacht hier sitzen und essen», sagte er ärgerlich, als sie bei ihm anlangte. «Wann sind Sie denn endlich mit Ihrem Dienst fertig?»

«Wenn die letzten Besucher fortgehen. Manchmal wird es zwei», antwortete sie und tat sich selbst ein wenig leid.

«Na, viel Vergnügen», murrte er, zahlte und ging. Er gab ihr kein Trinkgeld, was sie teils ärgerte und teils schmeichelte. Sie hatte ihm soviel Takt gar nicht zugetraut.

Als sie eine Stunde später auf die Straße trat, war die Stadt erstickt in Nebel. Wagen und Menschen waren nur vermummte Schatten, und die Laternenlichter hatten gar keine Kraft. Das Heimkommen spät nachts war immer Doris' großes Problem. Wenn sie die letzte L-Bahn versäumte, dann hieß es an der Ecke lange auf einen gnädigen Autobus warten, der späte Leute aufsammelte. Manchmal auch riß sie sich hoch und wanderte mit schmerzenden Schultern und benommenem Kopf die dreißig Block bis zu ihrer Wohnung. An zwei unvergeßlichen Abenden, ganz im Anfang, hatte Basil sie abgeholt und in einem Taxi nach Hause gebracht. So etwas erschien nun schon ganz unwahr und märchenhaft, sowohl vom Standpunkt des Geldes wie des Gefühls.

Als sie an der Ecke ankam, hielt ein Wagen neben ihr, der unbemerkt von ihr im Nebel mitgewandert war.

«Ich bringe Sie nach Hause», sagte Bryant. Er fragte nicht, sondern befahl. Doris war sonderbar erleichtert. Sie war zu müde, um zu widersprechen und auch dankbar für die Annehmlichkeit, die ihr geboten wurde. Bryant war ausgestiegen und

45

half ihr in den Wagen, wobei er seinen Hut abnahm und in der Hand behielt. Es war diese kleine höfliche Gebärde, die über alles Kommende entschied.

Bryant war nunmehr völlig nüchtern und vernünftig. Er gab ihr eine Zigarette, die sie heftig rauchte, und er faßte sie nicht an, wie sie gefürchtet hatte.

«Ich habe Ihnen nun den ganzen Abend zugeschaut», sagte er. «Das ist ja ein Hundeleben in diesem Café. Sie könnten es viel besser haben. Lassen Sie mich dafür sorgen, daß Sie das Leben führen, das Ihnen zukommt.»

«Wenn ich das wollte, hätte ich nicht warten müssen, bis Sie daherkommen», sagte Doris schwach. Sie log schon wieder. Nie noch hatte sich ihr ein Mann von irgend welcher finanzieller Bedeutung genähert. Und Bryant war schließlich der Sohn des alten Bryant, und das bedeutete Millionen.

«Ich habe ja noch keine Gegenleistung verlangt», sagte Bryant zornig, er war wütend auf sich selbst, weil er mit dieser Kellnerin so viel Geschichten machte.

«Jeder Mensch hat seine kleinen Schwächen. Ich möchte gerne—daß Sie—ich meine, wenn Sie mich gern haben könnten—kriegen könnten—das wäre natürlich großartig. Aber Sie sollen mir nichts verkaufen, und ich will Ihnen nichts abkaufen. Verstehen Sie?»

«Nein», sagte Doris.

Bryant seufzte tief. Er war sicher, daß er sich nie wieder so gut und richtig ausdrücken können würde wie soeben. Er suchte nach der Hand des Mädchens und fand sie auf dem kalten Ledersitz neben sich. Eine schlaffe, ziemlich große Hand mit aufgerauhten Fingerspitzen. Er hielt diese fremde Hand fest und legte seinen andern Arm hinter Doris Nacken. Sie ließ es sich gefallen.

Mit ihr stand es so, daß diese kleine freundliche und nicht unzarte Berührung sie erleichterte. Es entspannte sich etwas in ihr, das zu lange und zu straff gespannt gewesen war.

46

«Sagten Sie nicht, daß Sie Opernsängerin werden wollen? Lassen Sie uns einmal darüber sprechen», versuchte Bryant einen neuen Anlauf.

«Sängerin—?» sagte sie ungewiß. «Ich glaube, ich gebe es auf. Ich bin ja immerfort heiser. Ich glaube, meine Stimme hält einfach nichts aus.»

«Ich könnte Sie trotzdem zum Theater bringen. Sie könnten Figurantin in der Revue werden—mit Ihrer Figur—»

«Danke, nein. Ich kann mich nicht so ausgezogen zeigen wie diese Mädels.»

«Ich dachte, gerade», sagte Bryant noch. Dann wurde geschwiegen. Perkins chauffierte vorsichtig zwischen den Nebelwänden hin und hatte steife Ohren. Der Rechtsanwalt Vanderfelt bezahlte ihn für kleine interessante Berichte. Er hielt vor dem Haus in der 56sten Straße und erwartete, daß sein Herr mit dem Mädel verschwinden würde. Aber die beiden im Fond des Wagens saßen noch eine Minute stumm und ohne auszusteigen.

«Schlafen Sie?» fragte Bryant, und Doris übertrieb ihr Gähnen und antwortete: «Ich glaube beinahe.»

«Jetzt haben wir über die Hauptsache noch nicht gesprochen», murmelte er und folgte ihr zu der engbrüstigen Haustür.

«Wovon?» fragte sie und hörte auf, mit dem Schlüssel im Schloß herumzustochern.

«Ich muß bald entscheiden, ob die Statue gemacht werden soll oder nicht», sagte er schnell und betonte ganz leicht das «Ich».

Doris machte einen Versuch kokett zu sein. Leicht war das nicht. In Bingsheim, von wo sie herkam, lernte man es nicht und auch nicht in den New Yorker Agenturen, wo man Stellung suchte. «Ich bin überzeugt, daß Sie die Statue bestellen werden», sagte sie und lächelte bedeutungsvoll zu Bryant hinauf. Er war ebenso groß wie Basil, aber schwer und ungeformt.

«Wissen Sie, daß Sie mir jetzt etwas versprochen haben?»

47

rief er erfreut. Doris hielt ihr Lächeln fest wie einen Gegenstand aus Holz. Bryant beugte sich zu ihr hinunter. Sein Mund roch bitter nach Rauch und Whisky. Aber der Kuß, den er ihr gab, unterschied sich nicht von anderen Küssen.

Noch als sie in ihrem Bett lag, wunderte sie sich darüber, daß ihre Lippen Freude gehabt hatten an etwas, das ihr Gefühl verabscheute...

Nemiroff reichte dem letzten Herrn ein Handtuch. Der Betrunkene von vorhin lag noch immer auf seinem Stuhl in der Ecke, wie ein Boxer, der groggy geschlagen war. Der letzte Herr trocknete sich die Hände, warf einen Quarter in die Aschenschale, die dazu einlud, faßte den Betrunkenen unter und zerrte ihn unter begütigenden Reden aus dem Vorraum der Toilette. Zurück blieb der Schmutz und Unrat, den diese letzten Gäste in den unterirdischen Räumen des «Casino de Paris» gelassen hatten.

Nemiroff pfiff den Schlager, der ein paar Minuten zuvor noch aus dem Tanzsaal von oben durch die Wände gedrungen war. Jetzt schwieg die Kapelle endgültig, und es war auch Zeit, daß sie es tat. Im «Casino de Paris» wurde es immer vier Uhr morgens, bevor man die Gäste wegbrachte.

Nemiroff zog langsam die weiße Jacke aus. Es war ein Kleidungsstück, das eigentlich ein Neger hätte tragen sollen. Die Herrentoilette zu bedienen war ein Beruf, der einem Neger zukam. Aber schließlich muß man leben, dachte Nemiroff. Oben öffnete Gaston die Tür und rief die Treppen hinab: «Schluß für heute.»

«Danke. Gute Nacht», rief Nemiroff zurück. Gaston war der Oberkellner und hatte eine Schwäche für ihn, weil er mit ihm französisch reden konnte. Die Türe schloß sich wieder wie ein Deckel über einer Schachtel. Hier unten war eine scheußliche Luft inmitten von soviel Marmor, Nickel und Ventilation. Nemiroff leerte den Inhalt der Trinkgeldschale in seine Tasche, ohne zu zählen. Dieses Geld fühlte sich noch schmutziger an als Geld im allgemeinen.

Auf der Straße wartete er, er atmete mit Wohlgefallen. Da war schon die erste Bitternis des Frühlings in der Luft. Irgendwo auf Bergen schmolz der erste Schnee, rollten frühe Lawinen zu Tal. Er stand und summte ein russisches Lied, das die russischen Legionäre an den Lagerfeuern der Fremdenlegion gesungen hatten. Zuweilen spürte er etwas wie Heimweh nach dem Schweiß und der Qual der Jahre in Marokko. Ein riesiges graues Tier kam um die Ecke und hielt vor Nemiroff. Er hatte ein freundliches Abkommen mit dem Mann auf der Straßenkehrmaschine getroffen, der ihn jede Nacht einige Block weit mitnahm. Zum Entgelt erzählte Nemiroff ihm Geschichten. Der Mann hatte immer Angst, einzuschlafen, er konnte sich nicht an den nächtlichen Dienst gewöhnen. Solange Nemiroff neben ihm saß und fabelte, war er hellwach.

Von der Ecke der achtundvierzigsten Straße an mußte er wieder zu Fuß gehen. Er wanderte langsam und nachdenklich Fifth Avenue hinab, und er wurde immer langsamer, je näher er der 56sten Straße kam. Er begann ein vollkommen albernes Gespräch mit dem Polizisten an der nächsten Ecke. Er hatte seine unterweltliche Stellung im «Casino de Paris» nun schon beinahe vier Wochen und war bekannt mit den andern Nachtvögeln auf seinem späten Heimweg. «Wie geht es deinem Jungen?» fragte er, denn der Sohn des Polizisten war an Masern erkrankt. «Morgen wird es ein warmer Tag», sagte er, und: «Grüß mir Jimmy Walker.» Er hatte ein wenig Angst vor dem Heimkommen, das war alles. Er fürchtete sich vor seinem Studio mit den angefangenen, langsam vertrocknenden und abbröckelnden Tonentwürfen. Er hatte ein wenig Angst vor sich selber und den unverantwortlichen Dingen, die er zu tun imstande war, wenn er erst einmal die Kontrolle über sich verlor.

Er schloß die Haustüre auf und schlich mit angehaltenem Atem die Treppe hinauf. In der zweiten Etage, vor der Tür des

Schneiders Dostal zögerte er. Da drinnen wohnte Doris. Da drinnen schlief sie nun. Es war eine Höllenanstrengung sich von ihr fern zu halten. Er ballte die Fäuste, zog den Atem zwischen den Zähnen ein und stieg die dunkeln Treppen weiter. Vor der Ateliertüre saß wie immer die Katze Minka. Dankbar hob er das kleine Bündel Wärme auf und trug es mit sich hinein. Kaum lag er auf seinem Bett, die Katze schnurrend auf seiner Brust, da wußte er, daß er wieder nicht schlafen können würde. Er verließ sein Bett, wanderte ein paarmal auf und ab, dann drehte er das grelle Licht über seine Arbeit an und begann zu schaffen.

Er hatte Doris seit zwei Wochen nicht gesehen und auch vorher nur für kurze und flüchtige Minuten. Er arbeitete aus der Erinnerung. Manchmal dachte er, dies sei noch schlimmer, als wenn sie nackt und wirklich hier stand. ‚Ich siede in bratendem Öl', erzählte er sich selbst. Er liebte Doris, um es mit einem Wort auszudrücken, und er haßte sie dafür, daß er sie liebte. Liebe—diese verschollene und verbrauchte Übertriebenheit früherer Generationen stand nicht auf seinem Programm. Er wollte schaffen, kühl und abstrakt, er wollte nicht durch diese hitzigen Wellen gestört sein. Mehr—er war in Marokko knietief durch Schmutz gewatet mit den Weibern der Bordelle von Makaresch. Er hatte eine harte Kruste, eine Rinde von Zynismus angesetzt da drunten. Er war verloren für ein Mädchen wie Doris. Wenn sie zu dumm war, dies zu begreifen, dann lag es an ihm, sie von sich abzuhalten. Sie hatte Töne in ihrer Stimme, Worte in ihrem Vokabular, die banden. Ewig—das sagte sie so unschuldig, als ob es zwischen Mann und Frau eine Ewigkeit gebe. Er erinnerte sich des weisen alten Sergeanten Deloup: «Kinder, fangt niemals etwas mit einer Frau an, die sich nicht bezahlen läßt. Eine Hure, die es um dreißig Sous tut, hinter dem Kasernenhofgitter, ist hundertmal besser als eine, die es umsonst macht.» Dann hatte Deloup geheiratet und war bald darauf gefallen; mit zerschossener Gehirnschale war er den Fluß hinabgetrieben, in dem sie zu stehen und zu kämpfen versuchten. Noch spürte Nemiroff das kalte Gebirgswasser bis unter seine Schultern reichen und den stechenden Pulvergeruch in seiner Nase.

Er stand vor seiner angefangenen Arbeit und starrte voll Haß darauf hin. Er sah nicht den Ton. Schon wieder sah er Doris. Immer und überall sah er Doris. Sie war auf die Marmorwände der Herrentoilette im «Casino de Paris» gemalt. Sie trieb sich schamlos in seinen Träumen um. Sie war innen in seinen Augenlidern, wenn er sie schloß. Mit verbissener Miene machte er Pläne, die gegen seinen Willen gingen.

Er hatte nun schon die Miete und die Gasrechnung bezahlt. Bald konnte er seinen Mantel auslösen, seinen braunen Anzug und den Samowar. Bald konnte er seine schmähliche Beschäftigung aufgeben und tagsüber arbeiten, anstatt in schweinischer Weise das Tageslicht zu verschlafen. Dann—aber das gestand er sich kaum selber—dann würde auch Doroschka wieder bei ihm sein. Mit einer wütenden Gebärde knetete er zwei große runde Brüste und setzte sie hoch über die stilisierten Rippen der Statue. Es war schlimmer, als wenn er sein Geheimnis herausgeschrien hätte. Er ging auf die Statue los und zerdrückte den nassen Ton in seinen Händen zu einer formlosen Masse, die er auf den Fußboden warf. Die Katze Minka kam mit interessierter Miene herzu, betastete das Häufchen Katastrophe mit vorsichtig ausgestreckter Pfote und wendete sich enttäuscht ab.

Doris war erwacht, als die Haustüre ging. Sie setzte sich vorsichtig im Bett auf und horchte. Sie teilte das Zimmer mit einem norwegischen Mädchen. Borghild Gimlar, einer Masseuse. Doris horchte auf den lauten regelmäßigen Atem des Mädchens. Borghild war verlobt mit einem jungen Mann aus einem Schuhgeschäft. Sie konnte ruhig schlafen.

Doris hielt die Luft an, um besser zu hören. Sie spürte mehr als sie hörte, daß es Basil war, der die Treppen hinaufging. Die

Schritte verloren sich, dann war da, kaum vernehmbar, noch
der Laut, mit dem sich die Glastüre zum Atelier öffnete und
schloß. In der Kellerwohnung weinten die Zwillinge der Ru-
mänen. Dieses enge Haus nahe dem East-River war voll von
heimlich klagenden Geräuschen, die auch nachts nicht schwie-
gen. Nur eine einzige amerikanische Familie wohnte da, die
Besitzer der winzigen Frühstücksstube an der Straße. Alle andern waren eingewandert, mit ihrem Gepäck, ihren Sorgen, mit
der Sprache und den Liedern ihrer Heimat, mit dem Geruch
und den Speisen ihres Landes, das sie verlassen hatten. Ein
Haus an der Eastside, tausend Häuser an der Eastside, bis unter
das Dach vollgeräumt mit Heimweh, Lebensangst und der irrsinnigen Courage von Einwanderern in New York.

Doris wußte nicht, ob sie wieder eingeschlafen war—aber
plötzlich fand sie sich hellwach. Auf der Mauer gegenüber von
ihrem Fenster lag hoch oben der Widerschein des grellen Lich-
tes aus Nemiroffs Atelier.

Doris' Herz fing stark und gleichmäßig zu schlagen an. Dieses Licht spät in der Nacht war früher einmal ein Liebessignal
zwischen ihnen gewesen. «Komm zu mir», bedeutete es. Halb-
träumend war es ihr, als wären die Wochen dazwischen nicht
wirklich gewesen. Im Finstern erhob sie sich, tastete nach ihrem
Kleid und schlüpfte hinein. Es fühlte sich kühl an und weich.
Sie zog keine Schuhe an. Borghild drehte sich einmal um und
seufzte wie ein Tier. Doris öffnete vorsichtig die Türe und
glitt hinaus.

Das Zimmer, das sie mit der Masseuse teilte, war billig, aber
es hatte eine kleine Schwäche. Man mußte durch die Werkstatt
des Schneiders Dostal gehen, um hinaus- oder hineinzugelan-
gen. Von der Straße kam der schwache Schein einer Laterne
und beleuchtete die schwarze Probierpuppe mit dem heraus-
gereckten Busen aus Stoff. Es roch nach Tuch, die Nähmaschine
glitzerte flüchtig. Noch immer weinten unten die rumänischen
Zwillinge.

Doris langte vor der Glastüre an, als hätte sie eine lange und gefährliche Reise hinter sich. Ja, es brannte Licht, und drinnen ging Basil mit großen Schritten auf und ab. Doris wußte nicht, wie spät es war. Eine traumhafte Sekunde lang schien es ihr, als höre sie die Kirchenuhr ihrer Heimat schlagen—ein Viertel auf vier. Dann drückte sie auf die Klinke. Die Tür war offen.

«Was willst du hier?» fragte Basil und starrte sie böse an, als sei sie ein unangenehmes Gespenst.

«Ich sah das Licht—ich dachte, du brauchst mich vielleicht—» stammelte sie eingeschüchtert.

«Brauche dich? Für was?» fragte er. Jetzt erblickte Doris die Tonmasse, die er auf die Erde geschleudert hatte, und auf dem Postament das traurige Drahtskelett, das die Figur hätte stützen sollen.

«Zum Arbeiten—» antwortete sie nach einer Sekunde Pause. Basil sagte nichts dazu. Er bückte sich, hob den Ton auf und knetete ihn eilig wieder über den Draht. Er sieht todmüde aus, dachte Doris.

«Gut», sagte Basil. «Arbeiten wir. Wozu eigentlich?» setzte er noch hinzu. Doris trat hinter ihn. Sie hatte große Klumpen von Zärtlichkeiten in den Händen, aber sie konnte nichts davon los werden. Sie griff in ihren Rock, um sich das Kleid über den Kopf zu ziehen.

«Was tust du?» rief, nein schrie Basil und drehte sich jäh nach ihr um. «Laß das», rief er streng. «Was soll dieses Theater?» Sie ließ ihre Arme wieder sinken, das Kleid hing nun in gestörten und unordentlichen Falten an ihr herab. «Ich dachte, du brauchst mich», flüsterte sie wieder. Es war das einzige, das sie wußte.

Basil wanderte ein paarmal im Raum auf und ab. So oft er an der Kiste vorbeikam, trat er mit dem Fuß dagegen.

«Gut», sagte er schließlich. «Laß uns arbeiten. Laß es uns versuchen.» Er kam zu ihr, half ihr behutsam beim Abstreifen des Kleides, dann stützte er sie mit einer gewohnten Bewegung, als sie die Kiste erstieg und küßte ihre Hand, bevor er begann. Wenn ihre Glieder einschliefen, dann knetete und schlug sie mit der Bewegung eines Berufsmodells die Widerspenstigen. Das war der einzige Laut, der für lange Zeit im Studio hörbar wurde. Unter Basils Händen wuchs der Ton erst in großen formlosen Gebilden, dann bekam er langsam Gestalt und Ausdruck. Jetzt hörte man Pferdehufe unten auf der Straße, der erste Milchwagen. Es klang nicht wie New York. Basils Gesicht war voll von Höhlungen und Schatten, nur seine Stirne war eine große helle Fläche, die von Schweiß schimmerte.

«Müde?» fragte Doris, als er die Arme sinken ließ und von seiner Arbeit fortging, ohne sie noch mit einem Blick anzuschauen.

«Etwas», sagte er ungewiß.

«Soll ich dir Tee kochen?» fragte sie, raffte das Kaschmirtuch auf, das da lag, als wäre sie erst gestern zum letztenmal hiergewesen, und stieg von der Kiste herunter. Erst dann sah sie, daß der Samowar fehlte. «Wo ist Puschkin?» fragte sie scherzend, denn dies war der spöttische Kosename, den der Samowar bekommen hatte.

«Schwer krank. Letaler Ausgang fast sicher», antwortete Basil träge. Er hatte sich auf dem Bett ausgestreckt und die Hände wie ein Dach über sein Gesicht gebreitet. Einen Augenblick lang war alles so wie im Anfang. Doris kniete neben dem Bett nieder, Basil rührte sich nicht.

«Warum ist alles so geworden?» fragte sie klagend. «Wie geworden?» fragte er zurück wie einer, der jede Antwort im voraus weiß. So traurig, dachte sie, aber sie sagte es nicht.

«Ich dachte früher einmal—daß wir uns lieben—», flüsterte sie. Er bewegte sich ungeduldig. «In unserer Generation gibt es keine Liebe», sagte er mit Endgültigkeit. Sie strich leicht über sein Haar, denn dies hatte kindisch geklungen. Sie kam sich älter und weiser vor. «Warum?» fragte sie wieder. Er gab keine Antwort. Sie nahm den Umriß seiner Gestalt in sich auf, wie er dalag, groß, mit geraden breiten Schultern unter dem fadenscheinigen Sweater.

«Weißt du noch, wie es angefangen hat?» sagte sie und versuchte den Schleier der Melancholie zu zerreißen, der über ihnen lag.

«Ich bin auf der dunklen Treppe über dich gestolpert», sagte er denn auch, mit geschlossenen Augen lächelnd.

«Ich trug mein rotes Kleid», setzte sie fort. «Du warst ganz naß von Schnee.»

Sie stand auf und wanderte im Zimmer herum, auf der vergeblichen Suche nach einer Zigarette. Sie fand einen völlig vertrockneten Blumenstrauß in der Teetasse, schaute ihn ein paar Augenblicke nachdenklich an, als wären diese Blumen fähig, ihr Aufschluß zu geben und ließ es dann auf sich beruhen.

«Was ist eigentlich los mit uns?» fragte sie energisch und lächelte ermutigend dazu.

«Ein Mißverständnis», erwiderte er und setzte sich auf; sie konnte nicht viel von ihm sehen, da hinten im Schatten des Winkels. «Du kannst nur eins von beiden sein—meine Geliebte oder mein Modell. Einen Körper modellieren und zugleich danach verlangen, das geht nicht. Ich hasse Gefühlsverpantschungen—wenn du verstehst was ich meine.»

«Wie du gesehen hast, daß ich als Modell zu brauchen bin, war dir das wichtiger, als daß ich dich—daß ich dir gehöre? Meinst du das?»

«Ja, das meine ich», sagte er.

«Danke», sagte Doris. «Du bist wenigstens aufrichtig.» Basil kam schnell aus seinem Winkel auf sie zu, fast als wolle er sie schlagen. Sie hob die Hände abwehrend auf, aber er blieb dicht vor ihr stehen und sagte: «Es hat keinen Zweck darüber zu reden. Du hast dir eine schlechte Zeit für deine psychologischen Studien ausgesucht.»

Doris schaute sich hilflos nach einem Ort um, wo sie

55

unbeobachtet ihr Kleid wieder anziehen konnte. Es war von nun an unmöglich, sich unbekleidet vor Basil zu zeigen. «Sage mir nur eines: Steckt eine andere Frau dahinter?» fragte sie noch. Basil warf sich wieder auf sein Bett. «Das geht dich nichts an», erwiderte er. Plötzlich wurde er heftig. «Ich verbiete dir, in meinem Seelenleben herumzuwühlen, verstehst du? Ich verbiete es dir», rief er aus. «Du brichst nachts hier ein, als wenn ich kein Privatleben hätte—du stellst Ansprüche an mich—du läßt mich nicht allein, wenn ich das Alleinsein nötiger brauche als irgend etwas—du verstehst mich nicht, du verstehst mich nicht. Liebe!»—rief er höhnisch. «Liebe! Begreifst du nicht, daß es eine Qual für mich ist, dich hier zu haben? Begreifst du gar nichts?»

Doris wurde blaß, und sie spürte es. Ganz deutlich fühlte sie, wie ihre Lippen kalt wurden. Sie hob ihr Kleid vom Boden auf und sie hatte plötzlich Mitleid mit diesem Kleid.

«Ich begreife ganz gut», sagte sie. «Du bist ein Egoist. Du nimmst dir, was du brauchen kannst, und du schmeißt weg, was du über hast. Jetzt denkst du nur mehr an deine Statue. Aber ich werde dir etwas sagen: Ich bin der einzige Mensch, der dir dazu verhelfen kann, daß du deine Statue machst, eine große Statue in Stein, wie du dir's immer geträumt hast. Ich kann dir dazu verhelfen, und ich kann es dir verderben. So.»

Doris war Kindermädchen gewesen, bevor sie Kellnerin wurde. Unwillkürlich war sie in den streitsüchtigen Ton verfallen, den sie ihrer ersten Herrschaft gegenüber angewendet hatte, wenn es zu arg wurde.

Basil schaute sie überrascht an, und langsam breitete sich ein Lachen auf seinem übernächtigen Gesicht aus.

«Halt», sagte er. «Das ist ein Gesicht, das ich noch nicht kenne. Geh, heirate einen Postbeamten, das ist das einzige, das man mit diesem Gesicht anfangen kann.»

Doris begriff nicht sofort, aber dann wurde sie wütend. Auch die Salvatori hatte sie eine ‚petite bourgeoise' genannt.

56

«Du wirst ja sehen, was man mit diesem Gesicht anfangen kann», sagte sie mit ihrer völlig heiseren und verdorbenen Stimme. «Es gibt Leute, denen dieses Gesicht gefällt. Mr. Bryant zum Beispiel gefällt dieses Gesicht. Von diesem Gesicht wird es abhängen, ob du deine verdammte Statue machen wirst oder nicht.»

Er blieb eine Weile still, nachdem dies gesagt war. Dann kam Basil zu ihr und fragte dicht vor ihr: «Ist das wahr?» Doris nickte nur. Ihr war jetzt zum Weinen. Sie wollte in die Arme genommen werden, getröstet, gestreichelt, beruhigt. Basil nahm seine Hände und steckte sie in seine Hosentaschen.

«Warum nicht», sagte er mit übertriebener Ruhe. «Bryant Junior ist bestimmt besser für dich als Basil Nemiroff. Ich stehe dir nicht im Weg, wenn sich dir eine solche Chance bietet. Das mit uns—ist ja doch vorüber—wenn es überhaupt je etwas war.»

Nein, er sagte ihr nicht wie es um ihn stand, und er war noch stolz auf seine Selbstbeherrschung. Doris stand da, als hätte sie einen guten Boxschlag in die Magengrube bekommen. Sie lächelte, so wie Leute in der Narkose lächeln. Sie schaute sich im Atelier um, als sähe sie es zum erstenmal. Das Fenster war schon grau von Licht, und man hörte draußen die Spatzen zirpen.

«Wir sprechen noch darüber», sagte sie schwach. Sie ging hinüber und drehte die grelle Lampe über der angefangenen Arbeit ab. Der Raum verwischte sich in der Morgendämmerung. Basil lächelte wie ein höfliches Gespenst. Er küßte ihr die Hand. «Danke jedenfalls für heute nacht», sagte er und begleitete sie zur Türe. Das ist also das Ende, dachte Doris, als sie die Treppen hinabging. Sie drückte vorsichtig die Türe zu der Schneiderwerkstatt auf—auch diese Türe wurde nie geschlossen. Auf dem Tisch saß mit gekreuzten Beinen der Schneider Dostal, über eine Herrenhose gebeugt. Er schaute aus zusammengezogenen Augen auf das Mädchen. Sie war noch in das Kaschmirtuch eingewickelt und schleppte ihr Kleid hinter sich her.

«Fräulein», sagte er in seinem tschechisch akzentuierten Deutsch, «Fräulein—so etwas gibt's bei uns nicht. Die Damen, denen wir unser Zimmer vermieten, müssen einen einwandfreien Lebenswandel führen, verstehen?»

Doris schaute ihn verwundert an. Sie mußte sich erst in eine Welt zurückfinden, in der böhmische Schneider um sechs Uhr morgens Postarbeit nähten und aus der Küche der Geruch von Zichorie-Kaffee kam.

«Ich war bei Madame Salvatori», sagte sie schließlich. «Sie hat die ganze Nacht Magenkrämpfe gehabt.»

Sie ging zu der Türe ihres Zimmers, hinter der noch immer der starke Atem der Norwegerin zu hören war. Hinter ihr her kam die Stimme des Schneiders, der zu einer Beleidigung ausholte. «Magenkrämpfe. Wer's glaubt, wird selig. Sie—Fräulein *Opernsängerin.*»

«Gleich sind wir da», sagte Franklin O. Bryant zu Doris. Sie beugte sich neugierig aus dem Wagenfenster, denn zwischen den Bäumen war jetzt ein Stück blaugrüne Bucht zu sehen. Prompt mit dem ersten Ostertag hatte das Dogwood rund um New York zu blühen begonnen, dichter weißrosa Schaum zwischen dem lichten Grün der Parks. «Hübsch», sagte Doris nachlässig. Sie gab sich große Mühe, blasiert zu erscheinen, obwohl sie bei vielen Dingen, die sie durch Franklin zu sehen bekam, gerne laut gerufen und mit den Fingern gezeigt hätte. Daß New York einen Frühling hatte, daß hier die Vögel in denselben Tönen lockten wie zu Hause im Odenwald, war eine völlig neue Erkenntnis.

Doris lehnte sich wieder in den Wagen zurück. Es war ihr nun keine Sensation mehr, in diesem hochteuren Wagen zu fahren. Sie kannte sein rotbraunes Leder, seinen Zigarettengeruch, die Vase neben dem Fenster, in der immer frische aber leise welkende Blumen staken, sie kannte Perkins stoischen Rücken und ihr eigenes Gesicht, wie es schräg aus dem Spiegel zurück kam.

Sie war in diesem Wagen mit Franklin zu einem Eishockeyspiel in Madison Garden gefahren, zweimal in ein Speakeasy, einmal ins Theater, einmal nur so, spazieren, Riverside Drive entlang und weiter hinaus, durch die nächtlichen Parks der Vororte. Sie hatte nun einen freien Abend in der Woche, während eine ungeschickte Aushilfe bei Schuhmachers bediente, trotzdem war sie noch immer heiser, und es dämmerte ihr zuweilen, daß vielleicht die berühmte Methode der Salvatori ihrer Stimme Schaden tun mochte. Sie hatte außerdem ein neues Kleid, 16 Dollar 95 in einem gedrängt vollen, billigen Kaufhaus am Union Square erstanden—ein Geburtstagsgeschenk, von Seiten Franklins ihr gewissermaßen aufgedrängt.

Dies alles, sie wußte es, wurde mehr und mehr zu einer Verpflichtung. Und außerdem—es war merkwürdig, wie diese kleinen Annehmlichkeiten verwöhnten, erschlafften. Als Franklin ein paar Tage zuvor davon geredet hatte, daß er eine Europareise antreten wolle, da war sie erschrocken. Sie spürte, daß sie ihn vermissen würde, und sie sagte es ihm auch. Übrigens reiste er dann doch nicht, sondern begleitete seine Frau aufs Schiff und kam nachher leise betrunken und sehr munter noch zu Schuhmachers. Er war eine Art Stammgast dort geworden, dem Mr. Schuhmacher auch die verschwiegenen Räume des Kegelklubs mitsamt dem Bier zugänglich machte.

Mit einer leisen unterirdischen Angst hatte Doris zugesagt, Ostern in Franklins Haus in Long Island zu verbringen. Er sprach davon, daß das Haus voll von Gästen sein werde, er nannte die Namen von Herren und Damen, die kommen würden. Er faselte davon, daß Doris Leute kennenlernen müsse, die ihr in ihrer Opernkarriere nützlich sein würden. Und die Salvatori, schüchtern zu Rate gezogen, hatte mit Pomp und Pathos dem zugestimmt. Aber wie nett und unschuldig dies alles sich auch ansehen mochte, Doris wußte nur zu genau, was dieser Osterbesuch bedeutete.

Der Wagen bog in einer schönen runden Kurve ein, fuhr durch ein Gittertor, einen Parkweg entlang und hielt vor dem Haus. «Ist schon jemand angekommen?» fragte Franklin den Butler, der den Wagen öffnete. «Mr. Shugers hat vor einer Viertelstunde telephoniert. Er kommt erst nach dem Dinner. Die andern Herrschaften müssen jeden Augenblick da sein», meldete der Mann. Franklin war ausgestiegen, ohne Doris aus dem Wagen zu helfen. Sie kroch heraus und wartete. Sie schämte sich tödlich, als der Butler das jämmerliche kleine Suitcase ergriff, in dem ihr Nachtzeug verpackt war. Jetzt kamen zwei Hunde aus dem Park herbeigerast. Erleichtert bückte sich Doris zu ihnen hinunter. Es schien ihr, als wären sie gewissermaßen ihresgleichen, sie konnte mit ihnen sprechen, ohne sich zu blamieren.

Im Haus spielte ein Grammophon. Doris war erfreut zu finden, daß es da innen beiweitem nicht so pompös und elegant war, wie sie gefürchtet hatte. Als Kind war sie auf einer Schulführung in den Großherzoglichen Schlössern gewesen, das hatte ihre Ideen über Pracht und Reichtum bestimmt. Insgeheim mochte sie erwartet haben, daß amerikanische Millionäre in goldenen Prunkbetten schliefen und von goldenen Tellern aßen. Die Einfachheit der englischen Möbel verstand sie nicht.

«Willkommen», sagte Franklin, etwas verlegen. Er verstellte ihr den Weg vom Wohnzimmer in die Bibliothek, schlug seine Arme um sie und gab ihr einen Kuß. Da es beiweitem nicht der erste Kuß von ihm war, nahm sie es freundlich und mit Gelassenheit auf. «Meermaid—kühl und glatt»—sagte er und ließ sie los. Es war eine von den Bemerkungen, auf die er längere Zeit stolz war. «Wollen wir in den Garten gehen und sehen, wie die Statue sich dort ausnehmen würde?» schlug er etwas atemlos vor. Es stand nämlich so, daß noch immer von

60

der Statue die Rede war, obwohl Basil vollkommen unsichtbar geworden war. Franklin hatte Doris des längeren erklärt, daß sie sich an jene Stelle des Gartens stellen müsse, der für die Statue bestimmt war, damit man die Wirkung erproben könne. So sinnlos dies klang, so hatte Doris es doch als einen Grund gelten lassen, weshalb ihr Besuch in diesem Haus nötig war. Noch immer hatten alle die Dinge, die nur von ferne mit Basil zusammenhingen eine verborgene und insgeheime Süßigkeit.

Franklin nahm ihren Ellbogen und führte sie um das Haus herum. An der Rückseite lag eine breite Terrasse, erstes Gras wuchs zwischen den Steinen. Hinter der Terrasse kam eine Wiese, dann eine niedrige Mauer, wieder Stufen und eine zweite Rasenfläche. Von hier aus sah man den Sund ganz nahe, sehr blau mit einem einzigen sehr weißen Segel darauf. Das Gras war naß, und die Sonne machte sich hinter den Bäumen zu einem spektakulösen Untergang bereit.

«Gehört das alles Ihnen, Mr. Bryant?» fragte Doris nach einem tiefen Atemzug.

«Wie heiße ich?» erwiderte Bryant.

«Gehört das alles dir, Franklin?» wiederholte sie mit einem entschuldigenden Lächeln.

«Bis zu den Pappeln», sagte er und zeigte vage in den Park. «Mein Vater, dem alles Übrige gehört, hat es mir zu meiner Hochzeit geschenkt.»

«Es tut mir so leid, daß deine Frau nicht zu Haus ist», sagte Doris höflich. Und eben so höflich erwiderte Bryant: «Ich bin sicher, daß Juddy bedauern wird, dich nicht kennengelernt zu haben.»

Es lag eine Spannung in der Luft—es mochte von den vielen unausgesprochenen Dingen kommen, oder von der Wolke, die mit metallenen Gewitterrändern über dem Sund hing. «Ist es nicht sehr heiß für April?» fragte Doris und Franklin stimmte bei, daß es überraschend heiß sei. «Wir werden hier auf der

61

Terrasse trinken können», setzte er hinzu. Die beiden Hunde waren mitgekommen und lagen erwartungsvoll dicht vor Doris' Füßen auf dem Rasen. Sie ließen ihre dunklen Zungen heraushängen und atmeten schwer, als hätten sie eine große Anstrengung hinter sich. «Ihr spielt nur Theater, ihr Bettler», sagte Franklin und beugte sich zu den Tieren hinab. Es schien Doris netter und liebenswerter als irgend etwas, das sie bisher von ihm gehört hatte.

«Hier sollte sie stehen», sagte er jetzt und schob Doris auf die niedrige Mauer hinauf, dort wo sie mit einem Sockel an die Stufen grenzte. Doris spannte sich, unwillkürlich nahmen ihre Glieder die Pose an, in der sie so oft auf der Kiste in Basils Atelier gestanden hatte. Auch dies barg Süßigkeit in sich und wenn man nachgab, dann mochte man auch wohl weinen darüber. Franklin trat zurück und schaute das Mädchen an. In dem Moment, da man ihr Gesicht vergaß, war sie schön. «Schade, daß du angezogen bist—» sagte er mit rauher Stimme.

«Ich wußte ja, so etwas würde kommen», erwiderte sie im Ton ihrer Zeit als Kindermädchen.

Oben beim Haus erhoben sich jetzt laute Töne. «Da sind die ersten», rief Franklin erfreut. Auch Doris freute sich. Im Grund hatte sie nicht ganz daran geglaubt, daß noch andere Gäste kommen würden. Vielleicht, so dachte sie, während sie ihm zum Hause folgte, vielleicht geht es diesmal noch gut aus. Es war ziemlich so wie Seiltanzen. Einmal, das wußte sie, mußte man herunterfallen.

Ein hübscher junger Mann mit einem Schnurrbart, auf einer Trompete blasend, die er sich aus einer Papiertüte gemacht hatte, wurde ihr als Pascal vorgestellt. Etwas später begriff sie, daß er der Architekt war, der das Haus gebaut hatte. Sie wunderte sich, denn Pascal war jung, und das Haus sah alt aus. «Sie sollten erst die Garage sehen», trompetete er durch sein Papiermegaphon. «Sieht genau aus, als wenn sie ein ehemaliger Pferdestall wäre.»

«Du bist ein noch größerer Snob als Juddy», murmelte Franklin.

«Selbstverständlich. Weiß du nicht, daß die größten Snobs sich immer aus armen Eastsidekindern entwickeln?» wurde durch das Megaphon gequakt. Es klang tröstlich und lustig für Doris.

Jetzt kamen zwei Mädchen um die Hausecke, die Pascal als Micky und Ducky präsentierte. Micky war sehr blond, Ducky sehr schwarz. Sie musterten Doris mit einem raschen Blick, der mit eins den Preis ihres Kleides, ihrer Strümpfe, ihrer Frisur taxierte. Micky schrie, daß Ducky ein gutes Mädchen sei und daß sich hoffentlich ein überflüssiger Junggeselle für sie finden würde. «Oder ein Strohwitwer», warf Ducky ein.

«F. O. hat Keuschheit geschworen», krähte Pascal.

«Ihr seid schon besoffen, ja?» bemerkte Franklin ohne Vorwurf. Die Wolke bedeckte jetzt den ganzen Himmel und kurze Windstöße fuhren durch die Bäume. Sie gingen alle zusammen wieder um das Haus herum zu der Anfahrt, wo soeben zwei Wagen ankamen. Mit viel Lachen und Geschrei kamen drei verschiedene Paare und noch ein einzelner Mann zum Vorschein. «Der ist für Ducky», sagte Franklin und schob ihn zu ihr hin. Ducky machte ein Mündchen. «Ich habe was Besseres vorgehabt», sagte sie beziehungsvoll. «Hände weg. Ich bin mit dieser Dame verlobt», rief Franklin und zog Doris an seine Seite. Wieder wurde sie gemustert und abgeschätzt. Eine kalte Wut kam in ihr hoch. Sie war aus guter Familie.

Ihr Vater, der tote Doktor aus Bingheim, den sie im Getriebe New Yorks ganz vergessen hatte, geisterte plötzlich ungesehen zwischen den halbseidenen Mädchen dahin.

«Willst du hinaufgehen und dich fürs Dinner fertigmachen?» fragte Franklin schnell, denn er hatte in den letzten Wochen gelernt, ihr Gesicht zu verstehen, und er fürchtete sich vor ihr fast ebensosehr wie vor seiner Frau. Doris nickte dankbar. Mit einem Erstaunen spürte sie, daß zwischen den andern sie und

Franklin zueinander gehörten. In der Haustüre drehte sie sich um und warf den gleichen abschätzenden Blick auf die Mädchen, den sie zuvor erhalten hatte. Sie waren noch einfacher angezogen als sie selbst, das sah sie mit Erleichterung. Sie trugen kurze Wollröcke und Blusen. Ihr eigenes Kleid, das um 16 Dollar 95, war aus Crêpe de Chine.

«Darf ich das Zimmer zeigen?» fragte der Butler, der neben der schmalen Treppe stand. Er hinkte ein wenig, das sah Doris, als sie hinter ihm zum ersten Stock hinaufstieg. Er öffnete eine Türe und ließ sie ein. Sofort entdeckte Doris, daß etwas Fürchterliches passiert war. Man hatte ihr Köfferchen geöffnet und ausgepackt. Es enthielt nichts als ihr Waschzeug, ein Reservetaschentuch und einen Kimono, den sie einmal für einen Dollar in einem billigen Importgeschäft erstanden hatte. Nun wußten sie also wie arm sie war. Aber das Schlimmste: Man hatte ein Nachthemd über das Bett gelegt, das nicht ihr Nachthemd war. Ein mattblaues aus feinster Seide mit bräunlichen Spitzen inkrustiert, ein Nachthemd aus den Schaufenstern der Fifth Avenue.

Der Butler hatte sogleich das Zimmer verlassen, und Doris stand steif da und starrte dieses Nachthemd an. Sie schämte sich tödlich. Sie war es gewohnt, nackt zu schlafen. Es war bequem und sparte Wäsche,—aber es ging niemanden etwas an. Keinen Augenblick fiel es ihr ein, daß die Dienstboten des Hauses Bryant einfach annahmen, sie habe ihr Nachthemd vergessen und ihr deshalb eines aus dem Trousseau der Hausfrau hinlegten. Alles was sie dachte war, daß man sie geziemend für die Nacht mit dem Herrn des Hauses ausstatten wolle, da sie selber zu arm war, dies zu tun. Ihr eigener Kimono, auf den sie bisher sogar ein wenig stolz gewesen war, schrie vor Billigkeit und Gemeinheit neben diesem Nachthemd. Und zu allem Überfluß hatte sie einer alten deutschen Gewohnheit zufolge ihr eigenes Handtuch mitgebracht. Kümmerlich hing es neben den kostbaren Leinengebilden mit dem Monogramm J. B. in dem orchideenfarbenen Badezimmer.

Das Haus hatte sich mit Lachen und Gespräch gefüllt. Türen schlugen, und das Wasser rauschte in den Leitungen, als wenn an vielen Stellen zugleich gebadet würde. Doris stand vor dem Spiegel und schaute sich ernsthaft an. Weder in ihrem Zimmer noch in Schuhmachers Restaurant gab es einen Spiegel in voller Größe. Hier nun sah sie sich selbst und ganz: ein ernsthaftes großes Mädchen, nicht hübsch, nicht unhübsch. Sie war nicht unzufrieden mit ihrem Mund und ihren Augen. Aber ihr Haar, das sah sie nun, war unmöglich. Es hatte ein langweiliges Braun und war von einer billigen Friseurin in viele idiotische Wellen gelegt worden, Preis 50 Cent. Doris versuchte, diesem Haar etwas Schwung zu geben, aber dies mißlang. Sie öffnete den Kragen ihres Kleides und legte ihn zurück. Nun sah es besser aus. Draußen lief jemand an ihrer Türe vorbei, unten bellten die Hunde, und ein ankommendes Auto surrte den Weg herauf.

Plötzlich wurde Doris von einer Panik ergriffen. Sie drehte sich um, das Bett stand mitten im Zimmer, nicht wie ein Gegenstand, sondern ungeheuer lebendig, wie Möbel im Märchen manchmal sind. Das teure fremde Nachthemd lag auf der Decke und hatte ganz von selbst eine wollüstige Pose eingenommen. Doris riß es hoch und hängte es über die Lehne eines Stuhles. Jetzt ertönte unten ein Gong. Auch in dem Haus, wo sie Kindermädchen gewesen war, hatte man mit einem Gong zu den Mahlzeiten gerufen. Sie drehte das Licht ab und ging hinunter.

Überall waren jetzt Menschen, in der knappen Eingangshalle, in den Wohnzimmern, in der Bibliothek. Doris sah mit Verzweiflung, daß alle die Tweedmädchen ihre einfachen Kleider abgelegt hatten und in glänzenden Abendkleidern umherwandelten. Ducky hing an Franklins Arm, und er schleppte sie mit sich herum. Als er Doris gewahrte, machte er sich sogleich von seinem Anhängsel los und kam zu ihr. Er stellte sie ein paar Leuten vor: «Mr. und Mrs. Vanderbilt», sagte er. «Mr. und

Mrs. Rockefeller.» Jedesmal sagte Doris höflich ihr ‚How do you do'. Pascal, der Architekt, brüllte zuletzt heraus, und erst dann merkte Doris, daß Franklin einen Spaß gemacht hatte. Noch größer wurde ihre Konfusion, als sie herausfand, daß tatsächlich Männer mit berühmten Namen da waren, aber daß die Mädchen nur kleine komische Vor- und Kosenamen besaßen.

In einer Ecke stand der hinkende Butler und war anscheinend zu fein, um selbst zu servieren. Zwei Diener gingen mit Cocktails herum. Doris, die selber Kellnerin war, hatte Anerkennung für die Vollendung, mit der sie es taten. Alle waren schon leicht betrunken und als Doris einen Cocktail und ganz schnell noch einen getrunken hatte, verwandelten sich die andern Gäste in summende und angenehme Farbflecke. Franklin trug einen flaschengrünen Tuxedo, eine Sache, die Doris noch niemals gesehen hatte und die ihr gefiel. Franklin roch nach einem herben und erfrischenden Toilettewasser. Franklin war noch nicht betrunken. Er nahm Doris unter den Arm und brachte sie auf die Terrasse. Sie atmete dankbar die Luft, die mit kleinen lauen Windstößen vom Wasser heraufkam und nach Fischen und Teer roch. Sie erwartete, daß Franklin sie küssen würde, beinahe wünschte sie es. Aber nichts dergleichen geschah. Im Haus wurde ein Chorgesang angestimmt: Das Dinner ist bereit. Das Dinner ist bereit.

Franklin führte Doris am Arm in den Speiseraum. Vor dem Buffet drängten sich schon die andern. Doris fand sich an einem kleinen Tisch hinter Kerzen sitzen und hörte sich lachen. Ein Herr, der älter war als die andern, saß neben ihr am Tisch. Franklin, der sie einen Moment verlassen hatte, kehrte mit zwei gefüllten Tellern zurück. «Das ist Mr. Potter», sagte er. «Potter, dieses Mädchen hat eine wunderschöne Stimme und will berühmt werden.»

Nunmehr erfuhr Doris, daß Potter der berühmte Potter war, *der* Potter überhaupt; sie erinnerte sich, in den Zeitungen

seinen Namen gelesen zu haben. Er war der Veranstalter auserlesener Theatervorstellungen und der Mittelpunkt vieler Skan-
dalaffären mit Frauen. Er trug keinen Tuxedo, wie die andern,
sondern einen altmodischen, langen schwarzen Rock, der seine
überschmale Taille betonte. «Lassen Sie Ihre Hand sehen», sagte
er zu Doris; unversehens nahm er eine Lupe vor sein rechtes
Auge und studierte die Linien ihrer rechten Handfläche. Sein
Gesicht war ihrer Hand so nahe, daß sie die Wärme fühlte, die
davon ausströmte.

«Sie haben recht», sagte er ernsthaft, «da ist Erfolg und
Ruhm. Ich bedaure Sie. Sie sind einfach und glücklich. Das
alles wird zerstört werden, wenn der Ruhm kommt.» Doris
lächelte demütig. Dies klang sehr ähnlich wie die Salvatori.
Unter dem Tisch bedrängte sie Franklins Knie. Man trank
Champagner. Doris versuchte nicht zu lachen, als die kalte
Nässe ihre Kehle hinabprickelte. Sie hatte sich Champagner
ganz anders vorgestellt.

Franklin und Potter redeten eifrig, sie redeten über Geld wie
es schien; soviel Doris verstehen konnte, hatte Potter Franklins
Geld in einer Bühnenproduktion verwirtschaftet und, nicht genug an dem, versuchte er neues Geld für eine neue Produktion
zu erlangen. Der Name ,Miss Cater' fiel in regelmäßigen Abständen. Obwohl Doris sich nichts aus Franklin machte, ver-
spürte sie eine heftige Eifersucht auf diese unbekannte Miss
Cater. Schon war sie daran gewöhnt, den jungen Bryant als ihr
Eigentum zu betrachten. Sie blickte um sich, und der Aufschwung, den ihr der Champagner gegeben hatte, verflog, sie
fiel unaufhaltsam in eine Depression, als fiele sie in eine Glet-
scherspalte.

Alle Mädchen, die sie da sah, waren schöner als sie, besser
frisiert, angezogen, vergnügter, besser dafür ausgestattet als sie,
die Geliebte eines reichen Mannes zu sein. Basil machte sich
nichts mehr aus ihr, und er hatte wahrscheinlich recht. Bald
würde auch Franklin sich nichts mehr aus ihr machen.

«Diesmal müßte es Oper sein», hörte sie ihn zu Potter sagen; sie begriff erst an dem Schmunzeln des Theatermenschen, daß dies eine Art galanten Scherzes ihr zu Ehren war. Schon kam von den andern Tischen hohes Gelächter und ab und an ein Aufkreischen, schon saß da und dort ein Mädchen auf dem Schoß eines Herrn. Plötzlich war vor dem Haus ein enormes tiefes Surren hörbar. Alle liefen hinaus, um zu sehen, was es bedeutete. Vor dem Haus brannten jetzt zwei Laternen an der Anfahrt. Ein großer alter Omnibus war soeben zum Stehen gekommen. Ein junger Mensch stieg aus und lachend folgte ihm ein Bündel von Mädchen aus dem Innern des Wagens. Unmenschliches Geschrei erhob sich. «Shugers!» rief alles begeistert. «Nur Shugers kann so eine Idee haben!»

Shugers stand mit groteskem und stolzgeschmeicheltem Lächeln da. Er war offensichtlich stockbetrunken, aber er hielt sich gerade.

«Habe die Lämmchen aufgelesen», sagte er stolz. «Verein der einsamen Herzen. Habe sie mit Putzpaste abgerieben. Sie sind zwar noch sehr jung, aber schon zimmerrein. Sagt Papa guten Abend, meine Lämmchen.»

Eines nach dem andern fielen hierauf die Mädchen um Franklins Hals und küßten ihn. Doris lachte laut, um sich nicht steif und fremd zwischen all der Lustigkeit zu fühlen. Man zog in langer Prozession zu den Ställen. Ein Quartett sang schon, ‚Sweet Adaline‘. Was Franklin die Sattelkammer nannte, war eigentlich eine verkleidete Bar. Zwar hingen Sättel über den Gestellen, und es roch nach Leder, aber aus den Wänden sprang mit einemmal alles, was zu einer Bar gehörte. Wie dahergezaubert befand sich der hinkende Butler hinter der Bar, trug ein weißes Mixerjackett und schüttelte phrenetisch den silbernen Shaker.

«Was willst du trinken?» fragte Franklin. Er mußte in ihr Ohr schreien, um sich in dem Lärm verständlich zu machen. «Danke, nichts», schrie Doris zurück. Sie war sich selbst in einer wunderlichen Weise abhanden gekommen. Ganz ohne Gewicht und Körper schwebte sie dahin. «Doch, etwas Starkes, Kaltes, Süßes», schrie sie gleich darauf. Sie hatte es sich überlegt. Der Butler sah sie spöttisch an, wie es ihr schien, dann begann er fanatisch vielfarbige Dinge in ein Gefäß zu gießen. Franklins Hand lag auf Doris' Nacken, und es gefiel ihr. Sie war viel einsam gewesen. Jetzt, so schien es ihr, war sie nicht mehr einsam. Plötzlich wurde das Leben leicht und einfach. «Auf dich. Auf die Zukunft», sagte Franklin und hielt ihr ein Glas hin.

Nachdem Doris getrunken hatte, wurde alles völlig konfus und völlig klar zugleich. In einer Ecke preßte Potter sie gegen die Wand und küßte sie, und noch im Nebel merkte sie, daß seine Küsse erfahren waren und trafen wie gutgezielte Schüsse. Pascal, der Architekt, redete betrunkene Dinge in ihr Ohr. Er faselte von einem Grundstück nahebei, auf dem Franklin eine Villa für sie bauen lassen sollte. Plötzlich schlief er ein, ganz aufrecht auf einem der Holzböcke sitzend, von denen er die Sättel heruntergeworfen hatte. In einer Ecke stritten zwei von den Mädchen. Erst sagten sie sich unangenehme Liebenswürdigkeiten, dann schrien sie aufeinander ein, dann spuckten sie aneinander vorbei, und zuletzt gingen sie mit den Fäusten aufeinander los. Die beiden Männer, die dazugehörten, schauten amüsiert zu, als ob kleine Tiere kämpften. Schließlich hob einer sein betrunkenes Mädchen auf, warf sie sich über die Schulter wie einen Sack und trug sie fort. Der Raum hatte sich gelichtet, schon fehlten viele Paare.

Man begann auf der Terrasse zu tanzen, alle die Mädchen konnten ihre Beine bis zum Kinn hochwerfen. Auch Doris versuchte es, zu ihrem unbändigen Erstaunen konnte auch sie es. Hinten in der Ecke wurden Wetten aufgelegt, die Männer lachten unkontrolliert, Doris konnte nicht verstehen, um was die Wette ging. Mit einemmal begannen zwei der Mädchen ihre Kleider abzuwerfen. Es schien sich darum zu handeln, wer den schöneren Körper besaß.

«Du kannst eingepackt bleiben—wie du aussiehst, das weiß ganz New York», schrie das eine Mädchen dem andern zu; es war eine Bemerkung, die großen Erfolg hatte. Schweigsam und verbissen wie zwei Ringer standen sie dann da, mit ihren nackten, noch zu jungen Körpern. «Erkältet euch bloß nicht», sagte Potters gelangweilt. Beide hatten hohe schöne Beine— aber das hatten alle Frauen, seit Beine in Mode gekommen waren. Die eine hatte eine schönere Brust, aber ihre Schulterblätter hoben sich mager aus dem Rücken, und man konnte plötzlich sehen, daß sie ein hungriges und gebücktes Proletarierkind gewesen war, bevor man ihr Kleider schenkte.

Man applaudierte. Die Mädchen deuteten ein paar wiegende Tanzbewegungen an und gingen davon, um sich wieder anzuziehen. Ein flauer Moment trat ein.

«Jetzt Doris», rief plötzlich eine Männerstimme. Doris fuhr herum. Es war nicht Franklin, sondern Shugers, der gerufen hatte. Franklin, mit schwimmenden Augen, widersprach ihm, aber Shugers war hartnäckig. «Nun hast du uns wochenlang die Ohren vollgetrommelt, wie schön sie ist, nun wollen wir auch sehen, ob es wahr ist», sagte er eifrig und etwas gekränkt. Franklin machte eine ergebene Gebärde.

«Doris—?» murmelte er bittend dicht neben ihr. Aber sie war nicht beleidigt. Ein sonderbarer Stolz kam plötzlich in ihr hoch. Ihr Haar hatte eine falsche Farbe, die Wasserwellen waren mißglückt, sie besaß kein Stückchen Schmuck, nicht einmal ein Nachthemd, und ihr Kleid war eine Schande, das hatte sie im Lauf des Abends begriffen. Aber ihr Körper war richtig, das wußte sie. Basil, der es verstehen mußte, hatte es ihr oft genug gesagt.

Seltsam, daß gerade in diesem betrunkenen, durch und durch verwirrten und haltlosen Moment noch einmal der Schatten Basils vorbeigeisterte. Ja, er zog vorbei, mit schattengefüllten Höhlen im Gesicht und verschwand. Und die bloße Erinnerung an ihn wirkte auf die betrunkene Doris wie ein Peitschenschlag.

Im nächsten Augenblick hatte sie ihr Kleid abgestreift und sich auf die Mauer geschwungen. Ihr Körper nahm von selbst die Haltung der Statue an, für die sie Modell gestanden hatte. Die Nachtluft stieß an ihre Haut wie die kühle, weiche Schnauze eines Tieres. Doris bewegte sich nicht. Sie spürte sich selbst, einen glückseligen Augenblick lang hatte sie ein starkes und durchdringendes Gefühl ihrer selbst.

Niemand hatte gesprochen. In der Stille hörte man jetzt die spöttische Stimme eines der Mädchen. Es war Ducky, die halblaut sagte: «Was für große Busen diese Deutschen haben...» «Halt Schnauze—» sagte eine andere Stimme. Eine dritte Stimme rief: «Es regnet.»

Doris hatte die Tropfen schon während der letzten Sekunden auf ihrer Haut gespürt. Sie fielen auf sie wie winzige Küsse, ganz ohne Gewicht. Sie wachte auf, als die Mädchen von der Terrasse sich ins Haus drängten. «Ich bin vollkommen betrunken, Franklin—» sagte sie klagend als er ihr von der Mauer herunterhalf. «Tröste dich—ich auch—» antwortete er. Seine Augen schwammen, sein Kinn war noch schlaffer als gewöhnlich. Er zitterte verhohlen, als er sie berührte.

Doris machte sich von ihm los, schlüpfte hastig in ihr Kleid und lief davon. Auf unsichtbaren Wipfeln in der Dunkelheit rauschte jetzt stärker der Regen. Über dem Sund war ein schwaches, zuckendes Wetterleuchten, das unvermittelt ein Stück Wasser klar aus dem Finstern riß. Doris fand sich in ihrem Zimmer, aber sie wußte nicht, wie sie dahingekommen war. Sie weinte ein wenig, sah sich im Spiegel dabei zu und leckte die Tränen auf, die an ihrem Mund entlang liefen. Sie drehte das Badewasser an, aber dann war sie zu faul, um zu baden. Sie drehte den Hahn wieder ab, ließ ihr Kleid, das sie nicht zugeknöpft hatte, herunterfallen und stieg darüber weg. Sie horchte. Sie ging zur Türe, verriegelte sie. Wetterleuchten. Regen. Gelächter im Haus, erstickte Schreie auf der Treppe. Sie zog das Nachthemd an, legte sich ins Bett, ihre Zehen spielten wohl-

71

gefällig mit der Seide. Sie wußte nun gar nichts mehr. ‚Ich schlafe schon‘, dachte sie. Mit ungeheurer Anstrengung stand sie noch einmal auf, ging zur Türe und drehte den Riegel wieder zurück. Sie zog das Nachthemd aus und legte sich wieder ins Bett. Bei Dostals gab es nur jede zweite Woche reine Bettwäsche. Pascal wollte ihr eine Villa bauen. Wetterleuchten. Franklin. Zum erstenmal seit Monaten schlief sie ein, ohne an Basil zu denken.

Sie wachte noch einmal auf. Die Lampe brannte noch. Franklin stand im Zimmer, er trug ein gelbseidenes Pyjama, sein Haar war feucht, er roch nach Lavendel und sah hübscher aus, als wenn er angezogen war.

«Ich wollte nur Gute Nacht sagen—» murmelte er verlegen. Doris setzte sich steil in ihrem Bett auf.

An diesem Ostertag kam Nemiroff auf dem Dach eines Autobus die Fifth Avenue hinabgesegelt. Er war in froher und übermütiger Laune, und er hatte guten Grund dafür. «Riechen Sie den Frühling, Madame?» fragte er eine ältere Dame in einem unmöglichen Hütchen. Die Dame erwiderte nach einem überraschten Zögern, ja, sie röche ihn. In gebrochenem Englisch setzte Nemiroff die Konversation fort, erkundigte sich nach den Geschäften und Gebäuden, an denen sie vorbeitrieben und stellte idiotische Fragen, die von der Dame voll Vernunft und freudiger Nachsicht beantwortet wurden.

Nemiroff gefiel sich an diesem Tage in der Rolle eines Mannes, der New York zum erstenmal sieht. Er war bescheiden, provinziell und überwältigt, sehr zum innigen Vergnügen der Dame, deren leerer Feiertag auf diese Weise einen neuen und interessanten Inhalt erhielt. Nemiroff erzählte ihr sodann stokkend, daß ihm gleich nach der Ankunft ein Stein auf den Kopf gefallen sei, daß er Wochen im Spital verbracht habe und eben in diesem Moment erst wieder zur Besinnung und zum Leben zurückkehre. Lächerlich und phantastisch wie dieser Bericht

72

war, hatte er doch etwas mit der Gefühlsverfassung zu tun, in der sich Nemiroff an diesem Ostertag befand.

Er kam von Raphaelson, dem Kunsthändler, der, wie er wußte, nichts von seinen Arbeiten hielt. Doch hatte es sich ereignet, daß Raphaelson seine schnöde Haltung zum erstenmal aufgab und ihm etwas abkaufte. Die Studie, die er begonnen hatte, als Doris mitten in der Nacht zu ihm gekommen war, diese Studie hatte eingeschlagen. Und so war die sehr große Qual dieser letzten Wochen doch zu etwas gut gewesen. Er hatte sich diese Arbeit, dieses wohlgeformte und ausbalancierte Stück gebrannten Ton erkämpft, erobert, schwer erkauft, in Krämpfen ausgearbeitet. Er hatte getan, was, wie er meinte, jeder Künstler tun mußte: Das Gefühl unterdrückt, um die Klarheit zu gewinnen, aus der Form entspringt. «In Gelassenheit etwas Ganzes schmieden», zitierte er einen großen deutschen Schriftsteller und verwirrte dadurch die Dame mit dem komischen Hütchen noch mehr. «Verzeihen Sie, *wo* sagten Sie, daß Sie herkommen?» fragte sie leicht verstört.

«Ich bin Kurdogise», erwiderte Nemiroff mit Würde.

«Ach so——» antwortete die Dame begütigend. Er war schon dabei, sich ein Land Kurdogisien auszufabeln, ein Land, in das er mit Doris reisen wollte.

«Man kommt am besten mit dem Schiff in meine Heimat», erklärte er und glaubte es schon beinahe. «Man fährt durch die Meerenge zwischen den Inseln Biribi und Avalun. Kurdogisien liegt auch auf einer Insel, und zu jeder Jahreszeit hängt eine lange weiße Wolke darüber, die die Form einer ruhenden Frau hat. Die Leute in meiner Heimat leben meistens von Flamingozucht», unterrichtete er seine Nachbarin mit ernster Miene. Die Statue war gut, das wußte er auch ohne Raphaelson. Aber Anerkennung schmeckte so viel süßer als spöttisches Mitleid. Man hatte ihm so oft erzählt, er sei verrückt, daß er es zuweilen, in besonders entmutigten Stunden, selbst beinahe glaubte. Raphaelson hatte die Studie gekauft. Er hatte fünfzig Dollar dafür bezahlt, das hieß, daß sie fünfhundert wert war. Geld bedeutete die einzige echte Anerkennung, die New York zu vergeben hatte. «In Kurdogisien wird soeben ein neues Gesetz ausgearbeitet, wonach Kauf und Verkauf mit Gefängnis bestraft wird», teilte er als Abschluß seiner Gedanken der Dame mit. «Wie interessant», erwiderte sie. Gleich darauf verdunkelte sich ihr verschrumpftes Gesicht: «Das klingt aber sehr bolschewistisch—» sagte sie. Nemiroff nahm eine Blume aus dem abgeschabten Knopfloch seines Hemdes. Ja, er trug eine Blume im Knopfloch an diesem denkwürdigen Tag.

«Wollen Sie diese kleine Blume mitnehmen auf das Grab Ihres Sohnes—als den Gruß eines Unbekannten», sagte er. Noch bevor die Dame ihr ungeheures Erstaunen ausdrücken konnte—denn tatsächlich hatte sie einen Sohn begraben und war auf dem Weg zum Friedhof—hatte Nemiroff das Autobusdach verlassen. Er rannte die schaukelnde Treppe hinab und sprang vom fahrenden Wagen. Der Schaffner rief etwas hinter ihm her. Lachend blieb Nemiroff einen Augenblick mitten auf der Straße stehen, ein Verkehrshindernis im schäbigen Sweater und mit fünfzig Dollar in der Tasche. Es tutete rund um ihn, was er außerordentlich komisch fand. «Zu viel Ehre—» sagte er höflich und bescheiden, als ein Taxichauffeur ihn anbrüllte. Die eine Hälfte der Straße lag noch voll gelber Sonne, obwohl es schon später Nachmittag war. Nemiroff tanzte über den Asphalt davon, zu dem Delikatessengeschäft, das er vom Autobus aus erspäht hatte. Er besaß die Augen eines Scharfschützen der Fremdenlegion. Er hatte bemerkt, daß der Laden offen war und daß ein Schaufenster einen Korb mit völlig unzeitgemäßen Kirschen enthielt. «Doris soll Kirschen haben», sang er und betrat den Laden. «Doris soll Kirschen haben...»

Während er kaufte und den lächerlich hohen Preis für die Aprilkirschen bezahlte, überlegte er freudig grinsend, was wohl die betrunkenen Herren in den unterweltlichen Räumen des Casino de Paris anfangen würden, wenn plötzlich kein freundlicher Basil für Beistand und Hilfeleistung mehr vorhanden war. Das Körbchen mit Kirschen im Arm, machte er sich auf den Heimweg in die 56ste Straße.

Mit einemmal war die Sonne hinter den Häusermauern verschwunden. Basil fröstelte, was er lächerlich fand. Er hatte in letzter Zeit nur unregelmäßig gegessen, und sein Mantel war versetzt. Die Vorfreude auf die Schlemmermahlzeit, die er mit Doris halten wollte, machte nicht den geringsten Teil seines Vergnügens aus.

Danke, daß du mit mir Geduld gehabt hast, Doroschka, dachte er. Auch dieses ließ sich in Musik setzen. ,Danke, daß du mit mir Geduld gehabt hast, Doroschka', sang er und bog in die Straße ein. Er war von einer überlebensgroßen Dankbarkeit erfüllt. Die Statue, Doroschka, der endliche Erfolg, das war alles ein und dasselbe und untrennbar. Er war Doroschka ausgewichen, sonst hätte er nicht arbeiten können. Aber sie hatte zäh und treu ihre Zettel unter seine Türe geschoben und auf ihn gewartet. Ich werde sie heiraten, dachte er. Nein, ich werde sie doch nicht heiraten, dachte er. Man kann keine Frau heiraten, nach der man zu sehr verlangt. In Gelassenheit etwas Ganzes schmieden. In Gelassenheit. Jawohl, in Gelassenheit. Alle Gelassenheit ging zum Teufel, wenn er nur an Doroschka dachte. Er sprang die Treppe hinauf, immer zwei Stufen auf einmal.

Die Türe zu der Werkstatt des Schneiders Dostal war verschlossen. Basil suchte die nie benützte Klingel und drückte sie heftig und anhaltend. Er spürte die Kirschen kühl und rund in seiner tastgewohnten Hand. Es dauerte eine geraume Weile, bevor sich drinnen etwas rührte, aber Basil gab nicht nach und zuletzt pantoffelte etwas heran. Es war Frau Dostal, zerzaust und verschlafen. «Na?» fragte sie unfreundlich.

«Ich will zu Miss Hart», sagte er und trat ein, aber die Frau blieb in der Türe stehen.

«Ich weiß nicht, ob sie zu Hause ist», knurrte sie.

75

«Ich sehe selber nach—» sagte er schnell und durchquerte die Werkstatt. Die Frau schaute ihm nach mit einem unbeweglichen Tierblick.

«Klopfen Sie erst—» sagte sie noch.

Als Nemiroff geklopft hatte, raschelte es hinter der Türe, und eine helle Stimme rief: «Immer herein.» Basil wußte im gleichen Moment, daß Doris nicht zu Hause sei, und die Kirschen in seiner Hand wurden schwer und überflüssig. Trotzdem trat er ein.

Am Fenster saß die norwegische Masseuse, Borghild, und manikürte sich. «Ach—Sie sind es?» sagte sie. «Und ich dachte, es wäre meiner.»

«Wissen Sie, wo Miss Hart ist?» fragte er, bereit sich zurückzuziehen. Auf dies hin schaute das Mädchen ihn unverhältnismäßig lang und genau an. «Ach so—» sagte sie schließlich, «Sie möchten wissen, wo sie ist.» Sie überlegte noch eine Sekunde und sagte dann: «Ich werde Ihnen etwas sagen. Ich weiß nicht, wo sie ist.»

Basil fand, daß die Masseuse unverhältnismäßige Wichtigkeit an die Beantwortung einer so einfachen Frage anwandte. «Na—entschuldigen Sie jedenfalls», sagte er grübelnd. Borghild hatte sich wieder ihren Nägeln zugewendet. «Sie kommt heute nicht zurück», warf sie noch hin. «Sie ist aufs Land eingeladen.»

«Danke», sagte Basil und schloß die Tür von außen. Er stand da einige Minuten und überlegte. Er kannte Doroschkas Leben ziemlich genau, ihre Freuden, ihre Sorgen, ihre Freunde und Feinde. Ein Ausflug aufs Land war nichts Gewöhnliches. Sie ist zu ihrer Tante, der Köchin gegangen, dachte er sich selbst zum Trost, aber er wußte schon, daß dies nicht wahr sei.

Nemiroff hatte Momente der Hellsichtigkeit. Auf dem Autobus hatte er gewußt, daß die alte Dame das Grab eines Sohnes besuchen ging. Er kombinierte ein Emailporträt auf ihrer Brosche mit den Kummerfalten um ihren Mund und dem Blumentopf auf ihrem Schoß und traf das Richtige. Im Nordafrikanischen Gebirge hatte er die Hinterhalte der Kabylen mehr gewittert als gewußt. Jetzt stand er mitten in der Schneiderwerkstatt, schloß die Augen, konzentrierte sich und versuchte zu erraten, wo Doris sein konnte. Sie hatte ihn nicht losgelassen, solange es schlecht ging; er konnte nicht feiern und glücklich sein ohne sie. Er wünschte große Freudenfeuer anzuzünden wegen dieser ersten fünfzig Dollar und ihrer inneren Bedeutung.

Er spürte, daß er angeblickt wurde und entdeckte, daß Frau Dostal noch immer vorhanden war; sie hockte hinter der Probierpuppe und schaute ihn voll Neugierde an.

«Ich gehe also zu Schuhmachers», teilte er mit und suchte aus dem Baumwollgeruch des Raumes fortzukommen.

«Die haben heute geschlossen», wurde hinter ihm gesagt, als er schon das Treppenhaus erreicht hatte. Er drehte sich rasch um. «Miss Hart hat ihr neues Kleid an, die arbeitet heute nicht», sagte Frau Dostal noch, bevor sie die Tür hinter ihm schloß.

Basil rannte die Treppen zu seinem Atelier hinauf. Er ärgerte sich, daß er dies nicht von Anfang an getan hatte. Er war sicher, dort eine Nachricht von Doris zu finden. Er öffnete die Türe und wartete auf den raschelnden Laut, mit dem sonst Doroschkas kleine Briefe unter dem Türspalt sich anmeldeten. Nichts. Er durchsuchte das Atelier. Kein Zettel, kein Brief, kein Gruß. Trotzdem wußte er, daß Doris da gewesen war. Dinge lagen geordnet, die er in Unordnung hinterlassen hatte. Auch war ein Hauch jenes billigen Parfums in der Luft, das sie bei feierlichen Gelegenheiten benutzte.

Zuletzt stand er eine ganze Weile vor seinem Eisenbett. Das Kissen war frisch überzogen und die Decke zurückgeschlagen, als würde gewünscht, daß er sich gleich niederlegen und schlafen solle. Er griff nach den Kirschen, die er auf den Tisch gelegt hatte und begann gedankenlos, eine nach der andern zu essen. Die Kerne behielt er in der Hand.

Er trug diese Kerne noch mit sich, als er eine Viertelstunde später bei der Salvatori klingelte. Die alte Diva war zu Hause. Sie ließ ihn ein und während er sich auf einen der Fliegenpilze niederließ, schlüpfte sie in ihre Schuhe. Dann setzte auch sie sich dicht neben den ausgestopften Papagei Carlotta und schaute Basil kampflustig an.

«Sie wollen wissen, wo Doris ist?» begann sie noch bevor er fragen konnte. «Ich will es Ihnen sagen: Sie macht heute ihr Debut in der großen Welt.»

«Ich habe ihr etwas Wichtiges zu erzählen», sagte Nemiroff ungeduldig. «Sie ist in Long Island, bei den Bryants, mit einem Wort», antwortete die Salvatori voll Stolz. Es war sonderbar, aber er hatte auf die Bryants vollkommen vergessen; er erinnerte sich mit einem Schauder des Nachmittags, da er in Long Island schrecklichen amerikanischen Tee getrunken und sich mit der Dame des Hauses gezankt hatte. Die Bryants. Der Mann hatte nicht mehr Form als ein Mehlkloß.

Plötzlich sprang eine Ader blau aus Basils Stirne, sein Blut begann zu sausen. Er erinnerte sich, was Doris über Bryant gesagt hatte. Er klopfte sich mit der Faust vor die Stirne. «Idiot», sagte er zu sich selber, «irrsinniger, tauber, idiotischer Idiot.»

Nicht eine Sekunde lang hatte er Doris' Reden ernst genommen. Jetzt fiel ihm alles auf einmal wieder ein. Doris war einfach, sie war unbeholfen, sie war rührend ungeschickt in ihren Bemühungen zu verbergen, wie unschuldig sie war. Doris war treu, dies vor allem andern. Sie war in seinem Studio gewesen, sie hatte sein Kopfkissen frisch überzogen, bevor sie zu diesem Bryant gegangen war. Sie wußte wohl nicht, was sie tat. Er sprang auf, heiß im Gesicht, aber mit einem kalten Gefühl in der Magengrube.

«Sie werden Miss Hart nicht stören», hörte er die Salvatori rufen. «Sie hat Ihnen schon viel zu viele Opfer gebracht, das gute Kind.» Die Salvatori hatte all die Zeit geredet, ihre Stimme

mit dem harten italienischen Akzent war an ihm vorbeige-
rauscht wie ein Fluß, und er hatte nichts verstanden.

«Doris wird Karriere machen. Bryant ist der Mann, den sie
braucht. Es ist vorbei mit kindischen sentimentalen Schrullen.
Und Sie, junger Mann, täten am besten, sich unsichtbar zu machen und Doris nicht im Weg zu stehen.»

Nemiroff sah die Salvatori starr an, aber er sah sie nicht.
Was er sah, lag weit fort und zurück, in Marakesch. Das Haus
mit dem Schild «Maison Fifi». Die Musik dort, der Rauch, der
Geruch von Räucherkerzchen und Schweiß, die Mädchen, der
mörderische Absinth, den die Legionäre am Zahltag in sich
hineingossen—es hatte nichts mit Doris zu tun und doch in
gewisser Weise viel. Er hatte ein beinahe unhemmbares Bedürfnis danach, dem ausgestopften Papagei den Hals umzudrehen.
Er sagte etwas Russisches, und nur am Ton konnte die Salvatori verstehen, daß es eine Beleidigung war.

«Sie sind der Letzte, der mich beleidigen kann», rief sie erregt. «Was haben Sie je getan, um Doris zu verdienen? Nichts.
Nichts», sagte sie und tippte mit ihrem gelben Zeigefinger
gegen Basils Brust.

Nichts. Wahr: Nichts, dachte er.

«Nicht eine Blume, nicht die kleinste Freude, nichts», setzte
sie ihre Litanei fort, und wie ein Refrain wiederholte es in ihm:
nicht eine Blume, nichts. Er erinnerte sich nun, daß die Blumen, die sich in diesen Monaten in seinem Atelier eingefunden
hatten, von Doroschka kamen.

«Von ihrem kleinen Gehalt, von ihrem blutig verdienten
Geld—» sang die Salvatori ihre Rachearie aus. Es war inzwischen dunkel geworden, sie hatte kein Gesicht mehr, sie saß
wie ein schwarzer Berg mitten im verschwindenden Zimmer.
Basil spürte, daß er alles ausgehalten hatte, was er aushalten
konnte. «Besten Dank», murmelte er und ging davon.

Er machte kein Licht, als er in sein Atelier zurückkam, er
ging im Finstern auf und ab und dachte nach. Je mehr er

dachte, desto verworrener und unheilbarer wurde alles. Irgendwo tat es würgend weh. Es mochte eine Stunde vergangen sein und als kein Wunder eintrat, keine Veränderung, Erlösung oder Erleichterung, drehte er alle Lichter an und beschloß zu arbeiten. Er nahm Zeichenpapier und begann in der akademischesten und minutiösesten Weise seinen Waschtisch zu porträtieren. Das Haus war erstaunlich still an diesem Ostertag, sogar die weinenden Zwillinge im Souterrain schienen ausgegangen zu sein. Basil bedeckte ein Blatt nach dem andern mit feingestrichelten Waschtischen. Das Waschbecken war am Rand abgestoßen und hatte einen tiefen Sprung. Allgemach begann dieser Sprung die Form eines Profiles anzunehmen. Auch an den Wänden erschienen Gesichter; etwas später begann es zu regnen und das große Fenster bedeckte sich mit gleichfalls undeutlich zerrinnenden Figuren. Basil lehnte den Kopf gegen das Fenster und schaute hinaus. Draußen war nichts als schwarzer Abend. Ein Grammophon hatte irgendwo zu spielen begonnen.

Mit einemmal und ohne Grund wurde alles gut, es ordnete sich und kam zu Vernunft. ,Ich werde Doris von den Bryants abholen', dachte Basil. Er überredete sich selbst, daß er ein Bekannter des Hauses sei und daß es sein gutes Recht war, seine Freundin dort abzuholen. Noch immer sauste es auf wunderliche Art in seinen Schläfen, und er ging zu seinem Waschtisch und steckte seinen Kopf ins Wasser. Gerade als er fortging, fiel es ihm ein, daß Doris auf dem Weg zu ihm sein mochte, während er nach Long Island fuhr, um sie zu holen. Er hielt viel von den Zufällen der Liebestelepathie, und deshalb versäumte er zuweilen Dinge auszusprechen, die besser gesagt gewesen wären. «Warte auf mich—ich komme», schrieb er auf einen Zettel, den er dann sorgfältig auf dem Kopfkissen seines Bettes aufbaute. Die Tür ließ er offen—er hatte es lang nicht getan.

Ein Windstoß faßte ihn an, als er aus dem Haus trat. Sofort

war er von oben bis unten regennaß. Er legte sich gegen den Wind, der kalt und stark war wie ein schwerer Körper. Noch bevor er an der Ecke anlangte, sah er ein, daß es so nicht ging. Man kämpfte nicht mit einem Millionär um eine Frau, wenn man aussah wie ein geschlagener nasser Hund. Er wußte genau, daß er sogleich den klaren Eindruck eines Mannes machen mußte, der fünfzig Dollar in der Tasche und seinen ersten Erfolg im Rücken hatte. Er überlegte dies gar nicht. Als er in der Zweiten Avenue auf den Zug wartete, stieg er nicht in den ein, der zur Pennsylvania-Station fuhr, sondern in einen überfüllten, der ihn zur Canalstraße brachte.

In dem kleinen Laden von Rubens' Söhnen brannte zwar ein kleines Licht als Warnung für Diebe, aber er war geschlossen. Zu dieser Zeit hatte sich eine finstere und verbissene Stimmung Basils bemächtigt. Der Regen, der in den Kragen seines abgetragenen Sweaters lief, die Tatsache, daß er kein Hemd, sondern ein kragenloses Etwas darunter trug, die Fahrt in der überfüllten Bahn, der Zwang, seine versetzten Habseligkeiten auszulösen, bevor er sich vor Doris zeigen konnte: all dies hatte ihn auf eine bohrende Weise mit dem Gefühl seiner Armut angefüllt. Er war nicht gewillt, sich einer lächerlichen Widersetzlichkeit, einer geschlossenen Ladentür zu fügen.

Er ging durch den Hausflur und klopfte ungeduldig an die Türe, die, wie er wußte, zu den Privaträumen der Söhne Rubens führte. Drinnen war ein behagliches Geräusch von vielen Stimmen, die sogleich verstummten. Traumhaft erinnerte ihn dieses plötzliche Verstummen an Dinge aus seiner russischen Kindheit. So war man immer stumm geworden, wenn an die Tür geklopft wurde. Dann hatte man geöffnet, und sein Vater war verhaftet worden. Er klopfte noch einmal. Das Wasser lief aus seinen Haaren und ein verhehlter Schüttelfrost hatte sich seiner bemächtigt.

Als die Tür geöffnet wurde, zeigte sich ein unerwartetes und festliches Bild. Um einen langen, weiß gedeckten Tisch saßen etwa zwölf Menschen, immer ein Mann und eine Frau und am Tischende zwei Knaben mit großen schwarzen Augen. Sam Ruben, der jüngste der Brüder, stand dicht vor Basil, den Türgriff in der Hand. Das Zimmer war flackernd von vielen Kerzen beleuchtet, die in Silberleuchtern auf dem Tisch standen. Basil begann ungläubig zu lächeln.

«Passah?» fragte er. Seine ganze Kindheit war mit einemmal wieder da. Er saß auf dem Schoß seines kleinen jüdischen Großvaters, sang das lustige hebräische Lied und klopfte dazu auf den Tisch. Sogar die ersten Worten fielen ihm ein. Chad Gadjo, Chad Gadjo.

«Was wünschen Sie?» fragte Ruben gemessen. Hastig kehrte Basil aus der freundlichen Vergangenheit in eine unangenehme Gegenwart zurück. «Ich muß meine Sachen haben, unbedingt», sagte er rauh. «Es ist Feiertag. Ich bedaure», erwiderte der Jude. Die andern sahen alle nach der Tür. Basil notierte den Rhythmus der in der gleichartigen Wendung all dieser Köpfe lag, aber es war nicht die Zeit für Ideen der Kunst.

«Ich muß meinen Anzug haben und meinen Mantel», sagte er nochmals. Es war, wie in Marokko—als ob er in ein arabisches Dorf eindränge um Quartier zu verlangen. Alle Söhne Rubens sahen arabisch aus. Er stellte rasch seinen Fuß zwischen die Tür, denn es schien ihm, als sollte sie ihm vor der Nase zugeschlagen werden. «Können Sie verstehen, daß es Situationen gibt, wo das ganze Leben davon abhängt, daß man einen anständigen Anzug trägt?» sagte er. Er spürte, daß er ziemlich verzweifelt war. Er hatte es nicht genau gewußt, was diese Angelegenheit mit Doroschka für ihn bedeutete.

«Treten Sie ein», sagte der Sohn Rubens, nachdem er Nemiroff ein paar Sekunden lang schweigsam angesehen hatte. Basil trat ein.

Er griff in die Tasche und brachte den Versatzschein zum Vorschein. Sechzehn Dollar und zwanzig Cent für den guten Anzug und den Mantel, den Samowar und den alten Revolver.

Es war Basil peinlich, daß er die festliche Stube mit nassen Stiefelabdrücken anfüllte. Auch seine Finger waren naß.

«Haben Sie Geld?» fragte der junge Ruben. Basil sagte ja, er habe Geld, reichlich.

«Wir dürfen heute keine Geschäfte machen, wir dürfen kein Geld anrühren», sagte der junge Ruben wieder. Er war sonst ein schmutziger kleiner Pfandleiher, aber das Fest gab ihm Würde.

«Ich weiß—» sagte Basil zustimmend.

«Sind Sie Jude?» fragte ein Mann am Tisch, und alle andern sahen ihn an.

«Ja—» antwortete er erstaunt. Es war eine der Tatsachen, die aus seinem Leben fortgesickert waren, wie das Bewußtsein seines Alters und die Erinnerung daran, daß er eine Mutter gehabt haben mußte.

«Darf man fragen, wieso Tod und Leben davon abhängen, daß Sie heute Ihre Sachen kriegen?» fragte derselbe Mann, er war anscheinend der älteste der Söhne.

«Ich bedaure—» sagte Basil und wartete. Für kurze Zeit hatte ihn die Kerzenfestlichkeit beruhigt und von sich selbst weggeführt. Jetzt aber kam eine wütende und gewalttätige Ungeduld über ihn. Er legte die Versatzscheine und das Geld auf die Anrichte. Sechzehn Dollar und zwanzig Cent. «Wir dürfen kein Geld anrühren», wiederholte der Sohn Rubens halsstarrig. Mit großer Anstrengung stieß Basils Gedächtnis etwas heraus. «Haben Sie keine Schabbesgoite?» hörte er sich zu seinem übermäßigen Erstaunen fragen.

Das Wort schlug ein. Es bedeutet eine christliche Magd, die an den Sabbathen in frommen jüdischen Häusern alle die profanen Arbeiten verrichtet, die den Gläubigen verboten sind. Um den Tisch herum wurde gelacht. Eine alte Frau, die neben den Kindern saß, kicherte unmäßig in sich hinein, wobei sie immerfort das Wort wiederholte: «Schabbesgoite hat er gesagt, Schabbesgoite.»

Basil stand in all dem Getuschel und Gelächter und wartete. Er spürte die Minuten wegrinnen, und er hatte große Eile, wenn er Doris abholen wollte. «Ich habe Eile», sagte er gepreßt. Der junge Ruben nahm einen Leuchter vom Tisch, er zählte das Geld mit den Augen, aber er griff es nicht an. «Kommen Sie», sagte er und ging vor Basil her, drei Stufen hinab und durch einen schmalen Korridor in den Laden.

Hier roch es nach Leder und Schweiß, abgetragene Anzüge hingen an Stangen und armselige Schmuckstücke lagen in einem vergitterten Glaskasten. Das elektrische Licht, das Basil von der Straße gesehen hatte, brannte kümmerlich mit weißem Geisterschein.

«Sie müssen sich Ihre Sachen selber heraussuchen», sagte Sam Ruben und leuchtete mit der Kerze auf einen Stapel von Kleidungsstücken, die scharf nach Mottenpulver rochen. Widerwillig tauchte Basil seine Hände in die abgetragenen Stoffe. Es schien ihm, als würden sie schmutziger mit jeder Sekunde. «Hier» sagte er endlich, «und hier».

Ruben las die Nummern, verglich sie und nickte. «Wollen Sie Ihren Samowar auch mitnehmen?» fragte er. Basil schüttelte den Kopf. «Den Revolver?» fragte Ruben wieder. «Ja», sagte Basil. Er hatte es eine Sekunde zuvor nicht gewußt, daß er den Revolver haben wollte. Es war nun so, als wäre plötzlich ein Schalthebel in seinem Gehirn umgestellt worden. Ohne Revolver konnte er nichts unternehmen, ohne Revolver war er ein kastrierter Mann. Es schien ihm, als wenn der Mottenpulvergeruch seines guten Anzugs durch den Revolver zu seinen Gunsten ausbalanciert werden könnte. Noch immer rührte der Pfandleiher nichts an. Er deutete nur mit dem Kinn auf eine Lade, die Basil aufzog und in der er nach einigem Tasten seinen Revolver vorfand. Die kleine Waffe legte sich freundlich und gewohnt in seine Hand. «Sie haben auch für den Samowar mitbezahlt», sagte Ruben.

«Ich möchte Geld zurück», sagte Basil, «ich will den Samowar heute nicht mitnehmen.»

84

«Ich darf kein Geld anrühren», wurde erwidert. Basil bekam Ohrensausen vor Wut und Ungeduld. All die Zeit war Doris bei den Bryants.

«Schreiben Sie mir eine Bestätigung, daß ich für den Samowar bezahlt habe, und ich hole ihn morgen ab», sagte er heiser.

«Wir dürfen heute nicht schreiben», sagte Rubens Sohn. Basil gab es auf. «Kann ich mich hier umziehen?» fragte er nur noch. «Wie Sie wünschen», sagte Ruben und ließ ihn allein.

Es regnete schwächer, aber voll Standhaftigkeit, als Basil die Straße wieder erreichte. Er ging in einer dicken Wolke von Mottenpulvergeruch gegen den Regen an, und sein Selbstgefühl war verletzt. Unter dem Arm trug er den schweren Samowar, Puschkin genannt. Zwar spielte er mit dem Gedanken, sich dieses Gegenstandes zu entledigen, aber da Puschkin die kostbarste Sache war, die er besaß, gab er diese Idee auf. Noch standen die Dinge nicht so völlig verwirrt, verloren und verzweifelt, als daß er so etwas hätte tun müssen. Ich kann ihn ja in der Vorhalle stehen lassen, dachte er. Sein Vorhaben war zu diesem Zeitpunkt, mit froher und sorgloser Miene bei den Bryants einzudringen, als wenn es sich um eine Improvisation, um eine scherzhafte Überraschung handeln würde, als wenn er irgendwo in der Nachbarschaft gewesen wäre und fragen wolle, ob er Doris nach Hause begleiten könne. Als er in der Pennsylvania-Station anlangte und erfuhr, daß er zweiunddreißig Minuten auf einen Zug zu warten habe, setzte er sich auf eine Bank, stellte den Samowar neben sich und versuchte, sich in einen nonchalanten und nicht uneleganten jungen Mann zu verwandeln. Später entdeckte er, daß ein Teil seiner Nervosität von Hunger kam, aber da war es gerade Zeit für den Zug. Er eroberte einen Fensterplatz, denn um diese Zeit fuhren nicht mehr viele Leute aus der Stadt fort nach Long Island. Eine Weile dachte er gar nichts, verfolgte nur die Tropfen, die schwarz auf der schwarzen Scheibe glitzerten, und die Lichter unter der Brücke und auf den Straßen jenseits des Flusses.

85

Er hatte bis dahin noch gar nicht daran gedacht, daß Doris es ablehnen könnte, mit ihm zu gehen, von Bryant fort und mit ihm. Er stieß einen verächtlichen Laut durch die Nase, als ihm dies zu Sinn kam. Einer Sache war er vollkommen sicher: Daß Doris ihn liebte, durch dick und dünn. Er war sich klar, daß sie sich nicht aus Eigenem von ihm entfernt, sondern daß er sie weggetrieben hatte—aus guten und anständigen Gründen übrigens. Der Zug hielt, fuhr weiter, hielt, fuhr weiter. Sein Rhythmus hatte einen unangenehmen Klang angenommen. Wenn Doris nicht wollte, wenn sie nicht mehr wollte, nicht mehr wollte—

Man fuhr noch immer, es war eine unerfreuliche Ewigkeit. Ein zweiter Gedanke von durchdringender Abscheulichkeit tauchte auf: Sie tut es dir zuliebe, sie tut es dir zuliebe. Er verfluchte in gemurmelten russischen Worten die Salvatori, die so etwas angedeutet und ihm diesen Floh ins Ohr gesetzt hatte. Je mehr er daran dachte, desto mehr begann er inwendig zu sieden und zu kochen. Fast hätte er Greatneck übersehen und nur ein automatischer Ruck im Unterbewußtsein machte, daß er von seinem Sitz und auf den Bahnsteig taumelte, während der Zug schon wieder weiterfuhr. Es regnete.

Auf der Bahnhofsuhr war es zehn Minuten vor Mitternacht. Erst als dies in Basils Bewußtsein eindrang, kam ihm eine Ahnung von der Irrsinnigkeit seiner Unternehmung. Trotzdem machte er sich wacker auf den Weg durch den Regen, unter tropfenden Bäumen hin, zwischen Parkhecken, im Schein seltener Laternen zum Haus der Bryants. Die Zeit in Marokko hatte ihn mit einer tierhaften Sicherheit der Orientierung ausgestattet, und es machte ihm kaum Mühe, den Weg und das Haus wiederzufinden, wo er wenige Wochen zuvor seine verunglückte Visite abgestattet hatte. Was ihn am meisten beschwerte, das war der Samowar, und nach einem kurzen Zögern stellte er Puschkin am Wegrand nieder, in der Absicht, ihn auf dem Heimweg wieder abzuholen.

Sonderbarerweise freilich konnte er sich den Rückweg nicht vorstellen, obwohl er im allgemeinen eher zu viel als zu wenig Phantasie besaß. Im besten Fall war Doris schon längst zurück in der 56sten Straße, und dieser Albdruck von einem Abend war nur Einbildung. Im schlimmsten, im allerschlimmsten Fall weigerte sie sich, mit ihm zurückzugehen—und dann mußte sie mit Gewalt zu ihrem Besten bekehrt werden. Es mochte aber auch sein, daß man bei den Bryants schon schlief und ihn nicht einließ. Oder daß Doris überhaupt nicht dagewesen war und daß er ein komischer, trauriger, verregneter, mottenpulverriechender Don Quichotte war. Er schlenkerte seinen rechten Arm, der noch vom Tragen des Samowars lahmte und marschierte schneller los.

Da war das Gartentor, weit geöffnet. Die Garage, die wie ein Stall und der Stall, der wie ein Liebespavillon aussah. Eine Menge Lichter brannten die Einfahrt entlang, und auch das Haus in der Tiefe des Gartens war hell beleuchtet. Musik kam verweht von dort durch den Regen. Zwei Hunde schossen heran, bellten wütend und beruhigten sich, als Basil seine Hände zwischen ihre Ohren legte. Ein Diener erschien unter dem Haustor, spähte in den Garten und erwartete Basil. Er zögerte einen langen Augenblick, bevor er in die Eingangshalle trat, deren Tür der Diener ihm geöffnet hatte, während er ihm zugleich den nassen Mantel abnahm.

Basil stand zunächst einem Spiegel gegenüber und schaute sich selbst an. Don Quichotte, dachte er nicht unzufrieden. Er war groß und mager, und sein Gesicht zeigte immer etwas Aufgerissenes, dem er in einer Reihe von Selbstporträts vergeblich beizukommen versucht hatte. Sein Haar war naß und dunkler als gewöhnlich, und sein Anzug sah aus, als hätte er darin viele Nächte geschlafen, nicht zu gedenken des verfluchten Pfandleihgeruches, den der Spiegel nicht wiedergeben konnte.

Es war in diesem Augenblick vor dem Spiegel, daß Basil zum erstenmal von dem Zweifel überfallen wurde, ob er recht daran täte, Doris von hier wegzuholen. Unter den dicken Teppichen lagen nochmals dicke Teppiche, der Fuß sank ein wie in Moos. Wo war sein Recht, Doroschka von diesem doppelt gepolsterten, verzuckerten, vergoldeten und sanft ablaufenden Leben wegzurufen, in die kahle, harte und hungrige Welt, die sein war? Vielleicht—nein, auch dies war nicht unmöglich—gefiel ihr Bryant Junior. Basil war in diesem zerknirschten Augenblick bereit, seine eigenen Qualitäten winzig und die des reichen jungen Mannes übertrieben glanzvoll zu sehen. Dazu spielte irgendwo hinter Doppeltüren ein Grammophon. Es war ihm so, als sollte er seinen Mantel wieder anziehen, das ganze Abenteuer aufgeben, den Dingen ihren Lauf lassen, wie immer sie ausfallen mochten.

«Ist Miss Hart hier?» fragte er zugleich schon den Diener, der schläfrig aussah. «Ich weiß die Damen nicht bei Namen», antwortete der Mann mit einem sanften Lächeln. «Ist es so eine kleine Blonde in einem roten Kleid?» setzte er noch hinzu. Basil näherte sich jener Tür, hinter der er seinerzeit von Juddy Bryant empfangen worden war. Der Diener ließ ihn nicht durch, auch war es ganz stumm dort. «Wo ist Mrs. Bryant?» fragte er und wollte ein nonchalanter junger Mann sein, einer von den nonchalanten jungen Männern, mit deren Sitten er in der Toilette des «Casino de Paris» kürzlich Bekanntschaft gemacht hatte.

«Mrs. Bryant ist in Europa», sagte der Diener.

Es schlug wie ein Blitz in Nemiroff. Unverständlicherweise hatte er bisher felsenfest geglaubt, daß Mrs. Bryant dabei sein müsse, daß Bryant Junior Doris sozusagen unter den Augen seiner snobbistischen Frau den Hof mache. Alles veränderte sein Aussehen, verzerrte sich. Als Basil durch die Türe schritt, die der Diener mit einer sonderbaren Vorsicht für ihn öffnete, da schien es ihm Jahre her, seit er vor dem kerzenflackernden Festtisch von Rubens Söhnen gestanden hatte. Er trat ein, mit sausenden Schläfen und geballten Händen.

88

Das große Zimmer und die anstoßende Bibliothek waren halbdunkel, nur von wenigen Lampen erleuchtet, großen Glaskugeln, die mit bunter Flüssigkeit gefüllt waren. Das Grammophon spielte nicht mehr, aber die letzte Platte kreiselte mit leise kratzendem Geräusch immer weiter. Niemand schien sie zu beachten. Es waren ziemlich viel Menschen in den zwei Räumen, aber sie waren so in die Ecken verstreut, daß Basil sie nicht gleich bemerkte.

«Hallo?» sagte ein junger Mann, der mit einem Mädchen auf einer Couch lag. Der Mann war völlig betrunken und das Mädchen hatte nichts an als einen winzigen Büstenhalter und eine kleine seidene Hose. «Hallo, Baby, bring Mama was zu trinken», murmelte sie, ohne die Arme vom Hals ihres Partners zu nehmen.

«Ist das Jimmy?» fragte ein anderes Mädchen, das vor dem Kamin auf dem Teppich lag. Die schwarze Wimpernschminke zerlief auf ihrem hübschen Gesicht, und ihr Kleid war weit von den Schultern gerutscht, so daß die etwas zu kleinen, etwas schlaffen Brüste sichtbar wurden. Aus dem Dunkel hinter ihr griffen zwei Männerhände und legten sie wieder zurück in ihre frühere Pose auf den Teppich. In der Bibliothek wurde getrunken und unterdrückt gelacht. Als Basil zwei Schritte machte, schrie jemand auf, und ein Glas klirrte zur Erde. Aber es war nicht Doris. Basil zog seine Augen ganz eng zusammen, um besser zu sehen. Er sah alles auf einmal, die laszive und betrunkene Unordnung, das schon ermüdete Abflauen, die Lippenschminke, die von Küssen in den Gesichtern der Männer zurückgeblieben war, die nassen Likörringe auf dem Holz des Klaviers, die Kleidungsstücke, mitten ins Zimmer geworfen.

Jetzt fing auch das Grammophon wieder zu spielen an, und zugleich ging eine Seitentür auf und herein fielen lachend und schreiend vier Leute, drei Mädchen und ein Mann. «Haltet ihn», schrien die Mädchen, «er will seiner Frau telephonieren.»

«Da muß er den Count Perugi anrufen, dort ist sie um diese

Zeit zu treffen», sagte faul das Mädchen, das vor dem Kamin lag. Der Mann beugte sich zu ihr hinunter, hob ihr Gesicht auf und schlug ihr mit der Faust auf den Mund. Sie spuckte etwas Blut auf den Teppich und wischte mit dem Arm über ihren Mund. «Das wird dich Geld kosten, Schätzchen», sagte sie ruhig. In der Bibliothek hatten indessen zwei Paare zu tanzen angefangen, die Mädchen waren nackt, die Männer waren bekleidet, es sah wüst aus. Zum zweitenmal an diesem Abend tauchte die «Maison Fifi» in Marakesch in Basils Gehirn auf.

Er leckte seine Lippen. Sie waren kalt und trocken. Er wollte etwas sagen, aber seine Zunge lag ihm wie ein Stück Papier im Mund. Er nahm das Glas, das ihm jemand hinhielt. Ein roter Rand von Lippenschminke war darauf abgedrückt. ‚Doris‘, dachte er, ‚Doroschka, Doroschka.‘ Er hatte rasendes Herzklopfen.

«Hast du kein Mädchen?» fragte der Mann, der ihm das Getränk gegeben hatte. «Such dir eine aus, es sind doch zu viele da.» Er las eines der schlanken Geschöpfe vom Boden auf und schob sie zu ihm.

«Wer ist denn das?» fragte sie mit schwimmenden Augen. «Das ist Jimmy», wurde geantwortet. Basil griff nach den Armen des Mädchens, die sich um seinen Hals legen wollten. Die Berührung des lauen, schlaffen Fleisches machte ihn rasend vor Wut und Ekel.

«Zuviel Mädchen und zu wenig Betten», sagte der Mann. Er begann entzückt zu lachen. «Zu viel Mädchen und zu wenig Betten», wiederholte er, begeistert über sich selbst. Plötzlich raste eine Gruppe quer durchs Zimmer und riß dem Mann, der das Mädchen geschlagen hatte, das Telephon aus der Hand. Er hatte soeben begonnen, mühevoll eine Verbindung mit seiner Frau herzustellen. «Sie ist in Cincinnati», beharrte er. «Ich muß ihr Gute Nacht sagen.» Auch er endete auf einer Couch, betrunken an die Schulter eines Mädchens gelehnt. Für eine Sekunde sah Basil klar den mutterhaften Ausdruck im verdorbenen, verlebten Gesicht des Mädchens. Auch die Huren in Marakesch hatten diesen Ausdruck gehabt, unzerstörbar in ihren Frauengesichtern. ‚Doris‘, dachte er wieder, mit einem wütenden Schmerz, der ihn zerriß wie eine Geburt. ‚Doris, Doris, Doroschka.‘

«Wo ist Miss Hart?» fragte er das Mädchen, das den Mann an ihrer Schulter wiegte. Er spürte, daß etwas Furchtbares in ihm vorging, etwas, das er nicht kannte und nicht verstand.

«Wer?» fragte das Mädchen. «Er meint Bryants Modell», sagte plötzlich eine Andere, die bisher zu schlafen geschienen hatte. Einer der Männer lachte betrunken los. «Das ist gut», schrie er, «Jimmy sucht Bryants Modell. Das ist ein Riesenspaß.»

«Was willst du von ihr, sie ist langweilig», sagte das Mädchen, das zuvor die Arme um seinen Hals gelegt hatte. «Laß uns tanzen, komm. Trink zuerst, nüchterne Leute sind zu unverschämt.»

Basil stand wie in einer weißglühenden Feuersbrunst. Doris. Doris. Doroschka. Der Mann an der Schulter des Mädchens öffnete die Augen, erst jetzt bemerkte Basil, daß eines davon blaugeschlagen war. Ohnedies sahen alle diese Menschen unwahr aus, Gespenster, nur geträumt.

«Meine Frau ist in Cincinnati», sagte der Mann mit vollkommen klarer Stimme. «Sie ist nicht beim Count Perugi. Sie ist in Cincinnati. Miss Hart ist oben mit unserm lieben Hausherrn. Zweite Tür links.»

Die Mädchen prusteten heraus, als der Mann dies sagte. «Miss Hart», schrien sie im Chor. «Miss Hart; Miss.»

«Besten Dank», sagte Basil und watete durch den Raum und zur Tür hinaus. Das Grammophon spielte. Der Diener hielt ihm den Mantel hin, er schlüpfte gedankenleer hinein. Er fühlte mit Erstaunen, daß kalter Schweiß auf seine Stirne, aus allen Poren seines Körpers trat, in Tropfen an seinem Hals hinunter lief. Der Diener sah ihn neugierig an. «Eine wilde Party——» sagte er begütigend, als spräche er über Kinder. Basil schob den Mann beiseite und ging zur Treppe, die in die oberen Räume führte. Der Mann hinkte, das sah er jetzt. Es tat ihm leid, daß er ihn grob angefaßt hatte. Er ging die Treppe hinauf, aber er fühlte keine Stufen unter seinen Füßen, nur etwas Wolkiges, das nicht standhielt. Zweite Türe links in einem Korridor, der mit Reihen sauberer englischer Jagdstiche behängt war. Die Türe war nur angelehnt. Basil schob sie mit dem Fuß vollends auf. Ein leeres stummes Zimmer mit einem großen unberührten Bett. Er stand mit zusammengezogenen Brauen und konnte rein gar nichts denken. Dann hörte er Doris Stimme. Eine andere Tür an der Wand gegenüber. Er stand einen Augenblick davor. Drinnen flüsterte Doris. Sie schien leise zu lachen. Mit ungeheurer Deutlichkeit sah er, was auf dem Jagdstich vor seinem Gesicht vorging. Drei gefleckte Hunde sprangen über eine Hecke. Ein dikker Mann saß auf einem schwarzen Pferd. Dies und der Geruch des Mottenpulvers, so deutlich, so nah, so unvergeßbar. Doris, Doroschka. Solche Situationen gibt es doch gar nicht, dachte Basil. Erst dachte er, die Tür sei verschlossen. Aber es war nur alle Kraft aus seiner Hand weggeronnen. Er lehnte sich mit seinem ganzen Gewicht über den Türgriff, und die Tür ging auf.

Doris schlug mühsam die Augen auf, aber sie sah nicht viel. Sie fühlte sich jämmerlich und elend. Sie zog die Pupillen zusammen und strengte sich an. Jetzt sah sie ein Stückchen Weiß, dann den Wangenteil eines Gesichtes und wieder Weißes. Sie tastete mit der Hand vor sich hin und fühlte Wolle, ebenfalls weiß. Ich liege in einem Bett, dachte sie. Kleiderfalten rauschten an ihrem Ohr vorbei. «Was ist denn los?» flüsterte sie auf deutsch.

«Nicht sprechen, nicht bewegen. Don't move, don't talk!» wurde ihr geantwortet. Es dauerte eine Weile, bevor sich der nächste Gedanke in Doris Hirn einfand. Sie beschäftigte sich grübelnd damit, wieso es kam, daß man deutsch mit ihr sprach.

Inzwischen war ein Schmerz in ihrer Brust aufgewacht, der mit jeder Sekunde deutlicher wurde. «Bitte, ich kann nicht atmen», flüsterte sie. Ihre Lippen waren so trocken, daß sie keine Konsonanten aussprechen konnte. «Jajaja», wurde tröstend und vage geantwortet. Sie hatte die Absicht, sich heftig zu beklagen, aber bevor es dazu kam, sank sie wieder weg, in Schlaf oder Bewußtlosigkeit.

Als sie das nächstemal zu sich kam, tauchte sie im Zentrum einer Hölle von Schmerzen empor. Sie lag im Bett, sie sah mit großer Klarheit die Wände eines Spitalzimmers. Hände drückten ihre Schultern auf das Kissen nieder, als sie sich mit großer Anstrengung aufsetzen wollte. Hände, Stimme und eine enorme weiße Flügelhaube gehörten zu einem. Während Doris darauf hinstarrte, setzten sich die Teile aus weiß und schwarz zusammen und wurden eine alte Nonne am Bettrand. «Was ist denn los?» fragte Doris, und diesmal sprach sie schon englisch.

«Sie sind sehr krank, Sie dürfen sich nicht bewegen und nicht sprechen», sagte die Nonne. «Ich bin Schwester Leofcadia, und ich werde achtgeben, daß Sie alles bekommen, was Ihnen gut tut.»

Dies war eine längere Rede, als Doris ertragen konnte. Mitten darin begann es zu sausen und zu schwenken, das Spitalzimmer tanzte in einer nichtswürdigen Weise um sie herum, und sie hätte gerne geweint. Aber da war der elende Schmerz in jedem Atemzug, und Tränen gingen über ihre Kräfte.

Es dauerte Wochen, bevor sie begriffen hatte, daß sie durch die Brust geschossen war. Man hatte operiert und zwei Kugeln aus der Lunge entfernt. Eine war nah am Herzen vorbei gegangen, und Gott gebe, daß die Aorta keine Geschichten machte. Doris erhielt diese Erklärungen nach und nach gleichsam mit dem Medizinlöffel eingeflößt, und Doktor Williams war der Mann, der sie ihr verabreichte.

Sie liegt im Bett mit ernsthafter und gesammelter Miene und versucht zu atmen, obwohl sie eine Wunde in der Brust hat. Sie liegt, leidet arge Schmerzen und denkt nach. Zuweilen hat sie geflüsterte Gespräche mit Schwester Leofcadia, die etwas schielt und manchmal komisch ist, aber doch sehr weise, weiser als irgendjemand, den Doris kennt. Die Schwester in ihrem schwarzen bauschigen Nonnengewand und der weißen steifen Flügelhaube hat ein paar kleine Schwächen. Sie liebt es, Schlager zu summen, Slang zu reden und, wenn sie das Thermometer abliest und findet, daß Doris Temperatur hat, dann flucht sie leise und nachdrücklich. Langsam tritt es zu Tage, daß Schwester Leofcadia draußen in der Welt eine Baronin Schröder gewesen ist, bayrischer Adel. Sie hat einen sehr geliebten Mann gehabt und fünf Söhne. Mann und vier Söhne fielen im Krieg, der fünfte ist so zu Stücken geschossen worden, daß er—ein armseliges Bündel von Fleisch und Narben und ohne Verstand—in einem der Heime lebt, wo der Staat die ärgsten und unerträglichsten Verwundungen erhält und verbirgt. Schwester Leofcadia aber, die ehemalige Baronin von Schröder, hat einen Geliebten gehabt, der unversehrt aus dem Kriege wieder kam. Sie hat in Zerknirschung erkannt, daß Gott sie an ihren Kindern für ihre Sünde gestraft hat. Anstatt ihm für diese unlogische und gegen Unschuldige ungerechte Strafe zu grollen, hat sie sich seinem Willen unterworfen. Sie ist Nonne geworden, ihr Mutterorden hat sie, die der Krieg in der Krankenpflege erfahren gemacht hat, nach Amerika geschickt, um dort im Spital der Heiligen Anna zu dienen. Und so sitzt sie nun an dem Bett von Doris, schielend, fromm, aber mit einem Schimmer von Weltlichkeit und einer endlosen Geduld für Schmerzen, Klagen und Schwächen.

Stundenlang kann Doris mit Schwester Leofcadia über Basil sprechen, und die Schwester scheint alles zu verstehen, was mit Liebe zusammenhängt. Auch ist es Schwester Leofcadia, die ihr mit Strenge verbietet, zu sterben. Wenn Doris stirbt, dann wird Basil wegen Mordes angeklagt, während er bisher nur wegen vorsätzlichen Mordversuches in Untersuchungshaft sitzt.

94

Und so arbeitet Doris mit aller Kraft, die ihr geblieben ist, an der harten Aufgabe, nicht zu sterben. Zuweilen scheint es, daß Schwester Leofcadia und sie sich etwas Unmögliches vorgenommen haben. An anderen Tagen wieder ist Doktor Williams überrascht, welche unzerstörbare Zähigkeit in seiner Patientin steckt. Doris selbst ist erstaunt darüber. Sie erinnert sich, daß sie vorher vor vielen Dingen Angst gehabt hat und daß viele andre Dinge über ihre Kraft gingen. Jetzt scheint es ihr, daß sie sich vor nichts mehr in der Welt fürchtet und daß sie alles kann, was sie können will. Als wenn die Doris von vorher und die von nachher zwei grundverschiedene Personen wären.

Es kam im Verlauf ihrer Genesung eine Periode, da sie nichts anderes wollte, als Basil sehen und mit ihm sprechen. Es machte sie rastlos, verfiebert, gefährdet. Sie spürte, daß man ihr schlimme Dinge verheimlichte, und doch konnte nichts schlimmer sein, als die Bilder, die sie sich ausmalte. Die Schlafpulver hörten auf zu wirken, auch das Morphium, das man ihr gab, um Ruhe zu erzwingen. Doch geschah es öfters, daß sie ganz still lag, mit einem schwebenden Lächeln auf ihrem blutleeren Gesicht. Schwester Leofcadia beobachtete sie nicht ohne Sorge. Sie sah zu jenseitig aus mit diesem Ausdruck von gelöster Stille.

«An was denken Sie?» fragte sie ihre Patientin. Doris gab keine Antwort, aber eine Woche später kam sie selbst darauf zurück. «Wenn Basil sich nichts aus mir machen würde, dann hätte er nicht geschossen», sagte sie unvermittelt. «Eigentlich kann ein Mann keinen stärkeren Beweis von Liebe geben. Glauben Sie nicht, Schwester?» Und Schwester Leofcadia stimmte bei und sagte, ja, einen stärkeren Beweis könne kein Mensch geben und sie sei glücklich, daß Doris es so auffasse und dem armen Teufel in seiner Untersuchungszelle nichts nachtrage.

Bald nach dem Tag, da Doktor Williams mitteilte, daß Doris nach menschlichem Ermessen außer Lebensgefahr war, fanden sich drei Herren von der Gerichtsbarkeit im Spital der Heiligen Anna ein. Da Doris noch für lange Zeit unfähig war, vor

Gericht zu erscheinen, etablierten sie sich mit Schreibmaschine und Protokollführer im Krankenzimmer. Sie waren munter und aufgeräumt, und mit ihren wachen Stimmen drang zum erstenmal wieder die Welt von draußen zu Doris. Noch immer schmerzte ihre Brust bei jedem einzelnen Atemzug, aber auf Befragen antwortete sie eifrig, daß sie bereit und fähig sei, ihre Zeugenaussage abzugeben. Der Richter, ein netter Herr mit einem Puritanermund und einer Trinkernase setzte seine Brille auf, obwohl da nichts zu sehen war und begann das Verhör.

«Nun erzählen Sie uns einmal, Miss Hart, was Sie über den Beklagten Basil Nemiroff wissen», sagte er und schaute aufmerksam auf die plumpe Flanelljacke, in der Doris steckte und in die das Spital zur Heiligen Anna alle jene Patienten kleidete, die keine eigene Wäsche besaßen. Doris holte vorsichtig Atem und sagte: «Basil ist der beste Mensch, den ich in meinem Leben kennen gelernt habe.» Der Richter schmunzelte und bemerkte: «Wir wollen kein Werturteil, sondern Tatsachen. Sie hatten eine Beziehung zu Nemiroff?»

«Ja», flüsterte Doris.

«Intim?» fragte der Richter. In seinen Brillengläsern spiegelte sich das ganze Krankenzimmer mit all dem Weiß. Doris überlegte die Frage. Es war so weit zurück. Das mit Basil, die atemlosen und verbissenen Liebesnächte vom Anfang ihrer Bekanntschaft, so verloren da hinten, so unwahr geworden.

«Ja», antwortete sie schließlich lauter und fester als zuvor.

«Der Angeklagte verweigert jede Antwort», sagte der Richter, «und deshalb muß ich Sie um verschiedene Details fragen, die ich einer jungen Dame gerne erspart hätte.»

Doris setzte sich auf, so gut sie konnte. «Ich bin keine junge Dame», sagte sie erregt, «und ich bin nicht an zarte Behandlung gewöhnt. Ich geniere mich nicht für die Sachen, die ich tue, Sie können ruhig fragen. Niemand macht Geschichten mit uns, weil wir arm sind. Wären wir nicht arme Teufel gewesen, Basil und ich, dann wäre überhaupt nichts passiert.»

«Möglich—» erwiderte der Richter vage, «aber das steht hier nicht zur Diskussion. Sie haben mit dem Angeklagten gebrochen. Hat er daraufhin eifersüchtige Drohungen gegen Sie ausgesprochen?»

«Mein Gott, nein», sagte Doris ungeduldig, es stach heftig in ihrer Brust, weil sie laut geredet hatte. «Ich habe gar nicht mit ihm gebrochen, das war ganz anders—»

«Nicht? So. Aber Sie hatten doch am ersten Ostertag ein— eine Art zärtliches Stelldichein mit Franklin O. Bryant Junior. Stimmt das?»

«Ungefähr.»

«Und Sie hatten *nicht* mit Nemiroff gebrochen? Das sieht freilich ganz anders aus. *Wußte* er am Ende von Ihrem Besuch bei Bryant? Ich meine, hatten Sie es ihm erzählt?»

«Nein.»

«Woher wußte er also, wo Sie waren? Wieso kam er nach Greatneck?»

«Basil ist hellsichtig», sagte Doris.

«Der Angeklagte ist *was?*» fragte der Richter erstaunt.

Plötzlich kochte Doris über. «Sie sagen immer, der Angeklagte», rief sie aus. «Wer hat ihn denn angeklagt? Ich nicht, ganz bestimmt nicht. Wenn Basil mich angeschossen hat, so ist das eine Sache, die niemanden was angeht als ihn und mich. Niemand hat ein Recht ihn einzusperren.»

Schwester Leofcadia legte warnend die Hand auf Doris Schulter, und Doris sank schweißbedeckt und erschöpft zurück in ihr Kissen.

«Wir wollen mal die juristischen Probleme beiseite lassen— und übrigens hat er Mr. Bryant auch eine Kugel zugedacht— sein Glück, daß sie nur gestreift hat—» sagte der Richter. Die Stenogrammaschine des Protokollführers klapperte schnell und unerträglich.

«Sie kamen also in das Haus von Mr. Bryant in der Überzeugung, daß Nemiroff nichts davon wußte, und obwohl sie noch in intimen Beziehungen zu dem Angeklagten standen. Das mag ja seine Eifersucht und Rachsucht erklärlich machen», fuhr der Richter fort. Er gehörte zur altmodischen Klasse und brachte alles immer sofort in druckfertige Form. Doris hatte widersprechen wollen, aber ein Blick von Schwester Leofcadia machte ihr begreiflich, daß Basils Sache um so besser stand, je schwärzer sie selbst sich darstellte. «Ja—» sagte sie, obwohl sie nicht mehr wußte, was sie bejahte.

«Im Bryantschen Hause fand das statt, was man neuerdings eine wilde Party nennt?»

«Ja.»

«Wann zogen Sie sich mit Mr. Bryant in sein Schlafzimmer zurück?»

«Ich weiß die Zeit nicht. Ich war betrunken. Übrigens war es mein Schlafzimmer», sagte Doris. Sie wurde allgemach todmüde und schwindlig. Schwester Leofcadia trocknete ihr den Schweiß von der Stirne. «Richtig, richtig», sagte der Richter. «Das hat auch Bryant so angegeben. Und Sie hatten keine Ahnung, daß Nemiroff dazwischenkommen könnte?»

«Nein.»

«Nein. Er kam aber dazwischen. Bitte schildern Sie jetzt genau die Szene, die sich bei seinem Eintritt abspielte.»

Doris schwieg eine lange Zeit. Die Verwundung mit ihren Ohnmachten, Narkosen, Fiebern hatte wohltätige Schleier um die Erinnerung an jene Nacht gehüllt. «Bryant war kurz vorher in mein Zimmer gekommen», sagte sie. «Er war etwas betrunken, und ich war schläfrig. Er wurde sehr zudringlich und ich merkte, daß ich das nicht tun konnte, was er von mir erwartete. Ich wußte, das war unfair von mir, denn ich war viel zu weit mit ihm gegangen, um noch zurück zu können. Ich versuchte nur, glaube ich, es hinauszuschieben, ich betete innerlich zu Gott, daß etwas dazwischen kommen möchte—»

«Halt», sagte der Richter. «Was dachten Sie wohl, das dazwischen hätte kommen können?»

«Ich weiß nicht, ich weiß nicht», sagte Doris, und sie spürte wieder die dringliche Angst jener Minuten, den Whiskygeruch, der von Bryant ausströmte, und den warmen schlaffen Griff seiner Hände. «Ich weiß es nicht», sagte sie. «Vielleicht, daß er einschlafen würde, oder daß die andern ihn aus Jux stören würden oder irgend was—»

«Und dann ging die Tür auf und Nemiroff trat ein—» setzte der Richter fort. «Und dann?»

«Dann? Ich dachte: Gott sei Dank, jetzt ist alles gut. Ich dachte gar nicht, daß Basil eifersüchtig war. Er stand an der Tür und sagte gar kein Wort. Bryant drehte sich um und war erst maßlos erschrocken, ich konnte sehen, daß seine Ohren ganz weiß wurden. Komisch, was man alles sieht in solchen Augenblicken und wie lang es einem vorkommt. Bryant hielt die Arme hoch und Basil lachte. «Lassen Sie sofort das Mädchen los», sagte er bloß. Plötzlich wurde Bryant frech. Ich weiß nicht genau, was er sagte, aber es war etwas von Erpressung, als wenn Basil und ich unter einer Decke steckten und das Ganze ein Hinterhalt sei—ich begriff es gar nicht gleich. Die ganze Zeit saß er noch auf meinem Bettrand. Dann sah ich auf einmal in Basils Gesicht, daß etwas Schreckliches passierte. Komisch, er schaute aus, als wenn eine Explosion sein Gesicht zerrissen hätte, ja, so sah es aus. Ich sprang auf und dann weiß ich nichts mehr—»

Die Maschine war mit eilfertigem Klappern dieser Erzählung gefolgt. Doris hatte zuletzt gar keine Stimme mehr gehabt. Jetzt lag sie flach im Bett und atmete mit eingezogenem Magen, methodisch, wie Doktor Williams und Schwester Leofcadia es ihr beigebracht hatten.

«Mr. Bryant behauptet, daß die Kugeln auf ihn abgezielt gewesen seien und daß er nur davonkam, weil Sie sich dazwischen warfen. Halten Sie das für möglich?» fragte der Richter. Doris überlegte genau den Hinterhalt in dieser Frage und antwortete dann, sie wisse hierüber nichts. Es wurden noch ein paar Fragen gestellt—ob sie gewußt habe, daß Nemiroff einen Revolver besaß, ob sie den Revolver vorher bei ihm schon gesehen habe, ob sie sich auf Waffen verstünde, ob Nemiroff öfters Zeichen von Gewalttätigkeit gezeigt habe. Doris antwortete nur mehr durch ein Nicken oder ein Kopfschütteln, und schließlich komplimentierte Schwester Leofcadia die Herren hinaus. Doris lag mit geschlossenen Augen da, als sie in das Krankenzimmer zurückkehrte und sah beinahe so schlecht aus, wie in der Nacht, da man sie mit zerschossener Lunge eingeliefert hatte.

«Sie können ihm nicht viel tun, nicht wahr, Schwester?» flüsterte sie, ohne die Augen zu öffnen. «Sie können ihn doch nicht einsperren, wenn ich an allem schuld bin—nicht wahr, Schwester?»

«Nein, nein—» murmelte die Nonne begütigend. Sie wußte nur zu gut, daß Strafe und Schuld zwei grundverschiedene Dinge waren, die oft nichts miteinander zu tun hatten.

Als Doris so weit war, daß sie wieder atmen, sprechen und sitzen gelernt hatte, wurde sie noch rastloser. Sie begann Briefe an Basil zu schreiben, viele Briefe, in denen sie ihn gewissermaßen bat, ihr zu verzeihen, daß er sie angeschossen hatte. Einmal erhielt sie auch Antwort, einen Brief, auf dem sich der Stempel der Behörde befand und der sich ziemlich geschraubt anhörte. Basil versicherte sie darin, daß es ihm gut gehe, daß sie sich seinetwegen keine Sorgen machen solle, und daß er versuchen wolle, ihr zu verzeihen. Doris drehte diesen Brief nach allen Seiten, sie hielt ihn sogar vor das Licht, denn sie hatte die kindische Idee, daß vielleicht mit Geheimtinte etwas darin geschrieben sei, das wie der echte Basil klang und nicht wie ein fremder, gekränkter junger Mann. ,Er hat mir doch nicht vergeben‘, dachte sie eine Nacht lang. Nicht für einen Augenblick war ihr noch die Idee gekommen, daß etwa sie ihm zürnen hätte sollen, weil er sie so jämmerlich zerschossen hatte. Ihr ganzer Zorn richtete sich gegen den jungen

Bryant, gegen sein Geld, seinen Luxuswagen, sein ausgepolstertes Haus, seinen leutseligen aber hochmütigen Butler, gegen seinen Champagner, ja, gegen seinen seidenen Pyjama sogar und dies mit besonderer Schärfe.

Als sie herausfand, daß der junge Bryant den Doktor und das Spitalzimmer bezahlte, hatte sie etwas Neues zu grübeln. Sie dachte so merkwürdig viel in den Nächten, wenn es zu weh tat, um sie schlafen zu lassen. Es—das war der unheimliche und gestaltlos wandernde Schmerz in ihr, von dem niemand wußte, ob er eine heilende Lunge oder ein erkrankendes Herz bedeute. Ja, sie dachte mehr in diesen Wochen, als sie je in ihrem Leben gedacht hatte und über viele neue Dinge. Das Denken zeichnete Linien in ihr Gesicht und vertiefte es. Als sie zum erstenmal aufstand, von Schwester Leofcadia unterstützt und brav gegen Ohnmacht, Atemnot und Schwindel kämpfend, da zeigte es sich, daß Doris gewachsen war. Ihr Gesicht war länger und schmaler geworden, sie sah größer und gestreckt aus—wie Gestorbene es tun. Der junge Bryant hatte ein Negligé geschickt, das Doris nicht anzog. Aber auch das Kleid, in dem man sie ins Spital eingeliefert hatte, jenes neue Kleid um 16 Dollar 95, auch dieses Kleid hatte ja der junge Bryant bezahlt. So wurde sie in den Kittel geknöpft, den die mittellosen Spitalspatienten trugen, und so schlich sie zum Fenster und schaute hinaus. ‚Habe ich denn gar nichts, das mir gehört?' dachte sie, denn Rekonvaleszenten sind zur Sentimentalität geneigt. Sie hatte ein wenig Heimweh nach der Salvatori, aber da sie nicht davon sprach, schickte die Schwester jedesmal die dampfende und pustende Sängerin fort, ohne sie überhaupt bei Doris anzumelden.

So kam der Tag, da die Türe aufging und Franklin O. Bryant einließ. Er hatte sich seinen Schnurrbart abrasieren lassen, zum Nachteil seines Gesichtes, und war lärmend vor Verlegenheit.

«Na, da sind wir ja beide noch lebendig», trompetete er, «und was den Skandal anbetrifft,—von mir aus. Der alte Herr nimmt es zwar tragisch, aber das ist eben eine andere Generation. Angst vor der Zeitung. Aber die Sensation wird vergessen sein, noch bevor die Verhandlung drankommt.»

Da Doris bei diesen Worten erblaßte, legte Schwester Leofcadia warnend den Finger auf die Lippen.

«Na was denn?» zog Bryant ungestört los, «darüber kann doch gesprochen werden? Schließlich wird Doris es auch lieber wissen, daß dieser Irrsinnige hinter Schloß und Riegel sitzt, als daß er sie totschießt, sobald er sie erwischen kann.»

«Hat er damit gedroht?» fragte Doris leise.

«Das und noch mehr. Er hat uns den ganzen Marx plus Lenin vorgebetet. Solche Leute sind eine latente Gefahr, das sage ich. Man wird dafür sorgen, daß er still sitzt und weder schießen noch Bomben schmeißen kann. Wenn es auf mich ankäme—» er unterbrach sich plötzlich, denn er konnte den Ausdruck in Doris' Gesicht nicht verstehen. Sie lächelte abwesend, ihr Mund schimmerte so sehr, daß Bryant sich rasch umsah, um zu suchen, ob eine Lampe angezündet worden war.

«Was ich sagen wollte—» fuhr er fort, «wenn der Kerl nicht gerade dich und mich getroffen hätte, könnte er mir beinahe imponieren. Solche Gefühle möchte man auch einmal erleben. Eifersüchtig? Pang! Wie er zuerst auftauchte, da dachte ich doch, weiß Gott, daß er mit dir unter einer Decke steckt. Na, verzeih mir—so etwas ist ja schon öfters vorgekommen. Was glaubst du, wie viele Mädchen davon leben, daß sie meinen Vater erpreßt haben. Aber wie der Bursche Ernst machte, da sah ich doch ein, daß er etwas gegen dich hatte. Du brauchst keine Angst vor ihm zu haben. Sowie du auf den Beinen bist, reisen wir fort und bis wir zurückkommen, sitzt er ganz sicher, und alles ist vergessen?»

«Wir reisen fort?» fragte Doris. Es fiel dem jungen Bryant erst jetzt auf, daß sie so wenig sprach. Er schaute Schwester Leofcadia an, die die Hände unter der Schürze gefaltet hielt und wachsam an der Wand lehnte. Er zwinkerte ihr gutmütig

102

zu. «Ich habe ein kleines Geheimnis mit Miss Hart zu besprechen», sagte er munter.

Die Schwester wechselte einen Blick mit Doris. Doris' Augen baten deutlich: laß mich nicht allein.

«Vor mir geniert man sich nicht», sagte die Schwester, ohne ihren Posten zu verlassen. Bryant saß etwas unglücklich auf dem lackierten engen Korbstuhl, der für Krankenbesuche vorgesehen war. Auch für ihn war die Angelegenheit schließlich kein Kinderspiel gewesen, auch er war verwundet worden. Aber ihn behandelten alle schlecht, die Zeitungen, sein Vater, die Gesellschaft. Und nun zum Überfluß auch noch die kleine Kellnerin, wegen der alles passiert war. «Ich habe eine Menge Schmerzensgeld verdient—» sagte er klagend. Er stützte sich mit beiden Armen auf das Bett und neigte sich über Doris. Sie wich jäh zurück. So war es damals auch gewesen. Er roch nach Whisky. «Nanana—» sagte er begütigend. Er brachte seinen Mund an Doris' Ohr und flüsterte: «Meine Frau läßt sich von mir scheiden.»

«Das geht mich nichts an. Ich kenne Ihre Frau nicht», erwiderte Doris mühsam.

«Da kannst du froh sein—» sagte er und begann zu lachen. «Verzeihung, ich will keine schlechten Witze machen. Aber Juddy ist schon eine Nummer für sich. Sie liest in Paris die Zeitungsgeschichten über uns, sie telegraphiert postwendend um Scheidung. Und weißt du, warum? weil es ihr in den Kram paßt. Weil sie sich dorten irgend einen Marquis aufgetan hat, irgend einen Gigolo, einen Tangojungen mit einem Wappen. Und weißt du, von wem ich es erfahren habe? Von ihrem letzten—sagen wir: Flirt. Er kommt zu mir, zum Ehemann, sich beklagen—es ist gut genug für ein Theaterstück—»

Die Schwester schob ihre großen Hände unter Bryants Achseln und drängte ihn vom Bett fort.

«Ich will das alles nicht wissen», sagte Doris steif. Sie hatte viel mehr zu sagen, aber es fehlte ihr die Kraft dazu.

103

Sogar Bryant bemerkte nun die Geisterblässe auf ihrem Gesicht. Nimm dich in acht, F. O., sagte er zu sich selbst, paß auf, F. O. «Ich will nur, daß du dir keine Sorge machst», sagte er. «Der gute F. O. bringt alles in Ordnung. Du bist noch wacklig. Sowie es besser geht, reisen wir fort—nach Kanada zum Beispiel; da ist es nicht so heiß, und man trifft auch wenig Bekannte.»

Doris wunderte sich, als er von der Hitze sprach. Seit sie kein Fieber mehr hatte, fröstelte sie eigentlich meistens. Auch jetzt war sie kalt vor Erschöpfung, trotzdem setzte sie sich auf und holte zu einer längeren Rede aus.

«Ich möchte—» so sagte sie, «daß Sie sofort wissen, wie wir beide miteinander stehen, Mr. Bryant. Ich will nicht mit Ihnen reisen. Ich will Sie überhaupt in meinem ganzen Leben nicht wiedersehen. Sie sind mir widerwärtig», sagte sie. «Ich möchte, daß Sie das wissen: widerwärtig. Je mehr Geld Sie haben, je weniger mag ich Sie. Sie haben für das Spital bezahlt—ich wäre lieber auf der Straße verreckt als das. Ich werde Ihnen Ihr Geld zurückerstatten, jeden Cent. Ich will lieber auf die Straße gehen, als mit Ihnen nach Kanada reisen, verstehen Sie? Ich habe mir das alles gut überlegt. Basil hat recht gehabt, wie er Sie erschießen wollte. Es tut mir leid, daß ich ihm dazwischengekommen bin. Sie und Ihresgleichen— mit euch darf unsereiner nichts zu tun haben, es bringt nur Schande und Unglück. Gehen Sie, gehen Sie sofort und kommen Sie mir nie mehr in den Weg. Fort—» rief sie, und bei dem letzten Wort machte sie eine Bewegung als scheuche sie einen Hund von der Türe.

Bryant hatte mit rotem Kopf zugehört, mehr verdutzt als beleidigt. Er war von Juddy her an Szenen gewöhnt und abgehärtet.

Hysterisch sind sie alle, dachte er betrübt. Er hatte sich in den Wochen, da er mit dem angeschossenen Arm in der Binde herumlief und von allen seinen Freunden geneckt wurde,

104

in eine nette und hitzige Romantik hineingesteigert. Nun, da er Doris in der Wirklichkeit sah, angetan mit dem Spitalskittel und unfreundliche Dinge gegen ihn hervorstoßend, fühlte er sich reichlich ernüchtert. Er drehte sich zur Türe.

«Das wird dir noch leid tun», sagte er, und zufrieden mit diesem Abgang verließ er das Krankenzimmer. Übrigens glaubte er keine Sekunde, daß dieser abrupte Abschied etwas Endgültiges bedeutete.

Zwei Tage später hörte er auf, für Doris zu bezahlen, und sie wurde in einen Saal geschafft, wo noch drei kranke Frauen lagen und wo zwei weitere Betten auf neue Patienten warteten. Man nahm ihr Schwester Leofcadia fort, das war hart. Aber Doris, die neue Doris, hatte sich vorgenommen, nicht mehr zu weinen. Sie hatte sich vorgenommen, nicht mehr die Dinge geschehen zu lassen, sondern sie selbst geschehen zu machen. Vorläufig freilich war sie noch eine Gefangene ihrer eigenen Schwäche. In dem Saal, wo sie nun lag, führte eine Schwester Caecilia strenges, gerechtes und lautes Regiment über drei junge Pflegerinnen, die an den Patienten ihren schweren Beruf erlernten. Nachts stöhnte die operierte Italienerin im nächsten Bett und ein irisches Dienstmädchen, das ein Kind bekommen hatte, betete einförmig, von vier Uhr morgens an. Zuweilen huschte Schwester Leofcadia herein und klopfte Doris' Kissen zurecht.

Doch hatte der Saal einen Vorteil: Doris konnte sich Zeitungen verschaffen, die ihr Schwester Leofcadia bisher ängstlich ferngehalten hatte. Wohltätige Menschen gaben ihre Zeitungen und Magazine dem Spital als Spende. So las man alles mit einwöchiger Verspätung aber mit Muße. Ende Juni standen die Verhandlungsberichte drin, und Doris fing wieder an, Temperatur zu zeigen. Man hatte sie nochmals im Spital einvernommen, und sie wußte nicht, ob ihre verstrickten Antworten Basil nutzten oder schadeten.

Sie sah sein Bild in der Zeitung, auch ihr eigenes, und Gott allein mochte wissen, wo sie es her hatten, denn die Presse war vom Spital streng ausgeschlossen worden. Juddy's Bild war zu sehen, das von Franklin O. Bryant Junior und eine völlig verwischte Momentaufnahme seines Vaters. Die drei Frauen in den andern Betten verfolgten die Berichte mit Aufschreien der Spannung, des Mitleids und der Entrüstung. Endlich war in ihr maschinenhaft leeres Leben etwas Dramatisches gekommen, es lag in einem Raum mit ihnen, und Doktor Williams nahm kummervoll davon Kenntnis, daß Miss Hart wieder Temperatur hatte. Doktor Williams nämlich setzte die Behandlung fort, obwohl der Sekretär des jungen Bryant ihm mitgeteilt hatte, daß er auf weitere Honorare nicht zu rechnen habe.

Doris liegt mit der Zeitung in der herabgesunkenen Hand und denkt. Sie kann sich Basil so genau vorstellen, er schweigt verstockt, so melden die Blätter, und der Richter ermahnt ihn mehrmals, sein Verhalten aufzugeben und die Verhandlung nicht zu erschweren. Er wird verteidigt von einem Rechtsanwalt Cowen, und auch dessen Bild ist in der Zeitung, wie er dem Angeklagten gütlich zuredet. Dieser Cowen meint es gut, aber er verdirbt alles, was zu verderben ist. Sein Plaidoyer ist eine demagogische Volksrede gegen den Reichtum, den Besitz und die Besitzenden im allgemeinen. Die Zeitungen schildern mit sanftem Hohn, wie er den Arm gegen die Jury schwang und den verdutzten Geschworenen entgegenschrie: «Sie alle sind schuld an diesem Schuß—Sie und Sie—und Sie—und jeder, der diesen Armen den Platz an der Sonne gestohlen hat.»

Als Doris diese Sätze las, die genau so klangen wie die kommunistischen Reden, die man am Union Square hören konnte, da wußte sie schon, daß Basil ein hartes Urteil bekommen würde.

Nach dem Plaidoyer fragt der Richter ihn, ob er noch etwas zu sagen hat. Und Basil, der Unberechenbare, antwortet: «Wenn Sie die einzige Frau, die Sie lieben, in der Situation gefunden hätten, in der ich die einzige Frau fand, die ich je geliebt habe, dann hätten Sie auch geschossen.»

Zehn bis fünfzehn Jahre Zuchthaus wegen vorsätzlichen Mordversuches bekommt Nemiroff. Daß er trotz des jüdischen Feiertags darauf bestand, seinen Revolver von Rubens Söhnen auszulösen, gilt als besonders belastend. Weil es sein erstes Verbrechen ist, wird die Strafe elastisch gehalten und läßt ein wenig Hoffnung offen. Die Blätter gratulieren zu dem gerechten Urteil gegen einen dieser gefährlichen Radikalen und gehen zu neueren und interessanteren Skandalen über. Und Doris liegt erschöpft und trostlos in ihrem Spitalsbett, sie kann nichts tun, wieder ist da etwas, das sie nur geschehen lassen kann. Aber zumindestens erlaubt sie sich nicht, ohnmächtig zu werden, sie verbietet sich auch Fieber zu haben, und sie meldet bei Schwester Caecilia an, daß sie zum Ende der Woche das Spital verlassen wird.

Mittwoch, am Besuchstag des Spitals, wenn die Gänge von Menschen summen, die Krankenzimmer nach Besuchern riechen, die Patienten gesteigerte Temperaturen kriegen und die Schwestern unter den Matratzen heimlich zugesteckte Schnapsflaschen finden, am Mittwoch also bekam auch Doris Besuch. Die Schuhmachers erschienen, Herr, Frau und Kind Schuhmacher. Sie kamen auf den Zehenspitzen, sie waren befangen, und sie brachten einen winzigen Veilchenstrauß und einen großen Napfkuchen. Sie saßen zehn Minuten am Bettrand, räusperten sich, sprachen über das Wetter und die Zeiten, und dann kamen sie mit der Hauptsache heraus. Doris' Stelle war vergeben, sie hatten eine arme Nichte eingestellt, die sich ganz überraschend gut bewährte und auch mit den täglichen Herren gut fertig wurde. Die täglichen Herren waren eine Sorte für sich, ältere Junggesellen, Deutsche, die im Abonnement aßen und sich leicht so benahmen, als wären sie mit Schuhmachers Restaurant verheiratet. Doris lächelte schwach und sagte, sie gratuliere den Schuhmachers, daß sie so guten

Ersatz gefunden hätten. Die Schuhmachers erwiderten, daß sie sich schon gedacht hätten, daß Doris doch nicht mehr als Kellnerin gehen würde. Sie luden sie ein, bei ihnen vorbeizukommen und zu essen, wann immer sie Lust hätte, sie knöpften ihr Kind in seinen Mantel ein und empfahlen sich. Nachher lag Doris schweigsam im Bett und war müde. Sie hatte Angst vor den Agenturen in der Sixth Avenue, bei denen man gedrängt auf den Bänken saß und auf Stellungen wartete. Sie sagte sich, daß sie keine Angst mehr haben dürfe, vor nichts und vor niemandem mehr. Die neue Doris hatte ein kleines Gedankengefecht mit der alten, früheren Doris. Die Angst verging, aber die Temperatur stieg. Doktor Williams warnte am nächsten Tag strenge vor einem zu frühen Verlassen des Spitals.

Am Samstag wollte Doris nach Hause—aber wo war zu Hause für sie? Am Freitag brach die Salvatori bei ihr ein, ganz gegen die Regeln und obwohl keinerlei Besuchstunde stattfand. Glücklicherweise hatte sie den größten Teil ihrer Erregung vor der Türe, in den Kämpfen um den Eintritt, verdampft und eine verhältnismäßig stille und gefaßte Salvatori war es, die ihre trockenen Lippen lange auf Doris' Wange drückte. Doris war an jenem Freitag schon außer Bett, sie versuchte standhaft, sich aufrecht zu halten und umherzugehen, sie hatte sich sogar schon von dem Krankenstuhl emanzipiert, auf dem sie während der letzten Tage Spazierfahrten durch die Korridore unternommen hatte. Ihr wurde zum Weinen unter dem trockenen, festen und harten Kuß ihrer Lehrerin, aber sie weinte nicht. Sie war schon daran gewöhnt, daß ihre Lider brannten von der Anstrengung, die bereiten Tränen festzuhalten.

«Wirst du noch singen können, mein Kind?» fragte die Salvatori zuerst. Noch bevor Doris darauf antworten konnte, versicherte sie selbst sich schon stürmisch: «Gewiß, bestimmt, sicherlich—du wirst singen können. Du wirst schöner und besser singen als je, nach dem, was du erlebt hast.»

Doris zuckte schüchtern die Schultern. «Ich muß jetzt etwas anders atmen, als ich es bei Ihnen gelernt habe—» sagte sie ungewiß. Die Frauen in den anderen Betten wandten kein Auge von der Salvatori, die eine schwarze Federboa über ihrem violetten Kardinalsgewand trug. Sie horchten angestrengt auf die Konversation. Doris entzog ihren Gefährtinnen ungern ein Vergnügen. Trotzdem nahm sie die Salvatori in den Korridor hinaus, und dort, vorsichtig auf dem glatten Linoleumbelag auf und abgehend, beriet sie sich mit der alten Sängerin über ihre nächste Zukunft. Der Schneider Dostal hatte das Zimmer weitervermietet, da niemand ihm Miete bezahlt hatte. «Du ziehst für den Anfang zu mir», entschied die Salvatori mit einer großen Geste. «Wenn du einmal berühmt bist, werden die Zeitungen erzählen, daß du deine Karriere auf dem alten Sofa in meinem Wohnzimmer begonnen hast.»

Doris schaute zweifelnd drein. Die Salvatori entdeckte plötzlich den Doppelsinn in ihrem eigenen Ausspruch und begann schallend zu lachen. Alles was sie tat und sagte, war darauf berechnet, daß die Leute auf der vierten Galerie es auch sehen und verstehen konnten. Ebenso plötzlich wie sie zu lachen begonnen hatte, wurde sie still und ernst. «Wie stehst du mit diesem Bryant?» fragte sie. Doris zögerte und sagte dann lauter als sie gewollt hatte: «Ich habe nichts mit ihm gehabt, und ich werde nie im Leben etwas mit ihm haben.»

«Gut. Sehr gut», erwiderte unerwarteterweise die Salvatori. Doris blickte sie überrascht an. Unter der dramatischen Frisur entdeckte sie zum erstenmal das wirkliche Gesicht der Sängerin. Ein trauriges, wissendes und erfahrenes Frauengesicht. Als wollte sie der Salvatori etwas Liebes erweisen, setzte sie noch hinzu: «Mit jedem andern meinetwegen—aber nicht mit Bryant.»

Die Salvatori nickte dazu mit dem Kopf. Sie fand es auch ausgezeichnet, daß Doris nicht mehr bei Schuhmachers war. «Du siehst, mein Kind, die Heiserkeit ist vergangen, seit du

nicht mehr in diesem Gestank arbeitest», sagte sie voll Über-
zeugung. Als Doris heftig davon sprach, sich sofort eine neue
Stellung suchen zu wollen, antwortete sie mit einem abwehren-
den Hin und Her ihres Zeigefingers und einem knallenden
Z-Z-Z, einer italienischen Geste absoluter Verneinung, die
Doris mit Rührung wiedererkannte.

«Diesmal fangen wir das Leben anders an—und geschei-
ter—» verhieß ihr die Salvatori. Doris konnte sich nicht viel
darunter vorstellen, aber es klang überzeugend. Sie selber
fühlte etwas Ähnliches—sie wollte nicht mehr getreten werden, sondern selber treten—so etwas war es ungefähr. Sie erwartete zitternd, daß die Salvatori anfangen würde, über Basil
zu reden, Böses über ihn zu reden. Aber die Sängerin verabschiedete sich mit dem Versprechen, daß sie Doris am Samstag
vom Spital abholen und daß alles Weitere sich aufs schönste
ordnen würde, und von Basil kam nichts vor. Doris legte sich
gleich danach in ihr Bett und dachte nach.

Das Spital war daran gewöhnt, daß Doktor Williams an
den Samstagen nur in dringenden Fällen kam, sonst ging er
zum Weekend nach Connecticut. Aber an jenem Samstag war
er da, sehr zum Erstaunen von Schwester Caecilia, die schon
dabei war, Doris' Bett abziehen und für den nächsten Gast
bereitmachen zu lassen. Doktor Williams ging sogleich in
die kleine Office und verlangte Doris zu sehen. Doris trug das
verhängnisvolle Kleid um 16 Dollar 95 und sah nett aus. Ihr
Gesicht hatte Charakter bekommen, aber ihr braunes Haar war
noch dünner und farbloser geworden.

«Na, da sind Sie also fertig zum Davonrennen, obwohl Ihr
Leibarzt Sie gewarnt hat», sagte Doktor Williams ohne zu
lächeln.

«Jawohl, Herr Doktor», sagte Doris gehorsam aber fest und
blickte ihn an. Sie kannte jeden Zug in seinem Gesicht, jedes
Haar an seinen Unterarmen, die bloß aus den kurzen Ärmeln
des Arztkittels hervorkamen.

«Sie stehen allein in der Welt?» fragte der Doktor, er hatte seine Schlüsse gezogen, als Bryant die Zahlungen einstellte. Doris nickte. «Ich hätte sonst mit den Leuten gesprochen, die zu Ihnen gehören», fuhr er fort. «Aber so muß ich es wohl mit Ihnen direkt abmachen.»

Er schaute sie eine Weile abwesend an und Doris wartete. «Ich weiß gar nicht, wie ich Ihnen danken soll», sagte sie zuletzt. «Unsinn», sagte er schnell und bürstete das Wort von der Schreibtischplatte fort. «Hören Sie mal an——» setzte er hinzu, als wäre er nun mit sich ins Reine gekommen. «Ich habe Sie zusammengeflickt, als es ziemlich böse um Sie aussah und insofern habe ich ein gewisses Recht auf Sie, wie? Ich meine, Sie sind ein Lieblingsfall von mir, etwas, auf das ich stolz bin und womit ich in der medizinischen Gesellschaft renommieren will. Dazu gehört aber, daß Sie am Leben bleiben, ich meine, nicht nur provisorisch, sondern für längere Zeit, wie?»

«Gerne——» erwiderte Doris lächelnd. Sie war schon an seinen Zynismus und seine Späße gewöhnt.

«Das wird aber zum großen Teil von Ihnen abhängen—— ich meine——wie lange die geflickte Maschine laufen wird. Verstanden?»

«Nicht ganz——» sagte Doris. Aber sie spürte schon, daß sie anfing ihn zu verstehen. Jeder Pulsschlag schmerzte ja noch, als wäre es eine ungeheure Anstrengung, das Blut durch die Adern und an den Nähten und Narben vorbeizutreiben.

«Was ist Ihr Beruf?» fragte Doktor Williams streng. «Ich war Kellnerin—oder Kindermädchen.» Da der Doktor zu beiden Dingen streng den Kopf schüttelte, holte sie Atem und sagte mit Festigkeit: «Jetzt will ich Sängerin werden.»

«Das ist irrsinnig und ausgeschlossen», sagte er kurz. «Ich muß es Ihnen einmal ganz brutal erklären: eine Naht in der Lunge, das heißt eine Kugel in der Brust, sind keine Dinge, die Spaß verstehen. Wenn Sie noch eine Weile leben wollen, dann müssen Sie ganz, ganz still sein. Keine schwere Arbeit. Keine Aufregung. Kein Kummer. Keine Freude—nein auch keine Freude, die Herzklopfen macht. Ein ruhiges, abgeklärtes Leben. Sie können Kakteen züchten—oder einen Hund halten—ich weiß nicht—in den Magazinen stehen ja immer Vorschläge für die kleinen Freuden, wie sie es nennen—und ein ruhiger Beruf—vielleicht Sprachstunden—»

Er brach ab. Er schämte sich, einem armen Teufel, der wahrscheinlich nicht genug Geld hatte, um sich die nächsten drei Mahlzeiten zu kaufen, derartige Ratschläge zu geben. Außerdem konnte der Schrecken über seine Eröffnung sie schon in Gefahr bringen. Er nahm ihre Hand, um unauffällig seinen Finger an ihren Puls zu legen. Der Puls ging ruhig, und sie war nicht einmal blaß geworden.

«Und wenn ich das alles nicht so machen kann, wie Sie es raten, Herr Doktor?» fragte sie. Er zuckte die Achseln. «Das ist unbestimmt», sagte er. «Es kann eine ganze Weile gut gehen. Jahrelang.»

«Wie viele Jahre?» fragte sie.

«Drei—fünf—acht—» antwortete er ungewiß. Sie bewegte die Lippen; es sah aus, als wäre sie ein Kind in der Rechenstunde. Der Doktor nahm sich zusammen, er war schließlich Chirurg. «Ich muß Ihnen aber ganz offen sagen, daß es durch eine Überanstrengung irgendwelcher Art, körperlich oder seelisch, ganz plötzlich mit Ihnen vorbei sein kann», stieß er hervor. Es dauerte einen Augenblick, bevor sie dies verarbeitet hatte. «Danke—» sagte sie dann.

«Ich möchte vorläufig, daß Sie noch jede Woche zu mir in die Sprechstunde kommen», endete Doktor Williams das Gespräch. Er fühlte sich unbehaglich. «Hier ist meine Karte—» sagte er. Doris nahm die Karte und drehte sie zwischen den Fingern zu einer kleinen Röhre.

«Sie könnten ja heiraten—» schlug er noch vor. «Aber natürlich keine Babys kriegen.» Darauf lächelte Doris höflich

112

und geistesabwesend, sie schüttelte ihm die Hand, bedankte sich noch einmal und empfahl sich.

Ihr Auszug aus dem Spital war stattlich genug. Die Salvatori hatte sich einen großen alten Wagen mitsamt Chauffeur verschafft—ausgeliehen, wie sie sagte, in Wahrheit aber gemietet—und Schwester Leofcadia brachte Doris bis zur Ausfahrt und drückte ihr im letzten Moment ein kleines Gebetbuch in die Hand. Doris richtete sich neben der Salvatori ein, und der Wagen schwankte mit ihnen davon.

Doris hatte in den letzten Monaten und auch vorher zuweilen geglaubt, daß sie sich nichts aus dem Leben mache. Seit dem Gespräch mit Doktor Williams hatte sich das geändert. Sie wollte leben, und sie wollte ganz leben. Sie wollte nicht nur die kleinen Freuden haben, sondern auch die großen, da sie schon die großen Schmerzen zugeteilt bekommen hatte. Vor allem aber mußte sie leben, bis Basil aus dem Gefängnis kam. Als sie dies dachte, stellte sie sich nicht vor, daß es zwölf Jahre dauern könnte, sondern sie war sicher, daß irgend etwas geschehen würde, das ihn bald freimachen mußte. Auch wußte sie, daß es an ihr lag, dies geschehen zu machen. Sie wußte schon, daß Wunder nicht passierten, sondern daß es Fleiß und Mühe und viel Überwindung kostete sie zu bewirken.

Sie starrte aus dem Wagenfenster, es war Anfang Juli geworden. Noch nie hatte es solche Farben gegeben, solchen Glanz, der von allen Dingen tropfte, von den Blumenbeeten der reichen Landhäuser so gut wie von den geflickten Dächern der Vorstadt. Ein Platz, wo alle Welt ihre alten Konservenbüchsen abgelagert zu haben schien, blitzte mit märchenhaften Reflexen. Und als sie an einem kleinen Hügel dampfender Pferdeäpfel vorbeifuhren, drehte sich Doris noch einmal danach um. Die Spatzen saßen auf dem Miniaturgebirge und stritten sich erbittert wie um eine große Kostbarkeit. Vielleicht war ein Häufchen Pferdemist eine Kostbarkeit. Es gehörte mit dazu, es war ein Teil von dem, was Doris in dieser Heimkehrstunde so intensiv umschloß und was sie versuchen wollte, festzuhalten, so gut und so lang es ging: Leben.

Die Salvatori war schweigsam und rücksichtsvoll an diesem Tag. Auch war das Heimkommen in das alte Haus eine arge Aufgabe für Doris. Der Klang jeder Türe, der Geruch auf der Treppe—und das große Fenster im vierten Stock, das zerbrochen war und das finster blieb, als der Abend kam: es riß an ihr, und ein paar Schreckminuten lang dachte sie fast, dies wäre die Art von Aufregung, bei der es plötzlich mit ihr vorbei sein könne. Aber die Nacht auf der Couch im Wohnzimmer der Salvatori ging vorüber, obwohl sich der ausgestopfte Papagei Carlotta unangenehm in Doris' Träume mischte. Das Frühstück war behaglich, und gleich nach dem Frühstück bekam Doris die erste Gesangstunde. Übrigens hatte man sogleich beim Betreten der Wohnung wieder angefangen Italienisch zu reden, und dies war so anstrengend, daß Doris auf alles andere vergaß. Ihre Stimme war klarer geworden, frei von Heiserkeit, und obwohl die Salvatori leise jammernd ihre neue Art des Atmens verwünschte, fand Doris, daß es damit besser ging als zuvor.

Die erste Woche verging damit, daß Doris versuchte, sich im Haushalt der Salvatori nützlich zu machen. Es war eine verrückte Sorte von Haushalt, in dem manchmal geschlemmt und häufig gehungert wurde. Es roch nach Staub und Begräbnis von den alten Kränzen, und hundert Zeremonien des Aberglaubens mußten berücksichtigt werden, bevor die kleinste Handlung vor sich gehen konnte. Schlaf und Mahlzeiten wurden mit großartiger Achtlosigkeit behandelt, und fanden zu unregelmäßigen und ungebührlichen Zeiten statt. Nie aber versäumte die Salvatori, vor dem Schlafengehen unter den gepolsterten Möbeln ihrer sonderbaren Wohnung nachzusehen, ob keine Räuber sich eingeschlichen hätten, und immer war sie gleich enttäuscht, wenn sie niemanden fand. Zuweilen verstieg sie sich zu dunklen Andeutungen, als wenn die Maffia noch eine alte Drohung gegen sie wahr machen würde, und dann verlor sie sich in den Reminiszenzen ihrer früheren Karriere. Tagsüber fanden gedrückte Gestalten sich ein, Gesangschüler, die mit verquälten Stimmen Arien oder Duette sangen, wobei die Salvatori die zweite Stimme übernahm, mochte es sich nun um Sopran, Baß oder Tenor handeln. Doris hielt sich indessen in der Miniaturküche auf, die mit jenen Trophäen geschmückt war, die im Wohnzimmer keinen Platz gefunden hatten.

Strenge verbat die Salvatori ihr, sich sogleich um eine Stellung umzusehen. Doris gehorchte, halb aus Respekt und halb aus Vernünftigkeit. Sie sah noch miserabel aus, fand sie selber; es war unwahrscheinlich, daß jemand ihr Arbeit anvertrauen würde, solange ihr die Krankheit auf dem Gesicht geschrieben stand. Aber da war etwas anderes, Wichtigeres, etwas, das sie sich nicht verbieten ließ, über das sie mit der Salvatori überhaupt nicht sprach. Sie mußte Basil sehen.

Dies nun war eine komplizierte Angelegenheit und die frühere Doris wäre nie damit fertig geworden. Nach einigem Nachdenken schien es ihr, der beste Weg zu Basil führe über diesen Rechtsanwalt Cowen, denselben, der bei der Verhandlung alles verdorben hatte. Und so geht sie aus, den Anwalt Cowen zu finden. Schon dies ist keineswegs einfach. Das Telephonbuch wimmelt von Anwälten, die Cowen heißen. Doris verschafft sich die alten Zeitungen—noch immer schmerzt ihre Brust, wenn sie die Prozeßberichte liest, die sie doch auswendig weiß. Irving Cowen ist der Name. Doris geht in die Frühstückstube unten im Haus und bittet, ob sie telephonieren darf. Man starrt sie neugierig an. «Sie sehen gar nicht so schlecht aus», sagt die Wirtin, im übrigen zeigt ihr das Haus eine kalte Schulter. Doris telephoniert sich durch viele Irving Cowens durch, bis sie den Richtigen findet. «Ich bin das Mädel, auf das Nemiroff geschossen hat», sagt sie gepreßt in die Telephonmuschel, die nach Zwiebeln riecht. Am andern Ende der Leitung begrüßt man sie mit Mißtrauen. Sie macht eine Zusammenkunft für den nächsten Tag aus. Dieser Irving Cowen hat seine Kanzlei ganz drunten in der 14ten Straße. Doris hat kein Geld für die Untergrundbahn, sie hat kein Geld für das Telephon. «Kann ich für das Telephon das nächste Mal bezahlen?» fragt sie die Wirtin. «Gewiß, gewiß», wird geantwortet, aber sie sinkt zugleich um eine ganze Stufe tiefer.

Sie borgt sich von der Salvatori einen Dollar aus und bittet sie in stockendem Italienisch, nicht zu fragen, wofür sie das Geld braucht. Die Salvatori lächelt nur und schleudert drei Prisen Salz über ihre Schulter, denn man verliert Freunde, denen man Geld borgt, wenn man nichts dagegen tut.

Doris sitzt in dem Büro von Irving Cowen, der nicht jung ist, wie sie sich ihn vorstellte, sondern ein grauhaariger Mann mit erstaunlich glatter und rosiger Haut. Es dauerte ein Stunde, bevor er sein Mißtrauen gegen sie überwand. Seine Welt war einfaches Schwarz-Weiß. Die Armen—die Reichen. Die Besitzenden—und die Unterdrückten. Basil hatte auf einen Millionär geschossen, er gehörte zu den Armen. Doris, die keine fünfzig Cent besaß, aber eine Beziehung zu einem Millionär angefangen hatte, gehört für den kleinen Anwalt zu den Kapitalisten. Er behandelte sie wie einen Feind. Es macht ihr den Eindruck, daß er in Basil ebenso verliebt war wie sie selbst. Es war eine ungeheure Erleichterung, über Basil reden zu können, endlich über ihn reden zu können und angehört zu werden. Es war ein beinahe körperliches Glück, etwas, das sie ganz tief in sich spürte und das übrigens ihren Atem wieder schwer und schmerzhaft macht. Wahrscheinlich gehörte schon dies—nur über Basil zu sprechen—zu den gefährlichen Dingen. Aber das machte nichts.

Die Unterredung mit diesem Rechtsanwalt Cowen war die erste wichtige Sache, die Doris passierte, seit Basil sie angeschossen hatte. Sie lockerte sich. Plötzlich gelang es ihr zu reden, sich auszudrücken. Sie erzählte, sie sagte Dinge, die sie selber nicht gewußt hatte, bis sie ausgesprochen waren. Im Ge-

sicht des Anwalts erschienen karminrote Flecken, während er
zuhörte. Unerwartet brach sein Widerstand ein. Er nahm ihre
Hand und tätschelte sie. «Sie sind ein tüchtiges Mädel—brav,
daß Sie nicht gestorben sind», murmelte er. Er berichtete ihr,
daß Basil sich wohl befand und daß er sich scharf an die Zucht-
hausdisziplin hielt. Wenn er so blieb, dann würden ihm vier
Monate von jedem Jahr für exzeptionell gute Führung abge-
zogen, gutgeschrieben werden. Die zehn Jahre Mindeststrafe
schrumpften zusammen, während er sprach, zu sieben, zu fünf.
Bald sah es aus, als diene Basil nur eine kurze Zeit in einer
Art Schule ab, wo ungebärdige Sonderlinge für das Leben zurecht gestutzt wurden. Cowen lachte leise, so oft er von Basil
redete, wie in der Erinnerung an einen guten Scherz und er
zitierte mehrere von Basils Paradoxen und verwunderlichen
Aussprüchen. Er versprach, alles in die Wege zu leiten für
Doris' Besuch im Zuchthaus, und er wehrte mit einem tief
beschämten Lächeln ab, als sie erwähnte, daß sie ihn nicht
bezahlen könne.

«Ich werde Sängerin. Sobald ich meine Karriere gemacht
habe, werde ich alles doppelt zurückzahlen können», sagte sie.
Sie wunderte sich selbst, wie sicher es klang. Obwohl nun
zuweilen Töne aus ihrer Kehle kamen, die sie mit Genuß in
ihrem Kopf klingen und vibrieren fühlte, glaubte sie noch
immer nicht im Ernst daran, daß sie sang.

Übrigens zeigte sich jetzt ein sonderbares Phänomen. Als sie
zwei Wochen bei der Salvatori war und täglich Gesangstunde
hatte, war sie wieder so heiser wie zuvor. Diesmal konnten
nicht die Gerüche bei Schuhmachers die Ursache sein. Die Salvatori grübelte darüber nach wie über eine Verhexung. «Ich
wußte es ja—meine Stimme gibt nichts her», sagte Doris. Auch
sie kränkte sich gründlich über dieses Versagen. Die Salvatori
schüttelte ihren schweren Kopf, und die Haarnadeln fielen klir-
rend aus ihrem schwarzen Haar. «Ich finde noch heraus, woran
es liegt», verhieß sie düster.

Es dauerte drei Wochen, und es nahm viele Telephongespräche und Untergrundbahnfahrten in Anspruch, bevor Irving Cowen es erwirkt hatte, daß sie Basil in Baxterville besuchen konnte. Die ganze Zeit hatte sie an diesen Besuch gedacht, nicht wie an etwas Wirkliches, sondern wie an eine Geschichte in Fortsetzungen. Nun, da es greifbar wurde, hörte sie auf zu schlafen. Die Nächte gingen damit hin, daß sie Gespräche mit Basil zusammensetzte. «Guten Tag, Basil, wie geht es dir? Gibt es etwas, das ich für dich tun kann? Ich wollte nur, daß du weißt, daß sich zwischen uns nichts verändert hat. Ich warte auf dich, wie lange es auch sein mag. Halte nur den Kopf hoch, Basil—.» Ach nein, das alles war Unsinn. Es hinkte, denn man wußte nicht, was Basil antworten würde. «Ich warte auf dich, wie lange es auch sein mag—» das war eine höfliche Lüge. Ein Mensch, dessen Herz zu schmerzen begann, wenn er nur an dieses Gespräch dachte, dem der Atem ausblieb, der Puls stockte, ein Mensch, der jede Nacht glaubte, die letzte Sekunde sei gekommen—ein solcher Mensch hatte kein Recht zu sagen: Ich warte auf dich, wie lange es auch sein mag. Dennoch schien ihr dieser Satz der wichtigste im ganzen erträumten Gespräch.

«Nun ist alles klar», sagte Cowen an einem Freitag zu ihr. «Sie können Nemiroff am zweiten August um neun Uhr dreißig besuchen und dürfen zwanzig Minuten bleiben—das ist sehr lang. Ich habe mich um alles erkundigt. Sie müssen am Abend vorher nach Baxterville fahren, denn morgens kommt der Zug nicht rechtzeitig an. Sie fahren hier von der Zentral-Station um vier Uhr fünfunddreißig ab und sind um acht Uhr zwei am Abend dort. Sie übernachten im Hotel Lincoln. Ein Dollar fünfzig für die Nacht. Sie können den Mittagszug zurücknehmen und sind um vier Uhr zweiundzwanzig wieder hier. Die Fahrkarte kostet hin und zurück vierzehn Dollar. Ich will mal sagen, mit zwanzig Dollar kommen Sie reichlich aus, Hotel, Trinkgelder und alles mit eingerechnet.» Cowen wartete einen Augenblick, und dann fragte er: «Haben Sie zwanzig Dollar?»

«Nein», sagte Doris. Ihre Hände lagen schlaff auf der Schreibtischplatte, sie suchte zu entspannen, den pressenden Druck von ihrer Brust fortzunehmen. Am zweiten August—das war Dienstag—das waren noch vier Tage—

«Nein, ich habe keinen Cent, der mir gehört», sagte sie und schaute vertrauensvoll den Anwalt an. Irving Cowen errötete, das geschah seiner rosigen Haut leicht.

«Es ist eine Schande», rief er heftig, «aber ich habe auch keine zwanzig Dollar. Ich würde sie Ihnen vorstrecken, wenn ich sie hätte, das wissen Sie. Aber ich habe sie nicht.»

Das klang durchaus wahrscheinlich, wenn man Cowens trübsinniges Loch von einer Kanzlei, seinen abgeschabten Anzug, seine abgeklopfte Schreibmaschine, die er selbst bediente, in Betracht zog. Sein Telephon, das wußte Doris, war abgestellt, das bedeutete unbezahlte Telephonrechnungen. Auch hatte er ihr schon da und dort kleine Beträge vorgestreckt, hatte Geld für Marken und Telegramme verausgabt. Er tat dies alles aus keinem ersichtlichen Grunde, er hatte nur ein stürmisches Gefühl der Verpflichtung für alle, die arm waren wie er.

Übrigens log er, wenn er sagte, daß er keine zwanzig Dollar besaß. Er hatte ein kleines Sparguthaben von etwa sechshundert Dollar auf der Bank—aber das gestand er nicht einmal sich selber ein.

«Wir werden uns diese zwanzig Dollar auf irgend eine Art verschaffen müssen», sagte er munter und kameradschaftlich zu Doris. «Selbstverständlich», antwortete sie darauf.

«Keinesfalls kann dieser Besuch am Geld scheitern», sagte er, als sie schon an der Türe war.

«Ich schaffe es schon», sagte sie mit großer Sicherheit. Sie hatte drei Tage vor sich. Und daß sie von der Salvatori kein Geld bekommen würde, um zu Basil zu fahren, das stand fest.

Die Salvatori probierte eine neue Gesangsmethode aus. Sie beschwor Doris, leise zu singen, die Töne zu hauchen. Sie selbst hauchte kurzatmige Töne gegen ihre Fingerspitzen und machte

dann eine Bewegung, als schnellte sie diese kleinen Töne in die
Luft, wo sie zu vibrieren beginnen sollten. Es war der dreißigste
Juli, und New York sott in der Hitze. Die Salvatori hatte sich
aller Kleidungsstücke begeben mit Ausnahme eines Hemdes,
das mit Milaneser Spitze verziert war. Ihre mächtigen gelben
Schultern erweckten die Erinnerung an einen Fleischerladen,
aber ihre Finger waren gedrechselt und zugespitzt wie die auf
alten Ölporträts. Doris versuchte mit ihrer heiseren Stimme
leise zu singen, aber das ging noch weniger. Es kam einfach
kein Ton heraus. Sie hätte gerne laut gesungen, es war ihr, als
könne sie dabei ein wenig ihre innere Spannung ausdrücken und
los werden, aber die Salvatori schrie sie an wie einen Hund.
Zum erstenmal war es keine Tonleiter oder Solfeggie, die sie zu
singen hatte, sondern der Anfang einer Arie von Rossini: «Una
voce poco fa...»

Sie kämpfte mit ihrer widerspenstigen Kehle und gab auf.
Die Salvatori blieb mit böser, hängender Unterlippe vor dem
Klavier sitzen. Doris schlich in die Küche. Die Salvatori, kaum
war sie allein geblieben, riß sich wütend auch noch das Hemd
herunter und schleuderte es in einen Winkel. Gleich darauf
hörte Doris sie ihre Lieblingsarie singen. Sie selber war naß
von Schweiß, der hemmungslos aus allen Poren drang und an
ihrer Haut herabsickerte.

Sie richtete einen kalten Imbiß an und wusch das Geschirr,
das überall herumstand. Sie wusch ihre Hände mit Zitrone,
wie sie es bei Schuhmachers immer getan hatte, um den
Speisengeruch davon zu vertreiben und zog sich in dem Badezimmer an, das dunkel war und wie eine vollgestopfte Raritäten-
bude aussah. Am Mittwoch suche ich mir eine Stellung, dachte
sie. Drinnen tobte noch immer die Stimme der Salvatori. Doris
klopfte an die Türe, aber sie wurde zum Teufel gewünscht,
und dann ging die unterbrochene Arie weiter. «Ich gehe noch
zu Schuhmachers», rief sie durch die Tür. Sie bekam keine
Antwort. Auf der Treppe hörte man das Weinen der Zwil-

linge. In der Haustüre stieß sie auf ihre frühere Schlafgenossin, Borghild. «Wie geht's?» fragte die Masseuse flüchtig. «Ausgezeichnet», rief Doris zurück. «Heiß—» sagte Borghild noch und verschwand in der Treppenbiegung. Doris empfand dunkel und mit Verwunderung, daß sie alle Gemeinsamkeit und Berührung mit andern Menschen verloren hatte, seit eine Ader irgendwo in ihrer Brust krank war und es plötzlich mit ihr vorbei sein konnte. Es war ein Zustand, der einen vieler Verantwortungen enthob und viele Dinge unwichtig machte. Doris spürte es, aber sie konnte es nicht ausdrücken. Die Straße schien noch heißer als das Haus, obwohl es Abend war. Die Hausmauern warfen Schwaden von aufgespeicherter Hitze auf die Menschen, die erschöpft und schnappend vor den Türen und auf den eisernen Absätzen der Feuertreppen hockten.

Als Doris bei Schuhmachers eintrat, war es ihre Absicht, sich dort die zwanzig Dollar, die sie brauchte, auszuborgen, indem sie gewissermaßen sich und ihre Arbeit als Pfand gab. Es war nicht ganz so voll wie an andern Samstagen, wahrscheinlich wegen der Hitze, und es roch so, wie es immer gerochen hatte. Das erste, was Doris sah, war ihre Nachfolgerin, die Nichte. Sie war ein sehr hübsches und sehr junges Mädchen, dem es großen Spaß zu machen schien, mit dem kurzen, gestärkten Rock zu wippen. Sie warf einen spähenden und abschätzenden Blick auf Doris und wies ihr Tisch 14 an, den schlechtesten Tisch im Lokal, an dem ein steter Zug von Männern vorbeimarschierte, auf dem Weg zur Toilette.

«Danke, ich will nichts essen—ich bin kein Gast», sagte Doris schnell. «Wo ist Herr Schuhmacher? Unten?» Und sie deutete mit dem Kinn gegen jene Regionen, aus denen das Rollen von Kegelkugeln und lautes Lachen kam.

«Nein, er ist verreist», sagte die Nichte. «Wollen Sie Frau Schuhmacher sprechen?»

«Ja, danke», sagte Doris zögernd. «Ich gehe gleich in die Küche—» setzte sie hinzu. «Ich war früher hier angestellt.»

Sie war enttäuscht über Herrn Schuhmachers Abwesenheit, er war gutmütiger und leichter zu behandeln als die Frau. Immerhin trat sie ihren Weg zur Küche an.

Sie kam nach etwa zwanzig Minuten wieder und setzte sich nun doch an Tisch vierzehn. Das Darlehen war abgeschlagen worden, aber die Wirtin hatte sie zum Essen eingeladen. Alle Ventilatoren sausten und die Hitze war unerträglich. Wenn Doris trotzdem das Lokal nicht verließ, sondern an dem unsympathischen Vierzehner-Tisch sitzen blieb, so hatte sie Gründe dafür.

Sie ist nicht mehr die Doris von vorher, die Dinge geschehen und die sich treiben läßt. Sie denkt und handelt, sie hatte die Möglichkeit, abgewiesen zu werden, schon vorher ins Auge gefaßt, und da ist eine undeutliche und unwegsame Art von Plan in ihr, wie sie dennoch zu dem Geld kommen soll. Der Schuß in die Brust hat sie mit einem neuen Unterscheidungsvermögen ausgestattet für die Dinge, die wichtig und diejenigen die unwichtig sind. Es ist wichtig, das Geld zu beschaffen, mit dem sie zu Basil fahren kann. Es ist unwichtig, auf welche Art sie es sich verschafft.

Sie sitzt an Tisch vierzehn, und die Herren marschieren an ihr vorbei, zur Toilette. Ein paar der alten Kundschaften erkennen sie. Ein paar der täglichen Herren wechseln ein paar Worte mit ihr, etwas scheu, da sie im Mittelpunkt eines Skandals gestanden hat. Man sagt ihr, daß sie hübscher geworden ist, obwohl sie das gar nicht nötig gehabt hätte. Sie lächelt dankbar dazu. Auf der Toilette unterhalten sich die täglichen Herren darüber, daß die Doris zugänglicher geworden zu sein scheint; sie hat sich, wie der Drucker, Herr Hofer, in gutem, mundartlichem Deutsch bemerkt, «die Hörner abgestoßen». Herr Wallert, ein andrer von den täglichen Herren, schmunzelt dazu. Herr Wallert hat ein Papiergeschäft, er ist geschieden, zweiundvierzig Jahre alt, seit elf Jahren in Amerika, er hat blaue Augen und schwarzes, glänzendes Haar, und er wird

122

etwas zu dick von dem täglichen schweren Essen bei Schuhmachers.

Doris nimmt inzwischen einen Taschenkamm aus ihrer abgeschabten Tasche und kämmt sich das Haar verwegen in die Stirne und zu einer Art Tolle. Als Herr Wallert zurückkehrt, macht sie wie unbewußt, sie «habe es dick hinter den Ohren», und er faßt neckend unter ihr Haar an ihre Ohren, um nachzusehen. Er entdeckt, daß sie die bezauberndsten kleinen Ohren unter ihren Haaren versteckt, es ist eine Schande, winzige Müschelchen, mit dünnen, feingerollten Rändern, eine kleine Pracht und Kostbarkeit. Herr Wallert ist ein Kenner in seinen Grenzen. Sie plaudern noch ein wenig über Doris' Ohren und dann lädt er sie ein, unten im Kegelklub ein Glas Bier mit ihm zu trinken.

Doris nimmt dankbar an. Jede Art von Betäubung tut gut bei dem, was sie vorhat. Ihr Herz benimmt sich richtig. Es schlägt ruhig und gleichmäßig, und der Atem setzt leicht an und schmerzt kein bißchen. Sie sieht sich selbst in einem Spiegel und ist zufrieden mit sich. Unten im sogenannten Kegelklub wird sie mit Geschrei begrüßt. Es sind noch ein paar Damen da unten und viele Herren. Das Bier, da es verboten ist und heimlich getrunken werden muß, hat seine behagliche Bürgerlichkeit verloren und ist zu einem erregenden Genußmittel geworden. Mehrere sind schon betrunken, mit den schweren und lärmenden Räuschen, die das Bier verleiht. Wallert gehört Gott sei dank zu den Nüchternen. Überhaupt ist er netter und feiner als die andern. Er hat blaue Augen. Er hat gepflegte Hände, er trägt einen Siegelring, den er von seinem Großvater in Freiburg geerbt hat. Von Zeit zu Zeit wirft er ein deutsches Wort dazwischen, aber er hat den größeren Teil seiner Muttersprache schon verlernt. Er ist verliebt in Doris' versteckte kleine Ohren, und er sagt es ihr auf deutsch. Er sagt ihr, daß er immer schon ein wenig in sie verliebt war. Zum Beweis schildert er ihr ganz genau, was für ein Tag es war, wie sie aussah und was es zu essen gab, als er sie zum erstenmal sah. Doris trinkt eifrig. Es ist gar nicht so schlimm. Es ist gar nicht so schwer. Es ist beinahe angenehm, nahe bei jemandem zu sitzen, ein bißchen Wärme, ein bißchen Zärtlichkeit zu bekommen.

Sie verläßt Schuhmachers Wirtshaus um elf Uhr, in der Gesellschaft von Herrn Wallert, den sie um diese Zeit schon Gustav nennt, da er nun einmal keinen schöneren Namen mitbekommen hat. Um zwei Uhr dreißig kommt sie nach Hause, schleicht die Treppen zur Wohnung der Salvatori hinauf und gräbt sich auf der Couch zur Ruhe ein. Keine Atemnot, keine Schmerzen, keine Gewissensbisse, kein Ekel. Sie fällt in den Schlaf hinein wie in gutes, warmes, klares Wasser. Sie hat dreißig Dollar und das ist das einzig Wichtige.

«Ich fahre morgen zu Basil», sagte sie am Sonntagabend zu der Salvatori, die im Hemd am offenen Fenster saß, bei dem die Nachthitze hereinströmte wie Lava. Die Salvatori hatte es aufgegeben, sich zu bewegen, aber sie drehte ihre schwarzen Augäpfel in dem gelblichen Weiß ihrer Augen erstaunt nach Doris.

«Es ist alles geregelt. Ich fahre morgen. Mittwoch bin ich zurück, und dann suche ich mir sofort eine Stellung», sagte Doris kampfbereit. Aber der Ausbruch, auf den sie gefaßt war, blieb aus. Die Salvatori hob mit Anstrengung eine Hand, schob sich zu Doris heran, die in dem dunklen Zimmer auf einem der Fliegenpilze saß und strich ihr mit einer erstaunlich weichen Bewegung über das Haar. «Das ist gut, mein Kind», sagte sie. «Wird man euch allein lassen?»

«Ich glaube nicht», antwortete Doris stockend auf dieses Unerwartete. Die Salvatori hielt ihr Gesicht mit den großen zerrissenen Flächen wieder dem Abend hin. Der Widerschein der Straßenlaternen lag darauf. «Brauchst du Geld, um zu reisen?» fragte die Salvatori. «Danke. Ich habe genug—von Schuhmachers—» erwiderte Doris schnell. Es schmerzte sie flüchtig,

daß sie sich den gestrigen Abend hätte ersparen können. Unwichtig.

«Ich bin nämlich vollkommen pleite», sagte denn auch die
Salvatori. Sie sagte «broke» mit einem drolligen Sprung aus
dem Italienischen in den New Yorker Slang. «Sie werden mich
bald los sein, Madame—» erwiderte Doris darauf. Sie fühlte
sich zu vielen Leuten verpflichtet und verhaftet: Der Salvatori,
Doktor Williams, Irving Cowen. Fast wünschte sie, bei allen
ein so glattes Konto zu haben wie bei Herrn Gustav Wallert.
Sie hatte das Gefühl eines sauber durchgeführten Abends, wenn
sie an gestern dachte. Die Salvatori wendete sich mit einer
beschwörenden Gebärde ihr zu. «Du wirst mich bezahlen,
wenn du an der Metropolitan singst», sagte sie großartig.

Doris schaute hinauf, in das schmale Stückchen kochenden
Nachthimmels, der über der Straße lag und dann hinunter auf
ihre eigenen Hände, die sie gegen ihre Brust stützte. In der
Stille hörte sie mit einemmal die Stadt, das Sausen, Rollen,
Klappern der Wagen, das Kreischen von Bremsen, das Singen
der Straßenbahnen, das tiefere Dröhnen der L-Züge. Ein Geräusch, so gewohnt, daß man es nicht mehr vernahm, wie man
das unmeßbare Gedröhne nicht vernimmt, mit dem die Erde
sich dreht. Eine Sekunde lang stand die Heimat auf, Abend
in der kleinen Odenwaldstadt, und verschwand. Dann fing Doris
zu sprechen an, unerwartet für sich selbst.

«Ich möchte nicht, daß Sie zu große Hoffnungen auf meine
Zukunft setzen», sagte sie leise, «denn ich weiß nicht, ob etwas
daraus wird. Nicht wegen der Heiserkeit, sondern überhaupt.
Ich spreche nicht gern darüber, denn es klingt ja, als wollte
man sich interessant machen. Aber Doktor Williams meint,
daß ich nicht viel Zeit habe. Vielleicht ein paar Jahre, voraus-
gesetzt, daß ich mich nicht rühre und nicht singe, und gar
nichts überhaupt. Aber darauf kann ich mich nicht einlassen.
Wenn ich lebendig bin, da will ich das auch spüren. Sogar
wenn es weh tut—aber spüren will ich es», sagte sie und nickte

mit dem Kopf, denn es schien ihr, als wäre es ihr geglückt, etwas Richtiges auszudrücken. Wieder war da die Schwierigkeit, sich in fremden Sprachen bewegen zu müssen, während die eigene schon langsam verblaßte und verbog wie ein vertrocknendes Kraut. Die Salvatori schüttelte heftig ihren Kopf, sodaß die Haare flogen.

«Ich verstehe dich, oh, ich verstehe das», rief sie aus, «eine Kerze, die an beiden Enden verbrennt. Da hast du den Künstler—eine Kerze, die an beiden Enden verbrennt. Das Leben spüren, auch wenn es weh tut. Weißt du, was die Duse sagte, bevor sie starb?»

Aber Doris war nicht neugierig darauf, sie ging ihren eigenen Gedankenweg weiter. «Es kann also sehr schnell einmal mit mir vorbei sein—plötzlich—jetzt—oder in zehn Minuten—» sagte sie. Oder Dienstag, wenn ich bei Basil bin, dachte es insgeheim in ihr. Die Salvatori wendete sich jäh ihr zu, beugte sich herunter und preßte ihre Hand auf Doris' Mund.

«Basta, Basta!» sagte sie. «Still. Darüber spricht man nicht.» Sie bekreuzigte sich, klopfte mit den Knöcheln auf das Fensterbrett, dann schlug sie zur Vorsicht noch ein Kreuz über Doris' Brust. Nachher saß sie schweigend da, nahm ihre Hand langsam von Doris' Mund fort und legte sie auf ihren Kopf. «Du wirst die berühmteste Sängerin werden, die dieses Jahrhundert hat», sagte sie nachher. Doris riß sich zusammen. Sie war inzwischen beinahe eingeschlafen. Sie räusperte sich, bevor sie antwortete, denn sie fühlte sich stockheiser: «Ich habe manchmal eine richtige Wut, zu singen, immerzu zu singen, bis ich es kann», sagte sie naiv. Als sie aufschaute, sah sie mit Erstaunen, daß das Gesicht der Salvatori von Tränen überströmt war. Sie flossen leicht und üppig wie die Schweißtropfen, mit denen sie sich mischten und wenn sie beim Mund ankamen, wurden sie aufgeleckt. Doris getraute sich nicht zu fragen, warum die Salvatori weinte, über sie, Doris oder über sich selbst. «Das mußt du auch noch lernen», sagte die Salvatori unvermittelt und mit völlig sachlicher Stimme.

«Was?» fragte Doris.

«Weinen können, wann immer du willst. Echte Tränen auf
der Bühne sind unbezahlbar. Manche haben sie immer zur Verfügung, manche kriegen sie nie. Du mußt es lernen.»

«Wie denn?» fragte Doris noch erstaunter.

«Ein Trick. Du mußt an etwas denken, das dich weinen
macht. Ich, zum Beispiel, denke immer an Bebe, und schon
kommen die Tränen.»

Doris wagte nicht zu fragen, wer Bebe war—ein Kind, eine
Rolle oder ein Geliebter, alle drei irgendwo verschollen in der
Vergangenheit. «Ich versuche gerade, mir das Weinen abzu-
gewöhnen», sagte sie nur noch. Die Salvatori lachte leise. Sie
stand auf, mit einer königlichen Gebärde, die schlecht zu ihrem
Hemd paßte. Doris hatte Angst, daß wieder etwas Pathetisches
sich ereignen werde; aber die Salvatori klopfte ihr nur leicht
die Wangen und drehte das Licht an.

Es war noch nicht ganz dunkel, als Doris in Baxterville ankam: der Bahnhof lag flach und eben, und jenseits der Schienen
breiteten sich Felder aus. Es roch nach Holzrauch, es sah aus
und roch genau so wie in dem Bahnhof von Bingsheim, wo
Doris geboren war. «Wie weit ist es zur Stadt?» fragte sie den
Stationsbeamten, der sich eine Zigarette anzündete, nachdem er
den Zug abgefertigt hatte. «Ungefähr 6 Meilen», antwortete er
und musterte sie flüchtig, aber genau. Besuch fürs Zuchthaus,
dachte er. Sie stand mit ihrem kleinen Koffer aus imitiertem
Leder in der Hand und überlegte. «Taxis stehen hinter der
Station», sagte er nicht ohne Stolz, bevor er zurück ging zu
den Morseapparaten in seiner Office. Es war heiß auch hier,
aber nicht so heiß wie in New York. Doris fand die zwei
Taxis, nahm nach kurzer Überlegung eines davon und rollte
durch eine magere und schlecht gepflegte Allee der Stadt zu.
An den Holzhütten des Negerviertels vorbei, an Bungalows
vorbei, wo der Mittelstand auf den Veranden saß, Männer mit

127

aufgerollten Hemdärmeln, Frauen mit einer Arbeit im Schoß. Eine Mundharmonika irgendwo. Der Mond kam schon herauf, dünn und wie gezeichnet. Hunde und Katzen sprangen über den Weg, der Himmel blieb sonderbar hell über den dunklen Häusern. Sie bogen unvermittelt in die Mainstreet ein, die üblichen Auslagen, das hohe Bankgebäude, das Kino, zwei Markthallen, ein Warenhaus, das Hotel Lincoln. In der schmalen Eingangshalle saßen ein paar Handelsreisende auf den Schaukelstühlen und schauten auf Doris' Beine, während sie taten als sähen sie nichts. Die Zimmer zu einem Dollar fünfzig waren alle vergeben, und Doris erhielt eines um zwei Dollar. Das Taxi hatte siebzig Cent gekostet, und Doris hatte fünfzehn Cent Trinkgeld gegeben. Leute, die selber Trinkgelder bekommen, schämen sich, niedrige Trinkgelder zu geben. Ihr Zimmer war dumpfig, die Hitze des Tages lag noch darin aufgestaut. Doris wusch sich mit Genuß den Schmutz und Schweiß der kurzen Reise ab. Unter der Brause begann sie zu singen, die Heiserkeit hatte nachgelassen. Sie sang noch leise und ohne es zu wissen, als sie wieder in die Halle hinunterkam, einen Moment zögerte und dann das Hotel verließ.

Ihre Absicht war es, das Gefängnis zu suchen, aber sie scheute sich, den Mann am Hotelpult danach zu fragen. Sie schaute unschlüssig die Straße hinauf und hinunter, die auf beiden Seiten gleich aussah, genau so wie die tausend Mainstreets in den tausend kleinen Städten quer durch den ganzen Erdteil. Sie blieb vor den beleuchteten Auslagen des Warenhauses stehen, auch hier zeigte man die neuesten Modelle, es war nicht provinziell und altmodisch wie zu Hause in Bingsheim. Mit einemmal spürte Doris wieder die Fremde, und sie wandte sich seufzend von den schicken Erzeugnissen der Modistenkunst ab und ging weiter.

Sie seufzte nicht ohne Stolz, denn es war erst seit einigen Tagen, daß sie wieder seufzen konnte, ohne reichliche und stechende Schmerzen dabei zu bekommen. Als sie an der Ecke in den Drugstore trat, um ein Sandwich zu essen, bemerkte sie erst, daß einer der Herren aus der Halle seinen Schaukelstuhl verlassen hatte und ihr nachgegangen war. Er setzte sich neben sie und bestellte Eis. «Ganz allein auf der Tour?» fragte er sodann. «Ihr Mädel nehmt uns Männern bald das Brot weg.»

Doris ging höflich auf seine Idee ein, daß auch sie für eine Firma reise; sie log sogar ein wenig und erzählte, daß sie bei den verschiedenen Geschäften unterwegs sei, die Magazine verkauften. Es freute sie, daß ihr diese Lüge so gut gelungen war. Der Reisende lud sie ein, den Abend mit ihm zu verbringen. Er wußte einen Platz, wo man etwas zu trinken bekam. Doris machte sich los, indem sie sagte, sie habe noch einen Besuch zu machen. Der Mann bot ihr an, sie in seinem Wagen hinzufahren, er machte die kleineren Touren immer im eigenen Wagen. Sie lehnte ab, nicht ohne Bedauern. Sie hätte gerne ihre kleine Rolle noch weiter durchgeführt. Oder vielmehr, sie wäre gern dieses harmlose und tüchtige Mädchen gewesen, das nichts anderes in Baxterville zu tun hatte, als Magazinen einen besseren Absatz zu verschaffen. Der Mann zahlte für sie und schüttelte ihre Hand. «Ich werde also im Hotel auf Sie warten, bis Sie zurückkommen», bemerkte er zum Abschied. Doris zögerte, bis er außer Sehweite war, dann fragte sie einen halbwüchsigen Negerjungen an der nächsten Ecke um den Weg zum Gefängnis. Der Junge deutete, grinste, erklärte. Es stellte sich heraus, daß das Gefängnis keineswegs in der Stadt, sondern irgendwo weit außerhalb lag. Der Junge sagte, daß es zwei Meilen oder vielleicht auch mehr bis dahin wären. Über die Brücke und dann an der Fabrik vorbei und immer geradeaus. Obwohl Doris sich klar war, daß es keinen Sinn und Verstand hatte, konnte sie doch nichts anderes tun als sich auf den Weg machen. Sie mußte zuerst einmal das Gefängnis sehen.

Unter dem dünnen Mond, der Kraft bekam, sowie sie die Lichter der Mainstreet hinter sich gelassen hatte, schritt sie aus. Die kleine Stadt schien schon schlafen zu gehen. Als sie über die Brücke kam, wehte ein wenig moderige Kühle vom Fluß herauf. Im Wasser lag der Widerschein von Mond und blassem Himmel. Hinter der Brücke senkte sich die Straße, Doris ging an einem Liebespaar vorbei, dann kamen spärliche Bäume. Die Stadt schien hier einen Versuch zu einer Parkanlage gemacht und wieder vergessen zu haben. In der Ferne lag ein beleuchteter Häuserblock, wahrscheinlich die Fabrik.

Doris wußte nicht, wie lange sie ging, aber während sie ging, wurde sie sich dunkel bewußt, wie abenteuerlich ihr Leben sich gewendet hatte. Sie war einmal die behütete, einzige Tochter von Doktor Hart in Bingsheim gewesen. Nun wanderte sie eine todfremde Straße in einer todfremden Stadt, um das Zuchthaus zu suchen. Sie war auf dem Weg zu einem fremden Mann, der sie angeschossen hatte. Sie glaubte, daß dieser Mann sie liebte— denn sonst hätte er sich wohl nicht die Mühe genommen, auf sie zu schießen—aber sie wußte es nicht bestimmt. Sie wußte nicht einmal bestimmt, ob sie ihn liebte. Unter dem scharfen Licht des dünnen Mondes schritt sie gleichmäßig aus, sie wurde ein wenig bewußtlos für die wirkliche Umgebung und forschte tief und genau in sich. Sie wußte nicht, ob sie ihn liebte. Sie wußte nur, daß er das Wichtigste in ihrem Leben geworden war, mochte es nun lange dauern, oder so plötzlich vorbei sein, wie Doktor Williams es angedroht hatte. Sie erkannte, während sie auf der todfremden Straße taktmäßig ausschritt, daß ihr Leben und das von Basil auf eine endgültige Weise ineinander verwoben und verknotet war, mochten sie nun einander lieben oder nicht.

Sie hatte längst die Fabrik passiert und deren helle große Glasfenster hinter sich gelassen, und sie hatte zu singen begonnen, ohne es zu wissen. Jetzt zog sich die Straße zwischen Feldern hin, von kleinen Bäumen begrenzt, und es roch auch wieder wie zu Hause. Doris gab nicht auf ihre Stimme acht, bis sie mit Erstaunen und Genuß bemerkte, daß die Töne rund und ausgefüllt hochstiegen. Sie ließ den Text aus, denn jeder

130

Konsonant drückte ihr noch die Stimme in die Kehle zurück, und sie sang nur die leichtesten Vokale, A und E, auf die Melodie der einzigen Arie, die sie gelernt hatte. Als sie schwieg, entstand eine sehr tiefe Stille auf den Feldern, und nach einer Sekunde konnte sie tausend Grillen zirpen hören.

Das Zuchthaus stand auf einem kleinen Hügel und hatte von weitem und im verklärenden Licht des jungen Mondes etwas Schloßartiges und Herrschsüchtiges. Es war ein geweißter Ziegelbau, und es kehrte der Straße eine durchaus zivile und freundliche Front entgegen. Keine Gitter vor den Fenstern, keine Mauern. Sogar etwas Efeu rankte daran hinauf, als sollte den Gefangenen das Entkommen bequem gemacht werden. Drinnen, in einem der Höfe, die man von außen nicht sehen konnte, schlug ein Hund an, als Doris sich näherte und bellte zornig, daß seine Stimme sich überschlug. Doris blieb in einiger Entfernung von dem Gebäude stehen. Es sah so harmlos aus, daß sie beinahe zweifelte, ob es das Zuchthaus sei. Als sie noch da stand und ungewiß hinüberschaute, tauchte plötzlich ein Mann neben ihr auf und leuchtete ihr mit einer Taschenlaterne in die Augen. Sie war geblendet. Ihr Herz ging nach dem Schrecken mit einem Stoß los, es tobte und tat ungebärdig weh in der Brust.

«Was wollen Sie hier?» fragte der Mann, der keine Uniform trug.

«Nichts. Ist das das Gefängnis?»

«Soviel werden Sie ja wohl wissen. Was wollen Sie hier?»

«Nichts. Ich wollte nur das Gefängnis sehen. Ich—ich habe jemanden drinnen, den ich morgen besuchen soll. Wollen Sie das Papier sehen?»

Der Mann leuchtete nochmals in ihr Gesicht, diesmal etwas vorsichtiger. Er brummte etwas. «Gehen Sie lieber schlafen. Das ist hier kein Platz für junge Damen», sagte er zuletzt.

«Lassen Sie mich noch einen Augenblick hier stehen—» sagte Doris. Sie hätte gerne nach den Fenstern der Gefangenen gefragt, aber sie wußte nicht, wie sie es anstellen sollte. Der Mann stand neben ihr wie ein Wachtposten, während sie zu den hellen Ziegelmauern hinaufschaute und nichts sah. Sie spürte auch nichts. Da oben ist Basil eingesperrt, dachte sie. Es war so, wie manchmal beim Singen, wenn die Salvatori Ausdruck verlangte, sie mit gerungenen Händen um mehr Ausdruck beschwor, während sie nichts herzugeben hatte. Sie stand da und schaute stumpfsinnig auf das Haus. Da oben ist Basil eingesperrt. Da oben ist Basil eingesperrt. Als nichts in ihr erfolgte, wandte sie sich schließlich zum Gehen. «Danke. Gute Nacht», sagte sie zu dem Mann, der taktvoll von ihr weggeblickt hatte, während sie die Gefängnismauern anstarrte. «Gute Nacht», sagte er.

Sie bemerkte nach einiger Zeit, daß er ihr unbemerkt zu folgen versuchte; er schlich auf den Feldern weich und gebückt daher. Wahrscheinlich will er sehen, ob ich wirklich gehe, dachte sie. Sie blieb stehen und rief ihn an. «Hallo!» Er kam heran und fragte: «Was gibt's, junge Dame?»

«Können Sie nicht sehen, daß ich nichts Böses vorhabe?» fragte sie etwas ungeduldig. Er zögerte. «Gehen Sie ganz allein zurück zur Stadt?» fragte er zurück. Als sie nickte, hielt er ihr sein halbleeres Zigarettenpaketchen hin: «Zigarette?»

«Danke. Danke tausendmal», sagte sie erleichtert und nahm eine Zigarette. Es machte alles besser. Sie hatte nicht mehr geraucht seit dem Schuß. Nun marschierte sie die Straße entlang und rauchte. Sie rauchte vorsichtig und zog den Rauch nicht in die Lunge. Sie spürte, wie ihr Kopf leicht wurde. Ich werde viel rauchen, dachte sie. Sie merkte erst jetzt, daß sie müde war. Der Weg zur Stadt zurück schien endlos. Felder, Grillen, Himmel, kleine Bäume am Straßenrand. Ich habe mir zu viel zugemutet, dachte sie. Aber sie hatte schon die Erfahrung gemacht, daß man alles tun kann, was man sich zumutet oder was einem zugemutet wird, von Menschen, vom Leben, vom Schicksal. Während sie ging und ging, todmüde, schwindlig, aber leise singend, wunderte sie sich, was für ein zähes Gewächs sie war. Menschen sind aus einem dauerhaften Stoff gemacht, dachte sie. Nach einer Ewigkeit erreichte sie die Brücke. Um Mitternacht kam sie zurück in ihr Hotel.

Auf einem Schaukelstuhl saß ihr Freund, der Reisende. «Habe ich Ihnen nicht gesagt, ich würde warten, wie lange es auch dauert», sagte er lachend. Mit gerunzelter Stirne horchte sie hin. Es war ein Satz aus dem Gespräch, das sie seit vielen Nächten mit einem erträumten Basil eingeübt hatte. «Nett von Ihnen—aber ich bin müde zum Umfallen», sagte sie und schaute dem Reisenden in sein junges Gesicht. Er war der amerikanische nette Junge, wie von einem Magazintitelblatt: die kurze Nase, das gelockte aber mit Brillantine gebändigte Haar, sauber, anständig, pfiffig und scheinheilig.

«Die ganze Blase ist schon in meinem Zimmer und freut sich auf Sie», sagte er eifrig. «Wir haben eine Menge Stoff, richtigen guten Gin—es sind auch noch zwei Damen da.»

Wieder fühlte Doris das sonderbare Bedauern, daß sie nicht das sein konnte, was sie gerne gewesen wäre, ein harmloses Mädel, ein Kamerad für diesen Durchschnittsjungen, eine Durchschnittsfrau mit einer Durchschnittsliebe.

«Es tut mir so leid», sagte sie. «Ich kann nicht—ich schlafe schon—ich habe morgen etwas Wichtiges vor—»

«Wir alle haben morgen etwas Wichtiges vor», erwiderte er und schob sie in den Aufzug, drückte auf den Knopf und kurzatmig ging es aufwärts. «Ich will im vierten Stock aussteigen», sagte Doris. «Fein. Ich auch. Welche Nummer?» antwortete der Mann.

Doris schaute auf das Holzschild, das an ihrem Schlüssel baumelte. «Vierunddreißig», sagte sie. Sie war sterbensmüde. «Da sind wir Nachbarn», jubelte der unentwegte junge Mann. Der Aufzug hielt. «Nur eine halbe Stunde», bettelte er vor seiner Tür. Drinnen war es lustig aber nicht allzu laut. Doris öffnete den Mund, um Ja zu sagen. Sie wollte trinken. Sie wollte rauchen. Sie wollte vor allem Ruhe haben vor sich selber. Statt dessen sagte sie «Nein.»

«Sind Sie Ausländerin? Schwedin?» fragte der Reisende, der erst jetzt auf ihren Akzent aufmerksam geworden war.

«Deutsche», antwortete Doris.

«Ach so», sagte er, als erkläre dieser Umstand alles. «Na, wir wollen uns ja nicht aufdrängen, wenn Sie zu müde sind—»

Er brachte sie höflich bis zu ihrer Zimmertüre und schloß für sie auf. «Schade—» sagte er noch, als sie schon eintrat. Sie dankte ihm und schloß die Türe ab.

«Schade—» dachte auch sie.

Nemiroff arbeitete mit vier Anderen in der Matratzenwerkstätte, als der Aufseher Wallace, den die Sträflinge Zwiebelchen nannten, sich ihm näherte. «Aufhören, Händewaschen», sagte er kommandierend. Nemiroff legte sofort die Ahle und den Bindfaden hin, nahm sein Knie von der Matratze, auf die er es beim Stopfen gestemmt hatte, und trat vor Wallace. Der Aufseher dirigierte ihn zu der Kammer, in welcher die Wascheimer zum Reinigen standen und bewachte ihn, während er sich Wasser über die Hände goß und es mit einem Klumpen der grünen Seife, die er aus dem Napf nahm, verrieb. Nemiroff wunderte sich, aber es war nicht an ihm, zu fragen, was es gäbe. «Marsch», sagte Zwiebelchen. Nemiroff setzte sich in Bewegung. Er marschierte stramm vor dem Aufseher her, immer gewärtig, daß dessen Knie ihn in den Hintern stoßen würde, sobald er etwas unvorschriftsmäßig machte. Es ging am Glashaus vorbei, in der die Tageswache saß und die sternförmigen Gänge überblickte. Die meisten Zellen der Leichten waren leer, da man sie in die Arbeitssäle oder zum Graben geschickt hatte. Bei den Schweren, in dem Gang, der rechtwinklig abzweigte, sah es aus der Entfernung aus, wie im Zoologischen Garten. Nemiroff konnte niemals diesen Eindruck los werden, wenn er hier vorbei zu der Werkstätte gebracht wurde. Manche saßen

134

still, manche gingen auf und ab hinter den Gittern, aber keiner sah wie ein Mensch aus. Nemiroff hatte kein Mitleid mit ihnen oder mit sich, eher eine grimmige Art von Verachtung für Leute, die sich einsperren ließen. Aber das Bild dieser Kreaturen hinter den Zellengittern peinigte ihn oft, weil es gestaltet sein wollte und weil er Matratzen machen mußte anstatt Bildwerke. Ohnedies hatten die Matratzen eine Tendenz, sich zu verwandeln, sich in die üppigen Figuren von Frauen zu verwandeln, so wie es die Wolken getan hatten, als er noch ein Knabe war.

Wallace langte mit ihm bei der zweiten Türe an und die Wache, die dort saß, besah ein Papier, das Wallace vorwies und sperrte auf. Nemiroff registrierte dieses erregende Vorkommnis mit einem Herzklopfen, das ihm die ganze Brust ausfüllte.

«Gratuliere. Dein Schatz besucht dich», sagte die Wache, als er vorbeiging. Diese Wache, ein Bursche, den sie einfach Joe nannten, stand auf gutem Fuß mit den Gefangenen, aber sie fürchteten auch seine Bärenstärke. Es wurde gemunkelt, daß er selbst ein paar Jahre abgesessen habe und dann gut geworden sei, bevor sie ihn zum Wächter machten. «Rechts», kommandierte Wallace und Nemiroff schwenkte mit einer militärischen Wendung rechts in einen halbdunklen Gang. Hier roch es auch nicht gut, aber es hatte doch nicht mehr diese bestialische Luft aus Karbol, grüner Seife und versteckt darunter den Dunst von menschlichem Schmutz und Kot, der alle Zellen und Gänge erfüllte. Nemiroff hatte den Klang der Worte in den Ohren, aber ihr Sinn war ihm nicht aufgegangen. Er war schon seit zweiundvierzig Tagen in Baxterville, und seine Gedanken arbeiteten langsamer als zuvor. Wallace sperrte umständlich eine andere Türe auf. In diesem Teil des Gebäudes war Nemiroff noch nicht gewesen. Dein Schatz besucht dich. Wieso? Schatz. Ich habe keinen Schatz. Mich besucht keiner. Besucht mich Cowen? Während er darauf wartete, daß Wallace

135

die Türe aufbekam, kombinierte Nemiroff schwerfällig. Daß er die Worte «Schatz» und «Besuch» mit dem Rechtsanwalt Cowen zusammenbrachte und sie in dieser Form für einen Scherz des Wächters hielt, hatte seinen Grund in einer besonderen Seite des Gefängnislebens. Hier wie in Kasernen und auf Schiffen, überall wo Männer ohne Frauen zusammengepfercht sind, blühte eine seltsame und traurige Art der Homosexualität. Andeutungen und Gerüchte lagen in der Luft, die Jeden mit Jedem verdächtigten. Nemiroff stand außerhalb dieses Tratsches, aber er hatte in der Fremdenlegion gedient und verstand, was los war. Dein Schatz besucht dich. Jetzt hatte Wallace den richtigen Schlüssel richtig herumgedreht, er stieß mit dem Fuß die schwere Eisentüre vollends auf und schob Nemiroff hinein. Drinnen war es so hell, daß er für einen Augenblick blinzelnd die Augen schloß. Man hatte, so schien es, einen der ungezählten kleinen Höfe mit Glas überdeckt und so einen Raum gewonnen, der von milchig weißer Sonne glänzte und von Hitze triefte. Als Nemiroff die Augen wieder in seiner Gewalt hatte, sah er vor sich ein Gitter aus einem dünnen Drahtnetz, wie Gartenzäune manchmal sind, ein freundlicher Anblick nach so vielen dicken harten Gitterstäben. Neben sich fand er einen schlanken, jungen Mann an einem kleinen Schreibpult sitzend und in einer Art Hauptbuch blätternd. Wallace überreichte dem jungen Mann seinen Zettel, während Nemiroff stramm stand, stramm wie ein Legionär und nicht wie ein amerikanischer Sträfling. Der junge Mann nickte, verglich den Zettel mit seinem Hauptbuch und sagte: «Sie haben Besuch. Zwanzig Minuten.»

Es war ein Prinzip der Gefängnisleitung, daß Besuche den Sträflingen nicht vorher angekündigt wurden. Die Leitung hatte die unangenehme Erfahrung gemacht, daß die Gefangenen reizbar, unruhig und untraitabel wurden, wenn sie auf einen Besuch warteten. Es hatte unangenehme Dinge, Raufereien, sogar kleine Revolten gegeben. Und somit bekamen die Gefangenen neuerdings ihre Besuche als plötzliche Überraschung vorgesetzt.

Nemiroff blinzelte auf das Gitter, hinter dem sich jetzt eine Gestalt bewegte, aufrichtete und sich näherte. Er verwünschte seine Augen, die dem grellen Licht dieses Raumes entwöhnt und nicht gewachsen waren. Schwarze Flecke tanzten auf und nieder und erst als sie sich zerteilten, sah er Doris. Sein Herz ging mit einem Rückstoß los, wie ein Gewehr. Er konnte nichts sagen. Sie war kleiner und magerer als in seinen Gedanken und Träumen, wo sie sich zu einer großen und gefährlichen Üppigkeit ausgewachsen hatte. Sie trug ihr braunes Kleid und sie hatte Schweißtropfen auf der Oberlippe stehen, das sah er alles auf einmal und seltsam gemustert durch die Ringe des Drahtgitters. Auch bemächtigte sich seine Phantasie sofort dieses Bildes, um später lang und ausführlich damit spielen zu können.

Er wußte nicht um die Welt, was er sagen sollte, und auch Doris stand jenseits des Gitters mit gefalteten Händen und sprach nicht. Da dieses Schweigen schließlich endlos und unerträglich zu werden schien, sagte er—und seine Stimme schien ihm nicht aus seinem Mund zu kommen, sondern arm oben irgendwo unter der Decke zu schweben: «Wieso kommst du hierher?»

«Cowen hat es gerichtet. Er läßt dich grüßen», antwortete sie. Wieder entstand eine Pause.

«Wie geht es dir?» fragte Doris. Da es die lächerlichste Frage von der Welt war, antwortete er das Einzige, das sich darauf antworten ließ. «Danke, gut.»

«Kann ich irgend etwas für dich tun?» fragte sie. Es klang idiotisch und eingelernt.

«Ich meine wirklich, es geht mir gut», wiederholte er. «Alles ist ausgezeichnet geordnet hier», sagte er hitzig und hoffte, daß der junge Mann mit dem Hauptbuch davon Notiz nehmen möge. «Bei der Fremdenlegion war es viel ärger. Es nutzt mir natürlich, daß ich dort zur Disziplin gedrillt worden bin.»

Nach diesem langen und kompliziert abgezielten Satz schwieg er und schaute Doris an. Erst jetzt spürte er es wirklich, daß sie da war. Die Schweißperlen auf ihrer armen zitternden Oberlippe— «Du bist zu warm angezogen—» sagte er.

«Ich weiß. Ich dachte, man müßte sich dunkel anziehen für so einen Besuch. Und da habe ich doch nur das Braune», sagte sie und begann zu lächeln. Es klang so, als erzähle sie ihm ein kostbares Geheimnis, und mit Erstaunen fühlte er, daß auch er jetzt lachte.

«Ich bin hauptsächlich gekommen, um dir zu sagen, daß ich nichts mit Bryant gehabt habe und daß ich niemals etwas mit ihm haben werde», sagte sie schnell. Er überlegte dies. «Ich weiß—» sagte er dann. «Ich habe es bei der Verhandlung erfahren. Es ist nicht wichtig.»

Doris öffnete den Mund und schloß ihn wieder. «Nein—» sagte sie etwas später: «Ganz andere Sachen sind wichtig, als man früher geglaubt hat. Ganz andere.»

«Moja dorogaja devotschka», sagte er auf Russisch. Er konnte sich nicht helfen, er mußte es sagen. Der junge Mann am Pult hob den Kopf. «Bitte, sprechen Sie eines weißen Mannes Sprache», warf er hin, halb warnend, halb scherzend. Doris hatte die Worte nicht verstanden, aber den Ton. Sie fing von innen zu leuchten und zu glühen an wie eine Lampe; so, wie sie in jener unvergeßlichen ersten Nacht im Atelier zu glühen angefangen hatte.

«Ich will, daß du weißt, daß ich auf dich warte, wie lange es auch dauern mag», sagte sie mit ihren Händen am Gitter. Sie tat ihm leid, und er fühlte stark das Bedürfnis, sie zu trösten. «Es wird nicht lang sein», sagte er beruhigend. «Ich führe mich gut—sonst hätte man mir keinen Besuch erlaubt, siehst du? Ich werde lange vor meiner Zeit herauskommen. Sie haben hier Leute nach zwei Jahren auf Parole entlassen die zu zwanzig verurteilt waren. Cowen hat auch seinen Einfluß, so ungeschickt er ist—»

Der junge Mann räusperte sich und Nemiroff stoppte sofort. Wahrscheinlich sollte man solche Dinge nicht sprechen. «Wohnst du noch in dem Haus?» fragte er.

«Ja, bei der Salvatori—aber ich werde bald ausziehen und eine Stellung annehmen», antwortete sie. Erst jetzt hörte er eine Uhr ticken, die über dem Pult hing. Wie eilig die Sekunden es hatten. Er legte seinen Kopf an das Gitter, so daß sich das Drahtmuster auf seiner Stirne abzeichnete und fragte leiser: «Bist du wieder ganz gesund? Hast du keine Schmerzen?»

«Ja. Nein», log Doris. Er konnte es immer erkennen, wenn sie log. Sie tat ihm unmäßig leid, das Mitleid mit ihr zersprengte ihm das Herz und zugleich verlangte er nach ihr mit einer aufgespeicherten Heftigkeit wie nie zuvor. «Wollen wir noch einmal anfangen, wenn ich herauskomme?» flüsterte er dringend. «Alles von vorne—alles besser und klüger als das letzte Mal—»

Sie schaute ihn an, als sänge er eine Arie, deren Text sie nicht verstand. «Dir steht das kurze Haar gut», sagte sie. «Du siehst überhaupt gut aus. Du bist stark. Dir können die nichts antun.»

«Noch fünf Minuten», bemerkte der junge Mann am Pult. Die Uhr tickte. «Wenn Sie sich etwas Wichtiges zu sagen haben, dann tun Sie es rasch», sagte der Mann.

Auf dies hin verstummten sie vollends, vielleicht eine Minute lang. Sie sahen einander nur an; sie drangen ineinander ein mit ihren Augen, sie verankerten und verschlangen sich ineinander mit diesem Blick—und das Wichtigste war gesagt und verstanden.

«Wenn du herauskommst», fuhr Doris fort, nach einem tiefen Atemzug, «dann bin ich eine berühmte Sängerin und verdiene viel Geld. Und du wirst alle die Statuen machen, die du dir ausdenkst, während du hier festsitzt. Ich habe mir auch eine Menge Dinge ausgedacht, wie ich im Spital lag—» sie hielt inne und warf ihm einen gehetzten Blick zu, als hätte sie ihn verletzt mit der bloßen Erwähnung ihrer Verwundung. Er hielt sich mit beiden geballten Fäusten am Gitter fest. Die Uhr tickte. «Erzähle weiter—» sagte er.

«Du wirst große Blöcke Marmor haben und alles schaffen, was du willst, und du wirst berühmt werden—und wenn wir davon genug haben, dann fahren wir fort—auf eine Insel—»

«Nach Biribiki», sagte er unerwartet. Es klang wie ein Wort aus dem Kinderheim.

«Gut—nach Biribiki. Und dort kennt uns niemand und stört uns niemand—»

«Ihre Zeit ist leider abgelaufen», sagte der junge Mann rücksichtsvoll und gedämpft. Im gleichen Augenblick auch öffnete sich die Eisentüre hinter Nemiroff und Wallace erschien, um ihn abzuholen. Der Atem blieb ihm aus, aber er lachte. «Vsego choroschevo, dorogaja», sagte er auf russisch.

«Lebwohl—» sagte Doris auf deutsch. Er nahm nochmals ihr Bild in sich auf. Er kam eilig an das Gitter zurück, von dem er sich schon losgelöst hatte und legte seine offene Handfläche dagegen. Doris schaute ihn an, dann hob auch sie ihre Hand und preßte sie mit der offenen Fläche gegen seine. Das Gitter lag dazwischen. Er spürte hundert kleine Pulse in ihrer Hand schlagen, er spürte Wärme, Liebe, Vereinigung. Sie hielt die Augen gesenkt, während sie so standen, und das Zentrum ihrer Handflächen zu einem saugenden Brennpunkt des Empfindens wurde. Wallace klopfte ihm auf die Schulter. «Abtreten», sagte er nicht unfreundlich. Nemiroff nahm seine Hand vom Gitter fort und machte seine musterhafte militärische Drehung. Doris stand noch da und sah ihm nach, als sich die Eisentüre hinter ihm schloß.

Es klingelte. Die Salvatori raffte schnell ihr Haar auf, schlug ihr Kleid über der Brust zusammen, zog die Schuhe über die nackten Fersen und ging zur Türe, um zu öffnen. Draußen stand, soweit sie es in dem Halblicht des Treppenhauses aus-

nehmen konnte, ein älterer Herr, einfach aber korrekt angezogen.

«Madame Salvatori?» sagte er mit dem Hut in der Hand.
«Man sagt mir, daß Miss Hart bei Ihnen wohnt.»

«Miss Hart ist krank. Sie hat einen Rückfall gehabt», sagte
die Salvatori und versuchte zu erraten, ob der ältere Herr Gutes
oder Böses für Doris bedeute.

«Einen Rückfall—das tut mir leid. Es ist wichtig für Miss
Hart, daß ich mit ihr spreche», sagte der Herr. Er hatte nettes
eisengraues Haar und einen eisengrauen Schnurrbart. Die Salvatori musterte ihn zögernd.

«Ich erinnere mich noch gut, wann ich Sie zuletzt gehört
habe, Madame. Sie sangen die «Thaïs», im Teatro San Carlo,
in Neapel», sagte er liebenswürdig. In der Salvatori geschah
eine Erschütterung. Sie kam sich immer selbst wie eine Hoch-
staplerin vor, wenn sie ihren Schülern von ihren früheren Er-
folgen erzählte und den Unglauben auf ihren stumpfsinnigen
Gesichtern las. Hier nun stand plötzlich wie aus der Erde
gewachsen und vom Himmel gesendet ein Zeuge. «Treten Sie
ein», sagte sie stürmisch. «Ich will Sie bei Doris anmelden.» Der
Herr folgte ihr durch den winzigen dunklen Vorplatz, aber er
nannte noch immer seinen Namen nicht. Vielmehr trat er zugleich mit ihr in das Wohnzimmer, wo Doris auf der Couch
lag, die als Bett zurecht gemacht war. Doris setzte sich auf. Sie
war im Nachthemd, und der Kaschmirschal, den sie immer in
Basils Atelier getragen hatte, war lose um ihre Schultern geworfen. Sie fror, obwohl es draußen schwül war, wenn auch
ohne Sonne. Sie war mit Fieber von ihrem Ausflug nach Baxterville heimgekommen und lag seit ein paar Tagen zu Bett.

«Denke dir mein Kind, dieser Herr hat mich in Neapel singen gehört, die Thaïs. Übrigens nicht eine meiner besten Rollen, nein, keineswegs», sagte die Salvatori und zupfte Doris'
Haar zurecht. Doris verengte die Pupillen, der eisengraue Herr
kam ihr auf eine dunkle Weise bekannt vor. «Es tut mir leid,

141

daß ich Sie störe, während Sie sich nicht ganz wohl fühlen. Aber es ist wichtig», sagte er. «Mein Name ist Bryant. Ich bin mit einem Wort: der alte Bryant», setzte er mit ein wenig Selbstpersiflage hinzu.

«Nehmen Sie Platz», sagte die Salvatori hastig und schob ihm einen der Fliegenpilze hin, den er erstaunt betrachtete, an den Bettrand zog und sich nach leichtem Zögern darauf niederließ. Die Salvatori setzte sich dicht dazu. Doris war ein wenig blaß um die Nase herum geworden, aber sie sah erwartungsvoll aus. «Ich habe etwas Geschäftliches mit Miss Hart zu besprechen», sagte der alte Bryant. «Ich führe die Geschäfte von Miss Hart», erwiderte die Salvatori mit Würde; Bryant ergab sich mit einem humoristischen Lächeln darein. Es war bei Gott nicht die erste derartige Unterredung in seinem Leben. Beinahe machte es ihm Spaß wie eine Pokerpartie, mit diesen kleinen Erpresserinnen um ihren Preis zu handeln, und er wußte, daß Geduld und charmante Höflichkeit ihn weiter brachten als Hochmut. Auch versetzte ihn die sonderbare Wohnung in muntere und gute Laune. Das war wieder etwas anderes, als die Appartments der Revuegirls und die Penthäuser der kleinen ausgehaltenen Frauen in den Siebzigerstraßen. Er hielt die Augen an die pathetischen italienischen Sentenzen in Golddruck auf den Moiréschleifen der verwelkten Kränze ringsum geheftet und machte sich an seine Aufgabe.

«Ich komme direkt zur Sache, Miss Hart», sagte er, «und Sie dürfen das einem alten Geschäftsmann nicht übelnehmen. Sie werden mir erzählen, daß Sie meinen Sohn lieben und daß er Sie liebt, aber die Gefühle gehen mich nichts an. Ich bin ein alter Zyniker, wissen Sie und ich rede Geld. Ich bin auch bekannt dafür, daß ich ganz anständige Preise zahle. Also—»

«Ich verstehe Sie nicht ganz, Mr. Bryant—» sagte Doris zögernd. Sie hatte mit einem sonderbaren Schrecken herausgefunden, an wen sie der alte Bryant erinnerte. An ihren Vater. An den Doktor Hart in seinem besten Anzug, an ihren gestorbenen und sehr geliebten Vater. Es machte sie etwas ungeeignet zu Geschäftsbesprechungen.

«Gut. Reden wir klipp und klar. Mein Sohn wird in einigen Tagen seine Scheidung haben. Sie wollen ihn heiraten, und er will Sie heiraten, wie er mir sagt. Sie sind ein kluges Mädel, darüber bin ich mir ganz klar. Deshalb möchte ich Ihnen sagen, daß mein Sohn kein eigenes Vermögen hat und daß er keinen Cent von mir bekommen wird, wenn er diese Heirat durchführt. Sie lieben meinen Sohn, und es macht Ihnen vielleicht nichts aus, wenn er kein Geld hat. Sie lieben meinen Sohn—» wiederholte er, da ihm seine eigene Ironie Spaß machte— «und Sie sind deshalb vielleicht blind für seine schwachen Seiten. Aber ich kenne F. O. genau und ich bezweifle, ob er imstande ist, sich und eine Frau zu erhalten. Ich weiß, daß Sie tüchtig sind, aber er wird Ihnen kaum gestatten, als seine Frau Kellnerin oder etwas Ähnliches zu bleiben. Ich weiß also nicht, ob diese Ehe das ist, was man eine gute Partie nennt.»

Doris faßte schnell nach der Hand der Salvatori und drückte die schwere Frau auf ihren Stuhl nieder. Die Sängerin, die einer Explosion nahe war, tat sich Gewalt an. Sie schwieg. Langsam stieg eine brennende Röte in Doris' Gesicht. Sie überlegte. Man hatte sie höflich aber brennend beleidigt, das verstand sie, und sie verdiente dies keineswegs. Ihre erste Reaktion war dieselbe wie bei der Salvatori: Explodieren, dem Mann erklären, daß sie sich nicht das geringste aus seinem lumpigen Sohn mache und ihn hinauswerfen.

Aber sie tat nichts dergleichen.

Sie hatte in den Monaten im Spital viel gelernt, und in den zwei Stunden mit Herrn Wallert, und bei ihrem Besuch in Baxterville... Sie überlegte und holte tief Atem, bevor sie antwortete. «Ihr Sohn weiß, daß ich seinethalben einen Mann aufgegeben und meine Stellung verloren habe. Er ist schuld daran, daß ich monatelang im Spital war und nie mehr gesund sein werde. Finden Sie es nicht einfach anständig, daß er das

143

gut machen will?» fragte sie. Sie war überaus erstaunt, von Franklins Heiratsabsichten zu hören, aber sie dachte keine Sekunde daran, sie in Betracht zu ziehen. Sie spürte nur mit einem neuen Instinkt, daß sie die Dinge in der Hand hatte. Die Salvatori indessen hörte auf zu atmen. In ihrer geräumigen Brust hielt sie die Luft an, wozu ihre blendende Atemtechnik sie gut befähigte; sie starrte auf Doris und versuchte dieses unbegreifliche Kind zu begreifen.

«Es mag anständig sein. Aber F. O. wird Sie und diese Ehe in den Dreck fahren, wie er noch alles in den Dreck gefahren hat», erwiderte Bryant. Beinahe meinte er es sogar.

«Sie wollen doch nicht sagen, daß Sie hergekommen sind, um mir die Heirat mit Ihrem Sohn abzukaufen?» fragte Doris; sie hörte den grundfalschen Ton darin, und der alte Bryant hörte ihn auch. Daß sie alle das gleiche Theater machen, dachte er. Schade—Doris war nicht geschminkt, ihr Haar fiel strähnig an ihren Wangen hinab, sie sah nicht aus wie die andern, aber sie redete dieselbe Papageiensprache. «Doch, doch», sagte er lächelnd. «Doch—genau dazu bin ich hergekommen. Ich will einen Vertrag mit Ihnen schließen.»

«Sie wissen, daß ich mit meiner zerschossenen Lunge ein Vermögen aus Ihnen und Ihrem Sohn herausklagen könnte, wenn ich wollte—» sagte Doris. Sie hatte dies von Borghild, der schwedischen Masseuse. «Mensch, Mädchen, klag' die Bande auf eine Million und du kriegstse—»

«Daß Sie es nicht getan haben, hat mich auf die Idee gebracht, daß Sie ein kluges Mädel sein müssen. Sie können rechnen, und Sie gehen aufs Ganze. Sie wollen lieber Mrs. Bryant werden, als sich bei Gericht um eine Entschädigung herumzuschlagen. Nun hören Sie: Ich bin ein solider Geschäftsmann, das kann Ihnen die ganze Wallstreet bestätigen. Ich will Sie nicht beschummeln, sondern den richtigen Preis zahlen. Wieviel, damit Sie außer Land gehen, zurück in Ihre Heimat oder wohin Sie wollen, und meinen Sohn in Ruhe lassen. Wieviel?»

«Wieso halten Sie es eigentlich für ganz ausgeschlossen, daß ich Ihren Sohn wirklich liebe?» fragte Doris. Sie hatte die ganze Zeit darüber nachgedacht, was wohl die Art Mädchen, für die der alte Bryant sie hielt, in dieser Situation sagen würde.

«Ich kenne ihn—und ich kenne die Frauen», sagte der alte Bryant. Es war lächerlich, ihn den «Alten» zu nennen. Er hatte Schultern wie ein Fußballspieler, bei jeder Bewegung spannten sich die Rückenmuskeln unter seinem Anzug, und die Haut saß eng um sein Gesicht und seine Hände. «Wieviel?» fragte er und hielt Doris' wandernden Blick fest.

«Ich weiß es nicht—ich habe noch nie solche Geschäfte gemacht—» sagte Doris und mit einemmal kam ihre ganze Hilflosigkeit zutage. «Zurück nach Hause gehe ich nicht—ich will zuerst eine gute Sängerin werden—» setzte sie noch hinzu.

Plötzlich kam die Salvatori zu Leben. Sie hatte eine Menge ungeredete Dinge in sich aufgestaut, und sie war dem Gespräch mit funkelnden Augen, mit wachsendem Verständnis und mit einem immensen Staunen über Doris gefolgt. Jetzt kam ihr Moment.

«Miss Hart braucht zwei Dinge», sagte sie mit einer Stimme, in der alle Töne Kopfresonanz hatten. «Sie braucht eine erstklassige Ausbildung als Sängerin. Fünf Jahre bei Delmonte. Fünf Jahre lang eine monatliche Rente, die sie befähigt, mit Delmonte zu reisen, täglich eine Stunde zu nehmen, sich entsprechend zu kleiden, zu nähren, aufzutreten. Nach diesen fünf Jahren wird Miss Hart es nicht nötig haben, auch nur einen Cent von irgend jemandem in Anspruch zu nehmen. Sie wird berühmt sein und mehr Geld verdienen als ein Bankier.»

Bryant verbeugte sich ironisch. «Ich hoffe es», sagte er liebenswürdig. Ihm war um ein Wesentliches leichter, als er sah, daß man tun würde, was er wollte. Auch schienen diese beiden die naivsten Erpresser zu sein, die er je kennen gelernt hatte.

Doris war ganz aus der Fassung gebracht. «Wieso denn

145

Delmonte?» stammelte sie. Die Salvatori bückte sich, fingerte am Saum ihres Kleides herum und riß einen zerknitterten Brief aus der Tasche, die dort angebracht war.

«Ich habe es dir nicht gesagt, weil du Fieber hattest. Ich habe über dich nachgedacht. Ich habe an Delmonte geschrieben. Da ist seine Antwort, eine niederträchtige und schmutzige Antwort», sprudelte sie in schnellem Italienisch hervor. Ihr Mund blähte sich in dem Bemühen, alles auf einmal zu erklären. «Ich schreibe ihm, wer du bist, was ich von deiner Stimme halte, daß du arm bist und nichts bezahlen kannst, aber daß in dir eine große Sängerin steckt—» atemlos spuckte sie dreimal aus, um das Lob nicht in einen Fluch zu verkehren. Sie hob ihre abwehrenden Hände und drückte sie auf Doris' Mund, um sie am Widersprechen zu verhindern. «Ich denke an das Gespräch, das wir hatten, bevor du nach Baxterville fuhrst, ich denke ununterbrochen daran. Ich fühle, welche Verantwortung es ist, in dein Leben einzugreifen. Ich muß dir etwas sagen, das mich viele Tränen gekostet hat: Ich bin nicht die rechte Lehrerin für dich. Ich habe dich ruiniert, ich habe deine schöne Stimme heiser gemacht. Du hast keine Zeit zu verlieren. Du mußt den besten Lehrer bekommen, der lebt, nachdem Pariggi und Gimini tot sind. Du mußt zu Delmonte. Und weißt du, was dieser Schmutzfink mir schreiben läßt, nachdem ich ihm alles geschildert habe. Da—hier—lies selbst—» rief sie aus und hielt Doris den zerknitterten Brief unter die Augen.

Bryant, der recht gut italienisch sprach, hatte diesem Wasserfall von großartigen und schönklingenden Worten mit Verwunderung und steigendem Vergnügen zugehört. Er hatte ein ziemlich langweiliges Leben, alles in allem, und war jedem Menschen dankbar, der ihn amüsierte. Auch war eine Menge unerwarteter Ehrlichkeit in den Reden, von denen die beiden Frauen anzunehmen schienen, daß er sie nicht verstand.

«Professor Delmonte beauftragt mich, Ihnen, sehr geehrte Frau, ergebenst mitzuteilen, daß er es von einer Prüfung ab-

146

hängig machen muß, ob er die junge Dame als Schülerin annehmen kann. Er hat seinen Schülerkreis auf einige wenige Talente beschränkt. Seine Schüler müssen sich verpflichten, ihn auf seinen Reisen zu begleiten und täglich eine Gesangstunde zu nehmen. Professor Delmonte befindet sich zwei Monate der Saison in New York, zwei in Wien, spendet einen Sommermonat in Salzburg und hält sich die übrige Zeit in seiner Heimatstadt Milano auf, nicht gerechnet kleinere Reisen nach London oder Paris. Der Preis für die erste Prüfung ist zweihundert Dollar, der Preis für eine Stunde täglich ist tausend Dollar im Monat. Professor Delmonte macht es zur Bedingung, daß jeder Schüler von Grund auf bei ihm zu lernen beginnt und sich kontraktlich zu einer Lehrzeit von fünf Jahren verpflichtet. Er behält sich seinerseits vor, den Unterricht jederzeit abbrechen zu können, wenn ihm dies wünschenswert erscheint. Gezeichnet das Sekretariat.» Folgte eine unleserliche Unterschrift.

Doris ließ den Brief sinken und starrte in die Luft. «Tausend Dollar monatlich», murmelte sie, «tausend Dollar—» Sie hatte, so schien es, für den Augenblick vergessen, daß der alte Bryant dasaß und ihren Preis wissen wollte. Vielmehr dachte sie gestaltlos und doch deutlich an Herrn Wallert und wieviel Mühe sie sich hatte geben müssen, um dreißig Dollar von ihm zu bekommen. Achtzehn Dollar und fünfundsiebzig Cent waren verbraucht, den Rest besaß sie noch, und das war alles in der Welt, was sie besaß.

«Erlauben Sie?» sagte Bryant und nahm ihr den Brief aus der Hand, um ihn zu lesen. «Er ist italienisch geschrieben», sagte die Salvatori rasch. «Das sehe ich», erwiderte Bryant, nahm eine Brille, in helles Horn gefaßt, aus seiner Brusttasche und begann zu lesen. Nun sah er ganz wie Doris' Vater aus.

«Ein strenger Herr», sagte er nachher lächelnd. «Es liest sich wie ein Friedensvertrag. Die unterlegene Partei muß zahlen.» Er bewegte die Zahlen in seinem Kopf und kam zu seinem Entschluß. «Das sind sechzigtausend und zweihundert Dollar, kein Kleingeld», sagte er langsam. «Leben will die junge Dame auch, und mit dem Herrn reisen, das macht nochmals etwa dreihundert im Monat für fünf Jahre—»

«Vierhundert im Monat», sagte die Salvatori. Es klang endgültig, wie der letzte Ton einer Oper. Übrigens war dies auch der Betrag, den Bryant vorgesehen hatte. Er war auf Hunderttausend gefaßt gewesen, alles in allem, den Skandal, den Schuß, und die schlappe Versessenheit und Behextheit seines Sohnes miteingerechnet. Er war bereit gewesen, im schlimmsten Fall bis auf Hundertzwanzigtausend zu gehen, hatte aber andererseits gehofft, mit weniger davonzukommen. Es machte ihm eine diebische Freude, daß er noch unter seinem Kostenvoranschlag zu bleiben schien, und er gratulierte sich schon. «Wir schicken also dem Herrn Professor seinen Lappen jeden Ersten und der jungen Dame ihre Vierhundert—ist das eine gute Basis?» fragte er munter. Wenn mich Delmonte annimmt—und wenn ich noch fünf Jahre lebe—mußte Doris denken, und es kostete sie einige Mühe, es nicht auszusprechen.

«Ich brauche außerdem ein kleines Kapital auf der Bank, im Fall meine Gesundheit es nicht durchhält. Ich werde immerfort Ärzte brauchen—und wenn ich einmal abknaxe—es wird Monate geben, in denen ich gar nichts tun kann—» sagte sie statt dessen. Bryant sah mit Bedauern die abgehandelten Zehntausend entschwinden. Erst jetzt bemerkte er, daß sie ja wirklich krank aussah. Sie hatte ein gerades Gesicht, fast reizlos vor Anständigkeit. Er konnte seinen Sohn nicht ganz verstehen. Er schaute sie genauer an. Es muß die Haut sein, oder der Körper, dachte er kennerhaft. Sie hatte einen Schuß durch die Lunge, daran war nichts zu deuten. Ein armer Teufel eigentlich, will singen mit einer zerschossenen Brust. Sie könnte es einfacher haben. «Ein Kapital also auch noch. Sie pressen mich aus», sagte er ziemlich guter Laune. «Wieviel?»

Doris überlegte. Sie wollte sagen: Dreitausend, gab sich in der letzten Sekunde einen Stoß und sagte: «Fünftausend.»

148

Bryant hatte auf Zehntausend gerechnet. Er freute sich. Es sah aus wie ein gutes Geschäft. Vanderfelt hätte es nie unter Hundertfünfzigtausend geschafft, dachte er triumphierend. Er wußte es nicht, und Doris wußte es auch nicht, daß diese ersparten Fünftausend Dollar der Grundstein zu der Freundschaft waren, die später den Millionär mit ihr verbinden sollte. Er kritzelte mit der Füllfeder ein paar Notizen in ein kleines Buch, dann schrieb er eine Adresse für sie auf den arroganten Brief des Delmonteschen Sekretariates.

«Hier», sagte er, «das ist die Adresse von Vanderfelt, meinem Anwalt. Wenn Sie erst wieder auf den Beinen sind, wollen wir dort alles legal festlegen. Und—was ich sagen wollte—ich kann wohl verlangen, daß Sie meinen Sohn nicht mehr sehen. Ich werde ihm selber alle Aufklärungen geben, die nötig sind. Abgemacht?»

Doris hatte ihm nicht zugehört, sondern auf die alten Kränze an der Wand gestarrt. Das ist ja alles Unsinn, dachte sie. Die Salvatori bestätigte das Abkommen in vielen Worten, sie schwitzte stark vor Erregung, aber versuchte, nicht die Würde zu verlieren, ihre eigene und die von Doris, die sie standhaft als Miss Hart bezeichnete. Plötzlich faßte Doris nach Bryants Rock und hielt ihn daran fest.

«Das ist ja alles Unsinn», sagte sie atemlos. «Ich will kein Geld. Ich brauche kein Geld—keinen Cent—wenn Sie statt dessen Nemiroff aus dem Gefängnis bringen. Sie können das—nicht? Was passiert ist, das geht doch keinen an als ihn und mich—wie kann man ihn da verurteilen—bringen Sie ihn heraus—und ich will nichts von all Ihrem Geld haben—»

Bryant schaute in großer Verwunderung auf das Mädchen hinunter, das noch immer seinen Rockzipfel krampfhaft festhielt. Der Kaschmirschal war hinuntergefallen, und Bryant sah die Form ihrer Schultern und Arme und daß sie unaufhaltsam zitterte. Er begann mitleidig zu lächeln. Sie macht sich gar nichts aus F. O., und ich Ochse zahle ihr noch Fünfundneunzigtausend, damit sie ihn gehen läßt,—konnte er nicht umhin dabei zu denken.

«Unser lieber Staat ist korrumpiert—aber doch nicht so korrumpiert, als daß man gemeingefährliche Leute ohne weiteres in die Gefängnisse hinein und wieder aus den Gefängnissen herausbringen könnte», sagte er höflich lächelnd. Er hatte in einem Nu die Möglichkeiten und Kosten berechnet, die bei einer Begnadigung Nemiroffs in Frage kämen. «Später wollen wir sehen, was sich tun läßt», setzte er hinzu. Die Finger des Mädchens erschlafften, und sie ließ endlich seinen Rock aus.

«Wenn Sie erst eine berühmte Sängerin sind, dann werden Sie ihn leichter herausbekommen können als ein alter Knacker wie ich», sagte er noch, um sie aufzuheitern. Wieder war er überrascht über die Veränderung, die in ihrem Gesicht vorging. «Glauben Sie das wirklich?» fragte sie heftig. Er wollte ihr nicht über die Wangen streichen, aber er tat es doch. Sie hatte Fieber, er spürte es jetzt. Alles in allem kam er sich ein wenig wie ein Hochstapler vor, obwohl er ihr Fünfundneunzigtausend bezahlte. Er hatte sich etwas ganz anderes unter dem Mädchen vorgestellt, wegen dessen Juddy sich scheiden ließ, und um die es Mord und Totschlag und reichlichen Skandal gegeben hatte. Die Mädchen, mit denen F. O. sich sonst abgab, waren eine andere Sorte. Bryant ertappte sich dabei, daß er dachte: zu gut für F. O.. Er verbeugte sich vor der Salvatori und hob Doris' heiße Hand von der Bettdecke um sie behutsam zu schützen.

Er atmete auf, als er auf der Treppe stand und sich eine Zigarette anzündete. Aus Rücksicht hatte er all die Zeit nicht geraucht. Er schüttelte sich ein wenig bei der Erinnerung an den ausgestopften Papagei und den Begräbnisgeruch da drinnen. Kein Aufenthalt für das Mädel, solange sie krank ist, dachte er. Armer Teufel, dachte er wieder. Kontrakt für fünf Jahre—und sieht aus, als wenn sie übermorgen sterben könnte. Es machte ihn wütend auf den Kommunisten, der sie angeschossen hatte und wütend auf seinen Sohn. Ich sage es ja

immer—zuletzt sind es doch die Mädel, die draufzahlen, sogar
wenn sie eine Million aus uns herausholen, dachte er. Mit der
Zigarette im Mund wartete er vor dem Haus, daß ein Taxi
vorbeikomme, denn er hatte für diesen diskreten Besuch seinen
Wagen fortgelassen. Es kam kein Taxi, und er machte sich zu
Fuß auf den Weg, während es anfing, in dicken Tropfen zu
regnen. Alles in allem genommen freute er sich darauf, das
Mädel bei den Verhandlungen in Vanderfelts Kanzlei wiederzusehen—und er wunderte sich, daß er sich freute.

Im Oktober traf Delmonte in New York ein. Doris erlegte
zweihundert Dollar und wurde fast drei Stunden lang geprüft.
Sie war bei dieser Gelegenheit stockheiser, und ihre beiden
Atemtechniken, die der Salvatori und die von Doktor Williams, gerieten ihr durcheinander. Sie spürte, wie der Schweiß
ihr unter dem hübschen neuen Kleid in Bächen den Rücken
hinablief. Sie kam nicht dazu, ihr Glanzstück, die Arie von
Rossini, vorzusingen. Alles was er sie singen ließ, waren Töne,
die schwach und gehaucht klangen. Delmonte schien eine endlose Geduld und gar keinen Zeitbegriff zu haben. Nach beinahe drei Stunden entließ er sie höflich lächelnd. Im Vorzimmer teilte ihr der Herr, der die zweihundert Dollar einkassiert
hatte, mit, daß sie abgewiesen sei. Doris ging zu Fuß nach
Hause. Im Central Park setzte sie sich auf eine Bank und
blieb in tiefem Nachdenken dort sitzen, bis es dunkel wurde.

Um diese Zeit hatte der Rechtsanwalt schon begonnen, ihr
monatlich ihre vierhundert Dollar auszuzahlen. Sie war gut
gekleidet, sie hatte keine Schulden und keine fragwürdigen
Verpflichtungen. Ein Teil des Geldes ging an Cowen und sollte
dazu dienen, Basil aus dem Gefängnis zu kriegen. Einen Teil
legte sie heimlich und fürsorglich auf die Bank, denn sie hatte
noch nicht das Gefühl der Sicherheit bekommen, sie dachte
immer noch, daß all dieser Wohlstand eines Morgens so unverhofft und plötzlich aufhören würde, wie er angefangen hatte.

Sie wohnte übrigens noch immer in demselben Haus in der 56sten Straße, und zwar in jenem Raum hinter der Glastür, der früher Basils Studio gewesen war.

Als sie ihre Niederlage genugsam überdacht hatte und es finster wurde, verließ sie die Bank im Central Park, winkte einem Taxi mit einer Gebärde, die ihr nun schon gewohnt wurde, und fuhr nach Hause. Sie vermied es an diesem Abend der Salvatori in den Weg zu kommen; sie schlich sich an ihrer Wohnungstür vorbei und in den vierten Stock hinauf und legte sich im Finstern auf das Bett. Sie dachte, daß sie in früheren Zeiten wahrscheinlich geweint hätte und wunderte sich darüber, daß sie jeden Tag härter und fester zu werden schien. Sie wollte Sängerin werden, und sie wollte bei Delmonte lernen. Seit sie seine ungeheure Geduld, seinen Fanatismus, seine schlafwandlerische Sicherheit kennengelernt hatte, stand es fest: Sie würde seine Schülerin und eine berühmte Sängerin werden. Vorher war sie nicht sehr ehrgeizig gewesen. Wahrscheinlich wurde ihr Ehrgeiz auf jener Bank im Central Park geboren.

Die Metropolitan Opera war ausverkauft. New York lebte in Saus und Braus, alle Theater voll, alle Kinos, alle Speakeasies, alle Klubs. Es dauerte eine Woche, bevor Doris sich einen Sitz auf der Galerie verschaffen konnte und dies nur zu einer Nachmittagsvorstellung. Delmonte sang den Othello.

Der Cavaliere Delmonte war ein Mann von über fünfzig Jahren, ein riesenhafter Mensch mit einem Schopf weißer Haare über der Stirn und verwunderten dunkelbraunen Augen. Seine Mäntel waren geräumig wie Wohnungen, und seine Partnerinnen, mochten sie immerhin zweihundert Pfund wiegen, sahen immer neben ihm aus wie Kinder. Doris hatte ihn noch nie singen gehört. Sie saß ganz starr da, vergaß zu atmen und drehte Stricke aus ihren Glacéhandschuhen. Doris war jetzt eine Dame, die nicht ohne Glacéhandschuhe ausging. Als er in dem Schlußduett des ersten Aktes die Stelle sang: tu n'amairi per le mèa ventura, gingen ihr kalte Schauer über den Rücken, fast als bekäme sie wieder Fieber. Je tiefer es in die Oper hineinging, je stärker packte und rüttelte es sie. Sie kam aus der Vorstellung heraus mit den Augen einer Traumwandlerin, aber sie wachte bald auf und wurde tätig.

Als Kind hatte Doris einmal eine Seiltänzertruppe gesehen, die sich in ihrer kleinen Heimatstadt produzierte. Am nächsten Tag war sie hingegangen, hatte ihrer Mutter Waschseil gestohlen, es zwischen zwei alten Bäumen im Garten hinter dem Doktorhaus befestigt und versucht auf dem Seil zu gehen. Sie war heruntergefallen und ein paar Wochen mit dem gebrochenen Arm in Gips herumgegangen. Ein ähnliches Gefühl von Bravour war wieder in ihr aufgewacht, als Delmonte den Othello sang. Wenn es menschenmöglich war so zu singen und solche Wirkungen aus dem Gesang herauszuholen, dann wollte sie es auch können. Sie ertappte sich dabei, wie sie in Gedanken an der Rolle der Desdemona formte. Die Sambrini, die sie gesungen hatte, war eine Kuh und wußte nicht, um was es ging. Sie, Doris, wollte da oben stehen und singen, sie wollte es. Zum erstenmal hatte sie etwas gefunden und gespürt, das stärker war als die Liebe. Sie wollte singen.

Das erste war, daß sie sich mit der Masseuse Borghild beriet. Borghild war so ziemlich der einzige normale, praktische und vernünftige Mensch, den Doris kannte, alle andern waren ein wenig Ga-Ga, wie die Salvatori es nannte; Basil in seinem Gefängnis nicht ausgeschlossen. Borghild hatte ein nettes kleines Freundschaftsgefühl für Doris, besonders seit diese sich zweimal die Woche massieren ließ. Auch war Doris die einzige Frau, die nicht an falschen Proportionen litt und irgendwo abnehmen wollte, wo keine Masseuse der Welt einen abnehmen machen kann. Und so spendete Borghild reichlichen und klugen Rat, während sie Doris Schenkel und Arme sachkundig knetete und klopfte.

Das nächste Resultat dieser Ratschläge war es, daß Doris

auszog und sich im Hotel Blanchard einmietete. Das Hotel Blanchard war ein ziemlich schäbiges Etablissement am Broadway, zwischen der siebzigsten und der achtzigsten Straße. Es war kein vernünftiger Grund zu sehen, warum der Cavaliere Delmonte mit seinem königlichen Einkommen gerade dort wohnen sollte. Aber dort hatte er gewohnt, wie er das erste Mal und als ein magerer armer junger Kerl nach New York kam und dort blieb er wohnen. Die schmalen Gänge des Hotels Blanchard waren mit zimtfarbenen Teppichen belegt, bei denen schon überall die graue Unterseite durchkam. Es war schlecht ventiliert und jahrealte Speisegerüche hingen in den Vorhängen. Es wohnten viele Italiener und einige Franzosen dort. Es war das Hauptquartier von zwei kleinen Gesanglehrern und einer Theateragentur mittlerer Güte. Im Aufzug traf man blonde Damen, die Schleifen und Glasschmuck vorsteckten, um die schäbigen Stellen an ihren Kleidern zu überdecken. Die Kellner trugen beinahe weiße Jacken, und der Herr am Empfangspult war ein griechischer Fürst.

Unter den Möbeln lag Staub, und auf der Tapete über dem kleinen Rokokosofa, das in jedem Zimmer stand, sah man Fettflecke, da wo die Köpfe früherer Mieter geruht hatten. Die Bettwäsche wurde einmal in der Woche gewechselt—wenn man daran erinnerte. In all dieser Zweitklassigkeit lebte Delmonte mit seinem ganzen Stab. Man sah seinen ungeheuren Mantel aus dem Aufzug flattern, man hörte im Speisesaal sein dröhnendes und endloses Lachen; wenn er vor einer Vorstellung zu ruhen wünschte, dann ging das ganze Hotel auf Zehenspitzen, und die zwei Gesanglehrer mußten den Unterricht unterbrechen. Sonst klangen die Wände des Hotel Blanchard den ganzen Tag von Skalen, Fiorituren und Kadenzen, und das Haus glich mehr einem Konservatorium als einer Wohnstätte.

Nach und nach machte sich Doris mit dem ganzen Stab von Delmonte bekannt, wie es ihre Absicht war, als sie sich

154

in diesem Hotel einmietete. Drei Schüler waren mit dem großen Meister angekommen, sie aßen in dem kleinen schlecht-
ventilierten Speisesaal, und sie waren die Ersten, von denen
Doris Näheres erfuhr. Hinter vorgehaltenen Händen und im
Verschwörerton erzählte immer einer über den andern und
alle drei über den Meister und seine Helfer.

Der Meister—der Alte, wie sie ihn unter sich nannten—war
geizig, tyrannisch, kindlich dabei und fanatisch wie ein Fakir.
Er war besessen von drei verschiedenen Ängsten. Von der
Angst um seine Stimme. Von der Angst, er könnte im Alter
arm sein und als Bettler sterben wie so viele berühmte Tenöre
vor ihm. Und von der Angst vor Frauen. Die kleine Palfy
behauptete, daß er seit dem Tod seiner Gattin keine Frau mehr
berührt hatte und auch keine mehr berühren würde. «Schließlich ist das alles ja nur Gewohnheit», sagte die kleine Palfy
und zuckte mit Mund und Schultern.

Die kleine Palfy war zu dieser Zeit Delmontes einziger
weiblicher Schüler. Sie hatte rotes Haar und eine appetitliche
Haut, sie kam aus Wien und hielt dies für einen ganz besonderen Vorzug. Sie erklärte alle ihre guten und schlechten
Seiten damit: Ja, ich bin halt aus Wien. Sie besaß einen hohen
hellen Sopran, der durch alle Wände drang, und sie wollte
Koloratursängerin werden.

Der Bassist Terp, ein hagerer ernsthafter Schweizer, mit
dem Doris zuweilen abends im sogenannten Schreibzimmer
saß und aus dem die zuverlässigsten Auskünfte zu holen waren, gab eine Erklärung dafür ab, wieso Delmonte diese Palfy
als Schülerin angenommen habe.

«Sie hat sich hinter das Biest gesteckt, und der Alte tut ja
alles, was das Biest ihm sagt», erklärte Terp mit seinem tiefen
schwarzen Baß.

«Der Weg zum Alten geht für Damen durch das Schlafzimmer vom Biest und für Burschen über seine Börse. Die
Palfy war die Geliebte eines Geldmagnaten namens Donat

gewesen, der nach dem Krieg plötzlich raketenartig hochgegangen war und ganz Österreich nach seiner Pfeife tanzen ließ. Als er genug von der Palfy hatte, redete er ihr den Fimmel mit dem Singen ein, und sie bildet sich ein, daß sie ihm davongelaufen ist. Das Biest hat das Übrige besorgt und der Donat zahlt für den Spaß», erzählte Terp.

«Entschuldigen Sie, wen nennen Sie das Biest?» fragte Doris. «Den Doktor Sardi», sagte Terp.

Auch die kleine Palfy sprach einige Tage später von dem Biest. Doris hatte zu dieser Zeit schon herausgefunden, wer das Biest war: es war jener Herr im Vorzimmer Delmontes, der ihr die zweihundert Dollar abgenommen und Delmontes Abweisung überbracht hatte. Sie sah ihn gelegentlich auf den Gängen des Hotels Blanchard, im Aufzug oder vor dem Eingang, auf Delmonte wartend. Manchmal grüßte er sie mit einem Gesicht, als erinnere er sich nicht, woher er sie kenne, und manchmal übersah er sie vollkommen. Vorsichtig tastete Doris ihren Weg. Behutsam versuchte sie aus der kleinen Palfy herauszukriegen, ob Terps Vermutungen etwas Wahres in sich hatten. Aber Behutsamkeit und Vorsicht waren falsch am Platz. Die Palfy legte sofort mit heller Stimme los und nahm sich kein Blatt vor den Mund. «Das Biest, das verdammte», sagte sie, «viele Geschichten macht der ja nicht, und man kann nichts tun, als ,Ja' sagen und darüber lachen. Die Dorelli hat ,Nein' gesagt und zwei Wochen später ist sie geflogen. Dabei hat sie mehr Stimme gehabt als Sie und ich und noch drei Sambrinis zusammen. Eine erotische Natur ist er, der Herr Doktor Sardi, das ist das Erste, was er Ihnen erzählt. Eine erotische Natur—er kann nur sehen, ob eine Frau Talent hat, wenn er sie in der Hingabe gesehen hat. Na, da zeigt man sich ihm halt in der Hingabe, wenn er schon eine erotische Natur ist und den Alten ganz in seiner Hand hat. Ist ja auch keine Wichtigkeit, ob man mit einem Kerl mehr oder weniger ins Bett geht. Oder wie denken Sie darüber?»

Doris beeilte sich zu sagen, daß sie ganz ähnlich darüber denke. Aber sie saß doch nachher eine ganze Weile stumm und nachdenklich auf dem himbeerroten Rokokosofa und lehnte ihren Kopf mit geschlossenen Augen gegen die fetten Stellen an der Wand. Die Unterredung fand im Zimmer der kleinen Palfy statt, und dekadente Stoffpuppen mit langen schlenkrigen Gliedern und riesigen Augen saßen auf allen Möbeln. Keine Wichtigkeit, nein. Ein anderer Herr Wallert, einer von den vielen Wallerts, über die der Weg zu gehen schien.

Doris erneuerte ihre flüchtige Bekanntschaft mit Doktor Sardi. Die andern Mitglieder des Delmonteschen Hofstaates ließ sie etwas links liegen. Da war noch Paolo, der Klavier- spieler, ein junger Mensch mit einem Kopf voll Ringellocken und einer übermäßig kurzen Nase. Der Ruf nach Paolo dröhnte Tag und Nacht durch das Hotel, und dann sah man Paolo aus seinem Zimmer schießen in einen rotseidenen Schlafrock gekleidet, und mit Noten unter dem Arm. Bald hörte man ihn die Klavierbegleitung spielen zu Delmontes Arien, zu den Lektionen der Schüler, zu den Prüfungen und Auditionen. Paolo und der dritte der Schüler, ein junger italienischer Bari- ton mit einer dicken Stimme von dunklem Goldton, lebten in einem Zimmer. Der Bariton, Fiamarelli, war arm und Del- monte unterrichtete ihn nicht nur umsonst, sondern schleppte ihn auch überall in der Welt mit sich herum, wobei man ver- suchte, die Kosten für Fiamarelli auf ein Nichts herunterzu- drücken. Dann gab es noch—und fast so wichtig wie das Biest—die alte Lucia. Dies war eine magere und schweigsame Frau mit dunkelbraunem Gesicht und weißem Haar. Sie diente Delmonte anstatt eines Garderobiers, half ihm beim Schmin- ken und Anziehen und stand immer in der Kulisse, während er sang. Ferner und zuletzt gab es noch ein Pekinesenhünd- chen, das Trouble hieß, wie das Kind in «Madame Butterfly.» Man sah Trouble mit Delmonte von Laterne zu Laterne wandeln, was einerseits aussah wie ein riesiges großes O, neben dem ein winziges Komma sich befand, andererseits aber doch den Eindruck erweckte, daß der lebhafte und eifrig zerrende Trouble seinen geistesabwesenden und langsamen Herrn für einen Abendspaziergang vors Tor nehmen würde.

Nach einer Vorstellung von Aida gelang es Doris zum erstenmal, sich dem Biest in den Weg zu stellen. Sie lungerte in der Hotelhalle so lange herum, bis Doktor Sardi heimkam. Sie war im Aufzug, als er zu seinem Zimmer in den sechsten Stock hinauffuhr. Diesmal erkannte er sie, und zwischen dem zweiten und dritten Stock redeten sie über die Aufführung; er mit falscher Bescheidenheit, so als wäre Delmontes Leistung seinen, des Biestes Verdiensten zuzuschreiben; und Doris mit Hitze, mit einer Stimme, die vor Begeisterung und geheimer Angst schwankte. Der Aufzug war eng, und sie stellte sich näher an Sardi, als es notwendig gewesen wäre. Er sprach deutsch mit ihr, in einem harten östlichen Akzent, und er behauptete, es sei seine Muttersprache. «Sie tragen eine falsche Frisur—», sagte er ihr zwischen dem vierten und fünften Stockwerk, «glauben Sie mir, ich verstehe etwas von Frauen. Sie sollten Ihre Stirne zudecken.»

Sie stieg mit ihm aus und blieb vor dem Spiegel im Korridor stehen. «Zeigen Sie mir, wie?» sagte sie. Er strich ihr einen Strähn Haare in die Stirne, er hatte trockene, kühle Hände, die nach kölnischem Wasser rochen. Doris reckte die Arme hoch und spannte die Brust, als sie nach ihren Haaren griff. Hinter ihr stehend sah er aus zusammengezogenen Augen auf ihren Körper im Spiegel. Gleich wird er sagen, daß er eine erotische Natur ist, dachte Doris. Sie war froh, daß sie ihn komisch finden konnte.

Aber er sagte es erst vier Tage später, als er in ihrem Zimmer Tee trank, den sie selbst auf einer elektrischen Maschine zubereitete. Er hatte behauptet, daß weder Amerikaner noch Italiener Tee zu kochen verstünden und sich damit sozusagen selbst bei ihr eingeladen. «Wenn Sie sich entschließen könnten, Ihr Haar rotbraun zu färben, würden Sie wie eine richtige Frau aussehen», bemerkte er. Doris ging am nächsten Tag hin und ließ sich ihr Haar färben. Nachher war sie entzückt über sich selbst. Das Biest bemerkte die Veränderung sogleich, als sie mittags durch den Speisesaal ging. Er nahm es als eine persönliche Huldigung. «Gratulazione», rief er über den kleinen Saal, hob die Fingerspitzen vor den Mund und küßte sie. Trouble bellte, auch Delmonte blickte ihr nach, und die kleine Palfy schüttelte die Schultern.

In einem Taxicab küßte Sardi sie zum erstenmal, und Doris begriff, daß dies nicht so einfach war wie Herr Wallert. Es genügte nicht, mit dem Biest ein glattes Geschäft zu machen. Er wollte geschmeichelt sein, bestärkt in seinem Bewußtsein, daß er die Frauen kenne und daß sie ihm nicht widerstehen konnten. Er wollte fühlen, daß er Leidenschaft erweckte, und er gab Zensuren aus während der Umarmung.

«Sie sind ja doch eine Frau», sagte er, als Doris sich in diesen Kuß warf, wie sich ein Schwimmschüler mit geschlossenen Augen vom Sprungbrett in das schlimme kalte Wasser wirft.

«Was dachten Sie denn?» fragte sie.

«Ein Gemüse», erwiderte er. Das war einmal eine originelle Bemerkung gewesen, nun roch sie nach Abgebrauchtheit. An diesem Abend nahm er Doris mit in die Loge, man gab wieder Othello, Delmonte war heiser, und dies gab ihm um so mehr Gelegenheit, die Meisterschaft zu zeigen, mit der er den Defekt überwand. Nach der Vorstellung schickte das Biest sie nach Hause, und gegen ein Uhr nachts stattete er ihr noch einen Besuch ab.

Auch Doris war heiser, denn noch immer nahm sie Stunden bei der Salvatori. Auch hatte sie die Wohnung in der 56sten Straße nicht aufgegeben, das Atelier, das vormals Basils gewesen war. Am Tag nach der Othello-Vorstellung saß sie ein paar Stunden da oben und wartete bis die Dämmerung kam.

Der Rechtsanwalt Vanderfelt schickte einen Brief und bat Doris zu einer kurzen Unterredung in seine Kanzlei. Als sie dort erschien, mit rostroter Frisur und ausgezupften Augenbrauen, mit einem Silberfuchs um die Schultern und zwei Gardenien im Knopfloch, schaute er sie erstaunt an. Es war, als geschähe ein kleiner Sturmwind in der stillen Luft der Kanzlei. «Was ist mit Ihnen passiert?» fragte er. «Sie werden zu hübsch für eine Opernsängerin.» Etwas später kam der alte Bryant dazu, und auch auf seinem Gesicht war das gleiche schmunzelnde Erstaunen, obwohl er nichts dergleichen tat. Doris empfand eine flüchtige und verwunderte Dankbarkeit für das Biest. Möglicherweise verstand er wirklich etwas von Frauen. Auf jeden Fall mußte man bei ihm immerfort ganz wach sein und aufpassen, seine Ansprüche an Schönheit, Gepflegtheit, Unterhaltsamkeit und Leidenschaft nicht zu enttäuschen. Bryant und Vanderfelt wollten wissen, wie es mit Delmonte stünde und ob sie bei ihm angenommen sei.

«Es wird sich noch in dieser Woche entscheiden», erwiderte Doris. Der alte Bryant nahm sie nachher in seinem Wagen bis Hotel Blanchard. Er scherzte und behauptete, daß er sich in sie verlieben würde, wenn sie so weiter mache. Aber er erkundigte sich auch ernsthaft nach ihrer Gesundheit, ihrer Stimme, ihren Fortschritten im Gesang und fragte, ob sie alles Geld in Silberfüchsen vertue, oder ob sie auch vernünftige Sachen damit anfinge. In der Zeit der Verhandlungen hatte sich zwischen Bryant und Doris eine sonderbare Art von Freundschaft angebahnt. Zum erstenmal seit dem Tod ihres Vaters fühlte Doris sich bei einem Menschen sicher, und zum erstenmal hatte der alte Bryant die Empfindung, daß sein Geld bei einem dieser Mädel etwas Nützliches tat.

«Wie geht es diesem Burschen im Gefängnis?» fragte er, knapp ehe sie das Hotel erreichten. «Danke gut», erwiderte Doris und schloß sich zu. «Sie werden ihn leichter vergessen, wenn Sie erst wieder in Europa sind und ernsthaft studieren», sagte Bryant tröstend. «Möglich», erwiderte sie. Basil war immer gegenwärtig, alles war durchsetzt mit ihm, die Sonnenuntergänge, die Opernvorstellungen, die kalte Dusche am Morgen, der Schlaf, der Traum, der Gesang: noch in den Schmerzen und der Müdigkeit war Basil. Inzwischen ging die erzieherische und anstrengende Beziehung zu Doktor Sardi weiter. Doris hätte etwas vermißt, wenn diese Sache eines Tages geendet hätte.

Doktor Sardi hätte gut ausgesehen, wenn er davon nicht so überzeugt gewesen wäre. Er hatte dunkles, strähniges Haar und schwere Augen. Es schien meistens, als mache das Atmen ihm Mühe, das kam von seiner Art, den Mund offen zu halten; seine Unterlippe war häßlich, trocken, mit weißlicher, immer zersprungener Haut bedeckt. Er kam aus kleinsten Verhältnissen, sein Vater war Uniformschneider in einer entlegenen Garnison des Vorkriegsgalizien gewesen. Er hatte sich selbst erzogen, er wußte eine große Menge der verschiedensten Dinge, ohne doch gebildet zu sein. Aber sein Wissen unterhielt Delmonte und verblüffte Doris. «Weißt du, wie viele Meilen der Mond von der Erde entfernt ist?» konnte er zwischen zwei Umarmungen fragen, wenn das Mondlicht ins Zimmer spielte, und sich mit den Laternen der Straße mischte. «234.354 Meilen», antwortete er sich selber, «ja, genau 234.354 Meilen.» Doris zeigte so viel Erstaunen, als er erwarten mochte, und sie fühlte sich erheitert. Was für ein kluges Biest, dachte sie nicht ohne Respekt. Auch die kleine Palfy respektierte das Biest, obwohl sie es an frechen Bemerkungen nicht fehlen ließ. «Hat er dir schon die Sage vom Mann mit dem geschlossenen Visier erzählt», fragte sie. «Nein? Na, dann kommt's noch.»

Doris und die Palfy duzten einander jetzt, und Doris wurde mehr und mehr ein Mitglied des Delmonteschen Hofstaates. Sie aß mit den drei Schülern am gleichen Tisch, sie radebrechte Italienisch mit der alten Lucia und gewann sich deren Herz durch ihre genaue Kenntnis aller Aberglauben, die sie bei der Salvatori erworben hatte. Fiamarelli, der Bariton, borgte sich zweimal je zwei Dollar von ihr aus und Paolo überredete sie dazu, Korrepetition bei ihm zu nehmen. Er war übrigens ein wunderbarer Korrepetitor, und Doris gingen die ersten Lichter über Ausdruck und Phrasierung auf, als er mit ihr die ewigen Arien von Rossini zu arbeiten begann.

Ende November sang sie dann noch einmal vor. Noch immer fehlten die Töne von F bis C in der tiefen Mittellage, aber die Höhe schien etwas besser. Wieder dauerte es mehr als zwei Stunden, und Delmonte zog seinen Rock aus, zerrte seinen enormen Kragen von seinem riesigen Hals, schleuderte ihn in eine Ecke und begann mit Doris zu atmen und hundertmal den gleichen Ton zu wiederholen. Wieder kostete es zweihundert Dollar, die Doris von ihren ersten Ersparnissen abhob. Dann teilte das Biest ihr zunächst offiziell und an dem gleichen Abend noch inoffiziell mit, daß Delmonte ihr die Ehre erwiesen habe, sie als Schülerin anzunehmen. Doktor Sardi war alles in einem: das Sekretariat, der Impresario, die Leibwache, der Geschäftsführer, der Rechtsanwalt, der Puffer zwischen Delmonte und der Welt. Doris überließ sich dem Griff seiner trockenen kühlen Hände an diesem Abend mit dem zufriedenen Gefühl, daß Ausdauer zum Ziel führt und Selbstüberwindung belohnt wird.

Am nächsten Morgen um sechs begann der Unterricht. Delmonte trug Socken und Sockenhalter, niedergetretene Pantoffel und einen verblichenen grünen Bademantel, groß wie ein Zelt über seiner wollenen soliden Unterwäsche. Paolo war auch anwesend, in rotem Seidenschlafrock, aber er wurde nicht benötigt, sondern saß nur dabei und betrachtete von Zeit zu Zeit sein Spiegelbild in dem polierten schwarzen Holz des Klavieres. Später fand Doris heraus, daß Paolo eine Art Schutzwache bildete und daß Delmonte niemals mit ihr oder irgend einer Frau in einem Zimmer blieb, ohne daß Paolo oder die alte Lucia anwesend waren.

Der Unterricht begann damit, daß Delmonte ihr in strengen Worten nicht nur verbot, in den nächsten drei Monaten zu singen, sondern auch zu sprechen. «Geben Sie mir Ihr Ehrenwort», sagte er beschwörend, «sagen Sie: Ich schwöre bei dem Liebsten, das ich habe—schwören Sie und halten Sie Ihr Versprechen.»

«Wie soll ich mich denn verständigen?» fragte Doris schüchtern aufbegehrend. Delmonte rang die Hände. «Wie verständigen sich Tiere?» rief er aus. «Wie? Wozu haben Sie Augen? Wozu haben Sie Hände? Sie können lächeln, Sie können nicken, Sie haben Gebärden, die besser sind als die Worte. Üben Sie sich darin, Sie werden es auf der Bühne brauchen.» Und er malte ein paar seiner großen Gesten in die Luft, die ihm den Schwung und die Übertriebenheit eines Barock-Heiligen verliehen.

Dann kamen die Atemübungen, und das war etwas anderes als bei der Salvatori oder bei Doktor Williams. Es schnitt wie mit Messern durch Doris, als sie tat, was Delmonte von ihr verlangte. Er hielt die Hände an ihrem Magen, kommandierte, zählte, stampfte mit den Füßen, der Schweiß rann ihm übers Gesicht. Nachher atmete er, und Doris mußte ihre Hände auf seinen Magen legen. Sie verloren sich auf der riesigen Rundung wie Schiffe am Horizont. Dann atmete wieder Doris, dann atmete wieder er. Zum Schluß der Stunde gab er ein Kunststück zum besten. Er stellte sich nahe an den Flügel, atmete und stieß einzig mit der Kraft seiner atmenden Magenmuskeln das Klavier von der Stelle. Dann blies er die Luft aus sich heraus und lachte dröhnend über Doris' verdutztes Gesicht. Sie küßte ihm die Hand, wie sie es von den andern gesehen hatte.

Von da an lebte sie wie auf einer Insel, da ihr denn das Sprechen nun einmal verboten war. Stumm saß sie am Tisch, ging viel allein spazieren, saß viel allein in ihrem Zimmer, atmete, machte Übungen, bis ihr so war, als wäre es nun gleich

163

mit ihr vorüber. Übrigens fand Doktor Williams ihr Befinden wesentlich besser, als sie das nächste Mal zu ihm kam und ihm auf einen Zettel aufschrieb, daß ihr das Reden verboten sei. «Gar nicht dumm—» sagte er schmunzelnd. «Der alte Delmonte scheint mehr zu können, als Schmalzarien singen. Schweigen Sie sich nur aus, junge Dame.»

«Es kostet eine unerhörte Energie», schrieb Doris als Antwort auf den Zettel. Der Salvatori wich sie in dieser Zeit aus, denn mit der konnte man nicht schweigen. Mit den Rechtsanwälten Cowen und Vanderfelt verständigte sie sich schriftlich, und der alte Bryant war nach Ägypten gereist, um seinen Nieren etwas Liebes zu tun.

Doris hatte versucht, ihre Vorgeschichte, den Skandal, den Schuß und die Kugel in ihrer Brust vor der Delmonteschen Bande zu verheimlichen. Aber die kleine Palfy fand alles heraus, kaufte die alten Zeitungen mit den großen, fetten Überschriften und mit Doris' Bild und ließ sie unter den Mitgliedern der kleinen Gesellschaft zirkulieren. Am nächsten Tag um sechs Uhr früh wurde sie von Delmonte angeschrien. Er hatte am Abend zuvor «Il Trovatore» gesungen, er war schlecht bei Stimme gewesen: er hatte die Stretta einen halben Ton herunter transponieren müssen, er war unausgeschlafen und reizbar.

«Es ist eine Frechheit von Ihnen, mit einer halben Lunge hier anzukommen und singen lernen zu wollen», brüllte er sie an. «Wenn Ihnen etwas passiert, wird man mich verantwortlich machen. Ich will nicht in einen Skandal kommen wie dieser Mr. Bryant Junior. Wissen Sie, was Ihnen geschehen kann, wenn Sie meine Methode nicht aushalten sollten?»

Doris lächelte ein wenig spöttisch, ein wenig weise. Ja, sie wisse es, deutete sie durch Gebärden an, die nicht ganz so sprechend waren, wie die von Delmonte. Er legte den Finger unter ihr Kinn; er saß und sie stand, trotzdem war er noch eine Spur größer als sie. «Und trotzdem wollen Sie singen?»

fragte er leiser. Sie nickte energisch. «Schön», brüllte er. «Sie wollen es selbst. Eine Sängerin werden oder verrecken.» Die Atemübungen wurden fortgesetzt, vielleicht mit noch etwas mehr hartnäckiger Verbissenheit als zuvor.

Eine merkwürdige Wirkung hatte die Kenntnis von Doris' Geschichte auf das Biest. Er war der einzige Mensch, mit dem Doris sprach, in einem heiseren, gehauchten und tonlosen Flüstern sprach. Er war erregt und elektrisiert, er genoß eine Sensation. Er verschlang alle die Zeitungsartikel, die Schilderungen, wie man Doris blutend aufgehoben und ins Spital geschafft, wie Doktor Williams um drei Uhr nachts eine Operation ausgeführt habe; dies und die Tatsache, daß zwei Männer ihretwegen sich auf Tod und Leben gegenübergestanden hatten, schienen sie zu einer anderen Frau für ihn zu machen. Es kam aber auch etwas wie Mitleid in seine Liebkosungen, eine Art Zärtlichkeit, eine Art Gefühl. Doris mochte das gar nicht. Eine Beziehung wie die ihrige zu dem Biest war nur tragbar, wenn nichts Menschliches hineinspielte, keine andere Gemeinschaft als die der Sexualität. Als er sie verlassen hatte, badete sie lang und umständlich, lag in dem warmen Wasser und versuchte die innere Spannung zu lösen. Sie schlief dann endlich ein, und im Traum ging sie wieder den nächtlichen Weg zum Gefängnis, die Grillen zirpten, der Mond schien und Doktor Sardi sagte: es ist 234.354 Meilen bis zur Metropolitan.

Im Dezember verabschiedete sich Delmonte vom New Yorker Publikum in der Rolle des Rienzi. Er legte Wert darauf, von Zeit zu Zeit in einer Wagnerschen Oper aufzutreten, denn er sang gern in Bayreuth. Es war alles da, was dazugehörte, man sah mehr und größere Edelsteine als seit langem, denn das Geldverdienen hatte einen fieberhaften Sturz nach oben gemacht. Einige Zeitungen fanden, daß Delmonte sich selbst übertroffen habe und andere sagten, daß es Zeit für ihn sei abzutreten. Das Biest zeigte ihm die guten und verbarg ihm die schlechten Kritiken. Die kleine Gruppe machte sich für die Abreise bereit. Paolo, der drei Liebschaften zugleich durchgeführt hatte, trennte sich schwer, und in der Dämmerung hörte man ihn sentimentale Improvisationen spielen, die aus den Themen der bekanntesten Arien zusammengesetzt waren und an einer übergroßen Simplizität der Harmonien litten. Lucia packte Koffer und legte Mottenkugeln zwischen die samtenen Tenor-Kostüme. Im letzten Moment sprang die kleine Palfy aus. Sie hatte sich mit einem reichen Amerikaner verlobt und blieb. «Sehns, der Wiener geht nicht unter», sagte sie triumphierend, als sie in einem neuen Pelzmantel Abschied nahm. Die Salvatori weinte ganz offenkundig und mit reichlichen Tränen. Vielleicht hatte sie sich an Bebe erinnert, um diesen Strom von Rührung zu produzieren. Zuletzt rückte die alte Sängerin mit einem Geschenk heraus. Sie gab Doris—nicht ohne dreimal auszuspucken und ein Kreuz zu schlagen—ihre eigene Schminkschatulle. Dies war ein kleiner Kasten aus Zink, grün lackiert, mit gemalten Schmetterlingen verziert und mit einem handlichen kleinen Griff versehen. Darin lagen noch ein paar alte, halbverbrauchte Schminkstangen, von denen ein ranziger Geruch ausging.

«Wenn du zum erstenmal auftrittst, dann sollst du sie benützen und an die alte Salvatori denken», schluchzte die Sängerin; sie badete in melodramatischen Gebärden. Du lieber Gott, dachte Doris. Vorläufig durfte sie noch nicht einmal sprechen und so wie es um ihre Lunge und ihr Herz stand, war es durchaus nicht sicher, ob es überhaupt zu einem ersten Auftreten kommen würde. Zuweilen wurde sie von einer fressenden und ätzenden Ungeduld überfallen. Alles ging so entsetzlich langsam. Das mit ihrem Singen und das mit Basils Freilassung, und sie hatte bei Gott nicht viel Zeit zu verlieren.

«Danke», sagte sie. «Danke für alles.» Bei dieser besonderen Gelegenheit sprach sie sogar, wenn auch nur in dem tonlosen Flüstern, das sonst den nächtlichen Gesprächen mit Doktor Sardi vorbehalten blieb.

Ihre Ungeduld hatte in diesen letzten Tagen vor der Abreise einen Grund. Sie hatte durch Cowen um die Bewilligung zu einem Abschiedsbesuch bei Basil ansuchen lassen. Die Bewilligung kam nicht und kam nicht, trotz dringender Telegramme und Bitten um beschleunigte Erledigung. Das fraß an Doris. Sie hörte auf zu schlafen, sie magerte ab. Es war, als wenn sich alles in ihr zu einem brennenden und schmerzenden Punkt zusammenzöge. Nachts weckte sie Cowen, morgens um sieben gleich nach der Stunde rief sie ihn schon wieder an. Der vorletzte Tag kam, der allerletzte. Keine Bewilligung. Das sei doch nicht möglich, sagte Doris. Das ist doch nicht möglich, dachte sie immerfort, das ist doch nicht möglich. Delmonte strahlte bei der Idee nach Europa zu kommen. Die Vermögen, die er in Amerika verdiente, konnten ihn nicht von seiner Antipathie gegen das Land kurieren. Alle waren freudig erregt, alle konnten die Abreise nicht erwarten. Das ist doch nicht möglich, dachte Doris. Weggehen von diesem Erdteil, ohne Abschied. Basil nicht sehen. Es war ihr, als sollte sie nicht auf einen andern Kontinent, sondern auf einen andern Stern reisen. Ein Stern ohne Basil. Unausdenkbare Öde, Ferne, Kälte, Einsamkeit. Ein paar Stunden lang war sie entschlossen zu bleiben, das Singen aufzugeben, Delmonte, die Zukunft, alles aufzugeben und zu warten, bis der Besuch bei Basil bewilligt war.

Aber Doris ist nicht mehr weich, und die Verrücktheit sitzt nur ganz innen. Sie kann sich abschließen, fest wie eine Auster, hart und stumm in ihren Schalen. Rechtzeitig findet sie sich auf dem kleinen italienischen Dampfer ein, mit dem es Delmonte beliebt, zu reisen. Es riecht nach einer Menge Öl, die Kabinen sind eng, im sogenannten Wintergarten stehen künstliche Palmen, die glänzen und nach Bohnerwachs riechen. Im Speisesaal riecht es nach Fisch, auf Deck riecht es nach Seifenlauge. Delmonte wirft den Reportern das Biest zum Fraß vor. Er selbst geht blaß in seine Kabine, er trägt ein Gummiband um seinen großen Hals, das soll gut sein gegen Seekrankheit.

Doris steht auf dem oberen Deck und schaut zu, wie die Lichter des nächtlichen Manhattan zurückbleiben. Sie hat Basil nicht Adieu gesagt. Sie ist eines Nachts in Amerika angekommen, damals lebte die Mutter noch. Sie hat allerhand erlebt, und nun fährt sie nachts wieder fort. Es ist alles ein bißchen unwirklich. Sie prüft ihren Atem und ob ihr Herz Geschichten macht. Es macht keine Geschichten. Gutes, zähes, dauerhaftes Herz. Eine Sängerin werden oder verrecken. Adieu Basil.

Eine Hand legt sich auf ihre Schulter. Lavendelgeruch. «Sentimental?» fragt das Biest. Und Doris, ihr Schweigen brechend, flüstert heiser: «Nicht ein bißchen...»

«Wie geht es dir, Basil?» sagte Doris. «Danke gut», antwortete Basil. Wieder standen sie mit dem Gitter zwischen sich, viel Zeit war vergangen, ein ganzes Jahr und was man dachte, das ließ sich nicht aussprechen.

Der Druck, die Scheinheiligkeit, die Streberei des Gefängnisses, der unterirdische Kampf um die grausamen kleinen Vergünstigungen: Um die eigene Zelle; um das Buch am Abend, um den Spaziergang, um die Viertelstunde im sogenannten Turnsaal, um die Erlaubnis, die Klasse für Geschichte besuchen zu dürfen. Der Geruch nach Karbol und Kloake. Die Züge von Schaben, die endlos über den Zellenboden wandern. Die Schreie aus andern Zellen, wo ein Unbotmäßiger geschlagen wird. Das Redeverbot und der beständige Tratsch—aus den Mundwinkeln gemurmelt, an die Wände geklopft, auf Kassiber geschrieben. Sträflinge und Matratzen und Aufseher. Sträflinge und Matratzen und Aufseher. Und daß man langsam aber unweigerlich abstirbt, innen, unweigerlich, daß man sich duckt und mitmacht und vergißt, wie man war und wie es draußen ist. Der seltene Aufruhr, der ewige zähe Jammer. Nein, man kann darüber nicht reden.

Doris schaute Basil spähend und forschend an. Das Gitter lag dazwischen, es war ein Regentag, der grau über dem Glasdach lag und mit tausend Tropfen klopfte wie mit winzigen Trommelschlägen. Als sie Basil hereinbrachten, glaubte Doris einen Augenblick lang eine Verwechslung sei geschehen, sie hätten den Falschen gebracht. Dies war kaum mehr Basil. Sie hatte sich ein Bild von ihm gemacht in vielen Träumen und Gedanken, dem sah er gar nicht mehr gleich. Er hielt den Kopf gesenkt, seine braune Haut war zu einem kränklichen Gelb abgeblaßt, seine Schultern hingen unter dem Sträflingskittel. Basil, was haben sie aus dir gemacht, Basil? Nein, man kann es nicht aussprechen.

«Wie geht es dir, Basil?»

«Danke, gut.»

«Wir haben uns lange nicht gesehen.»

«316 Tage.»

«So genau weißt du das?» sagte Doris und begann sanft zu lächeln.

«Wenn wir hier nicht auf die Tage aufpassen, dann ist alles eine rettungslose Schweinerei.»

Pause. Der Beamte an seinem Pult raschelt mit Papier.

«Ich danke dir auch für die Briefe. Du hast so fleißig geschrieben», fängt Basil wieder an. Da ist Doris nun, nahe, wenn das Gitter nicht wäre, könnte man sie angreifen und auch küssen. Ach, Doris, was weißt du davon, wie einem Gefangenen die Phantasie in irre und vergiftete Abwege gerät, und er kann nichts dagegen tun. «Man kann nicht so richtig schreiben, wenn man weiß, daß andere Leute es lesen», sagte Doris. Basil wendet schnell den Kopf zu dem Beamten, aber der scheint es nicht übelzunehmen. Er liest in einer Zeitung.

«Dusha moja dorogaja», murmelt Basil, und da ist für eine Sekunde der alte Klang. Doris lächelt wieder und lehnt sich an das Gitter, zärtlich, als wenn es Basil selber wäre. «Was heißt das?» fragt sie mit den Augen. «Du riechst so gut», sagt Basil, es klingt einfach, so als wäre er ein Wilder, ein Eskimo, der zum erstenmal einer gut angezogenen Frau begegnet.

«Es ist ein ganz billiges Parfüm eigentlich, Contessa Azura.» Doris bewegt ihre Schultern, und eine neue Welle des Parfüms schwebt auf. Basil saugt mit den Nüstern, den Augen, den Ohren, den Duft ein und prüft ihn wie ein witterndes Tier. Warum bist du so anders geworden? denkt er, aber was er sagt, ist nur: «Jetzt kannst du also auch Italienisch.»

«Ja. Ich habe mich an alle diese Italiener gewöhnt. Delmonte ist großartig. Du wirst ihn kennenlernen, wenn du hier heraus kommst, er wird dir auch gut gefallen. Er ist ja irrsinnig streng, aber wenn er sagen würde: Springen Sie sofort aus dem Fenster—ich werde unten stehen und Sie auffangen—würde ich springen. Und er würde unten stehen und mich auffangen», sagte Doris. Es war der erste längere Satz und der erste, bei dem sie in Schwung kam. Basil erinnerte sich, wie er hinter Arzman hergefahren war, der sich nachher als ein künstlerischer Schwindler und eine Enttäuschung herausgestellt hatte. «Geht es gut vorwärts mit deinem Singen?» fragte er höflich. «Du lieber Gott—mein Singen», sagte Doris eifrig. «Du stellst dir vielleicht vor, daß er mich Arien singen läßt oder etwas Ähnliches. Niente, niente. Nichts als die langweiligsten Solfeggien. Manchmal ist es so, daß ich glaube, ich zerspringe von all den Sachen, die ich singen möchte und nicht darf.»

«Ich möchte dich gerne singen hören», sagte Basil ernsthaft. Sie hielt die Augen etwas geistesabwesend auf seinem Gesicht fest. Sie hätte gern herausgekriegt, worin die Veränderung bestand, die so deutlich und grausam mit ihm vorgegangen war und die sich doch in den einzelnen Zügen nicht festhalten ließ.

«Er hat ja meine Stimme ganz anders placiert, verstehst du», fuhr sie nachher fort. «Meine Stimmbänder waren vollkommen ruiniert, wie ich von der Salvatori kam. Sie hat mich auf hohen Sopran gedrillt und weißt du, was ich bin? Ein tiefer Mezzosopran. Ich habe überhaupt keine Mittellage gehabt. Du solltest jetzt meine Mittellage hören. Die Höhe freilich ist weg—aber Delmonte sagt, daß sie in den nächsten zwei Jahren kommen wird und dann kann ich dramatische Rollen singen. Santuzza, weißt, Aida—»

Sie brach ab und schaute ihn erschrocken an. «Aber das interessiert dich doch nicht—» setzte sie kleinlaut hinzu.

«Doch, doch, das alles interessiert mich», wehrte er heftig ab. «Du kannst dir vielleicht nicht vorstellen, wie sehr uns alles interessiert, was von draußen kommt. Man hat dann wieder etwas, worüber man nachdenken kann. Erzähle nur—erzähle von Milano. Bist du gern dort? Ich war nur einmal dort, an einem Palmsonntag, sie hatten Palmzweige an der Domtüre, und drinnen standen die Frauen in Reihen an, um zu beichten. Mich würde es nervös machen, wenn ich diese Zuckerbäckerarchitektur immer vor Augen haben müßte.»

Wieder klang dies für einen Augenblick, als wenn Basil noch Basil wäre. Doris griff schnell zu. «Wie ich den Dom zum erstenmal sah, lag Schnee darauf, ja, das stellt man sich nicht vor. Der Winter in Milano ist ziemlich scheußlich, besonders für die Stimme. Und dann sind da die vielen Kirchenglocken, es läutet immerfort, wenn man nicht schlafen kann, macht es einen manchmal rasend—»

Wieder verstummte sie plötzlich. Während der ganzen Zeit wanderten ferne Wolken über das Glasdach, machten es bald dunkel von Regen und wieder heller, wenn ein Schauer vorbei war.

«Schläfst du schlecht? Wie geht es dir überhaupt—ich meine—mit deiner Gesundheit—» fragte Basil.

«Danke, ausgezeichnet. Delmonte hat mich ein halbes Jahr nur atmen lassen, das tat mir natürlich gut. Weißt du, was er sagte? Eine Sängerin werden oder verrecken. Es ist so eine

Art Leitmotiv geworden, ja, wie bei Wagner. Ich bin nicht die Sorte, die verreckt, scheint es.»

«Nein, das bist du nicht. Ich übrigens auch nicht», sagte Basil und streckte seine Schultern gerade. Sie sanken bald wieder vornüber, als er nicht darauf achtete. «Und da sitzt du also in Mailand, hörst die Glocken schlagen und tust nichts als atmen und Solfeggien singen—» wiederholte er mit angestrengtem Gesicht. Er versuchte sich Doris' Leben vorzustellen, aber schon hatte er nur blasse Bilder vom Draußen.

«Ungefähr. Alle Schüler von Delmonte wohnen in derselben Pension, ich glaube, das Biest bekommt Prozente von Signora Cipra, und da mietet er uns alle dort ein. Es geht ziemlich zweifelhaft zu, das Essen ist miserabel, und für jedes Bad muß man extra bezahlen. Von meinem Fenster kann ich über den Dächern einen Zipfel vom Dom sehen. Es ist nicht weit vom Konservatorium. Wir müssen viel Klavier üben, damit wir uns auch selbst begleiten können und Theorie, und Musikgeschichte und Fechten—kannst du fechten? Es macht mir ungeheuren Spaß. Wir gehen auch immer in die Scala, wenn der Alte singt und auch sonst hie und da—»

«Wer ist das: Wir?» fragte Basil. Doris zögerte nicht als sie antwortete: «Wir, die Schüler, die Delmontes, wie sie uns nennen. Wir sind immer eine kompakte Masse, obzwar wir uns manchmal gegenseitig vergiften möchten.»

Basil überlegte dies genau. Auch im Gefängnis sagte und dachte man immer: Wir, wir, die Sträflinge, wir, die Gefangenen Nie dachte man: Wir, die Verbrecher. Kein einziger im Gefängnis hielt sich für schuldig. Basil legte sein Gesicht an das Gitter und schaute Doris an. Sie hatte sich sehr verändert, sie war viel schöner geworden; sie hatte starke Farben bekommen. Rotbraunes Haar, grüne Augen, roter großer Mund. Sie sprach mit einer klingenden Stimme und gebrauchte übertriebene und klischierte Ausdrücke. Während er sie durch das Gitter hindurch anstarrte, kam für eine kurze Sekunde in ihm all der Haß hoch, den er an manchen Tagen gegen sie empfand. Ihretwegen war er im Gefängnis, ihretwegen zerbrach man ihm seine besten Jahre und machte ein Ding aus ihm, das auf den Müllhaufen gehörte. Das flackerte auf und verlöschte gleich wieder und ließ nur ein wütendes Verlangen nach der Frau zurück.

«Sag mir, ist da jemand—hast du dich in jemanden verliebt?» fragte er und ließ die Rücksicht auf den Beamten beiseite.

«Nein», sagte Doris schnell. «So etwas darfst du nie denken. Du bist der einzige.» Er hörte die Eile und Heftigkeit, mit der sie es bezeugte, und es machte ihn mißtrauisch.

Vor Doris zogen die Orte, die Menschen, die Monate vorüber; Milano: zur Hälfte eine farblose Großstadt, zur andern Hälfte sprödes, nördliches Italien. Ihr Leben zwischen den andern Delmontes voll von Tratsch, von Eifersucht, von Ehrgeiz, von Ehrgeiz vor allem. Wenn man einige Zeit bei Delmonte studiert hatte, dann kam es einem vor, als gäbe es nur eine einzige wichtige und des Lebens werte Sache in der Welt: Singen. Ein mißglückter Ton, eine Schwäche des Ansatzes, eine Erkältung—das waren Katastrophen von riesigen Ausmaßen, nur mit den Lavaausbrüchen in Sizilien auf gleiche Stufe zu stellen. Ein Lob, ein Fortschritt war das Glück schlechtweg. Die fieberhaften Abende in der Scala, die Gespräche nachher, die plötzlichen Streitigkeiten, die plötzlichen Versöhnungen. Die Ausflüge nach dem Comersee in vollen Sonntagszügen, die fremde Sprache, die lauten Gebärden, die mittelalterliche Verstocktheit der Italiener in allem, was die Frauen anging. Die Reise nach Wien durch die Dolomiten, zur Zeit der Schneeschmelze an brausenden, grünen, gischtigen Bergbächen, an Städten mit zwiebeltürmigen Kirchen vorbei, über Brücken und Viadukte.

Wieder war man in einer Stadt voll Kirchenglocken, wieder sah ein alter Dom in die Fenster, wieder wohnte man in einer schlampigen Pension, wo alles zu teuer war. Man ging in die Oper, man las mit Kummer die skeptischen Kritiken über den Alten, den die Blätter wagten alt zu nennen. Man lernte nette Leute kennen, und alle verstanden etwas von Musik: der Kellner, der das Essen brachte, der Hausmeister, der nachts das Tor aufsperrte, der fremde Herr, der einen auf der Straße ansprach. «Eine Stadt mit erotischer Luft—» nannte das Biest es. Der Sommer in Salzburg aber ließ sich noch erotischer an, und es war nicht leicht, den Ansprüchen Doktor Sardis immer nachzukommen. Doris erschrak, weil sie hier, in Basils Nähe, an das Biest erinnert worden war. Noch hing Basils Stimme in der Luft mit ihrer letzten unausgesprochenen Frage. Doris kehrte eilig zu ihm zurück. Die Zeit verging, man dachte Unsinn, redete unsinniges Zeug—

«Du weißt, daß nie etwas anderes sein wird als du», sagte sie. «Ich warte auf dich, wie lange es auch dauert—das weißt du—» Sie versuchte seinen Blick einzufangen, der herumwanderte. Jetzt geschah etwas auf seinem Gesicht, das zuerst sich anließ wie eine schmerzliche Grimasse. Dann erkannte Doris mit Erschütterung, daß er zu lächeln versuchte. Jetzt wußte sie auch, was ihn so verändert hatte: er lächelte nicht mehr. Er sagte alles mit dem gleichen eintönigen Ernst. Mit einer spontanen Bewegung hob sie ihre Hände zu ihm auf, als wollte sie seinen Kopf umschließen. Das Gitter war dazwischen. Sein sandfarbenes Haar sah staubig aus und begann an den Ecken aus der Stirn zu weichen. Armes dünnes Haar. Es war der erste Moment während der ganzen Unterredung, da Doris etwas wie Zärtlichkeit empfand.

«Noch fünf Minuten», sagte der Beamte da hinten. Er nahm taktvoll seine Zeitung dicht vors Gesicht und wurde unsichtbar. Basil hielt noch immer das Lächeln mit seinen farblosen Lippen fest. «Denkst du noch manchmal an unsere Insel?» fragte er fast unhörbar. «Biribiki—» antwortete sie sofort und voll Willigkeit. «Ob ich daran denke. Man lebt ja für nichts anderes. Wir werden zusammen hingehen—bald—wir müssen nur daran glauben—»

Basils Gesicht starb langsam wieder ab, und ein neuer Regenschauer fiel dunkel über den Raum. Sie wechselten noch ein paar leere Worte wie Leute, die auf den Abgang eines Zuges warten. Basil wünschte heftig, daß er den Geruch ihres Parfüms in seine Zelle tragen könnte wie einen festen Gegenstand. Er hatte angesichts seines guten Betragens als besondere Vergünstigung Papier und einen Bleistift erhalten. Seine verdorrende Vorstellungskraft hatte jetzt Nahrung bekommen. Er würde Doris zeichnen. Sie legten die Hände an das Gitter wie beim ersten Mal, aber es war nicht der gleiche starke Strom wie damals. Zwischen ihren aneinandergepreßten Handflächen blieb eine Leere.

Doris nahm den Nachmittagszug und kehrte abends zurück ins Hotel Blanchard, wo das Biest sie mit zusammengebissenen Zähnen erwartete. Bei den Delmontes war aus vielen Gründen der Teufel los. Erstens hatte der Bariton Fiamarelli,—diese Schlange, die Delmonte umsonst unterrichtet und außerdem noch erhalten und gefüttert hatte—heimlich geheiratet. Heulend und mit vielen sprechenden Gebärden hatte er dem Alten gestanden, daß ein junges Mädchen ein Kind von ihm erwarte, daß der erzürnte Vater ihm die Knochen zu Brei geschlagen hätte und daß er es seiner und Fiorinas Ehre schuldig gewesen sei, sie zu ehelichen. Delmonte verfluchte den Unglücklichen, aber er nahm ihn samt Fiorina mit nach New York, er setzte ihm sogar ein Probesingen an der Metropolitan durch. Und obwohl der Alte behauptete, daß Fiamarelli noch vier Jahre studieren müsse, bevor er einen Ton singen könne, das was der Alte «Singen» nannte—wurde der Bariton mit der bronzenen Stimme für zweite Rollen engagiert.

Nicht so sicher war es—und dies flüsterte Doktor Sardi nur in geheimen Stunden in Doris' Ohr—ob der Alte selber noch einen neuen Vertrag erhalten würde. Die Leitung der Metro-

politan sperrte sich, sie hatte Bedenken, Delmonte war nicht
mehr der Jüngste, im letzten «Trovatore» hatte er die Stretta
um einen ganzen Ton hinuntertransponieren müssen. Eine
Wolke von Spannung lag über den Zimmern des Hotel Blanchard. Zwei neue Gestalten tauchten um diese krisenhafte Zeit
in der Umgebung des Alten auf: Der Agent Mosse, ein zwer-
genhafter Mensch von großer Klugheit und weitem Einfluß und
der katholische Priester Francesco Mattoni. Der Alte ging zer-
knirscht und zerschmettert herum und forderte seine Schüler
in großen und machtvollen Ansprachen dazu auf, die Vollkom-
menheit anzustreben. Sie hatten nichts zu lachen in dieser Zeit,
und der Bassist Terp fiel richtig vom Fleisch, weil er an sich
selbst zu zweifeln begonnen hatte. Übrigens fand sich auch die
Palfy wieder ein, frisch geschieden und mit neuen Subsidien
ausgestattet, die ihr die Fortsetzung des Studiums ermöglichten.
«Mensch, Mädchen», sagte sie zu Doris, «Sie haben sich aber
herausgemacht. Sie könnten eine Wienerin sein, so fesch schauen
Sie aus.» Noch eine Schülerin war da, eine neue, eine Rumänin mit übertriebenen melancholischen Augen und einer Tendenz, sich auf die Zigeunerin hinauszuspielen. Doris hatte den
Eindruck, den sie durch nichts erhärten konnte, daß der Alte
diese Rumänin den andern Schülern vorzog, daß er sie stand-
hafter quälte, weil er mehr von ihr erwartete als von den andern.
Eifersucht fraß sie auf. Sie stürzte sich in die Arbeit, ihre Übungen und Studien nahmen den Aspekt von stiller und ziel-
bewußter Raserei an. Sie vergaß beinahe an den Besuch bei
Basil. Sie wollte daran vergessen.

Da waren noch andere Sorgen. Das Biest hatte sich in sie
verliebt. Dies war unerwartet und überaus peinlich. Das Biest
hatte sich ein paar Wochen lang mit der Rumänin abgegeben.
Zähneknirschend war er zu Doris zurückgekehrt und hatte ihr
erklärt, daß er sie liebe. Niemand hatte eine solche Wendung
erwartet, er am wenigsten. «Du hast mein Leben verdorben»,
schrie er Doris an, «du hast allen Reiz daraus fortgenommen.

Ich mag keine anderen Frauen mehr als dich, es ist eine Katastrophe und eine Geschmacklosigkeit—»

Doris sah zuerst nur die Unannehmlichkeit, den Druck, die Verpflichtung, die Belastung. Erst später spürte sie, daß es ihr eine neue Sicherheit gab. Sie hatte sich einen Mann unterworfen, der an einen tyrannisierten Harem gewöhnt war. Sie hatte einen Mann, der nicht lieben wollte oder konnte, dazu gebracht, sie zu lieben. Nach dem ersten Aufbegehren wurde er sanft und unterwürfig. Er kaufte ihr Blumen und Handschuhe. Wahrhaftig, er gab Geld für sie aus anstatt Geld an ihr zu verdienen. Er rief sie an, er schrieb ihr unvorsichtige kompromittierende Briefe, wenn er sie ein paar Stunden nicht sah. Er änderte seine strähnige Frisur ihr zuliebe, und er ließ die Goldplomben, die bisher sein Lächeln verunziert hatten, durch eine neue Art von Porzellanplomben ersetzen. Er war ein geborener Feigling und einmal fiel er beim Zahnarzt in Ohnmacht. «Ich habe differenzierte Nerven», nannte er es. Und da Doris ihn auslachte: «Du hast meine Nerven untergraben, ich habe dich zu dem gemacht, was du bist, und du wirst täglich egoistischer.»

Doris dachte flüchtig darüber nach. Er hatte nicht ganz unrecht. Ohne ihn wäre sie nie in einen teuren Schönheitssalon gegangen, sie hätte farblose Haare behalten, sie wäre nicht bei Delmonte angekommen, sie hätte nicht gelernt, sich scheinbar herzugeben und sich doch zu behalten. Auch studierte er ihr den sogenannten dramatischen Teil der Rollen ein—Rollen, die sie noch jahrelang nicht singen durfte. Zwischen zwei Stühlen, die einen Bühnenrahmen vorstellen, jagte er sie herum, ließ sie niederknien, umarmen, flehen. Sie lernte Dolche in ihr Herz zu stoßen, als Leiche Treppen mit Bravour hinunter zu rollen, Rivalinnen zu belauschen, so daß nicht diese, wohl aber das Publikum es bemerkte. Vor allem brillierte das Biest in der Einstudierung aller Arten von Toden. Carmen wurde erstochen. Tosca sprang von der Engelsburg, die Traviata starb an Schwindsucht ebenso wie die arme Mimi in Bohème. Aïda wurde eingemauert, und Butterfly beging Harakiri. All dies lernte Doris ernsthaft und mit leichter Dankbarkeit, und es störte ihr Herz nicht, weil es so gar nichts mit wirklichem Sterben zu tun hatte. In der Metropolitan saß sie neben dem Biest, ebenso wie sie in der Wiener Oper, in der Scala von Milano und bei den Salzburger Festspielen neben ihm gesessen hatte. Mit einer Bewegung des Kopfes, einem gemurmelten Wort zeigte er ihr, was gut, was schlecht und was außerordentlich war. Er brachte ihr Bücher und nachts flüsterte er in dem harten Deutsch zu ihr, das er als seine Muttersprache ausgab. Wahrscheinlich hatte er gar keine Muttersprache. Er war einer von den Menschen, von denen man sich nicht vorstellen kann, daß sie je eine Mutter gehabt haben oder daß sie ein Kind gewesen sind.

Obwohl Doktor Sardi sie nun liebte, fuhr er doch fort, Prozente von ihrem Unterrichtsgeld zu beziehen und hörte auch sonst nicht auf, hie und da kleine Schweinereien gegen sie zu begehen. Doris ihrerseits behandelte ihn miserabel. Da war nicht das geringste Mitleid mit dem Gedemütigten, kein Gefühl des Dankes oder der Verbundenheit. Sie ließ ihn betteln, sie benützte ihn, wie er sie benützt hatte. An Doktor Sardi lernte Doris, was sie später noch oft brauchte: hart und gemein gegen Menschen zu sein.

Auf der Straße sahen die Männer sie jetzt an. Ein Herr aus dem vierten Stock des Hotels Blanchard machte ihr seinen schriftlichen Liebesantrag. In den Pausen der Opernvorstellungen, wenn sie neben dem befrackten Doktor Sardi im Logengang auf und ab ging, drehte man sich nach ihr um. Delmonte vermied es ängstlich mit ihr allein zu sein, er ging zur Messe und zur Beichte und versuchte durch gläubigen Katholizismus seinen neuen Vertrag zu erbeten. Selbst Paolo erzählte ihr in seiner clownigen selbstpersiflierenden Art, daß sie gefährlich, daß sie ihm, Paolo, ganz persönlich gefährlich geworden sei.

Doris setzte sich vor ihren Schminkspiegel—sie nahm in

diesen Monaten bei der Salvatori gut bezahlten Unterricht in der Kunst des Schminkens, um irgend etwas für ihre alte Lehrerin zu tun—und betrachtete ihr Gesicht mit einem spähenden und lauernden Ausdruck. Sie war mager; unter den Backenknochen höhlte das Gesicht ein wenig nach innen und zeigte zarte Schatten. Auf der Stirne stand eine scharfe Falte über der Nasenwurzel. Der Mund war zu groß. «Du mußt deine Fehler übertreiben, dann werden sie Schönheiten», predigte Sardi. Sie probierte eine Serie von Lippenstiften, von Orange bis zu einem bräunlichen Blutrot. Bei dem dunkelsten Stift blieb sie, malte ihren Mund groß ins Gesicht und legte Lila auf die Augendeckel ihrer grünen Augen. Sie sah nun ganz künstlich aus und sie begann sich zu gefallen.

«Wer ist diese Frau?» fragte der Agent Mosse ganz laut, als er sie zum erstenmal in dem schäbigen Speisesaal des Hotels Blanchard bemerkte. Der Priester Mattoni schlug die Augen nieder, wenn ihre unheilige Gestalt in einer Wolke von Parfüm vorbeikam.

«Das ist eine große Stimme und eine kleine Hoffnung», sagte der Alte liebenswürdig. Die dressierten Seehunde im Zirkus wurden von ihrem Trainer besser behandelt als seine Schüler von ihm. Doris verschlug es den Atem, denn es war zum erstenmal, daß der Alte etwas Positives über sie sagte. «Ich werde dabei sein, wenn sie startet», sagte der Agent. Er sah bucklig aus, ohne bucklig zu sein, aber er hatte schöne Augen, Tieraugen. Er nahm Doris' Hand zwischen seine Hände, rieb und knetete sie und gab sie dann wieder an sie zurück. «In drei Jahren wird man nach schlanken Sängerinnen schreien, dann werden Sie da sein, ma petite», sagte er.

Seine Augen folgten Doris bis zur Türe, als sie sich empfahl und ging.

Delmonte sang den Bajazzo in einer Neueinstudierung, die genau so klang und aussah wie die alte Vorstellung des bewährten Repertoirestückes. Er hatte einen großen Abend und einen

enormen Erfolg. Er sang den Komödianten, den seine Frau
betrügt, fast ohne Maske oder Schminke. Er war ein fetter,
schwerer, etwas müder Mann mit weißem Haar, der in seine
junge, gewöhnliche und kokette Frau tragisch verliebt ist. Doktor Sardi in der Loge neben Doris lächelte verbissen. «Meine
Idee», sagte er. «Meine Auffassung. Mein Erfolg.»

«Das große Ich—» bemerkte Doris unverschämt. Das Biest
steckte es ein ohne zu murren. Delmonte bekam seinen Vertrag. Wieder kam die Abschiedsvorstellung, Bajazzo, wieder
weinte die Salvatori schwere dichte Tränen zum Abschied. Diesmal kam die Bewilligung für einen Besuch im Gefängnis zur
rechten Zeit. Der Rechtsanwalt Cowen rief selbst bei Doris an,
und seine Stimme zitterte vor Genugtuung und Freude. Er hatte
einen Journalisten auf den Fall gehetzt, der ein Buch über
amerikanische Gefängnisse schrieb, ein gefürchteter und ein-
flußreicher Mann. Er war voll Hoffnung und Zuversicht. Doris
dankte bedrückt. Es kam ihr vor, als reise sie mit leeren Händen, mit einem leeren Herzen zu Basil. Aber es ging besser als
beim letzten Mal. Er sah frischer aus und sprach lebhafter. Er
lächelte dreimal, und beim Abschied küßte er Doris über den
Tisch. Sie wußte nicht, daß es ihr voriges Wiedersehen war,
das ihm Kraft und Inhalt gegeben hatte, so daß er sich nicht
mehr so ganz begraben und verscharrt vorkam.

Der Kuß blieb mit ihm in seiner Zelle. Der Kuß ging mit
ihr nach Europa.

Wieder geht ein Jahr vorüber, oder vielmehr sind es nur
zweihundertachtundneunzig Tage, um es in Basils Weise auszudrücken, und wieder sitzt Doris in dem Sprechzimmer des
Gefängnisses und wartet, daß Basil gebracht werde. Sie kennt
nun schon den Raum, den Geruch, das graue Licht, das durch
das Glasdach sickert, den Beamten an seinem Pult. «Ein schöner
Tag», sagt er freundlich und deutet mit dem Kinn nach oben,
wo ein wenig Sonne auf der Ecke des Glasdaches spielt. «Ja, ein

sehr schöner Tag», antwortet sie höflich. Die englische Sprache und die kleinen optimistischen Redensarten der Amerikaner, die nichts zu bedeuten haben, sind ihr ein wenig fremd geworden.

Klang des Schlüssels in der Eisentür. Die Tür öffnet sich. Zuerst erscheint der Aufseher, der in der Tür stehen bleibt und den Gefangenen an sich vorbei eintreten läßt. «Eine halbe Stunde—und flirte nicht gar zu toll, mein Junge», sagt er, bevor er sich zurückzieht. Basil schaut vor sich hin wie ein Blinder. Doris beginnt zu zittern, aber sie unterdrückt es und gewinnt Gewalt über sich selbst. Basil hat ganz dünnes Haar bekommen. Basil hat keinen Blick mehr. Basil hebt die Füße nicht vom Boden, wenn er geht. Er lehnt sich gegen das Gitter, und wartet.

«Guten Tag, Basil—»

«Guten Tag, Doris.»

Nein, sie fragt nicht mehr ‚Wie geht es dir?‘ Es ist eine zu lächerliche Frage angesichts dieser Zerstörung. Sie wartet auch, und das Schweigen legt sich unter das Glasdach wie ein schwarzes Tuch. Zum Ersticken. Gleich werde ich schreien, denkt Doris, lächelt aber ermutigend in die Richtung, wo Basil steht. Der Beamte erhebt sich, reckt sich und öffnet das Gitter. «Sie haben Erlaubnis—» sagt er dazu. Sofort kehrt etwas dienstliche Strammheit in Basils Körper zurück. Er salutiert beflissen, macht eine Wendung rechts und geht durch die Gittertür. «Danke ergebenst», sagt er gepreßt.

«Schon gut, General», erwidert der Beamte, und nennt ihn bei dem Spitznamen, den er sich im Gefängnis erworben hat. «Sie können sich setzen», fügt er noch hinzu, da Basil mit gesenktem Kopf vor Doris stehen bleibt.

«Ja, Basil?» fragt sie, als er sitzt, durch einen Tisch von ihr getrennt mit vorhängenden Schultern und in scheinbarer Geistesabwesenheit.

«Du bist also doch gekommen—» sagt er.

«Ich konnte nicht früher—ich habe es dir ja geschrieben.»

«Ja, ich erinnere mich. Du hast dich sehr verändert.»

«Habe ich? Du gar nicht, nicht ein bißchen», sagte Doris mit zu viel Heftigkeit. Basil zuckte mit den Schultern. «Ich bin jetzt schon 25 Monate und 9 Tage hier, da verändert sich nichts mehr», erwiderte er.

«Denkst du noch an unsere Insel?» fragte sie schnell.

«Denkst du noch daran?»

«Immer. Selbstverständlich denke ich immerfort daran», sagte sie, und auch dies hatte zu viel Betonung. Sie erzählt mir lauter Lügen, dachte Basil. Er schaute sie an und fand ihr Gesicht nicht hinter der Aufmachung. Ein plötzlicher und siedender Wunsch kam ihn an, ihr die Kleider wegzunehmen und zu sehen, ob ihr Körper darunter noch der gleiche war. Sie spürte eine Welle von Hitze von ihm zu ihr schlagen und wurde blaß unter der Schminke. Er roch fremd, nicht unsauber, eher zu reinlich, nach Seife, nach Karbol, nach unbekannten scharfen Mitteln. Aber das ist ja Basil, dachte Doris dringlich, das ist Basil, das ist alles, was ich habe, das ist alles, wofür ich lebe. Sie lächelte mit hinabgezogenen Mundwinkeln.

«Du bist magerer geworden», sagte Basil. «Geht es dir nicht gut?»

«Doch, meistens geht es mir sehr gut. Ich war seekrank auf der Überfahrt, weißt du.»

Ihm schien es, daß sie viel zu laut sprach, er zwinkerte, als ihre Stimme vibrierend an sein Trommelfell schlug. «Gefalle ich dir nicht?» fragte sie, und es sollte leicht klingen.

«Doch. Du bist wunderschön. Das warst du früher nicht.»
«Besten Dank, Basil», sagte sie lächelnd.

«Du mußt viele Männer haben», sagte er ernsthaft. Doris erschrak flüchtig. «Keinen einzigen», antwortet sie. «Du weißt, daß ich dich nicht anlüge, nie. Für mich gibt es nur dich. Immer.»

Während sie es sagte, wurde es beinahe wahr. Mit Doktor Sardi hatte sie gebrochen, in einer Flut von geflüsterten tödlichen gegenseitigen Beleidigungen hatte diese Beziehung geendet. Noch immer nahm sie dramatischen Unterricht bei ihm, denn das Biest wollte Geld verdienen, wenn es schon keine Erotik mehr von ihr beziehen konnte. Alle andern Männer, die ihr über den Weg liefen oder sich an sie drängten, kamen ihr schal und langweilig und farblos vor, verglichen mit Basil. Nicht mit dem wirklichen Basil, nicht mit dem Sträfling, der wie ein Scheintoter neben ihr saß und nach Karbol roch. Verglichen mit dem heftig lebenden, verrückten und merkwürdigen Basil der ersten Nächte. Basil hatte auf sie geschossen, er hatte sie beinahe ermordet. Sie schaute sich die andern Männer an. Keiner von ihnen würde schießen, dachte sie verächtlich. In Wien hatte ein Architekt sie ein paarmal geküßt. Seit dem Bruch mit Doktor Sardi war ihr Körper manchmal rastlos, ihre Haut wurde unzufrieden auf eine quälende Weise. «Liebe ist eine Angelegenheit der Epidermis», hatte Sardi sie gelehrt.

«Wenn man singt und arbeitet wie ich, braucht man nichts anderes», sagte sie noch, als sie am Ende ihrer Gedankenkette angekommen war.

«Richtig, du singst ja», sagte Basil, als ob er aus einem unangenehmen Traum erwache. Doris unterdrückte Ärger und Kränkung.

«Ich habe in Salzburg schon auftreten dürfen. Ich habe hinter der Szene in Reinhardts ‚Jedermann' gesungen», sagte sie. Es war soweit das wichtigste Ereignis des verflossenen Jahres für sie gewesen. Die Kämpfe mit Delmonte, bevor er erlaubte, daß sie öffentlich sang, daß sie etwas anderes sang als Töne. Die zähneknirschende Eifersucht der andern Delmonteschüler, die Versuche des Biestes, ihr Auftreten zu hintertreiben. Nachher war ihre Stimme—wenn auch nicht ihr Name—sogar in den Kritiken erwähnt worden.

«Ach—so—» war alles, was Basil sagte. Sie machte noch einen Versuch, zu ihm vorzustoßen. «Die Höhe kommt jetzt, und die Mittellage habe ich vollkommen sicher. Ich kann nicht schildern, was das für ein Gefühl ist, wenn die Töne auf einmal da sind, wenn sie sitzen, weißt du, wenn sie richtig sitzen und du weißt, du hast sie—so einen Ton der sitzt, den spürst du überall in dir—»

«Darf ich dir einen Kuß geben?» fragte Basil, der nicht zuhörte. Doris verstummte. Sie warf einen schnellen Blick auf den Beamten. «Wenn du willst—» sagte sie leise und höflich.

Während er sich über den Tisch beugte und seine Lippen unbeholfen auf ihre preßte und lange darauf hielt, wanderte der Sonnenfleck auf dem Glasdach weiter und verschwand zuletzt. Eine späte Fliege surrte daher und setzte sich auf Basils dünnes Haar. Dann machte Doris sich frei und atmete tief, mit ernsthaftem und angestrengtem Gesicht. Du lebst also doch noch, Basil—dachte sie vage.

«Wir haben uns zu kurze Zeit gekannt vorher—» sagte er einen Augenblick später. «Wir wissen nicht genug voneinander. Wir haben eine Menge Mißverständnisse gehabt, nicht?»

Wieder sah Doris mit Erschütterung, daß er sein Gesicht kläglich verzog, um ein Lächeln zu produzieren.

«Wir werden hundert Jahre Zeit haben, uns kennenzulernen—auf unserer Insel—» sagte sie, nahm seine Hand und legte sie auf ihre Schulter, als sollte sie da schlafen. Erst jetzt schien das, was sie lang vorher gesagt hatte, bei Basil anzukommen.

«Du hast also in Salzburg gesungen», sagte er nämlich. «Du bist aufgetreten—bald wirst du berühmt sein.»

«Das dauert noch ein Weile», erwiderte sie gutmütig. «Aber berühmt sein werde ich eines Tages, das verspreche ich dir. Das alles muß doch einen Sinn haben, denke ich mir.»

«Das sagt unser Gefängnisprediger auch immer», erwiderte Basil. Es klang scheinheilig, und Doris erfaßte erst nach einer Sekunde, daß es barer Hohn war. Mit einem Aufzucken erkannte sie den alten Basil in diesem Hohn wieder. Sie streichelte seine Hand auf ihrer Schulter. Er hatte reinliche, kurze und abgestoßene Nägel. Die Haut war rauh, und zwei Kratzstriemen liefen über den Handrücken.

«Hast du nun die Erlaubnis bekommen, zu modellieren?»
fragte sie, denn dies war einer der ständigen Wünsche in Basils
seltenen, abgezirkelten, für die Gefängnisleitung mitbestimm-
ten Briefen.

«Noch nicht. Aber wenn in den nächsten drei Monaten nichts
vorfällt—ich meine, wenn ich mich führe, wie bisher—dann
wird es werden», sagte er etwas lebhafter.

«Weißt du, wer nach dir gefragt hat und dich grüßen läßt?»
fragte Doris. «Juddy. Juddy Bryant—La Marquise de la Bru-
nière heißt sie jetzt. Sie kam in Salzburg zu mir, wie sie meinen
Namen in der Zeitung las—sie erwartet große Dinge von dir,
sobald du herauskommst.»

Basil antwortete mit einem groben Fluch. Doris erschrak und
wollte gutmachen. «Sie ist eine dumme Ziege», sagte sie rasch.
«Aber der alte Bryant ist anständig. Er war auch in Salzburg—
er erinnert mich immer an meinen Vater—»

Basil war schon wieder in Geistesabwesenheit verfallen.
«Siehst du Cowen bald?» fragte er etwas später.

«Ja, natürlich. Warum?» fragte Doris.

«Sage ihm, er soll sich mit Colton in Verbindung setzen,
sage ihm das. Kannst du den Namen behalten? C-O-L-T-O-N—
er soll mit ihm sprechen—es ist wichtig—»

Der Beamte hinter seinem Buch kam zu Leben. «Sie sollen
das nicht, Nemiroff, das wissen Sie ganz genau—» sagte er
klagend. Basil verstummte sogleich. Die Stunde vertröpfelte
langsam in nebensächlichem Gerede. Als Doris ging, dämmerte
es schon.

Sie wanderte zu Fuß zurück zur Stadt. Den Nachmittagszug
hatte sie doch schon versäumt. Sie kannte den Weg nun
schon, die Felder, die Bäume, eine Tankstelle kurz vor der
Brücke und dann die kleine Stadt. Im Hotel hatte man schon
erraten, daß sie Besuche im Gefängnis machte. Im Drugstore
begrüßte man sie wie einen täglichen Kunden.

Doris verbrachte den Abend im Kino, weinte ein wenig über

Lillian Gish und war dankbar dafür. Es löste ein wenig die Spannung in ihr. Sie drückte sich an den Geschäftsreisenden in der Halle entlang und ging direkt in ihr Zimmer. Die Besuche bei Basil ließen sie immer in einer tödlichen Müdigkeit zurück.

Als sie sich auszog, fiel ein Zettel aus ihrer Bluse, den sie mit ungeheurem Erstaunen betrachtete. Es war ein Stück Papier zu der Dünne einer Haarnadel zusammengedreht und auf ganz besondere Art gefaltet. Sie versuchte es zu glätten und im Schein der Nachttischlampe zu lesen. Sie lachte leise bei dem Gedanken, daß Basil, der einen so abgestorbenen Eindruck machte, Unternehmungsgeist genug besaß, solche geheime Botschaften in die Freiheit hinauszupraktizieren.

Sie las: «Colton hat großen Einfluß. Im Gefängnis haben sie Angst vor ihm, wenn er nach Washington geht, wird er alles aufdecken. Sie schlagen viel und stecken uns in Dunkelhaft, wenn wir nur mucken. Colton kann mich freikriegen, wenn er will. Er gibt den ‚Morning Star' heraus und ist ein alter Kamerad. Er hilft uns allen, wo er kann. Adresse Philipp Colton, Nashford, Gardenstreet. Das Essen ist fürchterlich, Cowen soll Bewilligung zu kriegen versuchen, daß ich mir etwas dazu kaufen darf. Sprich gleich mit Cowen.»

Doris drehte den Zettel herum und glättete ihn wieder. Sie suchte nach einem Wort für sich selbst, aber da war keines. Es machte sie wieder lachen. Zum erstenmal hatte sie von Basil etwas in der Hand, das sein wirkliches Leben betraf, seine Sträflingsängste, seine Zuchthaussorgen, seine Hoffnungen. Sie schlagen—ob sie ihn je geschlagen haben? dachte sie.

Sie ging direkt vom Bahnhof zu Rechtsanwalt Cowen, aber sie konnte kaum mit ihm sprechen. Er war in Aufruhr. Ganz New York war in Aufruhr, in einer Erregung und einem Zusammenbruch, dessen Gründe Doris nur langsam begriff.

Ein katastrophaler Sturz der Börse war eingetreten. Während Doris in Baxterville still zwischen Zuchthaus und Hotel hin

186

und herwandelte, war in New York der größte Geldkrach des Jahrhunderts eingetreten. Zusammengefallen war der Schein eines übermäßigen und überleichten Geldverdienens. Die Hysterie des Gewinnens hatte sich in die grausame Hysterie des Verlierens verwandelt. In den Toiletten der Speakeasies erschossen sich Männer, die Hunderttausende besessen und verloren hatten. Jeder war mit hineingerissen. Die Reichen am stärksten, die Spekulanten, aber auch die kleine Mittelklasse, die ihre armseligen Ersparnisse auf die Börse getragen hatte. Die den Banken vertraut hatten, sahen, daß sie mit einemmal nichts besaßen als wertlose Papiere. Und die gar nichts besaßen, die kleinen Handwerker, Geschäftsleute, Bediensteten, die traf es auch, weil ihre Brotgeber aufhörten zu zahlen.

Cowen hatte seine sechshundert Dollar verloren; der Rechtsanwalt Vanderfelt, zu dem Doris ging, um ihr Monatsgeld zu beheben, war erst nach Stunden zu sprechen. Er war vollkommen aus dem Leim gegangen. Er teilte Doris erst mündlich und zwei Tage später auch noch schriftlich mit, daß vorläufig und wahrscheinlich für die Dauer kein Zuschuß mehr gezahlt werden könne. Der alte Bryant, zu dem sie laufen wollte, war auf seiner Yacht, irgendwo im Adriatischen Meer. Man stand in Verbindung mit ihm durch Radiogramme. Die Blätter nannten seinen Namen unter den Bankrotten und Ruinierten. Es wurde gemeldet, daß er seinen legalen Verpflichtungen nachzukommen imstande sein werde, wenn sich seine Gläubiger mit ihm ausgleichen würden.

Gegen Doris hatte der alte Bryant keine legalen Verpflichtungen. Sie ging zur Bank, um ihre Ersparnisse zu beheben. Sie mußte leben. Sie mußte die Rechnungen im Hotel Blanchard bezahlen, den dramatischen Unterricht bei Doktor Sardi, die tausend monatlichen Dollar für Delmonte.

In der Bank sagte man ihr mit teilnahmsvollem Lächeln, daß ihre Papiere sehr gefallen seien. Doris hatte nur dunkel gewußt, daß sie ihre Ersparnisse in Papieren angelegt hatte.

«Steigen die denn nicht wieder?» fragte sie voll Herzenseinfalt. Erneutes Lächeln der Bankmenschen. «Wenn man ein paar Jahre Zeit hat um zu warten—vielleicht», wurde geantwortet. Doris hatte keine Zeit. «Sollen wir verkaufen?» fragte die Bank. «Verkaufen Sie», sagte Doris. Sie bekam vierhundertundzweiundzwanzig Dollar ausbezahlt.

Zurück zu Schuhmacher, dachte sie stumpf. Zurück in die Sechste Avenue und eine Stellung als Kindermädchen suchen. Aber es gab gar keine Stellungen. Überall wurden Menschen entlassen, die mit ratlosen und erstaunten Gesichtern auf der Straße standen, einander erzählten, wieviel sie besessen und verspielt oder wieviel ihr voriger Brotgeber besessen und verspielt hatte.

Flüchtig erinnerte sich Doris des Abends mit Herrn Wallert. Sie hatte viel gelernt inzwischen. Sie war jetzt mehr wert als dreißig Dollar. Sie schaute in den Spiegel. Gut. Ich kann doch singen, dachte sie, aber sie glaubte es nicht ganz.

Zwischen Delmonte und dem Biest kam es ihretwegen zu einem ungeheuren Krach. Doktor Sardi sah seine Stunde der Rache gekommen. Wenn Doris kein Geld mehr hatte, wenn sie keine «Reiche Amerikanerin» mehr war, dann sollte sie sich begraben lassen. In lauten und großen Worten beschwor er Delmonte, sich nicht ausnützen, sich nicht wieder ausnützen zu lassen, und die neuen Porzellanfassaden seiner Zähne glänzten in seinem Mund. Er erinnerte an den ruchlosen Fiamarelli, der heimlich geheiratet hatte, an die rothaarige Palfy, die in die Operette abgewandert war und den Namen Delmontes durch ihre Nichtskönnerschaft in Verruf brachte. Er ging soweit, seine eigenen schmerzlichen Erfahrungen mit Doris ins Treffen zu führen—was er für sie getan hatte—und wie schlecht sie es ihm dankte. Und kurz und gut, wenn Delmonte Doris ohne Geld weiterunterrichten würde, dann lege er seine umfassende Stellung nieder. Er stellte faktisch den Sänger vor die Wahl: Miss Hart oder Doktor Sardi.

Delmonte beriet sich mit dem Agenten Mosse und dem

Priester Mattoni. Er nahm den Hund Trouble an die Leine, der nachgerade alt und etwas nierenschwach wurde, und er blieb stundenlang auf seinem Abendspaziergang aus. Die alte Lucia regte sich auf und verfluchte Doris, wegen der all dies sich zutrug. Am nächsten Morgen um zehn Uhr hatte Delmonte Generalprobe für «Aida» und er sollte längst im Bett sein. Kurz vor Mitternacht kehrte er heim und berief Doris ebenso wie Doktor Sardi in sein Zimmer. Paolo horchte vor der Türe. Er hatte die Wartestunden mit Doris verbracht und ihr unbeholfen Trost zugesprochen.

«Miss Hart», sagte der Alte, «ich habe mich entschlossen, Sie weiter zu unterrichten, wenn Sie es ermöglichen können, sich selbst zu erhalten. Sie haben Talent. Wenn ich Sie heute im Stich lasse, dann werden Sie in einem halben Jahr in einer Schmiere auftreten, Ihre Stimme wird zum Teufel gehen, und Sie werden jedem erzählen, daß Sie meine Schülerin sind. Ihre Höhe ist noch miserabel», schrie er sie an. «Sie können kein Piano singen—Ihr Mezzavoce ist erbärmlich. Ich kann Sie so nicht in die Welt laufen lassen.» Er schrie noch mehr aufgeregte Sachen und klagte sie vieler Gesangsfehler an. Das Biest saß auf einem Stuhl dabei und lachte höhnisch.

«Ich gratuliere, Miss Hart», sagte er, als Delmonte fertig war und schweißbedeckt auf das Sofa sank. «Sie haben gewonnen. Was der Meister ausdrücken wollte, ist, daß Sie ein zu großes Gesangstalent sind, als daß er Sie aufgeben wollte. Wenn wir auch Feinde sind, so werde auch ich immer stolz darauf sein, daß ich es war, der zuerst den Funken in Ihnen geweckt hat. Ich ziehe mein Gesuch um Entlassung zurück», rief er aus und trat vor den erschöpften Delmonte. «Ich gebe nach. Ich hoffe, daß Miss Hart gegen Sie dankbarer sein wird, als sie es gegen mich gewesen ist.»

Delmonte murmelte nur: «Deine Weiberwirtschaft hängt mir zum Halse heraus.» Doris war überhaupt nicht zum Reden gekommen. Sie spürte erst jetzt, daß ihr die Knie zitterten.

Im Treppenhaus blieb sie stehen, schon wieder sah sie sich in einem Spiegel. Die Schminke saß etwas verwischt in ihrem erschöpften Gesicht. Auch spürte sie mit einemmal wieder, daß sie eine Narbe in der Brust hatte. Sieh da, dachte sie, wir haben ganz darauf vergessen, daß es einmal ganz plötzlich vorbei sein kann. Sie tupfte Puder auf ihre Schläfen. Wie ich mich in Milano selbst erhalten soll, ist mir ein Rätsel, dachte sie. Er hat gesagt, ich habe Talent, dachte sie. Ich werde mit dem alten Bryant sprechen, dachte sie.

Hinter ihr tauchte auf Kreppsohlen das Biest auf, Doris sah es in dem schlecht beleuchteten Spiegel.

«Du machst mit uns allen, was du willst», sagte er klagend und völlig ohne das Pathos, das er zu Delmontes Ergötzen vorhin produziert hatte. «Du weißt, was du wert bist, wie? Ich will dir etwas sagen—wenn du nett bist, dann ließe sich sogar darüber reden, daß ich dir unentgeltlich weiter deine dramatischen Stunden gebe. Wie?»

Da Doris nicht antwortete, legte er sachte seinen Arm unter ihren Ellbogen. Neben ihm schritt sie den Korridor entlang über den zimtroten Läufer, dessen graue Unterseite voll Schäbigkeit zu Tage kam.

«Haben Sie Bühnenerfahrung?» fragte Carolus Linden.

«Ich war an der Scala—für Chor und kleine Rollen», erwiderte Doris.

«Wie lange?»

«Vier Monate. So lange Delmonte in Milano gesungen hat.»

«Delmonte hat Sie an mich empfohlen. Was für Rollen haben Sie gesungen?»

«Die Ines im Trovatore.» Doris räusperte sich und fuhr fort: «Die Giovanna in Rigoletto—»

«So. Rollen mit mehr als sechzehn Takten sind nicht in Ihrem Repertoire, wie?»

«Delmonte wollte noch nicht, daß ich Rollen singe. Ich hätte auch Rollen kriegen können. Er wollte nicht, daß ich mir die Stimme ruiniere.»

«So. Aber im Chor haben Sie sich nicht die Stimme ruiniert?»

«Nein. Da habe ich mich durchgeschwindelt.»

«Wie denn durchgeschwindelt?»

«Man kann den Mund aufreißen und so tun, als wenn man ganz laut sänge und dabei nur markieren.»

«Und ein Mann wie Toscanini bemerkt so etwas gar nicht?»

«Toscanini bemerkt alles», sagte sie ernsthaft. «Aber er hat es wohl durchrutschen lassen, Delmonte zuliebe.»

«Sie sind keine Italienerin?»

«Nein—nicht direkt.»

«Was sind Sie denn? Sie sprechen einen merkwürdigen Akzent.»

«O—ich bin so—mehr international. Ich kam viel herum.»

Das sieht man, dachte Linden. Jedes Wort, das Doris sprach war ihm unsympathisch. Sie füllte sein Hotelzimmer mit ihrem billigen Parfüm an. Sie sprach mit ihm in einer zugleich unfreundlichen und koketten Art. Sie trug ein elegantes Straßenkostüm und abgetretene Schuhe. Ihr Gesicht war groß und gerade, aber unter Schminke begraben. Ihr Haar sah gefärbt und dennoch ungepflegt aus. Eins paßte nicht zum andern. Aber in dem Empfehlungsbrief von Delmonte stand: Ich habe seit vierzehn Jahren keine so talentierte Sängerin unterrichtet.

«Warum haben Sie aufgehört, bei Delmonte zu studieren?» fragte er, ging zum Fenster, öffnete es und atmete heftig die Salzburger Regenluft ein, die kühl und naß vom Festungsberg herunterwehte.

«Er ist nach Amerika gefahren, und ich hatte nicht genug Geld, um mitzukommen.»

«Und jetzt wollen Sie eine Stellung, Sie wollen Rollen singen. Werden Sie sich wieder durchschwindeln? Bei wirklichen Rollen geht das nämlich nicht. Haben Sie keine Angst mehr um Ihre Stimme?» fragte er spöttisch.

«Nein. Man muß doch leben», sagte sie ruhig. Dies hatte gerade noch gefehlt, um Linden rasend zu machen. Er trat zwei Schritte auf sie zu und heftete seine brennenden Augen auf sie.

«Man muß leben. Ein hübscher Grund. Warum werden Sie nicht Stenotypistin, wenn Sie leben müssen?» schrie er sie an. Doris zuckte nur mit den Schultern, es sah hochmütig aus. «Das ist eine lange Geschichte und geht niemanden etwas an», sagte sie still. Linden schaute sie genauer an und verstummte ebenso plötzlich wie er losgegangen war. Er trat zu dem häßlichen und verstimmten, gemieteten Klavier, das er in eine Ecke des Hotelzimmers gezwängt hatte und öffnete es mit einem Knall.

«Haben Sie Noten mit? Können Sie etwas vorsingen?» fragte er unfreundlich.

Sofort begann Doris, eine Rolle von Notenblättern zu entfalten. Sie stellte die Noten auf das Klavier und er beugte sich zur Seite, als sie mit dem Arm an ihm vorbei reichte und eine neue Welle von Parfüm loswehte. «Pardon», murmelte Doris. Sie war ungeheuer aufgeregt. Immer blieben ihr die Knie weg, wenn sie vorsingen sollte. Es war ein gutes Zeichen. Auch der Alte starb vor Lampenfieber, jedesmal, bis der Vorhang hochging, und auch sein Lehrer, der berühmte Benvenuto Perugi, war vor Lampenfieber gestorben. Linden blätterte in den Noten, als scheue er sich, etwas Schmutziges anzufassen.

«Also was?» fragte er.

«Das Gebet aus Tosca?» sagte sie hoffnungsvoll. Linden schüttelte sich. «Aida?» fragte sie. «Oder Othello, letzter Akt?»

Heimlich, hinter dem Rücken des Alten hatte sie Rollen studiert. In den Kulissen der Scala hatte sie gesessen, Abend für Abend belauschte sie die großen Sängerinnen, ihre kleinen Tricks, wie sie eine hohe Note ansetzten und vergleiten ließen, wo sie schneller und wo sie langsamer wurden und wie sie den Atem einteilten, so daß die musikalische Phrase unzerstückt zu Ende kam. Paolo, der gute Junge, half ihr ein wenig dabei, das war alles. Sie spürte, daß ihre Kehle trocken wurde, noch bevor sie den ersten Ton wagte. Brennend gern hätte sie in die Tasche gegriffen und ein paar von den getrockneten Pflaumen gekaut, an die sie seit den Zeiten der Salvatori einen festen Glauben behalten hatte. Aber das ging wohl nicht. Männer und insbesondere Künstler waren zu leicht desillusioniert. Dies war eine der nützlichen Erfahrungen, die sie bei Doktor Sardi gelernt hatte. Sie räusperte sich nochmals und Linden schlug ungeduldig die einleitenden Takte an. Sie klangen dünn und leer.

Doris schloß die Augen und trieb sich selbst in die Szene hinein. Das nächtliche Zimmer der Desdemona, die unbestimmte Angst, die Einsamkeit. «Son mesta tanto tanto» ... sang sie und hatte großes Mitleid mit sich selbst. Sie wußte schon, daß Othello kommen und sie in einem Kuß ermorden würde, aber es war auch, weil sie nicht nach Amerika fahren konnte, weil sie eine Narbe in der Brust und kein Geld hatte und weil der einzige Mensch, der sie etwas anging, im Gefängnis saß. Sie dachte dies nicht klar und geordnet. Es war nur immer da, es war die Substanz, aus der sich der Ausdruck ihres Singens bildete, es war wie ein schweres, schwarzes Wasser, das durch alles floß, was sie tat und sang. Als die Szene vorbei war, und sie sich von dem Hotelsofa erhob, auf das sie sich zum Entschlaffen fallen gelassen hatte, da saß Linden noch immer über das Klavier gebeugt und spielte die letzten ausklingenden Takte vor Othellos Auftritt. Übrigens spielte er viel schlechter als Doris sang, und das gab ihr eine ziemliche Portion Mut.

«Nicht schlecht», sagte er. «Für jemanden, der nur singt, weil man leben muß, gar nicht so schlecht.» Er blieb dicht vor ihr stehen, er war ein großer Mann mit einem kleinen Bauch und einem kleinen ausdrucksvollen Gesicht. Besonders die Stirne war geräumig und schön. «Wissen Sie, um was es sich bei uns handelt?» fragte er streng.

«Ungefähr. Sie wollen mit einer kleinen Operntruppe auf Tour gehen», sagte Doris etwas ermutigt.

«Mit einer Operntruppe. Ja—aber mit was für einer Operntruppe? Wissen Sie, daß wir nur Händel spielen werden? Wissen Sie», fragte er, nahm eine Hand von ihrer Schulter und bewegte den Zeigefinger vor ihrem Gesicht hin und her wie ein Lehrer, der um höchste Aufmerksamkeit heischt— «—wissen Sie, daß Händel über dreißig Opern geschrieben hat, die niemand kennt. Ein Schatz—ein ungeheurer, ungehobener Schatz.»

Er betrachtete sie nachdenklich und mißtrauisch. «Sie verstehen, daß wir eine Arbeitsgemeinschaft sein wollen. Begeisterte und begabte junge Menschen, die ihr Leben an die Sache hängen.» Jetzt war es an Doris, mißtrauisch zu werden. «Aber es wird doch bezahlt?» fragte sie. Linden fuhr sich verzweifelt über die Stirn, als hätte er eine Anhäufung von falschen Tönen gehört. «Ja, bezahlt wird. Nicht sehr viel, keine Gagen wie an der Scala oder in Amerika. Aber bezahlt wird. Nur mache ich mir nichts aus Mitgliedern, die es der Bezahlung wegen tun. Ich verlange volle Hingabe, an mich, an die Sache, an das Neue, das ich aufbauen will.» Doris zog ihre Handschuhe an. Sie war arm, sie hatte den Silberfuchs verkauft und den Wintermantel versetzt, aber sie trug Handschuhe. «Wie ist es nun?» fragte sie. Linden fuhr auf, als hätte sie ihn aus einer Inspiration gerissen. «Wie?» fragte er. «Ich kann mich noch nicht entscheiden. Ich werde Ihnen schreiben.»

Auf dem Hotelkorridor vor Lindens Zimmer stand eine Bank, mit braunem Samt überzogen, auf der saßen die andern Kandidaten. Eine Blondine wanderte in Lindens Zimmer. Auch Terp war da, hager und skeptisch. «Na, wie war's?» fragte er. Doris hob den Finger zu ihrer Stirn mit einer bezeichnenden Gebärde. «Ja, das habe ich auch schon gehört», sagte Terp verbittert. Sie waren wie zwei Vögel, die der große Schwarm verloren hatte und die, zu schwach um mitzufliegen, auf einer unwegsamen Insel Zuflucht suchten. «Händel—» sagte Doris. «Hast du je gehört, daß Händel Opern geschrieben hat?»

«Es wird so ein Schwindel sein, wie der Mann, der nach

Südamerika gehen und Richard Strauß spielen wollte», sagte Terp in Erinnerung an die letzte Enttäuschung. Doris nickte geistesabwesend.

Sie wohnte auf der anderen Seite des Berges und war die Miete für ihr Dachzimmer schuldig. Sie hatte es aufgegeben, zur Nacht zu essen. Sie hatte nicht die geringste Ahnung, wie es weitergehen sollte.

Trotzdem ging es weiter. Sie wurde ein zweites Mal zu Linden ins Hotel bestellt, diesmal war es kein Massenvorsingen, und er wartete ihr mit Kaffee auf, den er unter großen Zeremonien selber braute. Doris vertrug Kaffee schlecht, aber sie erfaßte, daß Linden auf seinen Kaffee stolz war, sie trank und lobte, und nachher spürte sie ihr Herz in harten Schlägen gehen. Linden war eitel, dies vor allem. Sein Kaffee, sein Klavierspiel, sein Idealismus, sein Händel. Er wollte keine bekannten Opern, er wollte entdecken. Er wollte keine bewährten Sänger, er wollte Anfänger, die ihn anbeteten. Doris war keineswegs erschreckt, als sie erkannte, daß der Weg zu dieser Anstellung über eine persönliche Beziehung zu Carolus Linden gemacht werden mußte. Im Gegenteil. Es war einfach, und sie tat das Ihre.

Sie hatte nun schon ein paar Erfahrungen mit Männern. Es stimmte nicht, was in den Theaterschulen und Konservatorien und selbst an erstklassigen Bühnen wie an der Scala immer erzählt wurde: Daß man nur mit den einflußreichen Männern schlafen mußte, um etwas zu erreichen. Nein, so leicht war es bei Gott nicht. Was die einflußreichen Männer verlangten und erwarteten, war mehr, als daß man ihnen diesen kleinen Gefallen tat. Sie wollten, daß man sie liebte. Sie brauchten Bewunderung, Bestätigung, Anbetung, Unterwerfung. Der Akt war nur ein Symbol für all dies. Die einflußreichen Männer waren nicht so einfach wie Herr Wallert. Aber auch Herr Wallert mit seinen dreißig Dollar hatte nach der Anerkennung geheischt, daß er ein wunderbarer und auserlesener Liebhaber sei.

195

Bei dem Biest hatte Doris eine reichliche und nicht geschmacklose Routine der Hingabe erlernt. Sie spielte die Geliebte mit den kleinen Worten und Gebärden, die dazu gehörten, so wie sie jede andere Rolle gespielt hätte, die sie erwischen konnte. Linden verführte sie nicht, sondern sie mußte sich die Arbeit machen, ihn zu verführen. «Du bist eine Persönlichkeit», sagte er nachher anerkennend zu ihr. Er akzeptierte ihr Parfüm, ihr gefärbtes Haar, ihren trockenen Jargon des Theaters und des Ehrgeizes. Da sie ihn liebte, so schloß er, mußte sie wertvoll sein. «An dir ist viel mehr daran, als ich zuerst dachte», sagte er. Immerhin verstimmte es ihn, als sie um Vorschuß bat. Aber zu dieser Zeit brauchte er sie schon, er konnte sie nicht mehr entbehren. «Ich brauche ein gewisses Fluidum auf den Proben», nannte er es. «Ich muß spüren, daß Wellen zwischen mir und meinen Sängern hin und hergehen.» Es waren seine Sänger, so wie es sein Händel war.

Die Salzburger Festspielsaison war vorbei. Die internationalen Gäste hatten sich verzogen, die fernen Bergkuppen zeigten schon Neuschnee, und nur mehr die eingeborenen Spießbürger lebten in den schönen Rokokogassen der Stadt. In einer Bierhalle, die nach leeren Fässern roch, wurde probiert: Cäsar und Kleopatra von Händel. Linden hatte neue Ideen, fort vom alten Opernstil. Er tobte auf der Bühne herum, streckte die Arme hoch, schritt, fiel, und sein kleiner Bauch schwankte dazu vor ihm her. Als es gar nichts nutzte, entschloß er sich, einen Assistenten zu berufen. Der Assistent erschien, er hieß sonderbarerweise Axel Azur und war ein Schüler der Mary Wigman. Er kam auf die Probe in einem schwarzen hochgeschlossenen Hemd und einer schwarzen Leinenhose, die um die Hüften unglaublich eng saß und um seine nackten Füße weit und schwingend flatterte wie ein Rock. Spannen—Entspannen—Spannen—Entspannen beschwor er die erstaunte Truppe. Er veranlaßte sie, Strümpfe und Schuhe auszuziehen. Da gab es den ersten wirklich schlimmen Krach. Der Bariton Bassewitz weigerte sich, er weigerte sich, seine Füße zu entblößen, er weigerte sich, Lungenentzündung und den Tod zu akquirieren, indem er auf dem kalten Fußboden des Biersaales barfuß herumlief. Er war ein alter Mann, ein Mann von Fünfzig, wenn er es auch nicht zugab. Schweißüberströmt lag er auf dem Fußboden und sollte die Beine über seinen Kopf rollen. Das konnte er nicht. Er gab auf, wurde entlassen. Die Proben gingen weiter.

Linden war der Direktor, der Dirigent, der Regisseur der Truppe. Er finanzierte das Unternehmen und er schrieb nachts die Gesangsstimmen aus. Eigentlich war er ein rührender Mensch, dieser Carolus Linden. Doris konnte ihn manchmal gut leiden; spät nachts besuchte sie ihn und fand ihn fast eingeschlafen über frischgeschriebenen Notenblättern. Sie kleidete ihn aus wie ein Kind und brachte ihn zu Bett. Er küßte sie dankbar, murmelte noch ein paar große Worte über Händel und schickte sie nach Hause. Er war der Ansicht, daß Erotik zu viel von der Spannung raube, die der künstlerischen Leistung vorbehalten bleiben solle. Ihre Beziehung war sporadisch. Er brauchte nur das Bewußtsein, daß Doris sein Besitz war. Sie wartete an seinem Bett, bis er eingeschlafen war. Sein kleiner Bauch wölbte die Bettdecke im Takt seines Atems. Sie löschte das Licht und ging zu Fuß nach Haus. Die Luft schmeckte nach Bergen und Schnee, obwohl es erst November war. Außer ein paar betrunkenen Studenten war niemand auf den Straßen. Auf der Brücke über die Salzach blieb sie stehen und schaute auf das Wasser, das in der schwarzen Dunkelheit weiß aussah. Es war wunderlich, wie ihr Leben sie herum warf, immer in fremde Orte, immer an fremde Ufer. Sie war zu müde, um nachzudenken. Sie war nicht glücklich, nicht unglücklich. Sie hatte das Gefühl, daß sie ihren Weg machen würde, Schritt bei Schritt. Und jeder Schritt bedeutete einen Mann, der angelogen sein wollte.

Im Dezember war das kleine desparate Häuflein so weit, daß Linden an eine Aufführung denken konnte. Auch ein neuer

Bariton hatte sich eingefunden, ein hübscher Junge mit einem schwarzen Haarschopf über der niedrigen Stirn und zu wenig Tiefe in der Stimme. Er war ein Russe, ein emigrierter Fürst, wie er Doris anvertraute, er hieß Alexander Kischmirioff. Doris liebte seine Stimme, sie wußte zuerst nicht warum. Erst nach der Premiere fiel es ihr ein, daß er ähnlich sprach wie Basil.

Sie gaben die Oper zuerst auf der improvisierten Bühne des Bierlokales in Salzburg. Linden hatte die Dekorationen und Kostüme entworfen. Sie zeigten dieselbe Mischung von Genie und Dilettantismus wie alles, was er anfaßte. Die Sänger waren nicht gerade barfuß, aber sie trugen Sandalen, bei denen vorn die Zehen herauskamen. Kischmirioff hatte die Gewohnheit, die große Zehe im Takt auf und ab zu bewegen, während er sang. Niemand hatte es bemerkt, bis bei der Aufführung die zuerst verdutzten und dann empörten Besucher des Biergartens zu lachen anfingen. Es war eigentlich Kischmirioffs große Zehe, die den Durchfall besiegelte.

Doris war unglücklich, aber unter der Niedergeschlagenheit war auch eine sonderbare und rieselnde Freude. Sie konnte singen. Draußen stehen auf der Bühne, das Gesicht dem Scheinwerfer entgegen gewendet, das blaue Licht auf den Wangen fühlen und singen—das war es. Sie liebte den Scheinwerfer, der das Mondlicht lieferte, mehr als den wirklichen Mond. Sie spürte die Liebe auf der Bühne stärker als die in der Wirklichkeit. Sie spürte sich selber eigentlich nur, während sie sang und mochte es nur in einem Biersaal sein, wo dumme Spießer sie auslachten. «Während meiner Arie waren sie still», sagte sie zu Linden. «Während meiner Arie haben sie nicht gemuckst.» Widerwillig gab er es zu.

In Zürich fiel die Oper gleichfalls durch. Dies war der Abend, an dem Doris den zitternden und dabei tapfer ulkenden Alexander bei sich behielt.

«Geht ihr ins Hotel und versucht zu schlafen», sagte Linden nach der Vorstellung. Er war so atemlos, als ob er alle Rollen allein gesungen hätte. «Morgen werden wir sehen, ob es weiter geht.» Er haute sich den Hut auf den Kopf, riß sich den Mantel um die Schultern und stürzte davon.

«Aus», sagte Terp. «Basta. Du wirst sehen, er brennt durch. Morgen werden wir dasitzen und nicht wissen, wie wir aus dem Hotel kommen. Die Elektriker werden uns durchprügeln, weil sie nicht bezahlt worden sind.»

«Ich habe noch einen Ring», sagte Alexander. «Den kann ich versetzen und mir ein Bahnbillet kaufen.»

«Bahnbillet—wohin?» fragte Terp.

«Wenn man ganz pleite ist, muß man immer nach Paris», sagte Alexander diktatorisch. Terp murrte nur. Alexander preßte heimlich Doris Hand. Ihre Hand zitterte noch von der Erregung des Singens und seine auch. Sie hatte während der Vorstellung ein flüchtiges aber heftiges Mitleid mit ihm empfunden, als er in seinem Panzer aus Pappe sie auf den Thron führte. Seine Hand, so naß und zitternd, Cäsars Hand.

«Du fährst mit mir. Der Ring reicht für zwei Billette», flüsterte er, als sie ein wenig zurück blieben. Doris dachte, daß sie ihm das nie vergessen würde. Sie vergaß es nach einer Woche. Aber die Nacht war nicht so trostlos, wie sie gedacht hatten. Sie kauften gebratene Kastanien von einem späten Straßenverkäufer und nahmen sie mit ins Zimmer. Später gab Alexander eine Parodie von Linden zum Besten, und noch später lagen sie friedlich und gelöst im Dunkeln, Seite an Seite, und machten abwechselnd einen Zug an ihrer letzten Zigarette. «Vollkommene Entspannung—» sagte Alexander im Azurton, und dann schlief er ein.

Am nächsten Tag standen erstaunliche Kritiken in der Zeitung, und gegen Mittag erschien auch Linden und zeigte mit erregter Stimme an, daß sie am Abend die Vorstellung wiederholen würden. Sie hatten Erfolg. Nach drei Tagen sprach Zürich von ihnen. Linden ging herum, dampfend vor Glück. «Mein Erfolg», sagte er, «—mein Händel—meine Sänger—meine

Auffassung—» Sie übersiedelten für drei glorreiche Abende ins Stadttheater und wurden berühmt. «Meine Reform der Oper—» sagte Linden in einem Vortrag, zu dem ihn der Kulturverein einlud. Er sprach ein geläufiges Französisch, das wie Deutsch klang. Er gab einen Presse-Tee im Hotel, bei dem er Doris in den Mittelpunkt neben sich stellte, als einen Stern zweiter Güte. «Meine Entdeckung—» sagte er. Es stimmte sogar.

Sie gingen nach Genf, sie spielten im Schatten der Universität, sie spielten in Bern in dem kleinen Theater, das am Rande eines Tales steht. Sie gingen über die Grenze und spielten in Freiburg.

Zum erstenmal war Doris wieder in Deutschland, aber es kam ihr fremd vor. Sogar die Sprache machte ihr einige Mühe.

Als sie drei Tage nichts zu tun hatte, in einer Pause zwischen zwei Städten, bat sie Linden um Urlaub. «Wozu brauchst du Urlaub?» fragte er erstaunt. «Ich möchte nach Hause; ich meine—wo ich her bin—nach Bingsheim», erklärte sie ihm. Er schien unangenehm berührt. «Ich dachte, du bist Amerikanerin», sagte er unzufrieden. Als sie in der Bahn saß, lachte sie leise über ihn. Sie phantasierte sich einen Mann in die Dämmerung, der mit ihr in ihre Heimatstadt gefahren wäre, einen, der ihre Hand hielt, während das winterliche Land draußen sich für den Abend zurecht streckte und unter seine Nebeldecke kroch.

Im letzten Schein des Tages kam sie in Bingsheim an; der Himmel hatte einen kalten Schein wie Zinn und auf dem Teich lag Eis. Sie fand nach einigem Suchen das Doktorhaus. Straße und Haus sahen aus wie Dinge, die sie nur geträumt hatte. Alles war winzig, noch viel kleiner, als sie es sich vorgestellt hatte. Sie lehnte die Arme auf den weißen Holzzaun und schaute in den Garten. Im Haus wurde jetzt eine Lampe angezündet, ein warmes gelbes Licht unter einem roten Schirm. Darunter stand der Tisch und eine Familie setzte sich zum Essen. Es war eine gute Gelegenheit, sentimental zu werden, aber sie wurde nicht sentimental. Sie schaute auf die Stille und den Frieden, auf das Unbewegte und Abgeschlossene da drinnen, und sie verzog den Mund. Danke, das ist nichts für mich, dachte sie. Sie nahm den nächsten Zug und rumpelte zurück nach Mainz, wo die Truppe zu jener Zeit gastierte.

Seit einiger Zeit wurde sie mit dem Namen Dorina Rossi auf dem Programm geführt. Linden liebte es, das Kosmopolitische seiner Truppe zu betonen und zu übertreiben. Sie zogen in die Hotels ein und machten sich in den Eisenbahnen breit mit ihrem Durcheinander von Deutsch, Russisch, Französisch, Italienisch und dem ganz unverständlichen Dänisch, das Axel Azur redete. Man verblüffte die Bürger der Mittelstädte und blendete sie mit so viel Weltläufigkeit. Und so, da es in Deutschland nichts Besondres war, deutsch zu sein, verwandelte Linden Doris in eine Italienerin, eine Schülerin des berühmten Delmonte, in Dorina Rossi. Sie hatte sich daran gewöhnt, die Männer einzuschätzen nach dem, was sie von ihnen erhielt. Rote Haare, etwas Selbstbewußtsein, und einen gesunden Schuß von Niederträchtigkeit von Sardi. Ihren Stil, ihren ersten Erfolg und ihren Namen von Linden.

Im Frühjahr erhielt Linden einen Antrag als Intendant eines Theaters in einer norddeutschen Stadt, die mit ihrer halben Million Einwohnern ein gutes Opernhaus erhielt. Er zeigte eine Anständigkeit, die manche Mitglieder der Truppe nicht von ihm erwartet hatten. Er nahm die meisten von ihnen mit an sein Theater. Er kündigte die Verträge der alten Sänger, er entließ die Primadonna und setzte Dorina Rossi an ihre Stelle. Sie nahm sich eine kleine Wohnung und ein Dienstmädchen. Es machte ihr zunächst großen Spaß und später enorme Mühe, mit diesem Dienstmädchen nicht deutsch zu sprechen. Aber Linden befahl ihr mit Strenge, als Italienerin aufzutreten, denn nur als solche hatte sie ihren Vertrag erhalten. Er selber betonte im Gegensatz dazu sein Deutschtum, wo immer er konnte. Es war eine heftig und unbiegsam national gesinnte Stadt, in die sie kamen, und er hatte mit einem national gesinnten Bürgermeister und dessen Magistrat zu tun. In dieser Stadt war es immer windig, und der Wind kam immer eisig aus Nordost, wo in einigen Hundert Meilen Entfernung die See lag. Doris spürte wieder den schweren drückenden Schmerz in ihrer Lunge und die Angst und das Gefühl der verrinnenden, wegtickenden Minuten. Sie erinnerte sich der harten trockenen Kälte von New York und der Silberluft in Milano. Sie hatte eine Art Heimweh nach beiden. Nirgends noch war sie so in der Fremde gewesen wie in Deutschland.

Während sie mit ihrer Lunge und ihrer Kehle und ihrem Herzen kämpfte, während sie versuchte, ihr Dienstmädchen nicht merken zu lassen, daß sie eine Deutsche war und während sie ihrem Kollegen Alexander Kischmirioff auswich, damit keine zweite Dummheit mit ihm passieren möge, während dieser Wochen fuhr Linden fort, die Oper zu reformieren. Er pensionierte, entließ die Alten, berief Neue, änderte alles und jedes. Doris fühlte, wie sich eine Phalanx von Gekränkten und Feinden hinter ihm aufbaute, und sie hatte ihn gern für sein unsinniges Amoklaufen.

Sie eröffneten mit Händels «Cäsar und Kleopatra». Sie hatten einen großen und unerwarteten Erfolg. Doris stand nachher ein bißchen bewußtlos auf der abgeräumten Bühne und nahm Gratulationen entgegen. Sie hatte über eine Erkältung hinweggesungen mit der Technik, die sie Delmonte verdankte. Linden wußte wohl nicht, welche Anspannung es sie gekostet hatte, diesen Sieg für ihn durchzusetzen. «Wir sind so ziemlich quitt», dachte sie, während sie sich zu ihrer Garderobe schleppte. Sie sperrte die Türe ab, ließ nicht einmal die Garderobiere hinein, und begann mechanisch, sich abzuschminken.

... Es war nicht nur die Anspannung der Vorstellung. Es war die Post aus Amerika, die am gleichen Tag angekommen war.

Ein Brief der Salvatori, die jammerte, sie habe Wasser ins Knie bekommen, sie brauche den Doktor, ob Doris nun, da sie einen Vertrag habe, anfangen könne, die Schulden für ihren seinerzeitigen Unterricht abzuzahlen.

Rechtsanwalt Cowen: Es ginge Basil recht gut und er habe sich lange Zeit glänzend geführt. Leider schien er kürzlich die Nerven verloren zu haben, er war in eine kleine Gefängnisrevolte verwickelt gewesen, habe einen Aufseher tätlich angegriffen und seien ihm nun für einige Zeit alle seine kleinen Vorrechte entzogen. Auch würde das natürlich unglücklicherweise seine Freilassung auf Parole etwas hinausschieben. Eine Rechnung über Spesen, die auf 89 Dollar angelaufen war, lag bei und Cowen bat um Begleichung.

Ein Brief von Basil, anscheinend noch vor der Revolte geschrieben. Liebe Doris, mir geht es gut, ich hoffe dir auch. Hier hat es viel geregnet und wir konnten deshalb nicht spazieren geführt werden. Ich entbehre die Bewegung, aber gegen das Wetter läßt sich nichts machen. Ich habe aus unserer Bibliothek ein Buch gelesen, das mir gut gefiel, es heißt «Das Haus auf dem Berge» und erinnert mich an Vorkommnisse aus meinem eigenen Leben. Ich denke sehr viel an dich. Ich hoffe, daß ich bald die Bewilligung erhalte, dein Bild aufzustellen, es wäre eine große Freude für mich. Ich zeichne auch ziemlich viel, meistens Eisenbahnen, das beruhigt die Nerven. Wann werde ich dich wiedersehen? Es umarmt dich dein Basil.

Doris, halb abgeschminkt, verfiel in Brüten über einen Basil, der Eisenbahnen zeichnete. Es klang so verzweifelt. Und nun hatte er die Nerven verloren und durfte lange Zeit nicht einmal mehr Eisenbahnen zeichnen. Sie legte seinen Brief vorsichtig zwischen die Schminkstangen auf ihrem Tisch und starrte geistesabwesend noch eine Weile darauf nieder. Zwei grelle elektrische Birnen, die in Drahtschlingen zu Seiten des Spiegels hingen, warfen ihr weißes Licht auf die kleinen Buchstaben. Der letzte Brief, der einzige freundliche aus Amerika, kam vom alten Bryant. Ein paar Grüße, eine Anfrage, wie es ihr ginge, er habe irgendwo über ihre Erfolge gelesen und freue sich. Nett, dachte Doris. Es war nett, daß ihr jemand schrieb, den sie nichts anging und der nichts von ihr wollte. Sie trug dem alten Bryant nicht nach, daß er sie plötzlich wieder in die Armut hatte fallen lassen. Wahrscheinlich hatte er selbst es nicht leicht. Sie schaute das Briefpapier an. Es trug den Stempel eines kleinen Hotels in St. Louis. Sie stopfte alle Briefe zusammen in ihre Handtasche und fuhr dann aufmerksam mit der Arbeit des Abschminkens fort.

Doris arbeitete in den nächsten Monaten wie noch nie in ihrem Leben. Da sie als italienische Primadonna eingeführt worden war, nahm man es als selbstverständlich an, daß sie das Repertoire der italienischen Opern beherrschte. Linden erwirkte ihr einen gewissen Aufschub, er behauptete, sie müsse die Partien erst in deutscher Sprache studieren, da alle Opern deutsch gesungen wurden. Und sie studierte. Sie litt Todesangst, als sie zum erstenmal die Santuzza sang. Sie hatte Erfolg.

«Waren Sie zufrieden?» fragte sie flüsternd den alten grauhaarigen Kapellmeister Hahn, als sie an seiner Hand vor den Vorhang trat, um sich zu verbeugen.

«Ja. Sie haben nur einen Fehler gemacht», flüsterte er zurück.

«Was?» fragte Doris.

«Sie haben zu gut deutsch gesungen», flüsterte er und ließ sie voran gehen durch den Vorhang. Doris' Lächeln wurde starr und gefror. Sie hatte Angst, mitten im Erfolg und den Hervorrufen.

Im Februar kam es zur Katastrophe. Die Phalanx der Feinde hatte gearbeitet. Man fand heraus, daß Linden nicht Linden hieß, sondern Levy. Die Stadt heulte auf in einem Schrei von Antisemitismus und gekränktem Deutschtum. Linden protestierte in einem offenen Brief an die Zeitungen. Er hieße Linden, habe immer so geheißen, er sei als Christ geboren und erzogen. Man forschte nach, man verlangte Einblick in seine Familienpapiere. Es zeigte sich, daß er von einer jüdischen Familie abstammte, die ihren Namen und Glauben gewechselt hatte. Die Zeitungen nannten ihn weiterhin mit Konsequenz Herr Levy.

Zu jener Zeit konnte man in Deutschland noch Levy heißen, man durfte Jude sein. Der dritte Kapellmeister, ein witziger und skeptischer junger Mann, war Jude. Aber man durfte nicht Jude sein und sich als Volldeutschen ausgeben. Noch schlimmer stand der Fall von Doris. Die Blätter sprachen in deutlichen Worten von ihrer Beziehung zu Linden und daß sie dieser Beziehung ihre Anstellung verdanke. Sie aber war eine Deutsche und verleugnete es, und das war noch zehnmal schlimmer als wenn einer den makelhaften Namen Levy zu vertuschen und zu verbergen suchte. Doris wußte nicht, ob sie sich schämen sollte. Sie war oft heimwehkrank gewesen nach Deutschland in ihrer entwurzelten Existenz. Aber inzwischen hatte Deutschland sich auf eine seltsame und nicht faßbare Weise verändert, die Luft war anders geworden. Wie vor der rotbeschirmten Lampe in ihrem Elternhaus, so sagte sie vor diesem Sturm von empörtem Nationalgefühl: Danke—das ist nichts für mich.

Linden wurde aufgefordert, sie zu entlassen. Er erbat sich Bedenkzeit. «Du mußt dein Bestes geben, dein Allerbestes», forderte er verzweifelt. Mit zitternden Knien und trockener Kehle sang Doris die Carmen. Eine Woge von Kälte und Widerstand schlug aus dem dunklen Parkett zu ihr herauf. Vor dem verrückten roten, schwarzen und gelben Hintergrund bewegte sie sich wie in einem luftleeren Raum. Mit einemmal wußte das Publikum, was diese Sorte Dekoration und diese Sorte Darstellung war: es war jüdisch. Es war artfremd. Das Wort war neu in das Vokabular der Zeitungen aufgenommen worden und gefiel dem Publikum. Das erste Zischen war eine Erleichterung, dann ging der Skandal los.

Das Parkett verwandelte sich in ein brüllendes, pfeifendes, lachendes und schimpfendes Gewoge. Hände und Gesichter lagen wie grauer, bewegter Gischt auf dem schwarzen Chaos, das sich Doris von der Bühne aus darbot. Sie schaute auf den alten Kapellmeister Hahn hinunter, der mit taubstummem Gesicht und einem versteckten Lächeln weiterdirigierte, als sei alles in Ordnung. Auch das Orchester spielte noch, obwohl einige Musiker aufgehört hatten, auf ihre Stühle gestiegen waren und in den Zuschauerraum schauten.

In der Intendantenloge bewegte sich der Vorhang, dann war die Loge leer. Linden hatte die Flucht ergriffen. Aber Doris sang weiter. Dabei dachte sie nicht an ihr Singen, sondern eine Menge heroischer Erinnerungen zogen durch ihr Bewußtsein. Der Kapitän verläßt das Schiff nicht. Feuerwehrmänner holen Kinder aus brennendem Haus. Dreizehnjähriger Junge rettet seinen Freund vom Ertrinken. Sie sang, und man konnte sie nicht hören in dem Toben, sie sang, und sie spürte wie ihr Herz kalt wurde. Als sie mit dem Singen fertig war, schaute sie in das tobsüchtige Parkett. Sie ging an die Rampe und hob die Hand flach vor ihr Gesicht, wie alle Bühnenmenschen es tun, wenn sie über die grellen Rampenlichter fort den Zuschauerraum sehen wollen. «Schweine», sagte sie laut und ging langsam ab. Sie hatte das Gefühl, daß sie gestorben, explodiert, in Stücke gerissen wäre, wenn sie es nicht gesagt hätte.

An diesem Abend blieb Linden unsichtbar. Zu Hause fand sie einen Zettel ihres Dienstmädchens: «Muß plötzlich zu meiner Mutter fahren. Nachtessen steht im Bratofen.» Doris konnte nichts essen. Ich müßte eigentlich meine Koffer packen, dachte sie. Der Nordostwind stieß in regelmäßigen Intervallen gegen die Fenster, und es war kalt, kein Feuer im Ofen. Ich bin zu müde, um meine Koffer zu packen, dachte sie. Mir passieren auch immer komische Sachen, dachte sie, und damit meinte sie das Unerwartete, das Katastrophenhafte, das vollkommen Ungesicherte ihrer Existenz. Sie nahm ein heißes Bad und schlief schon in der Badewanne ein. Sie wußte am nächsten Morgen nicht, wie sie ins Bett gekommen war, aber sie fühlte sich ausgeruht und sie packte die Koffer und aß, was sie im Bratofen fand.

Das Theater wurde von undeutschen Elementen gesäubert und die alte Garde kehrte zurück. Linden ging nach Rußland. Kischmirioff versetzte seinen Ring und nahm Doris mit nach Paris. Sie hatten nicht genug Geld, um sich Schlafwagenplätze zu leisten und saßen einander die ganze Nacht gegenüber: zwei steife, kleine, müde Marionetten, die nicht wußten, wohin sie demnächst an ihren Fäden gelenkt werden sollten . . .

Im Frühjahr verliebte Doris sich in René, und sie wurde seine Geliebte am Abend des gleichen Tages, an dem sie sich kennenlernten.

René war ein junger Mensch, um ein Jahr jünger als Doris, was ihr die Empfindung gab, daß sie weise, erfahren und abgeklärt sei wie eine Mutter. Manchmal wieder war René tausend Jahre älter als sie, und das kam von seinem französischen Blut. Es dauerte sechs Wochen, bevor sie ihn zum erstenmal ein Hemd tragen sah, aus dem sein Hals steil und kräftig und nackt heraustieg wie der Hals eines Tieres. René hatte die grünsten Augen, die bei einem menschlichen Wesen möglich waren und eine enge glatte Haube aus schwarzem Haar. Er rollte seine Zigaretten mit der rechten Hand in der Tasche und konnte pfeifen wie ein Apache. Er besaß keinen Hut, keine Pantoffel, keine Unterwäsche und keine Ersparnisse. Er schlief immer nackt, er goß am Morgen viele Krüge kalten Wassers über sich und stieg dann klatschnaß in die einzigen zwei Kleidungsstücke, die je an ihm zu sehen waren: Den grünbraunen Sweater und die hellgraue Hose, die nicht dazu paßte und eine Tendenz hatte, zu verrutschen. René hatte die Hose fertig gekauft, und keine fertig gekaufte Hose saß eng genug um seine griechischen Hüften. René war, mit einem Wort, angenehm und verrückt durch und durch. Er erinnerte Doris an Basil, obwohl die beiden gar keine Ähnlichkeit miteinander hatten. Vielleicht, daß sie wünschte, Basil, den sie liebte, möchte so sein wie René, in den sie nur verliebt war. Die Gelegenheit, zu der

René sich ein Hemd kaufte und einen Frack mietete, war die erste Aufführung von «Mademoiselle Ponpon» in Marseille. Er spielte Klavier und bugsierte die Sänger durch, er hatte die Geschichte einstudiert und vorbereitet, er hatte bearbeitet, gekürzt und dazu komponiert, bis das alte verstaubte Repertoirestück wie neu aussah. Als er nachher auf die kleine Bühne kam, um sich für den Applaus zu bedanken, da sah das erfreute Publikum, daß er hellbraune Strandsandalen zum Frack trug.

Als Doris ihm zum erstenmal vorsang, in einer Klavierhandlung in Paris, da sagte er sogleich: «Sie gefallen mir. Sie werden die ‚Mademoiselle Ponpon' singen, wir werden überall herumreisen und eine entzückende Affäre miteinander haben.»

«Ist das ganz sicher?» fragte Doris ohne Koketterie. Sie wußte schon, daß sie eine Affäre mit ihm haben würde, wenn es nur davon abhinge, ob sie einen Vertrag bekam.

«In ‚Mademoiselle Ponpon' singen nur zwei Arten von Damen», antwortete er lachend. «Solche, die mit Papa Garnaud schlafen und solche, in die ich verliebt bin.» Garnaud war der Impresario und Geldgeber des kleinen Unternehmens, und der Damenchor, aus acht singenden und tanzenden Mädchen bestehend, war sein Harem.

«Sind Sie schon einmal mit so einer Schmiere gereist?» fragte René ernsthafter. «Nein, Sie kommen von der Oper. Nun, ich sage Ihnen, daß man es nur aushalten kann, wenn man eine glückliche Affäre hat. Ich meine ja nicht, daß es sich um eine Liebe wie in Tristan und Isolde handeln soll.»

«Wir wollen kein Programm machen», schlug sie vor. Er gefiel ihr, und es war nett, daß er keine Draperien von erlogenen Redensarten um seine einfachen Wünsche arrangierte. «Können Sie tanzen?» fragte er geschäftsmäßig. «Nein? Das brauchen Sie für die Rolle. Ich werde es Ihnen beibringen, ich werde Ihnen alle Mätzchen beibringen, die wir in der Operette nötig haben.» Er begann verschmitzt zu lachen. «Sie sind reizend», sagte er, «Sie sind für die Liebe geboren. Ich brauche nur Ihre

Hände anzusehen und ich kenne Sie ganz.» Doris schaute erschreckt und mißtrauisch auf ihre Hände. Es hatte wieder einmal seit Wochen nicht für eine Maniküre gereicht. Sie zog rasch Handschuhe an. René tanzte im Zimmer herum, atemlos vor Lachen über diese unbewußte Handlung. «Auf Wiedersehen, Herzogin», sagte er, als sie ging. «Wir sehen uns bald.» Den Vertrag hatte er noch nicht unterschrieben.

Sie war durch den Agenten Fèber an René empfohlen worden. Den Agenten hatte sie durch Kischmirioff kennengelernt, als ihr das Wasser schon bis zum Hals stand. Kischmirioff hatte unversehens eine kleine, nette Radiokarriere gemacht, seine Stimme, die auf der Bühne nicht reichte, klang voll und samtig im Mikrophon. Doris, für die er es einmal durchsetzte, daß sie ein Duett mit ihm sang, versagte. Sie konnte nur auf der Bühne singen. Sie sah Kischmirioff selten, er hatte einen kleinen Citroën auf Abzahlung und war in eine Handschuhverkäuferin verliebt.

Noch am gleichen Abend pfiff René das Sehnsuchtsmotiv aus Tristan und Isolde vor Doris' Fenstern. Als sie hinaussah, lehnte er unten an einer Laterne, mit seinem nackten Hals und seiner selbstgedrehten Zigarette. «Es ist höchste Zeit für unser Souper», rief er hinauf. Doris wunderte sich, wieso dieser sichtlich verrückte Mensch Vernunft genug besessen hatte, ihre Adresse zu erfahren. Auch sagte sie sich, noch während sie den Hut aufsetzte, daß es nunmehr an ihr läge, ob sie die «Mademoiselle Ponpon» singen würde oder nicht.

Er nahm ihren Arm und zog mit ihr los, er sprach viel und schnell, und sie verstand nur die Hälfte. Aber sie hatte zum erstenmal in Paris das Gefühl, nicht ganz so fremd zu sein wie sonst. Paris ist hinter seiner Maske von Liebenswürdigkeit die grausamste Stadt gegen den Fremden. René deutete auf den Abendhimmel, der rötlich war vom Widerschein der Lichter, und tat so, als habe er ihn eigens für Doris hingehängt. Auch als die Feuerwehr unter vielem Getöse vorbeifuhr und an der nächsten Ecke Flammen aus einem Dachstuhl schlugen, behauptete er, das alles habe er so arrangiert, um ihr eine kleine Abwechslung zu verschaffen.

Sie saßen im Freien, vor einem Bistro auf der Place du Terte, das Essen war billig und man machte trotzdem Geschichten damit, und sie tranken einen leichten hellgrünen Wein. René hatte seine Hand unter dem Tisch auf Doris Schenkel gelegt, warm und leicht und nicht einmal zudringlich. An allen andern kleinen Tischen saßen auch immer zwei und zwei und waren verliebt in einer selbstverständlichen und gewichtslosen Weise. Nachher tranken sie einen unechten Pernod, vor einem Café sitzend, und das anisduftende Getränk stieg Doris senkrecht zu Kopf. Sie lachte ohne Grund, nur weil sie sich wohl und leicht fühlte nach vielen abscheulichen Wochen. René entwarf Zukunftsbilder, und auch diese trugen das gleiche Gepräge von Leichtigkeit und Freude. Doris lächelte benommen dazu. Sie hatte Lust ihre Hände auf seine Brust zu legen, auf die Stelle, wo die Brustmuskeln sich kräftig abzeichneten. Sie fuhren in einem Taxi zu seiner Wohnung. Im Wagen legte sie ihren Kopf an seine Brust, an die warme Wolle des Sweaters, unter dem sein Herz stark und zuverlässig klopfte. «Tier», sagte sie schläfrig, «nettes, grünes Tier.» Er wohnte in einem winzigen Atelier, nicht weit vom Café du Dôme. Es gab keine Treppenbeleuchtung, und als er sie die enge dunkle Treppe hinaufzog, da war sie eine unmeßbare Zeit lang wie im Traum. Es warf sie aus der Zeit und aus der Gegenwart hinaus und in ein Verschollenes, Vergangenes. Sie war auf dem Weg zu Basil, unten ging eine Tür, unten weinten die Zwillinge und oben war das Atelier, und die erste atemlose und verbissene Liebesnacht wartete auf sie.

Sie kehrte zurück, wohin sie gehörte, als René seine Tür öffnete und unter Fluchen ein Gaslicht entzündete. «Willkommen in eines armen Mannes bescheidener Hütte, Herzogin», sang er, rannte zu dem wackligen Klavier in der Ecke und schloß das Rezitativ mit zwei Akkorden ab. Schrum, Schrum. Er wurde ernsthaft und schweigsam, als er sie in die Arme nahm. Sein Kuß war tastend, prüfend, abwartend. «Nur wenn du es willst, wirklich willst», flüsterte er über ihrem Haar. Er löschte das Licht aus und schwebend glitten sie in die Nacht hinein.

Am Morgen, als Doris erwachte, stand René splitternackt an einem kleinen Spirituskocher und arbeitete am Frühstück.

«Lieben Sie hellen—oder dunklen—Kaffee, o Herzogin?» sang er und brachte ihr die Tasse ans Bett. Eine große Menge Sonne kam schon beim Fenster herein. «Glaubst du mir jetzt, daß es entzückend werden wird, mein kleiner Schatz?» fragte er, während er sie fütterte. Er hatte ihr ein Handtuch statt einer Serviette vorgebunden mit zwei riesigen Zipfeln hinter ihren Ohren. Als sie nickte, brach er in eine Arie aus: ‚Ich habe eine Eroberung gemacht‘, lautete der Text.

Allgemach aber, während er am Klavier saß, verwandelten sich die drolligen und parodistischen Akkorde in etwas, das neu und ernsthaft klang. Während er spielte, betrachtete Doris mit einer leichten Verliebtheit sein Gesicht. Die Stirn war hoch, mit Ecken, und der Hinterkopf lud breit aus unter dem engen, glatten, schwarzen Haar. «Was hast du da gespielt?» fragte sie, als er aufhörte und seine Finger mit Strenge betrachtete. «Mochtest du es?» fragte er. «Ja, sehr», erwiderte sie. Sie versuchte etwas Vernünftiges und Richtiges über die Musik zu sagen. «Es ist so viel Heute darin—» setzte sie schüchtern hinzu. «Ist es von dir?»

«Nein», antwortete er gleichgültig, «es ist von einem Patzer namens Blancenoir. Bis jetzt ist alles, was er schreibt, Musik aus zweiter Hand. Er hat eine Debussy-Periode gehabt, einen Milhaud-Rappel und zur Zeit leidet er an einer Strawinsky-Vergiftung. Aber ich hoffe immer noch, daß er eines Tages zu sich selber kommen wird. Madame, erheben Sie sich, bevor Ihr Gatte uns findet», setzte er ohne Übergang fort und

Doris stand seufzend auf. Während sie sich in dem kleinen Nebenraum anzog, war es ihr so, als wäre dies die Fortsetzung ihres Lebens mit Basil. Als wäre es so geworden, wenn Basil nicht geschossen hätte, wenn Basil ein wenig anders gewesen wäre und sie ihn auf eine andere Art geliebt hätte.

«Danke——» sagte sie beim Weggehen, als sie René unter der Türe küßte. «Bist du aus Wien?» fragte er.

«Nein, warum?»

«Man sagt, daß nur die Wienerinnen nachher Danke sagen.»

«Und die Französinnen?» fragte sie. Er strich ihr spielerisch über das Gesicht.

«War es hübsch, mein Freund? fragen die Französinnen», sagte er. «Und was das anbetrifft, die Franzosen auch», setzte er lächelnd hinzu. «Es war hübsch», sagte Doris dankbar. Zum erstenmal in ihrem Leben kam sie heil und ohne Kummer und Erschöpfung aus einer Liebesnacht hervor.

So fing es an, so ging es weiter. «Mademoiselle Ponpon» wurde einstudiert, und Doris mußte es besser machen als die andern. Weil sie eine Fremde war. Weil sie von der Oper kam. Weil sie mit dem Kapellmeister eine Affäre hatte. Sie probierten und hatten großen Spaß daran, denn Renés gute Laune war durch nichts umzubringen. Die zweite Sängerin, die Soubrette, sah aus wie eine pfiffige kleine Malaiin. Ihre schmalen geschlitzten Augen machten immer den Eindruck, als lache sie, sie hatte sich einen Strähn ihrer schwarzen Haare grau färben lassen und war sehr stolz auf diesen Schick. Doris' Partner, der Tenor, war ein schöner Mann mit einem kleinen Schnurrbart. Er war eitel und wurde von seiner Frau angebetet, die viel vom Theater verstand und die komische Alte spielte. Monsieur Garnaud tauchte nur sporadisch auf und inspizierte seinen zwitschernden Harem. Alle lebten von dem Vorschuß, den René von Zeit zu Zeit imstande war, aus dem Alten hervorzuzaubern. Auch hier gab es wieder einen wichtigen Alten wie bei Delmonte.

212

Übrigens war Delmonte im Februar nach Paris gekommen und Doris kämpfte schwer mit sich, ob sie hingehen und sich zeigen oder ob sie sich verkriechen solle. Bevor sie zu einer Entscheidung kam, war Delmonte wieder abgereist, unzufrieden mit den Zeitungen, wie sie sich vorstellen konnte, und erbittert auf das Publikum. Sie hätte ihn gerne singen gehört, aber dies war noch vor ihrer Bekanntschaft mit René, und das Geld reichte nicht einmal für einen Stehplatz. Seit sie zu René gehörte, war eine gewisse Sicherheit über sie gekommen. «Darf ich Ihnen zwanzig Francs pumpen, o Herzogin, schrum, schrum?» sang er, gerade wenn sie anfing, sich Sorgen zu machen. Der Einfachheit halber war sie in ein leeres Atelier neben dem seinen gezogen, und die monatliche Miete war immer schon bezahlt, wenn sie darüber nachzudenken begann. An den Abenden, wenn die Probe vorbei war, lag ein dichter und süßer Frühling aufgebreitet, voll vom feuchten Duft der Bäume an der Seine, voll von Liebespaaren und von Erwartung. Manchmal fuhren sie noch ins Bois, oder sie saßen in der durchwärmten Luft vor einem Café und ließen die kleinen kalten Windstöße daherkommen und gegen ihre Gesichter stoßen. René machte, daß Doris rauchte, trank und tanzte, ohne ein schlechtes Gewissen zu bekommen. Zum erstenmal in ihrem Leben lockerte sie sich. Das Leben war eine einfache Angelegenheit, süß zuweilen und immer ohne Gewicht.

Als sie mit den Vorproben fertig waren, zeigte es sich, daß sie in ihren Grenzen eine gute Vorstellung beisammen hatten. René verschwieg, daß die zwei besten Nummern von ihm komponiert und hineingeschmuggelt waren. Ein Walzer «Bei Kerzenschein» und ein Duett mit Chor «Hinter meinem kleinen Fächer...» Er hatte den verstaubten Stil der Operette getroffen und etwas Amüsantes, Neues daraus gemacht. Die Kostüme, die Garnaud seufzend bewilligte, waren übertriebenes Fin de Siècle. Die Mädchen im Chor rauschten genußsüchtig mit ihren Frou-frous. Doris sah wunderschön aus, weil René ihr täglich wiederholte, daß sie wunderschön aussehe. An einem Aprilmorgen verließen sie Paris und fuhren nach Marseille. Ein Regiment von Verwandten, Freunden, Liebhabern und Zuschauern blieb am Bahnhof zurück, denn so gehört es sich für einen Abschied in Frankreich.

Sie spielten in Marseille in einem kleinen Theater mit himbeerroten Logen, deren Vorhänge man zuziehen konnte. Sie gefielen sehr und blieben eine Woche dort. Dann fingen sie an, sich die Riviera entlang zu arbeiten. Nach drei Wochen kaufte René einen kleinen Wagen, der wehleidig und asthmatisch die Steigungen der Straßen hinaufkletterte. So konnten sie zusammen von den Späßen und Gewohnheiten der übrigen Truppe fortgehen, die anfingen, schal zu werden. In Biarritz ging noch alles gut, aber dann wurden die Einnahmen dünner und dünner. Die Riviera war ein schmaler Streifen Landes geworden, der Grund bedeckt mit den Zäunen und Plakaten der Grundstücksspekulanten. Hier war der Platz für ältere englische und amerikanische Damen, die zu Hause mit ihren schmalen Renten nicht auskommen konnten. Sie betrachteten Doris, die in schwarzen Leinenhosen und mit einem roten Taschentuch um den Hals daherkam, mit unguten Blicken, und sie besuchten nicht die Vorstellungen von «Mademoiselle Ponpon». In Cannes sagte man ihnen, daß die Saison vorbei sei und in Antibes glaubte man, die Saison habe noch nicht angefangen. Die internationale Grande Bohème, die Schriftsteller und Maler aller Richtungen, die Surrealisten und die andern, die hier in den Villen lebten, kamen zuweilen in eine Vorstellung und waren enttäuscht. Es war nicht gut genug, um ernst genommen zu werden und zu gut, als daß man hätte lachen können. Einige Male wurden René und Doris nachher eingeladen und mitgenommen. In einer Karawane von Autos zog man zum nächsten Dorf, in ein Hafenwirtshaus, tanzte mit schmalen Jungen, die wie Matrosen aussahen, man zog weiter, einen Berghang hinauf, man trommelte an ein Haus und weckte die Leute, die dort wohnten. In Pyjamas erschienen die Hausbesitzer, auch Bohème, auch Maler oder Schriftsteller mit ihren Frauen, Freunden und Freundinnen. Getränke wurden herangeholt, Wein und Likör und der unvermeidliche Absynth, der Tote wieder lebendig macht. René setzte sich ans Klavier, ohne gebeten zu sein und spielte erst ein wenig Debussy oder Satie und glitt dann in die Kompositionen jenes Monsieur Blancenoir, von dem er hoffte, daß er eines Tages Besseres schreiben würde. Doris saß in einem tiefen Stuhl, sprach wenig, denn sie konnte auf Französisch nicht witzig sein—und was das anbetraf, auch schlecht in irgend einer anderen Sprache. Aber sie verstand das meiste, das gesprochen wurde, jemand streichelte ihren nackten Fuß in Strandsandalen, jemand küßte ihre Hand, Renés Klavierspiel rieselte sacht an ihr vorbei. Sie gehörte zu diesem allen. Dies war Basils Luft, dies war seine Welt. Es schien ihr, sie sei mit Basil dahin gekommen, wohin sie beide gehörten. Wunderlich flossen René und Basil in eine Figur zusammen, während die Nacht hinging und eine frühe grüne Morgendämmerung aus dem Meer kletterte.

Im Juni strebten sie kühleren Gegenden zu, der Normandie. Sie hatten zuerst kleine Einnahmen, aber dann holten sie sich ihr Publikum. Doris zog, sie brachte das Geld ein. Sie hatte eigentlich nur einen Kummer in dieser Zeit: Sie fürchtete, das tägliche Singen in der Operette würde ihre Stimme ruinieren.

«Warum so trübe, schrum, o Königin, schrum-schrum?» sang René, der das Gras wachsen hörte. Obwohl sie sich nicht aussprach, erriet er, was es war. Am nächsten Tag verschwand er mit dem Auto und ließ Doris mißtrauisch und eifersüchtig zurück. Sie wunderte sich, wie leer es ohne ihn war und wie langsam die Zeit verging. Zur Vorstellung war er Gott sei gedankt wieder zur Stelle. Nach der Vorstellung schleppte er einen Pack von Klavierauszügen an, die er eingekauft hatte. Carmen, Tosca, Manon und die Salome von Richard Strauß. Sie spielten die ganze Nacht, erst als die Hunde vor dem Haus

215

zu heulen begannen und der Himmel im Osten schon dünn wurde mit einem einsamen letzten Stern, hörten sie auf.

Eine Woche später meldete René mit verschmitzter Miene, daß dieser Schmutzfink Blancenoir endlich etwas einigermaßen Anständiges und Eigenes zustande gebracht habe. Er spielte es Doris vor und sang dazu einen dunklen und einfachen Text. Ihr erschien seine Musik ungeheuer neu und falsch, aber gerade deshalb voll von Reiz. «So, wie Asphalt riecht——» sagte sie unsicher. Sie meinte damit das Bittere, das Scharfe, das Saubere und doch Undurchsichtige dieser Musik. «Ich hab einmal einen Bildhauer gekannt, der hat solche Figuren gemacht wie Monsieur Blancenoirs Musik», setzte sie noch hinzu. Sie hatte noch nie mit René über Basil, noch nie über sich selbst gesprochen. Das hatte zu viel Schwere und Tiefe und Dunkelheit und gehörte nicht in ihre beziehungslose Beziehung. Plötzlich stand René vom Klavier auf und küßte sie ganz ohne Grund. «Warum denn——?» fragte sie erstaunt. «Wegen nichts. Nur weil du zu derselben Generation gehörst wie ich——» sagte er mitleidig. «Wir glauben an nichts», sagte er noch, und das war in der ganzen Zeit ihres Zusammenlebens soweit das ernsteste Wort, das sie von ihm hörte.

Als die Normandie abgegrast war, als es kühl und herbstlich wurde, und keine Seele mehr ein Interesse daran zeigte, sich «Mademoiselle Ponpon» anzuhören, da gingen sie zurück nach Marseille. Monsieur Garnaud, der bisher den geschäftlichen Teil des Unternehmens von Paris aus gelenkt hatte, erschien zu einer Beratung mit René. Er verteilte seine Zärtlichkeiten zwischen den acht Mädchen vom Chor, klapste, klopfte, streichelte, küßte und wurde geküßt, ein impotenter und deshalb gerechter Pascha. René pfiff den Marsch aus Faust, wie immer, wenn er Großes vorhatte und schickte viele Telegramme ab. Doris saß in ihrem kleinen Hotelzimmer und dachte, daß sie die Truppe verlassen und nach Wien gehen müßte, wenn sie noch ein Opernengagement für die Saison bekommen wollte.

216

Aber sie ging nicht. Das Leben war zu leicht und zu freundlich in Renés Nähe, es ließ sich nicht aufgeben.

An einem Mittwochmorgen kam es heraus, daß sie nach Nord-Afrika verkauft waren. Sie wurden auf das kleine Paquetboot verladen, Truppe, Kostüme, Kulissen und alles, und René bestand eigensinnig darauf, auch den kleinen Wagen mitzunehmen. Der Wagen hatte inzwischen ein ganz persönliches Leben zu führen begonnen und spielte keine kleine Rolle in ihrem gemeinsamen Leben. René hatte ihn Fanfaron genannt, und man mußte mit Fanfarons Eigenheiten rechnen. «Fanfaron hat heute etwas Husten», würde René sagen, wenn der Wagen nicht über einen kleinen Hügel zu bringen war. Oder «Fanfaron ist glänzender Laune, er hat ausgezeichnet gefrühstückt.» In Algier behauptete René sogar, daß Fanfaron sich in einen weiblichen blauen Hispano Suiza verliebt habe. Doris liebte den kleinen Wagen mit seinen abgeschabten braunen Samtsitzen, so wie sie Renés Sweater liebte und seinen Rasierpinsel.

Doris war sicher, daß sie René nicht liebte, einfach weil es nicht weh tat. Sie kannte die Liebe nur als etwas Schmerzvolles und Zerreißendes, unter allen Umständen. Das mit René war zivilisiert und angenehm und darin unterschied es sich von der Liebe, die etwas Mörderisches und Tödliches und Menschenfresserisches ist. Auch René betonte von Zeit zu Zeit, daß sie nur eine kleine Affäre hätten, eine reizende und unverbindliche Affäre, die abgebrochen werden könne, wann immer es einem von ihnen beliebte.

Sie spielten ihre «Mademoiselle Ponpon» in Algier, und die vergnügungshungrigen Bewohner und Besucher der Stadt füllten das Theater bis zur Decke. Reiche Araber im Turban saßen mit braunen Gesichtern da, Levantiner, Spanier, Offiziere, Gouvernementsbeamte mit ihren geizigen Frauen, neben Spielern, Abenteurern und Huren. Die Vorstellung hatte nun kein richtiges Leben mehr, die Späße des Komikers rollten daher wie auf Schienen, und der Tenor sang wie ein Mann aus Holz.

Beinahe ohne es zu merken, baut Doris in diesen Monaten ihr Opernrepertoire auf. Ihre Stimme war in guter Form, trotz der täglichen «Mademoiselle Ponpon», trotz der verbummelten Nächte, trotzdem sie rauchte, trank und tanzte. Ihr Atem war gut und sie vergaß, daß sie eine Lunge und ein Herz hatte. Nur tief innen bohrte eine Unruhe, wie ein kleiner unsichtbarer Wurm. Als hätte sie etwas Wichtiges verloren, als erwarte man sie irgendwo und sie hätte den Ort des Treffens vergessen.

Sie gingen nach Marakesch, und dann wieder zurück nach Algier, sie spielten dort noch eine Woche zu niedrigen Preisen, und ihr Publikum wurde immer schlechter. Sie gingen wieder ins Land, nach Constantine, das dicht an den Rand einer tiefen Schlucht gebaut ist, auf deren Grund alte Römerbäder liegen und über die wunderbare neue Brücken sich spannen. Aus dem großen Judenviertel strömten ihnen Besucher ins Theater, fette Mütter mit Töchtern, die in hellen Atlaskleidern daherkamen und mit Schmuck barbarisch bedeckt waren.

Nach der dritten Vorstellung fand Doris auf ihrem Ankleidetisch im sogenannten Theater eine Figur aus Zinn. Es war ein Büffel mit kurzen Beinen und gesenktem Kopf, auf dessen Rücken ein armer kleiner Chinese saß; er trug ein kurzes Kulihemd, sein spitzes Strohhütchen hing auf seinem Rücken, und er blies auf einer winzigen Flöte.

«Was ist das?» fragte Doris entzückt.

«Das ist dein Kuli. Er soll ·immer um dich sein—» sagte René und streichelte die kleine vergnügte Figur. «Er ist nämlich *zufrieden*»—setzte er hinzu, in einer vagen und unpersönlichen Weise. Doris wunderte sich, wie gut René sie kannte...

Sie verließen, nicht ohne große Aufregung der Truppe, französisches Gebiet und gingen nach Tunis. Doris war froh, daß sie nicht in der Bahn mit den andern fahren mußte, sondern daß Fanfaron sie, zwar ächzend und schimpfend, aber doch loyal, über die Grenze transportierte. Tunis hatte Schmutz und Farbe, und die europäischen Viertel zeigten einen altmodischen

Hang zur Noblesse. Hier wurde ihnen das Theater eingeräumt, in dem sonst die Operngesellschaften gastierten und Doris war froh, wieder auf einer ausgewachsenen Bühne zu stehen. Sie war der «Mademoiselle Ponpon» satt in einem unaussprechlichen Grad.

Aber da war René, da war Monsieur Blancenoir, der gerade um diese Zeit den Entschluß faßte, eine Oper zu schreiben. Das Vorspiel existierte schon, eine Folge von glitzernden und gleitenden Harmonien, die auf eine quälende und erregende Weise nie zu einer vollen Lösung gelangten. Doris und René saßen während eines Zwischenaktes in dem leeren großen Probensaal des Theaters, als er ihr dies vorspielte. Das Klavier war bis zur Unwahrscheinlichkeit verstimmt, und hinter der Wand kratzte standhaft eine Maus oder eine Ratte. Unten klingelten die Trambahn vorbei. René war aufgeregt, das sah Doris. Sie hatte nicht gewußt, daß er aufgeregt sein konnte.

«Wann hast du denn all das gearbeitet?» fragte Doris erstaunt.

«Blancenoir war fleißig, während du geschlafen hast. Er hat es sich in den Kopf gesetzt, daß wir beide zusammen berühmt werden müssen. Er will eine Oper für dich schreiben. Der erste Akt ist fast fertig. Warum schweigen Sie, o Königin, schrum, schrum—»

«Ist dir das Ernst mit der Oper?» fragte sie. «Wie? Mir? Ernst? Nein, mir ist ja nie etwas Ernst», sagte er und schlug einen Akkord an.

«Wie soll die Oper heißen?»

«Das weiß ich nicht. Namen sind schlecht, sie verderben nur die reine Form», sagte er.

Doris schaute René an, aber sie sah ihn nicht. Namen sind unnütz, sie verderben nur die Form. Das habe ich schon gehört, dachte sie. Das habe ich schon erlebt. Basil—dachte sie mit leisem Erschrecken.

«Ich habe einmal einen Bildhauer gekannt—Basil—» murmelte sie. Es klingelte für den nächsten Akt. Er hielt die schwere eiserne Bühnentüre für sie offen. Der Damenchor stand schon in der schäbigen Kulisse, zum Auftritt bereit.

Als sie mit Tunis fertig waren, gab es zum erstenmal etwas wie Streit zwischen ihnen. «Ich muß fort, du mußt mich freilassen», sagte Doris zu René. «Ich verkomme in der Operette, ich verderbe meine Stimme, ich versäume meine Zeit. Ich habe keine Zeit zu versäumen. Mein Gott, du weißt ja nicht, du weißt ja nicht—» sagte sie dringlich und hob die Hände vor ihren Mund, wie auf der Bühne. Es nutzte nichts mehr, daß der kleine Kuli so zufrieden auf seinem Büffel saß und die Flöte spielte. Sie war rastlos, ratlos. «Ich muß fort», sagte sie, und zu seinem großen Erstaunen sah René ein Glitzern in ihren Augen, wie von Tränen, die nicht ganz zur Entwicklung kamen. «Was ist denn los, mein kleiner Narr?» fragte er freundlich. «Ich bin krank», sagte Doris, «es fängt wieder an, ich spüre es wieder. Ich werde bald sterben», sagte sie und schon während sie es aussprach, klang es vollkommen verrückt, erlogen und theatralisch. «Ich kann nicht die Jahre verbummeln, ich muß berühmt werden, ich brauche Geld—und Einfluß—» sagte sie so atemlos, als wäre sie schon auf der Jagd nach diesen Dingen. Sie sah es René an, daß er kein Wort glaubte und verstand. Sie sah ihn an, sie hatte immer Freude, wenn sie ihn ansah. Es gibt eine Augenliebe, wie es eine Liebe der Haut gibt, eine des Gehirns und eine des Herzens. Es gibt so viele so verschiedene Dinge, die Liebe genannt werden, dachte Doris wieder. Sie streichelte über Renés Sweater, über sein Herz. «Nur noch Konstantinopel und dann ruhen wir aus», begütigte er sie. «Du bist müde von der Schinderei. Du verdienst Ferien. Wir gehen auf eine Insel und ich schreibe meine Oper fertig—»

«Nein», sagte Doris. Auf eine Insel wollte sie nicht mit ihm. Es war lächerlich, daß alle verliebten Leute immer auf Inseln gehen wollten. Noch während René sie zu überreden suchte, hatte sie schon nachgegeben, nach Athen und Konstantinopel zu gehen.

Am nächsten Morgen lag ein neues Geschenk auf ihrer Bettdecke: ein winziges Seidenknäuel, sandfarben, mit großen, schwarzen, gescheiten Augen. Doris dachte zunächst, daß sie das fremdartige Wesen nur träume und zwinkerte es verwundert an, bis René lachend und schreiend vor Überraschungsfreude aus einem Hinterhalt brach.

«Das ist Joujou», sagte er. «Das ist ein kleiner Fenek. Das ist ein kleiner Fuchs aus der Wüste, der die Zeit vertreiben soll, damit du uns nicht zu ungeduldig wirst.» Joujou stellte seine riesigen Fuchsohren auf, als verstände er, was von ihm erwartet wurde. «Er sieht dir ähnlich», sagte Doris gerührt und erheitert. Joujou reiste in ihrer Manteltasche mit, als sie auf das Boot geschafft wurde, das nach Palermo und von da immer weiter nach Osten fuhr. In Palermo schaute Doris zu, wie auf dem untern Deck Auswanderer eingepökelt wurden, die von Italien nach Amerika fuhren. Manchmal lag ihr Amerika so nah wie die beste Heimat, und manchmal war es so weit weg und so fremd, als hätte sie nur davon gelesen.

Auf dem Boot gab es nun fast täglichen Streit zwischen den Mitgliedern der Truppe. Die Chormädchen hatten schlechte Kabinen. Der Tenor war beleidigt und die Soubrette eifersüchtig. Doris blieb viel in ihrer Kabine und René saß auf dem oberen Deck hinter den Rettungsbooten und komponierte an seiner Oper ohne Titel.

Sie spielten in Athen vor levantinischen Kaufleuten und französischen, gestrandeten Kokotten. Athen war eine gelbe häßliche Stadt. Ein harter Wind fegte lehmigen Staub vom Phaleron herein. Sie hatten Erfolg und blieben zwei Wochen. Joujou bekam inzwischen Zähne und einen schelmischen und sicheren Verstand. Doris ließ ihn photographieren. Sie schrieb einen Brief an Basil und legte die Photographie bei. Zuletzt schickte sie den Brief nicht ab. Ich weiß nicht mehr, wie ich an Basil schreiben soll, dachte sie erschreckt. René war reizend und aufmerksam, wenn auch geistesabwesend, weil er soviel komponierte. Bevor sie Athen verließen, kaufte er Doris neue Kleider und Schuhe, es ging nicht mehr mit den alten. Man ging nach Konstantinopel. Von einer Trennung war nicht mehr die Rede.

«Apropos», sagte René, als sie aus der Bühnentür traten, «es ist Post für dich gekommen.»

«Ja?» sagte Doris gleichgültig und stieg ein. René überredete Fanfaron zu starten und nach einigem Räuspern setzte er sich denn auch in Bewegung.

«Müde?» fragte er Doris, die im Schein der spärlichen Laternen von Konstantinopel blaß aussah. Er liebte den Vanillegeruch der billigen Creme, mit der sie sich abschminkte. «Nein, gar nicht», antwortete sie. «Ich gehe gern noch aus.»

René sprach flehend mit Fanfaron und brachte ihn glücklich über die Straße bergauf nach Pera. «Ich höre, es gibt nur ein einziges Lokal hier», sagte er und konzentrierte sich auf den Weg. Die Straßen waren menschenleer, auch die Vorstellung war leer gewesen. «Und die Briefe?» fragte Doris nach einer Weile. «Richtig, die Briefe», antwortete er, lenkte mit einer Hand und griff mit der andern in seine Hosentasche. Obwohl es kalt war, trug er keinen Rock, nur den alten grünen Sweater und ein Tuch um den Hals anstatt eines Hemdes. Doris nahm das schmale Paket Briefe und hielt es unschlüssig in der Hand. Es war zu dunkel um zu lesen. «Sie sind uns die ganze Zeit nachgewandert, von Algier an», sagte er. Er warf seine Zigarette zum Fenster hinaus, lehnte sich zu Doris hinüber und küßte sie behutsam. Fanfaron schwankte, aber gewann die Richtung wieder, als der Kuß vorbei war. «Es ist verboten, den Omnibusführer während der Fahrt zu belästigen», sagte René. «Überhaupt bist du mir unsympathisch.» Doris antwortete nichts, sie lächelte zu seinem kleinen Scherz und drehte die Briefe in ihren Händen. «So. Dies ist wohl das Continental», sagte er, und Fanfaron blieb mit einem Stoß

222

stehen. René hatte das Talent, auch in der fremdesten Stadt seinen Weg zu finden. «Komm, Joujou», sagte Doris und hielt den kleinen Fuchs in ihrer Manteltasche fest. Joujou litt an einer unersättlichen Neugier und steckte seinen Kopf immer wieder heraus.

«Na—» sagte René zweifelnd und schaute die spärliche aber bunte Lichtreklame über der Tür des «Continental» an. Von drinnen hörte man Musik, und sie traten ein.

Auf der Straße war es dunkel gewesen, drinnen war es noch dunkler. Man hatte auf die billigste Weise versucht, einen byzantinisch-russischen Eindruck herzustellen; vergoldeter Gips an den Wänden, Ikonen, Lampen unter Metallschirmen, die alles Licht wegnahmen. Eine kleine Zigeunerkapelle spielte halb schlafend. Die Tanzfläche war ein grobes Mosaik. Es standen etwa zwanzig Tische da, von denen nur zwei besetzt waren. Von einem dritten erhob sich ein schwerer Mann im russischen Hemd, neben dem eine schöne Frau in russischer Tracht und ein jüngerer Mann im Frack saßen. Er kam heran, begrüßte René und Doris, klatschte in die Hände, und zwei Kellner in russischen Hemden erschienen. Der Herr im Frack kam auch zu Leben, er führte die russische Dame auf die kleine Tanzfläche, die in der Mitte des Raumes ausgespart war, und sie begannen sich in einem Tanz zu produzieren.

«Das ist trostlos», sagte Doris und versuchte sich in dem schlechten Licht die Nase zu pudern. «Im Gegenteil, das ist entzückend», erwiderte René, «Wir werden die Tanzfläche für uns allein haben und die Zigeuner werden nur für uns spielen.»

Während er bestellte, nahm Doris ihre Briefe vor und besah die Kuverts. Sie hatte die Gewohnheit, an geschlossenen Briefen erst zu riechen, bevor sie öffnete. «Atavismus», nannte René es erheitert. «Versuch, durch Witterung Freund und Feind zu erkennen.»

Ein Brief kam von Rechtsanwalt Cowen, er roch nach Zigarren. Doris legte ihn zuunterst und las die andern zuerst. Ansichtskarte von Kischmirioff, samt Frau. Die Salvatori schickte die Kritiken, die Delmonte in New York bekommen hatte. Die Rechnung eines Halsarztes aus Paris. Und nun, nachdem dieser Aufschub vorbei war, mußte Doris Cowens Brief öffnen. Sie hob ihn dicht an die kleine Moscheelampe, die über dem Tisch blinzelte und las.

«Verehrte Miss Hart—

Ich habe Ihnen heute eine Freudenbotschaft zu überbringen und ich bin überzeugt, daß Sie die Wichtigkeit dessen, was sie enthält, voll zu würdigen wissen werden. Das Zuchthaus in Baxterville hat einen neuen Leiter erhalten, Mr. Tailor, einen modernen und humanen Mann, der einen neuen Weg der Gefangenenpflege einschlägt. Um es mit einem Wort zu sagen: Nemiroff kann einen vierundzwanzigstündigen Urlaub erhalten, sobald wir darum ansuchen. Es ist gegen das geschriebene Gesetz, aber es wird gemacht werden. Sie können sich Nemiroffs Freude kaum vorstellen. Es bedeutet, wenn ich so sagen darf, eine geistige Lebensrettung für ihn. Ich frage nun an, wie bald Sie in Amerika eintreffen könnten, um Nemiroff in Empfang zu nehmen. Er wartet mit einer unbeschreiblichen Ungeduld darauf, Sie zu sehen, Sie außerhalb des Zuchthauses zu sehen. Am besten geben Sie mir Ihre Antwort per Kabel, damit ich alles Notwendige rechtzeitig veranlassen kann. In Erwartung einer sofortigen Antwort.

Cowen.»

Doris erste Reaktion war seltsamerweise ein nervöses und ärgerliches Lachen. Die springen ja schön mit mir um, dachte sie. Man fragt mich gar nicht, ob ich so einfach kommen kann. Sie schaute geistesabwesend in Renés Gesicht. «Wie?» fragte sie, denn er hatte etwas gesprochen. «Wollen wir tanzen?» wiederholte er, und Doris erhob sich sofort und legte sich in Renés Arm. Die beiden Professionals schauten ihnen mit schnöden Blicken zu. René hatte kein Hemd an, aber er tanzte wie der Prinz von Wales. Doris hatte nicht tanzen gekonnt, als sie ihn kennenlernte. Jetzt konnte sie tanzen. Sie konnte lachen, sie hatte ein vollständiges Opernrepertoire studiert, sie hatte Kuli und Joujou zum Geschenk erhalten, sie konnte französisch sprechen, denn Sprachen erlernt man am besten in der Liebe. Du bist sehr gut gewesen, René, und ich muß von dir fortgehen, dachte sie. Mit ungeheurer Deutlichkeit sah sie jedes lächerliche Detail in dem leeren und trübseligen Lokal. Die Zigeuner trugen ihre Alltagshosen unter den malerischen Blusen und Gürtelschärpen. Einer hatte ein Augenglas. An der Seitenwand war ein großer dunkler Fleck, wahrscheinlich von Feuchtigkeit. Während Doris darauf hinstarrte, wurde er zu einem Gesicht. Ein Plakat in russischen Buchstaben hing über der Eingangstür. «Noch tanzen—» sagte Doris, als die Zigeuner zu spielen aufhörten. René klatschte in die Hände, aber es nutzte nichts. Auf dem Tisch wartete Champagner und Kaviar auf sie. Beides geschmuggelt, schlecht und billig. Doris trank schnell ihr erstes Glas aus und hielt es dem Kellner hin, daß er ein zweites einschenken solle. René nahm ihm die Flasche aus der Hand und tat es selbst. «Auf Joujou, auf das Kind unsrer Liebe», sagte er. Joujou, der in Doris Manteltasche auf dem Stuhl geschlafen hatte, kam in dem Augenblick zum Vorschein, da er seinen Namen hörte. «Geh schlafen, Liebling», flüsterte Doris und wickelte ihn wieder ein. Er seufzte wie ein Kind in all der Wärme. Doris dachte: ich werde gleich weinen, aber sie irrte sich. «Zigarette», sagte sie mit spröder Stimme.

René reichte ihr die Zigarette und das Feuer und schaute sie aufmerksam an, als ihr Gesicht in den Schein des Streichholzes kam. Er sagte aber nichts, sondern lächelte ihr nur tröstend zu.

«Ich muß von dir weggehen», sagte Doris. «Ich muß mit dem nächsten Schiff nach Amerika. Es tut mir leid, René.» Er räusperte sich und lächelte noch immer. Er wartete ein wenig, bevor er antwortete: «Das verstehe ich nicht.»

«Ich kann es dir nicht erklären. Es ist eine lange Geschichte», sagte sie ungeduldig. «Das alles ist ganz scheußlich», setzte sie noch hinzu.

«Es scheint so», sagte René. «Ein Mann—?» fragte er nachher.

«Ja. Er ist seit Jahren im Gefängnis. Er kommt auf einen Tag heraus, auf einen einzigen Tag. Er könnte es nicht verstehen, wenn ich nicht bei ihm sein würde an diesem Tag.»

«Warum ist Basil im Gefängnis?» fragte René. Sie bemerkte gar nicht, daß er den Namen wußte, obwohl sie nie über ihn gesprochen hatte. Auch gab sie eine sonderbare Antwort.

«Weil er mich ermordet hat», sagte sie nämlich.

René schaute sie noch einen Augenblick an, sie war jetzt weiß wie Papier, sie rauchte und zog den Rauch in die Lungen. Plötzlich löste sich seine Spannung und Nervosität in Gelächter. «Es ist mir gar nicht aufgefallen, daß du tot bist», rief er keuchend vor Lachen. Doris schaute ihn verblüfft an, dann begann auch sie zu lachen, haltlos und beinahe jammernd. Als der Anfall vorbei war, reichte sie ihre Hand über den Tisch. «Es tut mir leid, René», sagte sie. «Aber ich muß.»

«Es ist gut», antwortete er. «Es ist nur wegen der Oper. Monsieur Blancenoir wird untröstlich sein, wenn du ihn im Stich läßt.»

«Aber ich lasse dich ja nicht im Stich», rief Doris. «Höre— ich verspreche dir, daß ich in deiner Oper singen werde. Wir müssen es uns gegenseitig versprechen, du, daß du die Oper fertig machst, und ich, daß ich darin singe.»

«O Doris», sagte René seufzend. «O Mademoiselle Ponpon, o Herzogin, o Heldin meiner jungen Träume—» Er brach ab. «Jetzt wird getanzt», sagte er nur noch. Doris erhob sich gehorsam und sie tanzten. Das menschenleere Lokal mit seiner byzantinischen Finsternis und seinen fleckigen Wänden drehte sich um sie. «Genug», sagte Doris. In dem Moment, da sie die Tanz-

fläche verließen, ging ein kleiner Scheinwerfer an, und die
beiden Professionals schwebten auf das Mosaik zu. Joujou hatte
sich neben den Champagnerkübel gesetzt. Doris zog ihren Mantel an, René zahlte, sie stiegen in den kleinen Wagen.

«Du machst es dir einfach», sagte René, als sie im Fahren
waren und ohne den Blick von der Straße zu lassen. «Du
gehst fort—du gehst zu einem Mann, der dir wichtiger ist.
Es war nett, René, danke, René, adieu, René.»

«Wie denn sollten wir auseinandergehen?» fragte sie. Sie
war schon auf dem Weg zu Basil, obwohl es traurig war,
René zu verlassen.

«Du hast scheinbar noch nicht bemerkt, daß ich dich liebe»,
sagte er leise und wütend. «Aber René—» versuchte Doris zu
trösten, doch sie selbst brauchte Trost.

«Geh, rühr mich nicht an», schrie er, als sie die Hand auf
den Ärmel seines Sweaters legte. «Geh fort, geh zu deinem
Basil, geh, denke nicht an mich, ich werde froh sein, wenn
ich dich los bin...»

Plötzlich geschah etwas Erschreckendes, etwas, das Doris
mit einem sonderbaren Zittern in der Herzgrube ansah und
erlebte. René weinte. Der Wagen schwankte, weil René zu
schluchzen begonnen hatte, aber er fing Fanfaron noch ein
und lenkte ihn säuberlich an den Rand der schmalen Straße.
Erst als der Wagen stand, warf René die Arme auf das Steuer
und seinen Kopf darauf und weinte sich zu Stücken.

«Ich liebe dich», weinte er, «ich liebe dich, ich liebe dich,
ich liebe dich—»

Doris saß unbeholfen daneben und streichelte seinen Ärmel
und sein Haar. Ich habe das nicht gewußt, dachte sie verwundert, ich habe es nicht gewollt. «Aber René», sagte sie hilflos,
«aber René.» Sie spürte, daß er heftig zitterte, und er tat
ihr maßlos leid. Plötzlich war er fertig mit dem Weinen. Er
zog ein Taschentuch hervor, putzte sich geräuschvoll die Nase
und startete Fanfaron. «Bitte um Entschuldigung», sagte er.

Schweigsam fuhren sie zwischen den Holzhäusern der türkischen Vorstadt hin, in die sie sich verirrt hatten. René schluchzte noch von Zeit zu Zeit auf wie ein Kind nach dem Weinen. «Verdammt», sagte er jedesmal.

Drei Tage später ging ein Schiff, das sie nach Genua brachte. Vierzehn Tage später war sie auf dem Weg nach Amerika. René hatte ihr das Geld für die Überfahrt geborgt. Joujou wohnte in ihrer Manteltasche. Der Kuli stand zufrieden flötend neben dem Bett, dort wo andere Reisende die Photographien ihrer Lieben hinstellten.

Sie ließ einen Schatten hinter sich: René. Sie fuhr einem Schatten entgegen: Basil.

Doris stand an der kleinen Station, als der Zug einlief. Sie war eine dreiviertel Stunde zu früh dagewesen, und der Zug kam mit zehn Minuten Verspätung. Es war die längste Stunde, die Doris je verwartet hatte und dennoch erschrak sie, als der Zug weit draußen in der Ebene auftauchte und näherkam und mit Dampf und Lärm groß wurde.

Zwei Frauen standen neben ihr und sprachen über ihre Männer. Doris konnte nur Bruchstücke verstehen, die Sprache war ihr fremd geworden. Sie sprach deutsch mit amerikanischem Akzent, französisch mit deutschem, englisch mit französischem Akzent. «Mit einem kleinen Goldfisch hat er angefangen, jetzt ist das Haus voll Aquarien», sagte die eine Frau. Doris lachte dankbar in sich hinein. Die farbigen Träger rollten ihre Karren heran, der eine nahm seine Mütze ab, er hatte eine Glatze. Neger haben doch nie Glatzen, dachte Doris. Sie klammerte sich an alles, das sie erreichen konnte in dieser letzten halben Minute bevor der Zug hereinrollte und sie Basil wiedersah.

Zuerst stieg Cowen aus, dann eine Frau mit einem Kind, dann ein Mann. Der Mann war Basil. Doris sah es erst eine Sekunde zu spät. «Basil—», sagte sie. Er trug den braunen Anzug, den alten braunen Anzug von damals und keinen Hut. Er

228

hatte nur mehr an den Schläfen Haare. «Hallo, Doris...» sagte
er. Er zögerte, dann besann er sich auf etwas und gab ihr die
Hand. Die Innenfläche war hart und schwielig, aber hart war
Basils Hand immer gewesen. «Du siehst aus, als wenn du viel
Sonne gehabt hättest», sagte sie. Es klang unwillkürlich so leicht
als spräche sie zu René. «Ja. Seit wir den Neuen haben, arbeiten wir im Garten. Wir machen einen Garten und eine Mauer
herum», antwortete er ernsthaft. Cowen stand dabei, strahlend
vor Freude. «Nun», sagte er, «ich habe ihn jetzt abgeliefert
und muß zurück nach New York. Wir haben alles Wichtige
besprochen. Alles geht glänzend. Das heute ist nur der Anfang.»
Doris schaute unverwandt auf Basil, sie suchte sich zu erinnern. Sein Anzug hatte Falten, als wäre er lange in einen Sack
gestopft gewesen. Basil war viel größer und stärker und gesünder
als sie gedacht hatte. «Auf Wiedersehen, und vielen Dank», sagte
er. Wieder mußte er erst nachdenken, bevor er Cowen die Hand
gab. «Kommen Sie denn nicht mit?» fragte Doris dringend.
Sie hatte mit einemmal unerträgliche Angst vor dem Alleinsein
mit Basil. «Nein—danke nein—» stammelte Cowen in Verlegenheit, sein rosiges Gesicht errötete in Flecken. «Ich muß zurück
nach New York—mein Zug kommt in zehn Minuten. Gehen
Sie—halten Sie sich nicht auf—» sagte er dringend und gab
Doris einen Wink mit den Augen. «Lassen Sie unsern Freund
seinen Ausgang recht genießen und sorgen Sie dafür, daß er
morgen mit dem Zwei-Uhr-Zug zurück geht.»

Händeschütteln, Lächeln, Verbeugen, Abschied. Doris steht
allein mit Basil vor dem efeubewachsenen Stationshaus. «Taxi?»
fragt einer der drei Taxichauffeure, die dort lungern. «Willst
du fahren oder gehen. Es ist nur zehn Minuten zum Hotel»,
sagte Doris. Man ist in einer kleinen verschlafenen Stadt, auf
halbem Weg zwischen New York und Baxterville.

«Gehen», antwortet Basil. Wieder zögert er, denkt nach und
legt dann seinen Arm in ihren. Es ist so, daß er sich erst auf
die einfachen Dinge und Gebärden des täglichen Lebens

besinnen muß. Nach einer Weile kommt Takt in ihr gemeinsames Gehen. Basil schaut um sich mit einer sonderbaren Neugierde. «Die Frauen haben ihre Beine wieder verloren», sagt er schließlich. Es dauert eine Weile, bis Doris ihn versteht und zu lächeln beginnt.

«Ja, wir tragen wieder längere Röcke, aber wir haben noch Beine, trotzdem», sagt sie und blickt an ihrem eigenen schwarzen Straßenkleid hinunter. Es ist ein kalter Märztag. «Die Autos haben sich auch verändert», sagt Basil etwas später, er hat sich nach jedem Wagen umgedreht, der vorbeikam. Es scheint ihm sehr wichtig zu sein. Er schüttelt den Kopf und betrachtet die Reihe der Autos, die dicht in der kleinen Hauptstraße geparkt sind. «Hier ist das Hotel», sagt Doris und schiebt ihn zu dem weißen Gebäude, das ein paar Stockwerke höher ist als die andern Häuser. Basil gerät in Verwirrung und Panik. «Wie soll ich mich da melden—ich meine—wenn wir zusammen kommen—» stammelt er und seine Kopfhaut bedeckt sich mit Schweiß. Er greift sich an die Krawatte, er trägt ein blaues Hemd und einen weißen angeknöpften Kragen und sieht wie ein starker aber verlegener Proletarier aus. «Komm nur, wir sind als Mann und Frau angesagt, Cowen hat es in Ordnung gebracht», sagt Doris tröstend und schiebt ihn sacht in die Halle. Er hat zu zittern begonnen und zittert noch, als sie den Aufzug verlassen und zu ihrem Zimmer gehen. Doris schreitet aus, sie ist nachgerade zu Hause in Hotelkorridoren. Zu unpassender Zeit fällt ihr ein anderes Hotel ein, das sonderbarerweise die gleichen Tapeten hatte, eines von den hundert Hotels, durch die das letzte Jahr sie trieb. Sie runzelt die Stirn. Athen, denkt sie, während sie die Tür öffnet und Basil eintreten läßt. Sie geht ans Fenster und schaut gedankenleer hinaus. Hinter ihr im Zimmer ist es still. Als sie sich umschaut, steht Basil vor dem kleinen Blumenstrauß, den sie auf den Tisch gestellt hat. «Anemonen», sagte er mit Forschermiene. «Wir wollen Fuchsien in unserm Garten anpflanzen.» Doris macht sich mit Mühe von dem Fenster los und tritt neben ihn. Sie rührt leise an seinen Ärmel. «Basil...», sagt sie. Im nächsten Augenblick ist sie in seine Arme eingeschlossen, eisern, verzweifelt. Mund, kalter Mund, es ist als ob seine Lippen erst nach Minuten zum Leben zurückkehren würden. Erschüttert hört Doris den Sturm von Seufzern, von unartikulierten Lauten, sie spürt wie Wärme in den zitternden Mann zurückkehrt, in seine Hände, seine Wangen, seine Brust. Das ist ja Basil, denkt sie, spürt sie. Da ist wieder die Gewalt, die sie gepackt hat, als Basil ihr den ersten Kuß gab, auf der engen Treppe des Hauses in der sechsundfünfzigsten Straße. Sie läßt sich in etwas Bodenloses sinken und gleich darauf ist es, als würde sie ein wenig sterben. Wirklich, eine Sekunde lang fällt etwas so dumpf und schwer gegen ihr Herz, daß sie glaubt, dies sei der plötzliche Schluß, den Doktor Williams ihr prophezeit hat. Sie macht sich mühsam los aus der Umklammerung seiner Arme. Nein, sie leben noch, alle beide. Sie stehen noch neben dem Tisch mit den Anemonen.

«Wie stark du bist», sagt Doris mit steifen Lippen. Erst jetzt fängt ihr Herz widerwillig zu schlagen an.

«Ich habe es nicht mehr geglaubt, daß du zu mir kommen wirst», murmelt Basil. Er sinkt auf den nächsten Stuhl, als wenn die Knie unter ihm nachgeben würden.

«An dem Tag, da ich wußte, daß ich dich treffen kann, bin ich losgefahren», erwidert sie. Renés zärtlicher und gewichtloser Schatten geistert durchs Zimmer und verschwindet. Sie ist bei Basil, ganz bei ihm.

Sie ging die drei Schritte zu ihm hin, beugte sich über ihn und legte ihr Gesicht auf die glatte Wölbung seines Kopfes. Er hielt es aufmerksam und unbeweglich aus, wie manchmal Hunde es tun, wenn sie gestreichelt werden. Sie löste sich wieder los und ging durch das Zimmer zum Fenster. Unten lag die Hauptstraße und an der nächsten Ecke hatten sie einen Schutzmann aus Pappe aufgestellt zur Warnung für Schnellfahrer. Die ganze Zeit spürte sie Basils Blick ihr folgen, so daß es fast wie eine

231

Berührung war. «Komisch», sagte er da hinten, «das alles ist passiert wegen eines Mannes. Und jetzt hast du hundert und ich kann nichts dagegen machen.»

Doris drehte sich langsam zu ihm. «Hundert?» sagte sie mit einem leisen Auflachen. «Glaubst du das wirklich?»

«Man macht sich so Gedanken, wenn man nichts anderes tut, als Matratzen stopfen», sagte er. Sie trat rasch zu ihm, hob seine Hand von seinem Knie und nahm sie zwischen die ihren.

«Nein», begann sie, «du mußt wissen, daß du der einzige bist, der—»

Er entzog ihr rasch seine Hand und legte sie auf ihren Mund. «Nicht», flüsterte er. «Nichts sagen. Es ist nicht wichtig, das. Aber daß du mich nicht anlügst, ist wichtig.»

«Ich lüge dich nicht an», sagte Doris. Plötzlich hatte sie Tränen in den Augen; sie flüchtete zurück ans Fenster und schaute auf die Mainstreet hinunter. «Es ist schade um uns», sagte Basil, er saß noch immer auf dem Stuhl dahinten. «Du brauchst uns keine Grabreden halten, Basil», sagte Doris heftig. «Wir sind noch nicht gestorben. Wir versäumen ein paar Jahre, das ist alles. Es geht vorbei, es sind schon bald fünf Jahre vorbei— und du schaust gesund aus und stark. Noch ein Jahr und du kriegst Parole. Eines habe ich gelernt: man kann alles vergessen. Kannst du dir nicht vorstellen, daß wir später diese ganze Zeit vergessen haben werden, Basil?»

«Vielleicht—» murmelt er ohne den Blick von ihr zu lassen. Sie hatte mit weit ausgreifenden Bewegungen gesprochen, und nun stand sie vor ihm, ihr Gewicht ausbalanciert in einer Art Ausfallsstellung wie beim Fechten. Sie versuchte seinen intensiven Blick zu verstehen. Sie erwartete, er würde sagen: «Bleib so, ich will dich skizzieren—» Statt dessen sagte er: «Du bist mir vollkommen fremd geworden.»

Doris wendete sich trotzig von ihm fort. Ich habe René für dich verlassen—dachte sie. Ich hätte René auch für einen guten Opernkontrakt aufgegeben, erwiderte sie sich. Ich würde einen guten Opernkontrakt nicht aufgeben für Basil, dachte sie. Oder doch? sang es ganz innen. Sie trat schnell zu ihm und kniete neben ihm nieder.

«Erzähl mir von dir», bat sie, «dann werde ich dir nicht mehr fremd sein.» Er ließ nur die Hand fallen.

«Erzählen—was?» fragte er. «Das erzählt sich nicht—» setzte er noch hinzu. Es war so still im Zimmer, daß Doris hören konnte, wie eine der Anemonen vom Stengel glitt und auf die samtene Tischdecke fiel. Traurigkeit hing in dichten Spinneweben um sie beide.

Plötzlich kam Basils Gesicht zum Leben. «Was ist das—?» fragte er erstaunt und entzückt. Es war Joujou, klein und sandfarben, der mit seiner frechen schwarzen Nase aus den Kissen des Bettes hervorschnupperte. Doris hob ihn auf und reichte ihn Basil. Er nahm das seidene Bündel, zaghaft erst und preßte es dann mit einer heftigen und unerwarteten Liebkosung gegen seine Wange. «Ein Fenek—ich glaube ich träume—ein Fenek—» sagte er mit schwankender Stimme. Er schien ganz auf Doris vergessen zu haben. Joujou schmeichelte sich unter seinen Rock, als er sich mit ihm auf den Fußboden kauerte.

«Das ist Joujou—» sagte sie schüchtern. «Ich habe vergessen, dir über ihn zu schreiben.» Sie war froh, daß etwas Basil aufgeweckt hatte und sie war eifersüchtig mit einem kleinen feinen Nadelschmerz im Herzen.

«Wir haben einen als Maskotte gehabt—in der Legion», sagte er. «Ich hätte nicht geglaubt, daß ich noch einmal in meinem Leben einen Fenek zu sehen kriegen würde. Spring, Liebling—Liebling, laufe—», sagte er zu dem Tier. Joujou kam in einem wunderschönen Bogen vom Boden ab und landete auf dem moosfarbenen Sofa. Basil erhob sich, ohne einen Blick von dem Tier zu lassen. Doris schaute ihm zu, und er schaute dem kleinen Fuchs zu—damit verging eine Menge der kostbaren Zeit. Zuletzt schlief Joujou ein und Doris wagte es, sich wieder in Erinnerung zu bringen. «Ich habe ihn mitgebracht,

weil ich dachte, daß du ihn vielleicht mitnehmen kannst—›
sagte sie ungewiß. Basil schaute sie mit Erstaunen an. «Mitnehmen—wohin?» fragte er. «Dorthin—» erwiderte sie zögernd.
Er griff vorsichtig nach dem Ärmel ihrer weißen Bluse und
behielt ihn zwischen seinen Fingern. «Seide—» sagte er, es
klang verwundert. «Ja, Seide—» wiederholte sie lächelnd.
Joujou seufzte im Schlaf. «Komm—» sagte Basil und zog sie
in die Tiefe des Zimmers, das schon voll von Dämmerung war.
Seine Hand tat ihr weh und sie liebte es. «Du weißt noch
immer nicht, wie Gefängnis ist—» sagte er, es war die ver-
spätete Antwort auf ihren Vorschlag. Nein, dachte Doris, ich
weiß es nicht, ich weiß es nicht. Er nahm sie an sich und ließ
sich mit ihr auf das Bett fallen, das nach gebügelter Wäsche
roch und nach Fremde—wieder ein Hotelbett in einer unbekannten Stadt.

Sie waren in eine schweigende und schmerzhafte Umarmung
gesunken, während auf der Hauptstraße gegenüber eine Lichtreklame zu blinken begann. Basil hatte Doris eng an sich gepreßt und so lag er da, sein Gesicht mit seinem Arm bedeckend.
Sein weißer Kragen leuchtete im Halbdunkel. Er zitterte. Er
hatte nicht aufgehört, auf diese verhohlene und unterirdische
Weise zu zittern, seit dem Moment, da er das Zuchthaus verlassen hatte, heimlich, aber mit dem Einverständnis des neuen
Leiters versehen. Das Zittern wurde zu einem Zucken, zu einem
Rütteln, das Doris erschreckte. Dann sah sie, daß er weinte. Es
war ein schrecklicher Anblick, Basil weinen zu sehen. Es ist
alles umsonst, dachte sie voll Trauer.

Alles—das war ihr Weg, Schritt für Schritt und jeder Schritt
bedeutete eine Erniedrigung und einen Mann. Alles umsonst,
wenn Basil zerbrach, während sie auf ihn wartete. «Sprich doch,
sag doch etwas—» flehte sie, denn dieses stumme und krampf-
hafte Weinen war unerträglich. Er sagte nichts. Sie erhob sich,
sie löste sich von ihm los, sie stand einen Moment am Fenster
und starrte die blinkende Lichtreklame an. Versucht Paradies-

Schokolade, blinkte es da drüben. Die Reklame nahm eine ungeheure Wichtigkeit an. Das sind die Dinge, die einem einfallen, während man stirbt, dachte sie unerwartet. Sie hatte, so schien es ihr, Erfahrung im Sterben. Sie war viele Male gestorben, damals im Spital, später in manchen Nächten neben todfremden Männern, zuweilen in der Agonie des Lampenfiebers, und oft, wenn ihr Herz aussetzte und sie auf den nächsten Schlag wartete, der nicht kam, so daß sie dachte: Jetzt ist es vorbei.

Sie machte sich von dem Fenster los, wußte, daß diese Lichtreklame in der fremden Kleinstadt, mit dem dunklen Zimmer und dem schluchzenden Mann da hinten auf dem Bett, nicht mehr auszulöschen sein würde. Die Luft im Zimmer war trocken, das Hotel überheizt, wie alle Hotels der Welt. In der Heizung pochte es von Zeit zu Zeit. Doris fürchtete sich vor der Dunkelheit und wagte nicht, Licht zu machen. Sie ging ins Badezimmer und richtete ein Bad für Basil, sie schüttete alles Badesalz hinein, das sie noch aus Frankreich besaß, als wenn dies Basil etwas helfen könnte.

Basil kam mit gesenktem Gesicht ins Badezimmer und schloß die Tür hinter sich. Er blieb so lange in dem heißen Wasser, daß Doris besorgt zu werden anfing. Als er wieder zum Vorschein kam, war er ein veränderter Mann. «Darf ich deinen Kamm benützen», fragte er höflich. Er hatte kein Gepäck mitgebracht, kein Stück, das ihm gehörte. Mit ernsthafter und angestrengter Miene stand er vor dem Spiegel und kämmte sein dünnes Haar an den Schläfen zurück.

Noch im Aufzug, der sie hinunterbrachte, war Basil voll Befangenheit, als stände ein Aufseher hinter ihm. Aber in der Hotelhalle, einer Affäre mit brauner Eichentäfelung, wurde er mit einemmal herrisch und sicher. Er führte Doris in den Speisesaal, als wäre er täglich dort zu Gast. Er nahm ihr das Menu aus der Hand und bestellte. Sie schaute ihn erstaunt an. «Das mußt du dir gefallen lassen», sagte er. «Ich habe Geld. Früher bekamen wir fünf Cent per Tag, seit Tailor da ist, bekommen wir neun», setzte er hinzu. Die Vorspeise erschien und Basil aß mit der Grandezza eines Grandseigneurs. Doris, die ein ganz anderes Benehmen erwartete, betrachtete ihn lächelnd. Richtig, er hat ja immer die Rolle eines anderen gespielt, fiel ihr plötzlich ein. Sie hatte es vergessen gehabt. Vielleicht war er gar nicht er selbst, als er schoß, mußte sie denken. Sie reichte ihm den Toast über den Tisch und er bediente sich mit höflicher Zierlichkeit. Doris gab sich darein, zu tun, als wenn er im Zuchthaus täglich Schildkrötensuppe, gedämpften Lachs und junge Ente bekäme. Sie dachte: Ich möchte etwas trinken. «Ich möchte etwas trinken», sagte sie. Er zuckte die Schultern. Sie hielt ihm ihre Zigarette hin, er dachte einen Augenblick nach, dann zündete er sie für sie an. Allgemach kamen die Gebärden der freien Leute zu ihm zurück. Doris rauchte durstig. Langsam verging das Mitleid, es trat zurück und verdrängte nicht mehr das Gefühl der Liebe. Aber ich liebe dich ja, Basil, ich liebe dich ja—dachte sie, beinahe erstaunt. Plötzlich begann er eine Geschichte zu erzählen. «Bevor Tailor kam», sagte er, «da haben wir immer Betrunkene gehabt. Die Kerle waren so betrunken, daß sie nicht stehen konnten. Einer besonders, sie nennen ihn Katzengesicht, machte immerfort Radau. Sie gaben Dunkelarrest, sie kontrollierten Tag und Nacht, sie gruben in den Mauern herum und untersuchten die Abortleitungen, aber sie fanden nichts. Dann kam ein Neuer, ich habe ihn kaum zu Gesicht gekriegt, denn er war in B und ich bin in E 4. Das war ein Spitzel, der alles aufdeckte. Sie hatten in der Tischlerei Farbe, die war mit Alkohol angemacht, und Katzengesicht hatte eine Methode gefunden, wie man den Alkohol wieder aus der Farbe herauskondensieren konnte. Seitdem kriegen sie die Farbe nur mit Terpentin angemacht, und in B ist es gar nicht mehr fidel. Ich dachte nur daran, weil du trinken wolltest und es nichts zu trinken gibt.»

Als die Geschichte vorbei war, wartete er ein wenig, und Doris lächelte höflich. Er winkte ab, mit einer vagen und resignierten Gebärde seiner Hand. «Manchmal ist es ganz lustig bei uns», sagte er noch. Doris wußte nichts zu sagen. «Läßt dieser Tailor dich nicht modellieren?» fragte sie nachher. Basil überlegte dies. «Ich habe noch nicht darum angesucht», erwiderte er zögernd. «Ich darf zweimal in der Woche abends länger Licht behalten und zeichnen», setzte er schnell hinzu. «Kann ich einmal sehen, was du machst?» fragte Doris. «Eisenbahnen—» erwiderte er, nicht ohne Stolz. Sie schwieg bedrückt. «Kellner, die Rechnung», rief Basil. Er griff in seine Brusttasche und brachte drei Dollarscheine zum Vorschein. Er war stolz wie ein Kind darauf. Doris saß dabei, als er zahlte und zu viel Trinkgeld gab, und ihr Herz fühlte sich an, wie ein zu eng geschnürtes Paket. «Was willst du jetzt tun?» fragte sie. «Ich habe gehört, daß sie jetzt sprechende Filme machen—» sagte er voll Schwung. Doris hätte gern geseufzt, aber sie tat es nicht. Sie hätte gern getrunken, gelacht, geweint, sie hätte gern Basil in die Arme genommen und ihn geküßt, bis er wieder er selber wurde. Am liebsten hätte sie ihm vorgesungen.

Sie wanderten die Mainstreet hinunter, kamen zu einem viereckigen Platz, mit Sykomoren bepflanzt und sahen auf der anderen Seite des Platzes die Lichtreklame von zwei Filmtheatern. Auch hier bezahlte Basil die Karten, und sie saßen dann vor einem Film, in dem es sich um die Liebe einer schönen Spionin zu einem feindlichen Offizier handelte. Basil schien die Darbietung in einem unwahrscheinlichen Maß zu genießen. Doris sehnte sich nach ihm. Dicht neben ihm im dunkeln Theater sitzend, sehnte sie sich mehr nach ihm als in all den Jahren in all der Entfernung. Sie näherte ihren Arm dem seinen, aber er war so eingenommen von dem Wunder der sprechenden Leinwand, daß er nicht reagierte. «Wunderbar», sagte er mehrmals, als sie das Theater verließen, «wunderbar, wunderbar».

Sie verweilten unter den Platanen, setzten sich auf eine der spärlichen Bänke und sprachen über den Film, es war so, als hätten sie hundert Jahre Zeit für wichtigere Dinge. Sie gingen auch in den Drugstore neben dem Hintereingang des Hotels und tranken Malzmilch. Basil hielt das große Glas in beiden Händen und steckte seinen Kopf tief hinein, wie ein Kind. Doris liebte ihn, sie spürte es in jeder Ader, in jedem Millimeter ihrer Haut, sie liebte ihn. Es machte alles viel schlimmer, viel trauriger. Sie schob das Gestern und das Morgen von sich und lebte für den Augenblick. Sie saßen in dem Hoteldrugstore einer kleinen fremden Stadt, es war elf Uhr am Abend, der Bursche hinter der Theke gähnte. Basil trank seine Milch und Doris wußte, daß sie ihn liebte, daß diese Liebe immer da sein würde, immer, was sonst auch mit ihr geschehen möge.

Sie zögerten, heimzugehen. Noch lag die Nacht vor ihnen, und sie hatten beide Angst davor. Sie traten in das Zimmer, die Betten waren aufgedeckt und standen bieder und schmal im Licht der Lampe. Auf dem kleinen Tisch dazwischen schlief Joujou in seinen Schwanz gerollt.

«Bist du müde?» fragte Basil.

«Etwas. Und du?» fragte sie zurück.

«Sehr», sagte er und wartete. Er stand vor seinem Bett und starrte es an mit einem beinahe angstvollen Ausdruck.

«Ich erinnere mich noch daran, wie mein Vater im Krieg auf Urlaub kam», sagte Doris schnell. «Wir hatten alles so festlich gemacht wie möglich, Mutter und ich. Meinem Vater war ein Bart gewachsen, ich erkannte ihn gar nicht, als er heimkam. Und dann konnte er nicht im Bett schlafen, er war es nicht mehr gewöhnt. Er schlief auf dem Bettvorleger neben seinem Bett, auf dem Fußboden. Meine Mutter hat geweint.»

«Und du?» fragte Basil.

«Ich lachte. Mir kam es komisch vor. Ich war ja noch ein Kind», antwortete sie und trat zu ihm.

«Ach, Doris», sagte er leise. «Ich versuche den ganzen Abend zu vergessen, was morgen sein wird. Ich versuche, Marcel Proust zu sein, oder sonst jemand, der immer mit einer Eiderdaunendecke schläft. Ach Doris . . .»

Sie legte sich schnell in seine Arme, sie hatte Angst, daß er wieder so schauerlich zu schluchzen anfangen würde wie am Nachmittag. Aber er strich über ihr Haar und lächelte. «Wie bunt du geworden bist», sagte er.

«Gefällt es dir nicht?» fragte sie, denn sie war ein wenig stolz auf alle die Veränderungen, die seit Doktor Sardis Zeiten mit ihr vorgegangen waren.

«Ich bin kein Maler», sagte er. «Ich bin ein Bildhauer. Mich interessiert die Form mehr als die Farbe.» Gottseidank, dachte Doris. Es war das erste positive Wort, das er über sich selbst aussprach. «Stört dich das Licht?« fragte sie etwas später, als er noch immer dastand, sie ungefüge an sich haltend. Ohne zu antworten, streckte er den Arm aus und drehte die Lampe am Nachttisch ab. Es wurde nicht ganz dunkel. Wieder wie am Nachmittag blinkte die Lichtreklame von dem Dach gegenüber. ‚Versucht Paradies-Schokolade.' Im Finstern sagte Basil: «Nachher wird alles noch viel schwerer sein.»

«Man darf nie Angst haben vor nachher—» flüsterte Doris.

Als sein Mund endlich den ihren traf, war es, als ob die Zeit rückwärts flösse in einem Strom voll schwerer unaufhaltsamer Wellen.

Den tiefsten Stand ihrer Existenz erreichte Doris in der Zeit, da sie mit Shugers reiste.

Es fing damit an, daß sie ohne Geld in New York anlangte. Sie ging zu dem Rechtsanwalt Vanderfelt, der sie mit zugekniffenen Augen betrachtete und ihr die Hand auf die Schulter legte. Er vermittelte ihr ein Zusammentreffen mit dem alten Bryant.

Der alte Bryant hatte sich nach dem Bankrott seiner Bank wieder einigermaßen hochgearbeitet. Ein großer Papierkonzern hatte sich seine Erfahrungen gemietet, er diente dort als eine Art geschäftlicher Ratgeber und bekam ein kleines Gehalt und die Aussicht auf einen großen Bonus, falls seine Ratschläge sich günstig auswirkten. Er empfing Doris in seinem kleinen Haus in New Jersey, mit der Aussicht auf den Fluß. Er sah jünger aus, als sie ihn in Erinnerung hatte, und er war nett und freundlich. Er war soweit der erste Mensch, der sich ernsthaft danach erkundigte, was sie inzwischen getan und erreicht hatte. Er gab ihr ein wenig Whisky mit viel Soda zu trinken und hörte zu. Doris erzählte mehr als sie wollte, es war so erleichternd, zu beichten. Auch wurde sie selber sich klarer über ihr eigenes Leben, während sie es vor den klugen und erfahrenen Augen des alten Bryant ausbreitete. Als sie fertig war, trank er ihr zu. «Auf die Zukunft», sagte er. «Sie werden es schaffen. Sie sind aus dem Material gemacht, aus dem die Erfolge kommen.» Doris lächelte spöttisch und zweifelhaft. Ihr Leben sah weiß Gott nicht nach Erfolg aus.

Der alte Bryant stand auf und schrieb an seinem kleinen Schreibtisch einen Scheck. «Den müssen Sie annehmen, weil heute mein Geburtstag ist», sagte er. Doris wunderte sich flüchtig, wieso es kam, daß ein Mann wie der alte Bryant an seinem Geburtstag allein in New Jersey saß. «Ich habe mich von allen Leuten zurückgezogen, die nicht Stich hielten, als es mir dreckig ging», antwortete er prompt wie ein Gedankenleser. Doris bedankte sich für den Scheck und steckte ihn ein, ohne ihn anzusehen, obwohl sie brennend gern gewußt hätte, wie viel es war. Bryant sah ihr wohlgefällig zu. «Nett, daß Sie sich nicht zieren», sagte er freundlich. «Überhaupt nett, daß Sie wieder im Lande sind. Hoffentlich werde ich Sie öfters sehen.»

Doris schaute ihn dankbar an und hätte gern gewußt, wie alt der alte Bryant eigentlich war. «Zweiundsechzig», sagte er, obwohl sie nicht gefragt hatte. Er brachte sie bis an die Gartentür des kleinen Hauses. Von der Dienerschaft war nichts zu sehen. Doris ging heim mit etwas Friedlichkeit im Herzen. Sie verpackte Joujou—da Basil ihn nicht haben durfte—und lieferte ihn als verspätetes Geburtstagsgeschenk bei Bryant ab. Der alte Bryant hatte solch eine einsame Luft um sich, und

240

Joujou war gute Gesellschaft. Der Scheck, den Bryant Doris gegeben hatte, lautete auf hundert Dollar.

Das nächste war, daß Doris in der Metropolitan Opera vorsang. Es kostete viele Empfehlungen und Bitten, die Salvatori griff ein, Delmonte, der Zürnende, mußte versöhnt werden, eine unangenehme Stunde mit Doktor Sardi lag dazwischen. Bryant und Vanderfelt zogen an allerhand Fäden, und zuletzt erhielt Doris die kostbare Nachricht, daß sie zum Probesingen in der Metropolitan Opera zugelassen sei.

Das Probesingen fand auf der abgeräumten Bühne statt, ein verwaschener Hintergrund wurde herabgelassen, und im dunklen Parkett saßen vier beinahe unsichtbare, murmelnde Männer. Die Bühne war unermeßlich groß, unermeßlich hoch. Doris schien es, als wenn die vertraute Welt des Schnürbodens und der Kulissen vor ihr zurückwiche und sie allein in einem leeren Raum ließe. Nur der Geruch war bekannt. So hatte es in allen Theatern gerochen, in Deutschland, in Italien, in der Schweiz, in Frankreich und in Nord-Afrika. Ein häßlicher und schlechtgelaunter Mensch begleitete auf dem alten Klavier, das aus den Kulissen auf die schlechtbeleuchtete Bühne geschoben wurde. Flüchtig sehnte Doris sich nach René, als sie die harten Akkorde hörte, mit denen der Klavierspieler die Arie aus Tosca einleitete. Sie fror und sie spürte, daß ihr Gesicht grau war. Sie schloß die Augen für eine Sekunde und konzentrierte sich, wie sie es von Delmonte gelernt hatte. Sie warf sich in den Gesang hinein, sie spielte ihre Szene auf der uferlosen Bühne, ohne Partner und ohne Wände. An der vorgeschriebenen Stelle kamen ihr die Tränen in die Augen. Auch sie konnte nun weinen, wann immer sie es brauchte. Sie mußte nur an Basil denken, an sein dünnes Haar, an seinen ohnmächtigen Blick, als sie ihn auf der kleinen Station verließ und er zurückfuhr ins Zuchthaus. Im Parkett wurde gemurmelt, als sie endete. Sie war unzufrieden. Ihre Hände waren naß von Schweiß. «Was wollen Sie noch singen?» wurde von unten auf Italienisch

241

gefragt. «Eine Arie von Händel», rief sie zurück. Sie legte die alten Noten, die noch Linden geschrieben hatte, auf das Klavier. Der Klavierspieler murrte. Doris stellte sich in die Mitte der Bühne und hob das Gesicht aufwärts, dort hin, von wo der Scheinwerfer sein blaues Mondlicht auf sie ausgießen sollte. Sie klärte ihre Kehle und sie spürte ihr Herz tobsüchtig schlagen in ihrer Brust. Die einleitenden Akkorde kamen falsch im Tempo. Der Klavierspieler war wütend, das konnte man hören. Ein falscher Akkord riß Doris aus ihrer mondsüchtigen Haltung und sie landete unsanft wieder auf der Bühne der Metropolitan. Da war ihr Einsatz und sie sang. Sie wußte schon nach ein paar Takten, daß alles verdorben war. Sie kämpfte sich bis zum Mittelsatz der Arie durch, stolperte mit der schlechten Begleitung entlang so gut sie konnte und gab dann auf. Sie hörte auf zu singen und trat an die Rampe. «Ich möchte lieber etwas anderes vorsingen...» rief sie ins Parkett hinunter. «Danke, es ist genug», wurde von drunten mit einer tiefen Baßstimme geantwortet. Sie sah noch, daß ein paar Gestalten sich eilfertig aus den leeren Sitzreihen schoben und das Theater verließen. Unschlüssig rollte sie ihre Noten ein. Ein Herr erwartete sie am Rand der Bühne. Es schien Doris eine lange Reise, vom Zentrum, wo sie stand, bis zu ihm. «Ausgezeichnet», sagte er, «wirklich außerordentlich. Sie sind eine Schülerin von Delmonte. Ich habe es gleich erkannt an der Art, wie Sie die Kopftöne ansetzen.»

Dies klang tröstlich. Doris nahm ihr Taschentuch heraus und wischte sich den Schweiß vom Gesicht und von den Händen. Der Herr ging neben ihr her, durch die Bühnentür, zwischen den Requisiten durch, die für den Abend da aufgereiht waren, und über Korridore. Er fragte eine kurze Biographie aus ihr heraus, Repertoire, Bühnenerfahrung, frühere Engagements. Doris traute sich nicht zu lügen, aber sie spürte, daß die Wahrheit nicht sehr stattlich klang. «Wir werden Ihnen schreiben, Sie werden von uns hören» sagte der Herr, als er sie verabschiedete. Unten

242

bei der Portierloge wartete die Salvatori. Sie schloß Doris mit großer Gebärde in die Arme und klopfte gleichzeitig auf das Holz des schwarzen Brettes, das dort hing. Doris seufzte.

Der Brief der Metropolitan Opera traf vier Tage später ein, man anerkannte die schönen Stimmittel, aber bedauerte, keine entsprechende Vakanz zu haben. Aufrichtig ergebenst. Doris stand in New York und wußte nicht weiter. Herr Wallert lebt noch, dachte sie im Unterbewußtsein.

Sie wohnte wieder in der sechsundfünfzigsten Straße, im dritten Stock diesmal, und es war gespenstisch. Sie hatte dieses Haus so oft geträumt, daß es gar keine Wirklichkeit mehr für sie besaß und dennoch existierte es noch. Im Atelier hinter der Glastür war eine Tanzschule von extremer Modernität tätig, man hörte das Stampfen und Gongschlagen durch alle Wände. Der Schneider Dostal existierte nicht mehr, statt seiner wohnten jetzt die Besitzer der Frühstücksstube dort. Die weinenden Zwillinge waren zwei muntere Knaben mit kleinen aber weiten und langen Hosen geworden, die unten auf der Straße vor dem Haus auf Rollschuhen umherrannten. Doris hatte die möblierte winzige Wohnung einer sogenannten Schauspielerin übernommen, die mit einem Herrn auf Reisen gegangen war. Es roch nach chinesischem Räucherwerk und jene Puppen, die man in Coney Island gewinnen kann, hockten schlapp auf allen Möbeln herum. Aber es war billig und hatte etwas von Heimat an sich. Aus der Wohnung der Salvatori drangen noch immer die gequälten Tonleitern der Schüler hervor, und auch Doris begann nach ihrer Niederlage von Grund auf zu arbeiten.

Sie hätte sich nicht an den Agenten Mosse erinnert, wenn sie nicht in der Untergrundbahn in ihn hineingerannt wäre. «Hallo, Hallo», rief er, «nur nicht so eilig. Auf Sie habe ich es schon lange abgesehen.» Doris mußte erst in ihrem vollgeräumten Gedächtnis herumstöbern, bevor sie ihn erkannte. Es war fast vier Jahre her, seit sie ihm im Hotel Blanchard bei Delmonte vorgestellt worden war.

243

«Mosse weiß alles», sagte er vergnügt. «Sie haben in der Metropolitan vorgesungen und sind abgestunken. Aber Sie haben die schönste Stimme, die Cranach seit Jahren gehört hat.»

«Wer ist Cranach?» fragte Doris erstaunt.

«Ein Mann ohne Einfluß, Kapellmeister zweiter Güte, aber er versteht etwas.» Doris zuckte die Schultern in einer Weise, die besagte: Was nutzt mir das. Mosse schaute dieser Bewegung mit Aufmerksamkeit zu. «Sie haben Schmiß bekommen», sagte er. «Wer hat es Ihnen beigebracht?»

«Arbeit in der Operette. Das Tingel-Tangel», sagte Doris. Von Zeit zu Zeit spürte sie selbst, was Paris, was René für sie getan hatte.

Mosse nahm sie mit sich in ein kleines italienisches Restaurant in der zweiundvierzigsten Straße. Er schwamm durch den Verkehr und die Lichter und das Gedränge des abendlichen Broadway wie ein Seehund zwischen den gewohnten Eisblöcken im treibenden Meer. «Ich brauche Gesellschaft, weil die Missus in Florida ist», vertraute er Doris an. Doris lächelte matt, sie ging hinaus und erneuerte ihr gesamtes make up. Sie glaubte zu wissen, was bevorstand und sie war bereit dazu. Mosse schob sie auf der Straße in ein Taxi. «Riverside Drive», sagte er. Doris biß die Zähne zusammen und stieg ein. Seit jener Nacht mit Basil war es nicht so einfach wie zuvor. Über dem Fluß blinkten die Lichtreklamen der Palisaden und sie fuhren in einer langen Doppelkette von Wagen. Doris fand, daß sie flüchtig den Wunsch empfand, am andern Ufer zu sein, beim alten Bryant ruhig und geborgen unter seinen erfahrenen Augen, mit Joujou auf dem Schoß. Zugleich schon schob sie sich näher an den Agenten Mosse heran mit einer darbietenden und ermutigenden Bewegung. Er legte sogleich seine Hand im Handschuh auf ihre Knie und schob sie sacht wieder von sich fort. «Junge Dame», sagte er höflich, «ich bin ein Geschäftsmann, ich bin kein Liebhaber. Ich will mit Ihnen Geschäfte machen, ist das klar? Ich habe kein persönliches Interesse an Ihrer hübschen

244

Figur oder an Ihren schönen Augen, sondern ich taxiere Sie als Agent und versuche Sie gut zu verkaufen. Ist das eine gesunde Grundlage?»

Doris rückte erleichtert wieder in ihre Ecke. Während das Taxi sich geduldig von Stopzeichen zu Stopzeichen weiterschob, erklärte Mosse ihr, was er im Sinne hatte. Die Metropolitan war in einer Krise, so sagte er, die Oper überhaupt war in einer Krise, und ein Mittel mußte gefunden werden, um sie am Leben zu halten. Doris nickte mit weisem Gesicht hierzu. Sie hatte das gleiche Thema hundertmal gehört, in Milano, in Paris, in Lindens Gesellschaft und bei René.

Das Mittel, fuhr Mosse dozierend fort, und sie erkannte, daß es sich um sein Steckenpferd handelte, das Mittel war eine billige, lebendige Oper, die man durchs Land auf Reisen schickte. Junge Leute, neue Stimmen, den Staub abgewischt von den alten Opern und vor allem—billige Preise. Niedrige Preise, hohe Leistungen und keine Fräcke im Publikum.

«Was wollen Sie—es gibt keine reichen Leute mehr. Es gibt überhaupt kein bares Geld mehr», seufzte er und spreizte seine resignierten Handflächen aus. Er fragte Doris, ob sie wisse, wer Potter sei. Sie kramte in ihrem Gedächtnis herum. Es war eine Arbeit, als grabe sie in Schutt. Sie hatte viel und bewußte Qual und Mühe daran gehängt, zu vergessen. Nun, hier in New York kam es alles wieder hoch—in Schichten stand es auf und begann zu leben. «Potter—?» sagte sie nachdenklich, «Potter?»

«Er würde die Oper produzieren, wenn wir ihm Geldleute verschaffen können», sagte Mosse und sah Doris an. Er sagte «Wir».—

«Ja, ich glaube, ich kenne ihn—» erwiderte Doris ungewiß. Ein alter Mann in einem altmodischen langen Rock mit enger Taille. Er hatte sie geküßt auf eine erfahrene, abschreckende und erregende Weise. «Er hat mir sogar einmal einen Kuß gegeben», setzte sie hinzu. Mosse warf ihr einen schnellen Blick zu. «Na—» sagte er nur.

Eine Woche später fand das Zusammentreffen mit Shugers statt und Doris erfuhr niemals, ob es von Mosse arrangiert oder ob es Zufall war. Es geschah im Colony Restaurant, wohin der Agent sie zum Lunch mitschleppte. Doris trug ihr schwarzes Pariser Straßenkleid und das Haar glatt aus der Stirne gestrichen, wie René es ihr beigebracht hatte. Von den hundert Dollar, die der alte Bryant ihr gegeben hatte, besaß sie noch zwanzig und keine andere Hoffnung als diejenige, die Mosse ihr machte. Sie sah europäisch aus zwischen all den Amerikanerinnen im Colony und mehrere Tische drehten sich nach ihr um. Sie war noch nie in einem so eleganten Restaurant gewesen, und sie fühlte sich gut—wie auf einer Bühne.

Sie aß gerade ihren Hühnersalat, als Mosse den Tisch für einen Augenblick verließ, an einen andern Tisch trat und bald darauf mit einem Herrn von dort zurückkehrte.

«Dies ist Mr. Shugers», hörte sie Mosse sagen und blickte auf. «Mr. Shugers, das ist Dorina Rossi, ein französischer Opernstar.»

«Ich kann französisch essen, aber nicht reden—» sagte Shugers, deutete eine Verbeugung an und nahm den Stuhl neben Doris.

«Ich spreche ganz gut englisch», antwortete sie. Shugers war ein Mann von etwa fünfunddreißig Jahren, sie sah ihn mit gerunzelten Brauen nachdenklich an. Sie kannte auch ihn, aber sie wußte nicht woher.

«Waren Sie einmal in Salzburg?» fragte sie ihn.

Er schnippste mit den Fingern. «Nein», sagte er, «aber in Greatneck, Miss Hart.»

Er begann laut herauszulachen, wobei er die Augen einkniff. Er sah wie ein Schauspieler aus, mit Falten um den Mund, als hätten viele Grimassen seine Gesichtshaut ausgedehnt. «Ich habe also meine Wette gewonnen», rief er aus, noch immer lachend. «Das ist Miss Hart, sage ich zu F. O. Aber F. O., der es doch besser wissen müßte, sagt nein, sie ist es nicht. Jetzt hat er die

Wette verloren und muß eine ganze Flasche Bourbon austrinken
—innerhalb einer halben Stunde muß er eine ganze Flasche
Bourbon austrinken und F. O. ist rasend komisch, wenn er besoffen ist. Wie geht's Ihnen immer, Miss Hart?»

Nachdem Shugers all dies in einem Atem vorgebracht hatte,
verstummte er, holte ein Augenglas hervor, setzte es auf, starrte
Doris an, nahm es wieder ab und steckte es in die Brusttasche
seines hübschen grauen Anzuges.

«Das ist ja nett, daß Sie Doris kennen», sagte Mosse freundlich. «Sie müssen sie aber bei ihrem Künstlernamen nennen,
Dorina Rossi.»

«Bei jedem Namen, den Sie wollen, bei jedem Namen», versicherte Shugers. «Ich kenne doch das Mädchen besser als
irgend jemand—seit Jahren reise ich doch mit ihrer Geschichte,
wissen Sie das nicht? Ich war doch derjenige, der zuerst ins
Zimmer kam und sie auf dem Bett liegen fand und bluten wie
ein Schwein, entschuldigen Sie. Ich hatte das Zimmer nebenan
und ich hörte den Schuß und warte noch und dann sage ich zu
Ducky—das war diese kleine Schwarze, wissen Sie, die dann
den Skandal mit den Bradleyperlen gehabt hat, ich sage: ent-
schuldige, Zuckerpuppe, und schaue auf den Korridor und da
höre ich so eine Art Stöhnen aus dem nächsten Zimmer. Ich
renne hinein und finde F. O. ohnmächtig auf dem Teppich und
das Mädel ebenso auf dem Bett und der Kerl, der geschossen
hat, sitzt daneben und lächelt wie ein Idiot und sagt kein Wort.
Ich habe ihm einen Kinnhaken gegeben und dann renne ich
hinunter und rufe Ransom und wir holen die Polizei und ich
bin noch mit der Ambulanz mitgefahren zum nächsten Spital.
Ich vergesse nie, wie das Blut immerfort durch das Nachthemd
kam, ein blaues Nachthemd, nicht wahr? Und voll Blut—mir
war richtig übel, und ich habe drei Tage lang trinken müssen,
um es zu überwinden—und dann sollte ich Sie nicht erkennen?»

Und als dies gesagt war, setzte er wieder sein Augenglas auf,
schaute Doris an, tätschelte ihre Wange, als würde er ihr damit

vergeben, daß sie ihm einst so viel Unbequemlichkeit verursacht habe und nahm das Augenglas wieder ab.

Doris saß ganz steil und steif da. «Meinen Sie, daß der junge Bryant in der Nähe ist?» fragte sie schließlich. «Das will ich glauben, daß der in der Nähe ist», versicherte Shugers. Er drehte sich um und winkte. «Komm mal rüber, F. O.», rief er durch das Lokal, aber der Ruf ging in dem vergnügten Stimmengemurmel verloren. Nur ein dienstfertiger Kellner fing ihn auf, ging zu einem Tisch im Hintergrund und trotzdem Doris nicht hinschaute, wußte sie doch, daß von dort die Vergangenheit hervor und auf sie zukam.

«Hallo, Wette verloren», trompetete Shugers, noch bevor Bryant ganz bei ihrem Tisch angelangt war. «Es *ist* Miss Hart». Doris zuckte die Schultern, sie hatte schon schlimmere Situationen durchgemacht. Sie blickte Bryant entgegen. Mosse sagte kein Wort. Er beobachtete die Szene mit Amüsement und Interesse.

Bryant war nicht ganz nüchtern. Doris erkannte es an der gewaltsamen Art, in der er sich geradehielt. Als er sich vor ihr einfand mit einem perplexen Gesicht und sich an einer Stuhllehne anhielt, um geradezustehen, empfand sie sogar ein flüchtiges und verwischtes Mitleid mit ihm. Er war ein verlorener Mann, das sah man, obwohl er sich nicht sehr verändert hatte, nicht sosehr wie Basil zum Beispiel. Nur daß sich alle Linien des Verfalls, die früher nur angedeutet waren, entwickelt und ausgeprägt hatten.

«Hallo?» sagte er und es klang nicht wie ein Gruß, sondern wie eine Frage. Shugers schüttelte sich vor Lachen. «Es *ist* Miss Hart», schrie er. «Ich habe gewonnen. Du mußt deine Flasche Bourbon austrinken, fange lieber sofort damit an.»

«Mit Vergnügen», erwiderte Bryant, zog eine Flasche aus der Tasche und begann inständig daran zu saugen. Er schüttelte sich, als er die Flasche absetzte und ließ sich rasch auf den nächsten Stuhl sinken.

«Lauter alte Bekannte, wie ich sehe», sagte Mosse harmlos.

248

Doris warf ihm einen schnellen Blick zu, sie haßte ihn, obwohl er der erste war, der nichts Zweifelhaftes von ihr verlangt hatte und ihr nützen wollte.

«Zum Teufel mit den alten Geschichten», sagte Bryant, er sprach sehr langsam, als müsse er die Worte erst aus allen Winkeln seines paralysierten Gehirnes zusammensuchen. «Ich habe Ihnen keine Tränen nachgeweint, Miss Hart, glauben Sie nur das nicht.»

«Vergiß nicht ans Trinken», mahnte Shugers und legte seine Uhr vor sich auf den Tisch, als gelte es, eine sportliche Leistung abzustoppen. «Ich habe keiner eine Träne nachgeweint», fuhr Bryant fort, nachdem er einen hastigen Zug aus der Flasche getan hatte. «Zum Teufel mit allen. Zum Teufel mit Juddy. Zum Teufel mit Doris. Zum Teufel mit dem Alten. Wenn bloß der Krach nicht gekommen wäre.»

«Ja, aber der Krach ist eben gekommen, mein Liebling», sagte Shugers und puffte Bryant gegen die Rippen. «Warten Sie nur, wie komisch er sein wird, wenn er die ganze Flasche drunten haben wird. Jetzt ist er in aggressivem Stadium, dann kommt das traurige und zuletzt das komische», verkündete er, als wäre Bryant eine Sehenswürdigkeit und er der Ausrufer.

«Ich hätte nicht gedacht, daß ich dich noch einmal sehen würde, Doris», sagte Bryant und hob die schweren betrunkenen Augen zu Doris auf. Es wehte sie kühl an. Auch Basil hatte etwas Ähnliches gesagt. Gegenwart und Vergangenheit schob sich in Schichten übereinander. «Ich hoffe, es geht Ihnen gut», murmelte sie. Bevor Bryant antwortete, kam schon Shugers dazwischen. «Da können Sie ganz beruhigt sein, Miss Hart», rief er über den Tisch, «dafür bin ich da. Bryant ist mein alter Freund, ich lasse ihn nicht im Stich. Ich schleppe ihn überall mit mir herum, nicht wahr, F. O.? Ich füttere ihn gut und gebe ihm ausreichend zu trinken, damit er bei guter Laune bleibt, nicht wahr, F. O.?»

«Wenn Sie mit allen Reminiszenzen zu Ende sind, dann

können wir vielleicht etwas Geschäft reden, Shugers?» erkundigte sich Mosse mit nüchterner Stimme.

«Was für Geschäft, um Himmels willen?» fragte Shugers erstaunt.

»Die Continental Opera Company», sagte Mosse. «Sie haben mir versprochen, wenn ich Potter dazu kriege und ein paar gute Stars—»

«Habe ich das?» fragte Shugers nachdenklich. «Sie wollen mit Gewalt einen Otto H. Kahn aus mir machen, scheint mir. Ich passe aber besser zu Ziegfield als zu klassischen Sachen. Ich war nur zweimal in der Oper in meinem ganzen Leben. Ich habe kein Wort verstanden und alle Leute sangen höher als sie eigentlich konnten. Den Schluß habe ich beide Male versäumt, weil ich eingeschlafen bin.»

Mosse, der sein Leben kaltschnäuzig und doch begeistert im Umkreis der Oper verbrachte, war angewidert. «Wir verlangen ja nicht, daß Sie zuhören, Herr», sagte er. «Wir wollen, daß Sie Geld dazu hergeben.»

«So», sagte Shugers, leicht gekränkt. «Dazu wollt ihr mich. Wollen Sie mich auch zu nichts anderm, Mademoiselle Dorina Rossi?» Er lachte auf, denn es schien ihm ein geglückter Witz, daß er Doris bei ihrem neuen Namen angeredet hatte. Doris schaute hilfesuchend zu Mosse hinüber, der ihr ermunternd und zufrieden zunickte. «Ich habe nämlich noch andere Seiten, die von den Damen geschätzt werden, nicht wahr, F. O.?» sagte Shugers.

«Fertig», annoncierte Bryant unerwartet. Er drehte seine Flasche um und kein Tropfen kam heraus. «Brav, brav», lobte Shugers. «Jetzt werden Sie gleich sehen, wie komisch er ist.»

Aber aus irgend einem Grund wurde Bryant nicht komisch. Er saß da, den Kopf in die Hände gestützt, halb schlafend und redete überhaupt nichts mehr.

«Wollen Sie nicht morgen bei mir zu Abend essen? Miss Hart wird auch da sein», sagte Mosse zu Shugers.

«Was sagen Sie, Rossi, soll ich kommen?» fragte Shugers, er stieß seinen Ellbogen sacht gegen Doris' Arm und lachte sie vertraulich an.

«Ja—bitte—» sagte Doris, angeleitet durch einen Blick des Agenten.

«Komm, Parasit», sagte Shugers, zog Bryant am Kragen hoch wie einen jungen Hund und steuerte ihn durch das Lokal. Wieder hielt Bryant sich eisern grade und nicht das geringste Aufsehen entstand. Doris entschuldigte sich bei Mosse, sie ging hinaus und wusch sich die Hände. Sie hatte ein durch und durch unsauberes Gefühl, als hätte sie die ganze Zeit mit schmutzigen und falschen Karten gespielt.

Doris verbrachte viele Abende in der Gesellschaft von Mosse und Shugers und dann, an einem bestimmten Punkt, verschwand Mosse und sie verbrachte die Abende mit Shugers allein. Er war gewöhnlich, dumm, lärmend und dazu eitel aus einer abgrundtiefen inneren Unsicherheit. An der Peripherie ihrer Beziehung geisterte Bryant herum, zerbrochen, betrunken, ein wehmütiger, haltloser und schmarotzender Clown. Doris kam dreimal zu Mosse und machte ihm eine Szene. Sie wollte nicht mehr mittun, sie konnte nicht mehr, es war zu niedrig, zu lästig, zu gemein. Mosse redete ihr vernünftig zu. Er war kein Mädchenhändler, kein Sklaventreiber, kein Galeerenaufseher. Er meinte es gut mit ihr. Daß diese Opernkompanie zustande kam, war ihre einzige, ihre große Chance.

Als es kritisch wurde, holte er Potter herbei. Doris sang Potter vor. Sie sang besser, als sie je in ihrem Leben gesungen hatte. Es ging etwas von Potter aus, das auf sie überströmte und sie stärker und glänzender machte. Sie begriff mit einemmal, warum so viele Schauspieler von diesem alten und etwas lächerlichen Komödianten abhingen. Potter, in seiner getragenen und feinschmeckerischen Weise, war entzückt von ihr. «Eine Bande von Schwachsinnigen hat dich abgelehnt, mein Schatz», sagte er. «Sie werden dir die Verträge auf den Knien nachtragen.»

Obwohl dies lächerlich und übertrieben war, schmeckte es süß. Potter begann mit ihr die wichtigsten Rollen schauspielerisch durchzugehen. Er füllte sie bis zum Rand mit dem Drang an, mit diesen Rollen, auf die Bühne zu gehen, loszugehen, um jeden Preis. «Ich mache eine Künstlerin aus dir, mein Schatz», sagte Potter. Doris spürte, daß er beinahe recht hatte. Es kam zu ein paar Umarmungen zwischen ihnen, zu ein paar Nächten, die wie Fortsetzungen der gespielten und studierten Szenen waren: feurig, schwungvoll, theatralisch und ohne jede Bedeutung in der realen Welt. In dieser Zeit zählte nur eines für Doris: Sie mußte auf die Bühne, endlich in den Rollen die ihr zukamen und an denen sie zerbersten würde, wenn sie keine Gelegenheit bekam, sie bald auf das Publikum loszulassen.

Die zwanzig Dollar waren indessen verbraucht und Mosse hatte ihr weitere fünfzig als eine Art Vorschuß verabreicht. Doris hätte zum alten Bryant gehen und ihn wieder um etwas Geld bitten können. Aber etwas Unbestimmtes und Sonderbares hielt sie davon ab. Sie besuchte ihn in seinem kleinen Haus. Sie kniete vor dem Kissen, auf dem der kleine Fuchs sich glücklich räkelte und es schien ihr, als sei bei Bryant der einzige ruhige, ungefährdete, der einzige saubere Punkt ihres Lebens. Man muß behutsam damit umgehen. In den Fenstern standen blühende Hyazinthen in Gläsern und dufteten süß und stark. Das Haus war im englischen Stil gebaut, es hatte nur vier Zimmer und war mit lustigen und gefühlvollen Kopien alter Tapeten ausgekleidet. Bryant brachte sie bis an die Gartentür, Joujou sprang mit erfreutem, schräggestelltem Schweif vor ihr her. «Sie sehen Junior öfters, wie ich höre—» sagte der alte Bryant beiläufig. «Er ist ganz vor die Hunde gegangen. Wissen Sie», setzte er hinzu, «Leute wie Sie und ich haben einen großen Vorteil über diese Juniors und Shugers. Wir waren arm, deshalb halten wir eine Menge aus.» Doris schaute in sein freundliches Gesicht unter den eisengrauen Haaren und sie dachte, ob er alles wußte und ob er wußte, wieviel es war, was sie aushielt.

Am gleichen Abend teilte Shugers ihr beiläufig mit, daß er mit seiner Jacht «Swanee» auf eine Südseereise gehen würde. Es war ein Zusammenbruch von großen Dimensionen. All das Herumzerren der letzten Wochen für nichts, keine Continental Opera Company, keine Bühne, keine Rolle, kein Fortschritt nach so viel Last und Mühe und Hoffnung und Selbstüberwindung. Gott weiß wieviel von all dem in ihrem Gesicht stand, aber Shugers faßte sie von hinten an beiden Schultern, drückte sie an sich und sagte: «Du wirst natürlich mitkommen. Wir werden endlosen Spaß haben.»

«Wer—Wir?» fragte Doris in Panik.

«Erstens Wir—mit großem W—wir beide speziell. Zweitens nehme ich eine nette Bande mit, auch noch ein paar Mädels— und F. O. natürlich, als Hauptspaß.»

Doris überlegte sich die Situation genau. Es war nicht vage, wie damals in Long Island, diesmal wußte sie genau, was ihr bevorstand, mit «Noch andern Mädels», an Bord und mit Bryant Junior als komische Figur im Hintergrund.

«Wenn ich mitkomme, was schaut dabei für mich heraus—?» fragte sie klipp und klar. Shugers war keineswegs verstimmt darüber. «Ich sage ja immer zu F. O., daß du tüchtig bist. Wieviel hast du aus seinem Alten herausgeholt? Hunderttausend? Mehr? Wie? Allen Respekt. Hast du noch nicht herausgefunden, daß ich mir jede Frau leisten kann, die mir gefällt? Also was verlangst du, wenn du mitkommst?»

«Das muß ich mir überlegen», sagte Doris und verließ ihn. Sie hatte ihm noch keinen Kuß gegeben, noch nicht die Spitze ihres Fingers. Sie hatte sich schon oft verkauft, es war eine reine Routine geworden, aber noch nie so nackt, so unverhohlen und mit solchem Widerwillen.

Zu Hause, in der 56sten Straße, holte sie sich erst noch etwas Ermutigung bei der Salvatori. Die alte Sängerin schmollte, weil Doris ihr nicht mehr den Platz einer unbedingten Vertrauten und einer Führerin einräumte. Sie hatte begonnen, aus den

Karten Doris' Geschick zu erforschen und die Patiencen gingen nur höchst selten auf. Dumpf fürchtete die Salvatori, daß Doris sterben könne, ohne die Tosca, die Aïda und die Santuzza gesungen zu haben. Es wäre ein sinnloses Sterben und ein sinnloses Leben gewesen, das von Doris, wenn dies geschehen sollte. Deshalb redete sie ihr in heftigen Worten, wenn auch flüsternd zu, alles zu tun, alles und jedes, das dazu führen konnte, sie auf die Bühne zu bringen, in die Rollen und an den Platz, der ihr gebührte.

Doris rief noch an demselben Abend den Agenten Mosse an. In der kleinen Zelle des Frühstücksraumes unten eingepreßt, rief sie ihre Forderungen und Bedenken in die Muschel, die nach Zwiebeln roch. Ein Radio spielte dazu den letzten Schlager. Als sie mit dem erschöpften und aufgeregten Mosse fertig war, holte sie Atem und machte sich daran, Potter aufzufinden. Sie störte ihn bei fremden Leuten in einer späten Pokerpartie und hatte im Ankleidezimmer der Hausfrau ein eingehendes Gespräch mit ihm. Er gebrauchte hohe und überzeugende Worte, er sprach von sublimen Opfern für die Kunst und rechnete aus, daß die Continental Opera Company ein Betriebskapital von achtzigtausend Dollars nötig hätte, um überhaupt anfangen zu können. Es schien Doris wenig Geld für das, was ihr bevorstand.

Eine Woche später waren die Verträge gezeichnet. Ein wichtiger Punkt stand nicht darin; daß Doris sich verpflichtet hatte, zuvor mit Shugers auf eine ziellose und unbegrenzte Vagabundenfahrt der «Swanee» zu gehen.

Die «Swanee» war ein weißes hübsches Boot von 180 Fuß Länge, das bei der leichtesten Brise in ein unverhältnismäßiges Schaukeln geriet. Zwei der Mädchen waren fast ständig seekrank, sehr zum Leidwesen ihrer respektiven Besitzer. Die zwei andern Mädchen waren seefest, ebenso wie Doris. Sie sahen aus wie jene Micky und Ducky an dem unvergessenen Abend in Greatneck, aber es waren nicht die gleichen, sondern eine jüngere Generation derselben Sorte Mädchen. Sie nannten einander Liebchen und Schatz und kämpften lächelnd und verbissen um die bessere Chance bei den Männern. Doris lag in ihrem Deckstuhl und sah zu. Sie spielte nicht mit, sie war der eindeutige Besitz von Shugers. Dieser ging in einer Kapitänsmütze herum, er verbrauchte viel Alkohol als Vorbeugungsmittel gegen die Seekrankheit und es nutzte. Obwohl sie an der Küste entlang fuhren, hatten sie böses Wetter, bevor sie in den Kanal kamen und dann wurde es täglich heißer. Es war Ende März, die Delphine sprangen.

Auch Doris trank viel. Sie machte die Reise mit, hinter Whiskyschleiern. Nur so war das mit Shugers zu ertragen. Sie litt an einer grausamen, knirschenden Sehnsucht nach Basil, über den sie nicht sprechen durfte. Sie hätte ihn noch besuchen können, bevor die hastige Abreise von statten ging, aber sie hatte es nicht über sich gebracht. In ihrem Deckstuhl sitzend, arbeitete sie an einem Brief für ihn. Nicht bevor sie nach Panama kamen, war er fertig zum Absenden. Es war ein Brief, der von Lügen starrte. Sie berichtete Basil, daß sie auf einer Operntournee nach dem Westen unterwegs sei, sie malte Details aus und erzählte spaßige Anekdoten, die sie vor Jahren von Delmonte gehört hatte. «Ich wollte, wir würden diese Reise zusammen machen», schrieb sie ihm. Es war der ungefüge Ausdruck dessen, was sie in jeder Minute empfand. Sie konnte den Himmel nicht sehen, nicht die Kielstreifen des Schiffes, nicht die Wolken, die Möwen, die Delphine, die kleinen Häfen, in denen sie landeten, um Öl und Wasser aufzunehmen; die Palmenhügel der Küsten, nichts von all dem konnte sie sehen, ohne an Basil zu denken. Es war so viel Himmel um sie herum, so viel Luft, Weite—und Basil grub in einem winzigen Garten hinter einer Mauer.

Am ersten Tag setzte ein brauner Mensch in faltigen Hosen sich zu ihr. «Es scheint also, daß ich Ihnen doch noch eine Villa

bauen werde», sagte er als Einleitung. Es kostete Doris ein
wenig Nachdenken, bevor sie sich besann, daß dies der Architekt Pascal war, den sie vor einer Ewigkeit aber doch unter un-
vergeßbaren Umständen kennengelernt hatte. Das Boot war voll
von Leuten, die an jenem Abend dabei gewesen waren—oder
von Leuten, die genau so aussahen, wie jene ausgesehen hatten.

«Wir beide müssen Shugers miteinander betrügen», behaup-
tete Pascal kühn, nachdem sie eine Stunde zusammen auf das
Wasser geschaut hatten, das vor dem Bug herschäumte. «Die
Reise wird sonst unerträglich werden.»

«Warum sind Sie denn mitgefahren?» fragte Doris spöttisch.
«Aus dem gleichen Grund wie Sie: Geschäft», wurde ebenso
spöttisch geantwortet. «Ich werde bezahlt», sagte sie brutal,
«es wäre nicht fair, Shugers zu betrügen.» «Wir sind eine sach-
liche Generation», sagte Pascal. «Es könnte eine entzückende
Reise werden, wenn Sie jetzt mit mir in meine Bunk kämen.
Mein Kabinenpartner spielt gerade Bridge, und Shugers bleibt
die nächsten zwei Stunden in der Bar.» Doris überlegte dies ein
paar Minuten lang ganz ernsthaft. Pascal sah gut aus und sprach
ihre Sprache, die Sprache von René und—ja—auch von Basil.

«Die Sache ist nur, daß ich jemanden liebe—» sagte sie
zögernd. Pascal schob dies mit einer Handbewegung beiseite.
«Was hat das damit zu tun?» fragte er. «Jeder Mensch liebt
jemanden. Ich liebe auch—eine Frau in Shanghai, die sich
nichts mehr aus mir macht. Kommen Sie in meine Kajüte—ich
zeige Ihnen Photographien.»

Doris zögerte, hungrig nach einer Erleichterung, nach Gemeinsamkeit. Aber es endete doch damit, daß Pascal allein in
seine Kajüte ging und Doris an Deck blieb, die Hände in die
Manteltaschen vergraben, und an Basil dachte.

Bryant wich ihr an diesem ersten Tag aus. Sie sah ihn nur
Ping Pong spielen, und sie wunderte sich, daß er nichts trug als
eine Badehose, obwohl es ein kalter Tag war und er verfroren
schien. Er hatte einen kleinen sackigen Bauch, und sein Körper

sah ungeformt aus, wie die unvollendete Skizze zu einem Menschen.

Zum Dinner zogen alle sich an, nur Bryant erschien in seiner Badehose bei Tisch. Alle brüllten vor Lachen, er schaute in seinen Teller und lachte unbeholfen mit. Er war sehr betrunken und mußte mitten in der Mahlzeit vom Steward abgeschleppt werden. Am nächsten Morgen kam er wieder zum Vorschein, noch immer in der Badehose und mit blauer Haut. Am dritten Tag konnte Doris es nicht mehr mit ansehen. Sie ging direkt auf ihn zu und fragte: «Was ist das für ein Unsinn, F. O., mit deiner Badehose.» «Alles deinetwegen», sagte F. O. wütend; seinen Kabinenschlüssel hatte er an das Band seiner Schwimmhose geknotet und die Haare an seinen Beinen waren gesträubt vor Kälte.

«Wieso meinetwegen?» fragte Doris ungeduldig. «Wegen der Wette», sagte F. O. etwas weinerlich. «Ich habe mit Shugers gewettet, daß er dich nicht kriegt. Ich dachte, wenn ich dich nicht gekriegt habe, dann wird er dich schon gar nicht kriegen. Aber wie es scheint, bist du ein bißchen heruntergekommen.»

«Ja—das ist schon möglich, Junior—» erwiderte sie beinahe freundlich. Er war solch ein Wrack, dieser Franklin O. Bryant junior, in seiner Badehose, man müßte Mitleid mit ihm haben. «Wie lange gedenkst du so herumzulaufen?» fragte sie noch. «Während der ganzen Reise», sagte er kläglich. «Unsinn», antwortete Doris wütend und stand auf, um mit Shugers zu reden.

Shugers war zuerst einen Moment bestürzt; aber da sie es nicht übelzunehmen schien, daß sie das Objekt einer Wette gewesen war, lachte er wie toll über den gelungenen Spaß und gab zuletzt großmütig zu, daß Bryant nach einer Woche wieder seine Anzüge tragen dürfe. Allerdings war es nach einer Woche schon so heiß, daß Bryant darauf wenig Wert legte.

Die «Swanee» war das lauteste Boot im Panamakanal und später das betrunkenste im Hafen von Papeete. Immerfort

257

dröhnte Gelächter, stritten Betrunkene, sangen Mädchen, spielte das Grammophon, kreischte jemand wie gekitzelt, Shugers hatte die Idee, diese Reise zu einer unaufhörlichen Kette von handgreiflichen Späßen und Gelächter zu machen. Sein Humor war von einer merkwürdigen Sorte. Er hatte eine alte kranke Bluthündin mitgebracht, die keine Musik vertragen konnte. Er schüttete sich aus vor Lachen, wenn das Hundegeheul immer zugleich mit der Tanzmusik ertönte. Immer waren gefüllte Waschschüsseln, Bürsten und Nägel unter den Leintüchern seiner Gäste verborgen. In Bryants Kabine wurden nachts weiße Ratten ausgelassen, die man eigens mitgenommen hatte, um ihn glauben zu machen, er leide an Delirium tremens. Die Damen fanden Zettelchen mit Versen auf ihren Ankleidetischen, in der Badewanne, und auf der Toilette, die sie aufkreischend lasen und versteckten. Nach dem Dinner wurde Sekt in die Ausschnitte gegossen, der schlechte gepantschte Sekt der Prohibition. Mitten bei Nacht klingelte es Alarm und große Verwirrung entstand. Ärmel wurden zugenäht und Anzüge versteckt, so daß immer ein Teil der Gäste nur notdürftig bekleidet herumging. Fingierte Radiotelegramme wurden ausgeteilt und ähnlichen Unfugs war kein Ende. Gegen sieben Uhr abends war gewöhnlich das ganze Schiff schon angetrunken und die Nacht endete in völliger Verwirrung.

«Wozu hat Shugers mich eigentlich mitgenommen?» fragte Doris den Architekten Pascal. «Er ist jeden Abend so betrunken, daß er mich nicht von den andern Mädchen unterscheiden kann.»

«Das wissen Sie nicht?» fragte Pascal. «Erstens wollte er in die Zeitung kommen und das ist ja auch geglückt. Dann wollte er sich vor seiner Frau zeigen, die sich von ihm scheiden ließ und vor einer andern, die ihn abgewiesen hat. Außerdem denkt er, daß es rasend komisch ist, Sie und F. O. auf einem Boot zusammen zu haben. Er will, daß F. O. zusehen muß, wie Sie mit ihm, Shugers, schlafen gehen und auch, daß Sie wissen, daß F. O. zusehen muß. Er ist das, was die Individualpsychologen einen durchaus entmutigten Menschen nennen.»

«Ach so—» sagte Doris. Ihr waren manchmal Pascals Paradoxe etwas zu hoch. Auch waren er und sie die einzigen, zwischen denen etwas wie eine menschliche Beziehung bestand in all der munteren und vergnügten Niedertracht dieses verrückten Bootes. Übrigens tat Doris alles und jedes, das von ihr erwartet wurde. Sie benahm sich wie Micky und Ducky, sie trank, sie lachte, tanzte und kreischte mit den andern. Sie gab ein Couplet aus Mademoiselle Ponpon zum besten, das großen Beifall fand und das sie von da an fast jeden Abend wiederholen mußte. Shugers steuerte neue Verse bei, schmutzige und hinkende Refrains, die er mit vielem Schweiß zusammensetzte und auf die er unbändig stolz war. Doris wurde auf den Tisch der Messe gehoben und tanzte ihren Cancan aus Mademoiselle Ponpon. Sie war beinahe so gut wie die andern Mädchen mit ihren Negerschritten aus der Theaterschule. Doris brachte den betrunkenen Shugers zu Bett und war ihm zu Willen, oder sie legte kalte Umschläge auf seinen Kopf, wenn er sich gar zu miserabel fühlte. «Wissen Sie, was diese ,Swanee' ist?» sagte sie zu Pascal. «Ein schwimmendes Bordell. So wie es hier zugeht, so stelle ich mir ein Bordell vor.» Pascal antwortete mit einem kurzen Auflachen durch die Nase. Er hatte seinen sentimentalen Tag und dachte an die Dame in Shanghai. «Ich bin ein einfacher Mensch und weiß nicht wovon die Dame redet», antwortete er im Tone des Schiffsjungen.

Dies ging für Monate—wie viele Monate, das wußte Doris nicht mehr. Sie sah fliegende Fische, Sonnenuntergänge, fremde Häfen tropischer Inseln und sah sie doch nicht. Es kam ihr nur manchmal so vor, als würde diese ziellose Reise nie zu einem Ende kommen, als würde man immer weiter fahren, immer weiter unter dem dunstigen Tropenhimmel, betrunken und täglich etwas tiefer in der Gemeinheit. Als würde sie nie mehr auf die Bühne kommen, mit dem blauen Scheinwerfer über sich, nie mehr singen, als würde sie nie mehr, niemals mehr, Basil wiedersehen.

Eines Nachts, bald nachdem sie Tahiti verlassen hatten, änderte sich der Rhythmus der Maschine. Alle, die noch nüchtern genug waren, um es zu unterscheiden, liefen in Panik auf dem Deck zusammen. Doris spürte ihr Herz in Stößen der Angst schlagen. Erst dachte sie, daß sie untergehen würden, daß es auf diese völlig sinnlose und absurde Art plötzlich vorbei sein sollte. Dann dachte sie, daß sich Shugers wieder einen seiner Späße gemacht habe. Sie warf den Kopf zurück und lachte das laute betrunkene Lachen, das auf dem Boot üblich war. Plötzlich wurde sie hart angefaßt. «Halt die Schnauze», wurde sie angeschrien. Sie fand Bryant neben sich. Er war angezogen und hatte sogar eine Rettungsweste umgebunden, was ihm ein lächerliches und phantastisch aufgeschwollenes Ansehen gab. Doris starrte ihn an. «Was ist da zu lachen», rief er aus. «Wir werden alle zusammen hinunterfahren, das ist nicht komisch, bei Gott nicht.» F. O. war nüchtern, vielleicht vom Schrecken. Doris schaute ihn an und er schaute sie an. Sie war, das bemerkte sie erst jetzt, im Negligé, einer dünnen, lachsfarbigen Angelegenheit.

«Schade», sagte F. O. nach einer Weile. «Du warst wunderbar, wie ich dich damals kennenlernte. Schade, daß du auch vor die Hunde gekommen bist.» Er drehte sich um und ging weg, ernsthaft, nüchtern und steif in seiner Rettungsweste. Doris schaute ihm nach mit einem kühlen Ring um das Herz. Es hatte endgültig geklungen wie eine Grabrede. Die Maschine fing wieder an im Takt zu stampfen, und die Panik löste sich in der Bar und in Alkohol. Am nächsten Tag liefen sie eine der Inseln an, um den kleinen Defekt in Ruhe zu reparieren.

Alle waren froh an Land zu kommen. Niemand war ausgeschlafen, und manche waren noch nicht ganz nüchtern. Der kleine Hafen lag in einem silbern schimmernden Dunst vor ihnen mit den Bambusreusen der Eingeborenen. Zwei oder drei

Kanoes mit breiten Auslegern waren draußen zum Fischen und eines, von einem Rudel Knaben geführt, tanzte über weißen Brandungswellen und kam ans Schiff. Einige Frauen, die im Wasser standen und wuschen, dort wo ein Süßwasserbach in die Bucht mündete, richteten sich auf, legten die Hände über die Augen und sahen dem Motorboot entgegen, mit dem die Passagiere der «Swanee» ans Land knatterten.

«Gauguin—» sagte Pascal und deutete auf die Korallenriffe, die Palmen, die braunen Hütten auf dem roten Sand. Doris, die durch Basil mit ein paar Bildern Gauguins bekannt geworden war, erwiderte: «Nicht mehr.»

Es war nicht mehr das reine Paradies, aber es war noch Paradies. Sie hatten Hafenpolizei und ein Hotel und die Häuser der Weißen, die den Hügel hinaufkletterten und die Mission. Aber die Luft, die Farbe, die Friedlichkeit waren paradiesisch. Doris begann zu lächeln, ungläubig und entzückt. Sie hatte die Insel gleich erkannt, die Trauminsel, nach der sie mit Basil ziehen wollte, wenn er wieder frei war. «Ihr beiden redet mir zu gescheit», fuhr Shugers dazwischen, er verfolgte mit Mißtrauen jedes Wort, das sich aus der vollkommenen Plattheit hervorhob, in der er lebte. Das Boot knatterte dem Hafen zu und glitt dann verstummend zwischen die Pflöcke des Landungsplatzes. Shugers packte Doris mit einem harten Griff und schwenkte sie halb tragend, halb zerrend aus dem Boot auf den rötlichen Kies des Kais. Sie alle hatten ein sonderbares Gefühl in den Beinen, und der Boden schwankte unter ihnen. Geführt von einem eifrig redenden Halbblut, einem jungen Menschen mit strähnigem Haar und schönen Muskeln unter dem Hemd, zogen sie zum Hotel. Auf der Veranda unter dem weit vorgezogenen Dach saßen ein paar Männer in weißen Anzügen und schaukelten wie betäubt auf ihren Rohrstühlen. Es war heiß hier, trotz des Silberdunstes in der Luft und der dichten Wolken am Himmel.

«Wie heißt die Insel?» fragte Doris. «Patikala», erwiderte

Pascal. Sie wanderten in das Hotel hinein und tranken Bier und nachher ein dünnes, merkwürdig schmeckendes Getränk, das den Kopf vollkommen klar machte, aber die Beine unter ihnen fortzog, so daß sie eine lächerliche daherschwankende Herde wurden.

Sie beschlossen die Nacht an Land zu verbringen. Sie stopften sich in die wenigen Zimmer des Hotels. Der Lärm borst aus allen Fenstern auf die gemeinsame Veranda. Doris schämte sich vor den Eingeborenen und vor den Palmenwipfeln, die mit dem Glanz von tausend Degen das Dorf umgaben. Es kam ihr vor als hätten sie die Stille des Hafens zerrissen, ein kostbares und allerfeinstes Geflecht.

Beim Nachtessen, das von barfüßigen Burschen serviert wurde, nach Currypfeffer roch, und nach hitzigen und brennenden Gewürzen schmeckte, spielte Shugers sich als Expeditionsleiter auf. Er hatte mit dem Missionar gesprochen und gab zum besten, was er wußte. Die Insel lag zwei Tagereisen von Tahiti, sie hatte 18 Weiße und etwa 4000 Eingeborene. Wenn die Eingeborenen nicht gerade schliefen, fischten oder tanzten, dann schnitzelten sie Kokosnüsse zu Kopra. Einmal die Woche kam ein Boot von Tahiti, sonst legte hie und da noch ein kleiner Frachtdampfer an, brachte Salz und Petroleum und holte die getrocknete Kopra. Doris verwahrte all diese Angaben sorgfältig in ihrem Gedächtnis. Als Shugers, der einer lästigen Gewohnheit zufolge unter dem Tisch ihr Knie festhielt, sie losließ, stahl sie sich hinaus auf die Veranda.

Noch schien der Mond nicht, aber die Luft war voll von einer schwebenden Helligkeit. Im Dorf sang jemand, und es klang wie die Fremde selbst. Als Doris die Stufen von der Veranda hinunterging, fühlte sie sich wie auf der Bühne. Die Palmen waren schwarze Kulissen. Sie hatte ein wenig Angst, als sie allein unter ihnen hinschritt und an den Bachlauf gelangte; aber doch war alles zugleich auf eine wunderliche Weise sehr vertraut und bekannt. Sie hatte die Insel zu oft ins Leere

262

geträumt, um sie nicht zu erkennen. Es raschelte im Gebüsch und als sie sich weitertastete, roch es nach Feuchte und Kühle und heftig atmenden fremden Nachtblumen. Doris schaute zum Himmel hinauf, aus dessen heller Kuppel jetzt Sterne traten, langsam, einer nach dem andern, und sich in Reih und Glied stellten, jeder an den Platz, der ihm bestimmt war. Es waren große, hübsche Sterne, fremd zwar, aber doch unter dem gleichen Gesetz schwebend wie die Sterne der Heimat. Welcher Heimat? dachte Doris schmerzlich. Sie blieb stehen und atmete tief und systematisch. Unbewußt war es ihr, als könne sie viel von sich fort atmen mit dieser reinen und fremden Luft. Ein Vogel schrie über ihr in einem Wipfel, ein Wind bewegte die schweren schwarzen Wedel. Sie legte ihre Arme in einen Palmenschaft und spürte ihn schwanken, ein lebendiges Wesen, fremd und doch brüderlich. Sie hatte tödliche Sehnsucht nach Basil.

Dann kam vom Hotel her ein vielstimmiges, taktmäßiges Gebrüll. Sie suchten nach ihr. Sie lachte leise und voll Spott. Trotzdem drehte sie um und ging zurück, erst langsam und dann immer schneller, bis sie in dem schmalen Lichtkreis vor dem Hotel anlangte. Shugers griff brutal nach ihr, wahrscheinlich hatte er sich um sie geängstigt. «Du hast bei mir zu bleiben», schrie er sie an.

«Ich bitte um Entschuldigung», erwiderte sie gehorsam.

Als sie spät nachts in ihr Zimmer kamen, fanden sie Bryant in einer Ecke eingerollt auf einer Matte schlafen. Er war so betrunken, daß sie ihn nicht wachschütteln konnte. «Laß ihn, er stört nicht», lachte Shugers, der weit davon entfernt war, nüchtern zu sein. «Verdammtes Getränk, diese Kawa», sagte er vergnügt, als seine Beine ihn verließen und er auf das Eisenbett fiel, das unter einem Moskitonetz in der Mitte des Zimmers stand. Er streckte die Hand aus und zog Doris zu sich. Sie hielt die Augen weit geöffnet, während er sich ihrer bemächtigte. Draußen war die Nacht jetzt voll vom Ruf der

263

Zikaden, von tausend Grillen, vom traurigen Gesang der Unken. In der Luft schwamm Mondstaub, zart und silbergrau. Als Shugers schweißfeuchte Haut der ihren begegnete, da wußte Doris, daß sie tiefer nicht mehr kommen durfte. Die Augen auf die verbleichende Nacht der fremden Insel geheftet, versprach sie sich, daß diese Stunde ausgelöscht und gutgemacht werden müßte.

Wie gutgemacht? dachte sie verzweifelt.

Ich werde singen, dachte sie. Ich werde mit Basil hierher zurückkommen. Ich möchte, bitte, nicht sterben, bevor ich mit Basil hier gewesen bin...

Mit dreißig Jahren hatte Dorina Rossi den Ruhm erreicht, den hitzigen und bedeutungslosen Ruhm einer großen Opernsängerin.

«Die Rossi ist eine Persönlichkeit», so schrieb der Berichterstatter der International Musical Press. «Sie läßt sich nicht auf das Repertoire einer bestimmten Sprache beschränken und deshalb ist sie ziemlich unbeliebt bei ihren Kolleginnen. Sie singt die interessanten italienischen Partien, wie Tosca und Aïda, sie singt die Carmen und die Thaïs, und sie singt die schweren Rollen des modernen deutschen Repertoires. Sie ist prädestiniert für diese Rollen durch ihre Schönheit und durch ihre außerordentliche Schauspielkunst. Sie selbst erzählte uns mit einem bescheidenen Lächeln, daß sie das Meiste ihren Lehrern verdankt. Es ist nicht unbekannt geblieben, daß die Rossi die letzte Liebe des verstorbenen Potter war, und daß er die meisten Rollen mit ihr studierte, die sie bei der sensationellen All-America-Tournee der Continental Opera sang; bekanntlich war es bei dieser Gelegenheit, daß die Rossi für die Metropolitan Opera entdeckt wurde.

Als wir die Primadonna in ihrer Garderobe besuchten, machte sie den Eindruck eines übernervösen Geschöpfes, und in der Metropolitan nimmt man alle Rücksicht auf die

264

empfindlichen Nerven des Stars, der die vollen Kassen bringt. Trotzdem ist es kein Geheimnis, daß die Kapellmeister, die Korrepetitoren und die Partner, die mit der Rossi zu tun haben, kein leichtes Leben haben. Ihr früherer Lehrer und jetziger Partner, Cavaliere Delmonte, lehnte es mit italienischer Heftigkeit ab, sich über die Rossi auszusprechen. Hinter den Kulissen flüstert man, daß er seinen nächsten Vertrag davon abhängig gemacht hat, daß er nicht mehr mit ihr auftreten müsse. Begreifliche Eifersucht eines alternden Stars auf die Jugend, die ihm den Erfolg wegsingt. Aber wenn man erst mit der Rossi gesprochen, wenn man in ihre faszinierenden Augen geblickt und ihr Lächeln voll eines melancholischen Zynismus kennengelernt hat, dann begreift man, daß sie ihr Publikum mitreißt, so oft sie auftritt.»

Dorina legte das Blatt zu den andern, die schon auf ihrer Bettdecke lagen. Sie ging daran, die Briefe zu öffnen, die die Salvatori mit dem Frühstück hereingebracht hatte. Es war acht Uhr morgens, die Vorhänge waren noch zugezogen, aber das Fenster dahinter stand offen. Die Nachttischlampe brannte, und die Morgengeräusche von New York kamen aus weiter Ferne, denn die Rossi wohnte im achtundvierzigsten Stock auf dem Dach eines der neuen Apartmenthäuser, die neuerdings an der Westseite des Central Parks emporgewachsen waren.

Dorina bekam eine große Menge von völlig gleichgültiger Post. Sie las alles und schob es zurück auf der Decke. Einen Brief behielt sie in der Hand und las ihn ein zweites Mal und genauer. Er kam von René und machte ihr Mühe, denn ihr schnell erlerntes Französisch hatte sie rasch vergessen. Dieser Brief, den sie mit einer leichten Freude in der Herzgrube geöffnet hatte, ärgerte sie mehr als die andern. Er berichtete, daß er schmeichlerisch und zweckbewußt geheiratet habe, Geld brauche—Denares nannte er es niedlicherweise—er erinnerte sie an alles, was er für sie getan hatte und verlangte ihre Unterstützung für die Oper, die er damals schrieb.

265

Was Dorina an diesem Brief wütend machte, das war zunächst die Tatsache, daß er der hundertste seiner Art war. Von überall drängten Leute heran, denen sie dankbar zu sein hatte. Seit sie Erfolg hatte, wollten alle etwas von ihr. Sie hatte keine Freundlichkeit, kein Geschenk, keine Gefälligkeit erhalten, für die nicht der hundertfache Wert einkassiert wurde, seit sie Geld und Einfluß hatte. René war der letzte in dieser Reihe von Gefühlsgläubigern und von ihm hatte sie es nicht erwartet. Mit gerunzelten Brauen versuchte sie sich einen vernünftigen und bürgerlich gewordenen René vorzustellen, aber sie kam nicht weit. Man möchte manchmal auch einen zwecklosen Brief kriegen, dachte sie. Ihr Kummer bezog sich zum Teil darauf, daß sie lange nichts von Basil gehört hatte. Der ausdauernde Anwalt Cowen hatte zuletzt herausgekriegt, daß ihm das Recht, Briefe zu schreiben aus Strafgründen für sechs Monate entzogen war. Basil hatte lange Perioden der Musterhaftigkeit, aber dann revoltierte er ganz unerwartet, und alle Vergünstigungen, die das Zuchthaus zu vergeben hatte, wurden ihm wieder entzogen.

Dorinas Wut kehrte sich voll gegen Renés Brief, als sie an Basil dachte. Sie nahm ihn, zerknüllte ihn und schleuderte ihn auf den weißen Wollteppich. Dies war nur eine symbolische Handlung, denn Miss Butcher, ihre Sekretärin, hob alles wieder auf, glättete die zerknüllten Briefe, die sie täglich vorfand, klebte die zerrissenen wieder zusammen, bis sie einen Sinn ergaben und beantwortete alles. Auch schrieb Miss Butcher jeden Tag viele Autogramme, sie konnte Dorinas Handschrift geläufig kopieren.

Dorina drehte die Lampe ab und schloß die Augen noch einmal. Sie wollte nicht schlafen, sondern memorieren. Sie hatte die Erfahrung gemacht, daß diejenigen Stellen, die sie sich in diesen Morgenstunden vor dem Bad einprägte, fest in ihrem Gedächtnis hafteten. Abstrakterweise, nur im Gehirn, folgte sie der Melodie und den Worten der Tatjana aus Tschaikowskys

«Eugen Onegin», einer neuen Rolle, die sie in französischer
Sprache singen sollte. Man war schon ziemlich weit in den
Proben der angestaubten Oper vorgedrungen, und Dorina hatte
sich vorgenommen, die erste Bühnenprobe vollkommen auswendig zu singen. Sie stemmte die Zehen gegen das Bettende,
spannte sich so und memorierte mit geschlossenen Augen. Danach kamen die Atemübungen und das Dehnen. Sie atmete
ein, zählte bis vierzehn, atmete aus. Atmete ein, zählte, atmete
aus. Sechsunddreißigmal nacheinander; es war eine der Riten
aus Delmontes Methode. Dorina tat dies seit Jahren, es gab ihr
gutes Gewissen und ein schwarzes Flimmern vor den Augen,
denn es war wohl nur eine Übung für tadellos gesunde
Herzen.

Das Frühstück war inzwischen kalt geworden wie jeden Tag.
Sie drehte die Lampe wieder an, stocherte lustlos in dem zähen
Grießbrei herum, der ihr helfen sollte, nicht abzunehmen, und
aß zuletzt ein paar Beeren von einer großen, behauchten Wein-
traube. Sie klingelte, stieß die Decke zurück und war aufgestanden, als die Salvatori hereinkam.

Die alte Sängerin hatte sich verändert und ging auf ordent-
lichen, rhythmisch knarrenden Stiefeln hin und her, die ihren
Gelenken helfen sollten, das Gewicht ihres Körpers zu tragen.
Auch hatte sie sich entschlossen, grau zu werden und trug ihr
Haar in kurzen Ringeln um den Kopf.

«Madame», sagte Dorina, die nackt im Zimmer stand, «ich
will den Kuli nicht mehr in meiner Garderobe haben.» Die
Salvatori hob entsetzt die Hände. «Schmeißen Sie ihn auf den
Misthaufen», rief Dorina nervös. «Noch etwas?» fragte sie
unter der Tür des Badezimmers, als die Salvatori sie trostlos
anstarrte.

«Doktor Sardi hat angerufen. Delmonte läßt Sie beschwören,
heute vormittag noch einmal das Duett und den Schluß zu
probieren—» meldete die Salvatori vorsichtig. Die Rossi sah
immer aus, als könnte sie beim nächsten Wort in die Luft

zischen wie eine Rakete. «Bah——» sagte sie diesmal noch mit einer Gebärde des Ekels und ging ins Badezimmer. Die Salvatori folgte ihr. «Kann ich zusagen?» fragte sie dringlich. Es dauerte eine Weile, bevor Antwort kam. Die Salvatori atmete auf. Tatsächlich war die Probe schon ohne Dorinas Einwilligung für elf Uhr festgelegt worden. Es handelte sich darum, daß die unerwarteten und ganz neuen Nuancen, die der schauspielgewohnte Potter Dorina beigebracht hatte, den alten Sänger Delmonte völlig aus der Fassung brachten. Jedes Ungemach, das seiner alternden Stimme zustieß, jeden flauen Applaus, den er erhielt, führte er darauf zurück, daß die Rossi ihm mit ihrem irrsinnigen Agieren alles verdarb. Doktor Sardi bestärkte ihn darin. Nicht eine einzige der schönen Opernregeln, die er dem Mädchen in einer unwahrscheinlich gewordenen Vergangenheit beigebracht hatte, wurde von ihr benützt.

Die Rossi wußte das alles und es widerte sie an. Sie wußte schon, daß es auf der Elf-Uhr-Probe endlosen Krach geben würde, und sie brauchte ihre Kraft und ihre Nerven und ihre Stimme für den Abend. Nachdenklich rieb sie den weichen Schaum der Lavendelseife in ihre Haut, als wenn sie daraus ein wenig Besänftigung empfangen könne.

Zwischen Anziehen und Probe lag Miss Butcher. Dorina konnte Miss Butcher nicht leiden, aber sie hatte keine Zeit, eine neue Sekretärin zu suchen und abzurichten. Übrigens war ihre Abneigung unbegründet, und das wußte sie auch. Miss Butcher war ein Muster der Umsicht und Pflichterfüllung. Aber Miss Butcher hatte bessere Tage gesehen, sie kam irgendwo aus der Gegend von Park Avenue, und der Krach hatte sie in die Laufbahn einer Privatsekretärin geschleudert. Sie trug flache Absätze, tadellose Handschuhe, sie korrigierte mit leiser und höflicher Stimme die Schnitzer, die Dorina in der englischen Sprache beging, und sie arrangierte die kleinen Abendessen und größeren, notwendigen und nützlichen Empfänge so, als ob man nicht in einem Penthaus der West Seventies, sondern

268

in Park Avenue wäre. Miss Butcher war mit einem Wort eine Lady, eine Menschengattung, die Dorina noch weniger vertragen konnte als die Mickies und Duckies, mit denen sie bei einigen Wendungen ihres Lebens in Gemeinschaft geraten war. Während der ganzen Zeit, da sie mit Miss Butcher in der sogenannten Bibliothek saß und in den Haushaltsbüchern blätterte, bereitete sie sich auf den unvermeidlichen Krach mit Delmonte vor. Wenn sie ihn bloß dazu bringen konnte, stehenzubleiben, während sie im letzten Akt hinter ihn trat und ihn von hinten umarmte, wenn er nur nicht wieder sich zu ihr umdrehen würde und alles verderben. Cavaliere, flehte sie ihn in Gedanken an, lassen Sie mich hinter Sie treten, so sehen Sie den Kapellmeister und so sieht Sie das Publikum am besten—es ist eine Nuance, die Ihnen nutzt, nicht schadet ...

«Welchen soll ich nun bestellen?» fragte Miss Butcher dazwischen. «Was denn, welchen?» erwiderte Dorina aufgestört. «Henley hat telephoniert. Er kann uns echten importierten Champagner für 134 Dollar per Kiste verkaufen und nicht so ganz echten für 95 Dollar. Welchen soll ich nun bestellen?»

«Wir können den Leuten doch wohl nur importierten Champagner vorsetzen—» sagte Doris nachdenklich. Sie verdiente eine große Menge Geld, aber sie war genau so im Druck wie je zuvor. ‚Wenn ich einen Zauberwunsch frei hätte, dann würde ich mir wünschen, immer einen Cent mehr in der Tasche zu haben als ich brauche‘, hatte der alte Bryant erst kürzlich zu ihr gesagt. ‚Du bist einer von den Menschen, die immer einen Cent zu wenig haben.‘

«Wenn der Butler, der einschenkt, die Serviette so um die Flasche legt, daß man das Etikett nicht sieht—» schlug Miss Butcher in tröstendem Ton vor. «Ihre Gäste verstehen ja doch nichts von Champagner», setzte sie mit kaum bemerkbarer Spitze hinzu. «Halten Sie das mit dem Champagner wie Sie wollen», sagte Doris ungeduldig und stand auf. «Wir brauchen auch noch zwei Dutzend Cocktailservietten und Handtücher für die Gasttoilette», heischte Miss Butcher. Das Penthaus war mit Möbeln gemietet worden, und der Rossische Haushalt mußte erst aufgebaut werden. «Ich bin knapp mit Geld», sagte Dorina und entfloh ans Klavier.

Im Wohnzimmer roch es nach vielen Blumen, die Düfte kreuzten und stritten sich. Dorina strich flüchtig über die kleinen Gesichter von einem Büschel früher Narzissen, sie suchte unbewußt den unangenehmen Moment hinauszuschieben, da sie den ersten Ton sang. Aber es nützte nichts, und bald saß sie vor dem Flügel und übte geduldig und angestrengt nichts als Töne. Ihre Stimmbänder hatten am Morgen eine Tendenz zur Widerspenstigkeit, die Töne klangen spröd und trocken. Dorina stand auf, und im Zimmer auf und abwandernd, sang sie mit Vorsicht, behutsam ansetzend, bis etwas Geschmeidigkeit in die Stimme kam. «Madame—» rief sie ins Vorzimmer. Die Salvatori war im Augenblick da, sie knarrte auf Zehenspitzen herein und setzte sich in eine Ecke. Dorina ging wieder zum Klavier, schlug stehend ein paar Akkorde an und sang Solfeggien. Die Salvatori lauschte mit angespanntem Gesicht und korrigierte in kurzen einsilbigen Ausrufen. Miss Butcher kam herein, wartete unter der Tür und benützte den Moment, da Dorina sich räusperte und voll Aufmerksamkeit in ihr Taschentuch spuckte, zu der Meldung, daß es Zeit für die Probe sei. Die Salvatori schoß ihr einen giftigen Bühnenblick zu. Zwischen den beiden herrschte strenge Arbeitsteilung und heftige Eifersucht. Alles was mit dem Theater zusammenhing, war das Gebiet der Salvatori, alles Häusliche und Gesellschaftliche ging Miss Butcher an. Daß Miss Butcher sich um die Probe bekümmerte, war ein Übergriff. Dorina spürte, wie sich Gewitterwolken in dem blumendurchdufteten Wohnzimmer zusammenzogen. «Streitet nicht, Kinder», sagte sie gutmütig. «Wenn Miss Butcher sich lieber darum kümmern würde, daß unser Radio repariert wird», sagte unaufhaltsam die Salvatori. «Ich dachte, Radio gehört zur Musik», erwiderte Miss Butcher prompt. Plötzlich wurde Dorina wütend. «Streitet nur», rief sie aus, «trampelt nur auf meinen Nerven herum. Auf mich braucht keine Rücksicht genommen werden, ich habe ja nur die Tosca zu singen.»

Sogleich trat Totenstille ein. Stumm zogen die zwei Feindinnen hinter Doris her ins Vorzimmer. Dies war ein dunkler, fensterloser Raum mit einer alten Kirchenbank an einer Seite. Marcella Pollock erhob sich von dieser Bank, als Dorina an den Wandschrank trat, um ihren Pelzmantel herauszunehmen. «Hallo Marcella«, sagte sie gleichgültig und ging weiter. «Haben Sie die Musical Press gelesen?» fragte Marcella erregt. Sie hatte einen Sprachfehler, der bei Mädchen aus den Südstaaten häufig ist, alle s und sh klangen wie ein stumpfes F. «Ist es nicht großartig? Sind Sie zufrieden?»

«Ganz nett», sagt Dorina und setzte den Hut auf. Marcella war ihr Reklamechef und arbeitete wie ein Pferd an ihrer Popularität. «Ganz nett», schrie Marcella, «ganz nett! Was wollen Sie eigentlich?» ‚Ja, was will ich eigentlich?' dachte Dorina vernünftig. Sie ging zu Marcella hinüber und strich ihr leicht über die Wange. Marcella bückte schnell den Kopf und preßte einen Kuß auf Dorinas Hand. Dorina zog schnell ihre Finger zurück. «Kann ich im Wagen mitkommen bis zur achtundvierzigsten Straße? Ich habe viel in der Stadt zu besorgen», fragte jetzt Miss Butcher. «Nein», sagte Doris schnell. «Fahren Sie mit der Untergrundbahn.» In Miss Butchers Gesicht erschienen sofort jene Gramfalten, die davon erzählten, daß sie bessere Zeiten gesehen hatte. Während Dorina an ihrem gekränkten Gesicht vorbei ins Treppenhaus ging, segelte schon die Salvatori herbei, gestiefelt und gespornt, im Mantel und einem ihrer romantischen Federhüte schräg auf die grauen Ringellocken gesetzt. Dies war der Moment, da Dorina explodierte. «Kann man mich nicht in Ruhe lassen», schrie sie, sie schrie, obwohl dies ihrer Stimme abträglich war. «Ich will allein gelassen werden, versteht ihr das nicht. Ich muß lernen, ich muß memorieren, ich kann mich nicht mit euren idiotischen Problemen abgeben. Fort. Macht euch gefälligst unsichtbar.» Sie hatte große Lust, die Tür hinter sich zuzuknallen, tat es aber nicht mit Rücksicht darauf, daß Miss Butcher eine Lady war. Schon im Aufzug, der sie hinuntertrug, tat es ihr leid, daß sie geschrien hatte, teils wegen ihrer Stimme und teils wegen der betrübten Gesichter ihrer Getreuen. Die Salvatori konnte leicht so aussehen wie jene kranke heulende Hündin, die auf der «Swanee» mitgereist und bei Karthagena ins Wasser gesprungen und ertrunken war.

Die Rossi hatte keinen eigenen Wagen, sondern ein Abkommen mit einem Mann, der sie in einem zu großen, zu alten schwarzen Wagen herumfuhr. Mann und Wagen hatten, ähnlich wie Miss Butcher, bessere Zeiten gesehen. Der Mann, Mr. Hadlock, war mit einem Worte ein Bekannter aus dem früheren Circle von Miss Butcher, dem sie diese Art Verdienst verschafft hatte. Er trug einen steifen runden Hut, den er abnahm, als Dorina einstieg. «Guten Morgen, Mr. Hadlock, wie geht's?» sagte sie freundlich, als wenn diese Freundlichkeit die drei gekränkten Frauen in der Wohnung versöhnen sollte. Dann aber schob sie sich in der Wagenecke zu einem kleinen Bündel zusammen, und nach einer Minute' war sie wieder bei der neuen Rolle: Tatjana.

Im Bühneneingang der Oper stand die Salvatori wartend. Dorina fing zu lachen an. Sie stellte sich die Eile vor, in der die alte Sängerin mittelst Untergrundbahn hergerast sein mußte, um ihr zuvorzukommen. «Sie haben Ihre Handtasche zu Hause vergessen», rief sie triumphierend und schwenkte das corpus delicti in der Luft. Dorina nahm ihr die Tasche ab, drückte schnell im Vorbeigehen einen Kuß auf die große verwelkte Wange der Salvatori und trat vor das schwarze Brett, um zu sehen, wo ihre Probe stattfinden sollte.

Sie öffnete die Tür zu dem großen Zimmer, dessen Mitte

leergeräumt war, um den Künstlern Platz für ihr Agieren zu geben. An den Wänden standen Reihen leerer Sessel, und ein völlig unmögliches Klavier gähnte mit offenem Deckel. Es roch nach dem Schweiß von Generationen von Sängern, und Delmonte verbat sich geöffnete Fenster.

Der Cavaliere umarmte Dorina, als sie eintrat, und sie beugte sich hinunter und küßte ihm die Hand. Sie tat dies immer, als könnte sie ihn dadurch versöhnen und allen demonstrieren, daß sie sich noch immer als seine Schülerin betrachtete. Außerdem hatte Marcella daraus eine reizende Geschichte gemacht, die in vielen Fassungen durch die Blätter ging. Nachdem diese Liebenswürdigkeiten ausgetauscht waren, wand er seinen Schal ab von seinem großen Hals und machte sich bereit. Auch er hatte sechsunddreißigmal bis vierzehn gezählt und dann ausgeatmet, Dorina wußte es. Er beklopfte den kostbaren Raum über seinem Magen, wo die Luft saß, die die Töne stützt, und schien alles in Ordnung zu finden. «Mi-Mi—» sagte er, auf und ab gehend, «Mi-Mi-Mi—»

«Wir sind in zehn Minuten durch», verhieß der Kapellmeister am Klavier. «Der Cavaliere möchte nur die letzte Szene durchgehen, der Sicherheit halber.» Es war derselbe Kapellmeister, Cranach, der Dorina damals nach ihrem mißglückten Probesingen ermutigt hatte. Im Theater ging er seither herum als «der Mann, der die Rossi entdeckt hat.» «Schön, fangen wir an, ich habe keine Eile», sagte Dorina mit einem Versuch, die unterirdisch geladene Stimmung zu erleichtern.

Der Hilfsregisseur, den man zur Verfügung gestellt hatte, ein Mann von außergewöhnlicher Unkenntnis und Unbegabung, zerrte zwei Stühle in die Mitte des Zimmers und markierte mit zwei Kreidestrichen auf dem Fußboden das Ende der improvisierten Bühne. Eine Sekunde lang war es ganz still, bevor sie anfingen, und in der Stille hörte man aus dem Chorsaal, der einen Stock höher lag, den Gesang der Dorfmädchen aus «Eugen Onegin.»

Delmonte ließ sich auf einen Stuhl sinken, stützte den Kopf in die Hände und sang mit Flüsterstimme: amato moi tanto la vita, tanto la vita. Dorina trat im gegebenen Moment auf und näherte sich ihm. «Du kommst doch nicht von rechts?» sagte Delmonte erregt. «Doch, ich komme von rechts. Komme ich nicht von rechts?» fragte sie den Regisseur. «Auftritt links», sagte der, nachdem er in seinem Auszug geblättert hatte. «Ja, aber ich habe einen Gang quer über die Bühne und komme von rechts nach vorn», sagte Dorina. «Ich kann nicht nach links singen, wenn ich den Tisch vor mir habe», sagte Delmonte. Es war zehn Minuten nach elf.

Um ein Uhr probierten sie noch immer. Der große Krach hatte um zwölf Uhr dreiunddreißig stattgefunden. Sie hatten einander abscheuliche Dinge gesagt, tödliche und unvergeßbare Dinge. «Ich habe dich auf dem Mist aufgelesen», schrie Delmonte. «Ich habe dich aus meiner Tasche erhalten, sonst wärst du verhungert, du hast eine Stimme gehabt wie ein zerbrochener Kochtopf und jetzt willst du mir sagen, mir, was auf der Bühne zu geschehen hat?» Doris blieb ihm nichts schuldig. «Wenn Sie den Kopf nicht nach links drehen können anstatt nach rechts, weil Sie es fünfzig Jahre so gemacht haben, dann sind Sie eben zu alt für die Bühne», sagte sie leise, und das war ein gut gezielter Effekt nach Delmontes Gebrüll. Doch brach sie sogleich aus und schrie den Regisseur an: «Wie soll ich eine Liebesszene spielen können, wenn man mir ein Stück morsches Holz hinsetzt statt einen Mann?» Der Regisseur schwitzte vor Ratlosigkeit. Der Kapellmeister drehte sich auf seinem Klavierstuhl um und sagte ruhig: «Sei nicht unverschämt, Doris. Du wirst auch einmal alt sein und noch singen wollen.»

Hierauf trat eine Stille ein. Dorina biß sich in die Lippen, die ihr kalt geworden waren vor Wut und Kummer. Plötzlich, unerwartet, begann sie zu lächeln. Sie schüttelte den Kopf. Nein, dachte sie. Es war ein wunderbares Gefühl, schade,

274

daß es ihr im Betrieb oft für lange Zeiträume abhanden kam.« Nein, ich werde nicht alt werden», sagte sie, sanft und spöttisch lächelnd. Die Stille im Zimmer wurde noch tiefer und wieder hörte man den Frauenchor aus dem oberen Stockwerk.

Alle wußten Bescheid, wie es um Dorinas Gesundheit stand. Nicht nur hatte Marcella Kapital daraus geschlagen, indem sie geheimnisvolle und rührende Geschichten in die Zeitungen lancierte. Sie alle sahen ja, wie Dorinas Augen immer größer wurden in immer tieferen Höhlen, immer glänzender, sie sahen, wie ihr Körper von innen her zu verbrennen schien, aufgezehrt wurde von einer unsichtbaren Flamme.

«Es ist gut—weiter—» sagte Cranach schließlich und schlug einen Akkord an. «Gut. Du kommst von links und trittst hinter mich», murmelte Delmonte. Und die Probe ging weiter. Längst war nicht mehr von Schonung die Rede, sie sangen mit voller Stimme, beide, obwohl am gleichen Abend die Aufführung war. Delmonte hatte den Rock ausgezogen, die Weste, er hatte Krawatte und Kragen vom Hals gerissen und sein Hemd rutschte ihm an mehreren Stellen aus der Hose, ohne seiner dramatischen und pathetischen Erscheinung Abbruch zu tun.

Doris fühlte, wie ihr die Wäsche naß am Körper klebte und die Haare an der Stirn. Um halb zwei saß endlich das Duett. «Nun redet kein einziges Wort mehr, legt euch schlafen, ruht euch aus», sagte der Kapellmeister. Dorina küßte Delmontes Hand und er strich ihr übers Haar. Sie ging schnell über die leere Bühne, um zu ihrer Garderobe zu gelangen und sich den Schweiß der Probe abzuwaschen.

Dort fand sie nicht nur die Salvatori, sondern auch Marcella wartend. «Was ist das hier, eine Volksversammlung?» erkundigte sie sich, während sie schon das Kleid abzog und sich unter die heiße Brause stellte. Im Tageslicht kam der Schmutz und die Schäbigkeit der Garderobe viel stärker hervor als abends. Dorina liebte diesen Schmutz, diesen ranzigen Geruch der Schminke, die Armseligkeit des Theaters noch, als sie berühmt war. Sie warf einen raschen Blick auf den Ankleidetisch, während die Salvatori ihr Alkohol in die Nackenhaut massierte: Der Kuli war fortgeräumt.

«Ich wollte Sie nur an den Photographen erinnern», sagte Marcella peremptorisch. «Um vier Uhr.»

«Das muß gerade an dem Tag sein, wenn ich die Tosca singe», sagte Dorina erbittert. Sie war jetzt todmüde und sie hatte noch wichtige und abseitige Dinge zu erledigen.

«Es ist für ‚Vogue’, es ist ungeheuer wichtig. Es ließ sich nicht anders arrangieren», flehte Marcella. Dorina schlüpfte wieder in ihr Kleid, das sich kühl und naß an die Haut legte. Sie antwortete mit einem kleinen Schauer.

«Mr. Bryant bringt Joujou dazu herein, es wird eine entzückende Aufnahme», verhieß Marcella. «Wo findet diese Festlichkeit statt?» fragte Dorina ergeben. «Zu Hause—es wird Sie gar nicht anstrengen. Sie legen sich jetzt hin und sehen dann frisch aus— es ist sehr wichtig.»

«Hinlegen—ich will verdammt sein—» sagte Dorina. Zuweilen mußte sie fluchen, um ihren zögernden Herzschlag wieder in Gang zu setzen. «Laßt mich in Ruhe», sagte sie. «Ich habe noch etwas Wichtiges zu erledigen. Haltet den Photographen fest, bis ich komme, falls ich zu spät bin.»

Marcella rang verstohlen die Hände. Die Salvatori führte sie am Ärmel aus der Garderobe fort. Sie kam noch einmal zurück, gerade als die Rossi sich den Hut aufsetzte. «Willst du nicht wenigstens essen, Kind?» fragte sie mit einem Hundeblick. Zuweilen glitt sie noch zurück in den alten Ton, was Dorina manchmal rührte und oft ärgerte. «Machen Sie sich keine Sorgen um mich, Madame», sagte sie nur und ging fort.

In einem Drugstore an der nächsten Ecke trank Dorina ein großes Glas Malzmilch und war nachher noch durstiger. Sie hatte den Wagen fortgeschickt und nahm ein Taxi bis zu Cowens Office, der inzwischen aus der 14. Straße in die 35.

276

übergesiedelt und zu einer gewissen Respektabilität gelangt war. Er begrüßte sie steif, und er hatte guten Grund dazu. «Ich bin etwas verspätet», sagte sie entschuldigend. «Es tut mir leid. Wir müssen sofort losgehen. Ich habe versprochen, um drei Uhr bei Chander zu sein. Er hat enorm viel zu tun.»

«Bitte», antwortete Cowen einsilbig und ließ sie bei der Türe voraus. Dorina verstand seine gekränkte Haltung, aber sie konnte ihm nicht helfen. Es handelte sich darum, daß sie ihn veranlassen wollte, die Bemühungen für Basils Befreiung von nun ab gemeinsam mit dem Anwalt Chander zu führen. Der Termin, an dem man mit einiger Berechtigung um Basils Entlassung auf Parole ansuchen konnte, rückte heran. Cowen hatte umständliche Vorbereitungen getroffen, denen Dorina nicht viel Wirkung zutraute. Sie mußte ihn veranlassen, die Angelegenheit dem Anwalt Chander zu übergeben, der den zweifelhaften und sensationellen Ruf hatte, vier Mördern und drei Bankräubern die Freiheit verschafft zu haben. Sie hatte schon teure, komplizierte und hoffnungsvolle Verhandlungen mit ihm geführt. Sein messerscharfer Zynismus gefiel ihr. Sie nahm Cowens Arm, um ihn zu beschwichtigen.

Während sie die zwei Block bis zu Chanders Office hinuntergingen, begann Cowen mit einemmal seinem Herzen Luft zu machen. «Ich weiß nicht, was dieser Chander kann, das ich nicht eben so gut könnte», sagte er. «Ich war gut genug, solange Sie kein Geld hatten. Ich war der beste Freund, solange Sie nicht bezahlen konnten. Jetzt, seit Sie Geld haben, bin ich nicht gut genug. Chander. Ich bin neugierig, was Chander machen kann.»

Dorina blieb stehen, mitten auf Madison Avenue und trat so nahe an Cowen heran, daß er einen Schritt zurückwich.

«Mein Gott», sagte sie leise, «fangen Sie auch noch an, mir Szenen zu machen?»

«Ganz New York weiß, daß Sie brutal und rücksichtslos geworden sind, seit Sie Erfolg haben», sagte er noch und schwieg dann verstockt.

«Mensch, Mann, verstehen Sie denn nicht, um was es hier geht», sagte sie noch immer leise. «Ich muß Basil wiederhaben, bald, es ist mir ganz gleich, wer ihn freikriegt, aber freikommen muß er—»

«Wenn Sie noch etwas Geduld hätten—» sagte Cowen, aber Doris schnitt dies sofort ab. «Ich habe Geduld gehabt», rief sie leise. «Mein Gott—Geduld! Ich kann keine Geduld mehr haben. Ich habe keine Zeit. Ich kann keine Rücksicht nehmen, auf niemanden, hören Sie, auf niemanden. Es gibt nur eines— ich muß Basil freikriegen.»

Auf dies hin schwieg Cowen einige Minuten. «Und können Sie mir sagen, wie Chander das machen wird?» fragte er sodann.

«Genau umgekehrt wie Sie», sagte Dorina. «Sie haben den Leuten gedroht, Sie haben sie kopfscheu gemacht mit allen Ihren Radikalen und mit den sozialistischen Zeitungen. Chander ist ein Gesellschaftsmensch. Er kennt die Wege und die Hintertüren. Er macht es mit Geld. Er wird es Ihnen erklären. Da ist ein Senator Foster, der hat enormen Einfluß auf das ‚Board of Parole'. Er und Chander haben eine Menge Leute herausgekriegt, lang vor ihrer Zeit.»

«Ja—Gangster», murrte Cowen einsilbig.

«Chander weiß, wie man es machen soll. Wenn Foster Basil nicht frei kriegt, dann kriegt ihn keiner frei», beschwor Doris.

«Basil ist kein Verbrecher, der ihm die Hälfte seiner Beute geben kann», rief Cowen explodierend. «Foster ist bestechlich. Er ist ein korrumpiertes, bestechliches Schwein—»

Doris zuckte ihre Schultern. «Hoffentlich—» sagte sie nur.

«Ich wasche meine Hände in Unschuld, ich wasche meine Hände—» murmelte Cowen verbittert; seine rosige Haut unter dem spärlichen grauen Haar war karminfarben geworden vor unterdrücktem Kummer. Sie betraten verbissen den imitierten Marmoreingang des großen Bürohauses, in dem Chander seine Kanzlei hatte.

Das Wartezimmer. Langes Warten. Die Besprechung mit

278

Chander, der etwas Geschmeidiges und Optimistisches hatte. Auch hier versuchte Dorina nur zu flüstern, ihre Stimme zu schonen für die Vorstellung am Abend. Aber der Gegenstand war so brennend wichtig, und bald wurde die Diskussion laut und erregt. Cowen nannte den Senator Foster einen stinkenden Politiker, einen bestechlichen Schurken und einen würdigen Vertreter des verwesenden Kapitalismus. Chander lächelte nur und bot Zigaretten an. «Mit den anständigen Leuten haben wir bis jetzt kein Glück gehabt», sagte Dorina beschwichtigend. Plötzlich erschrak sie maßlos. Sie war heiser. Sie hatte sich heiser geredet, vier Stunden vor der Vorstellung. Sie preßte ihre Kehle zusammen und spürte deutlich das trockene Kitzeln, mit dem die Heiserkeit begann. In Panik empfahl sie sich und ließ die beiden Rechtsanwälte erstaunt zurück. Miss Butcher muß einen ordentlichen Scheck zu Cowen schicken, dachte sie auf der Treppe.

Zehn Minuten nach fünf. Dorina langt atemlos in ihrer Wohnung an, als wäre sie den ganzen Weg von der Madison Avenue gelaufen. «Der Photograph noch hier?» flüstert sie Marcella zu, die ihr die Tür öffnet und alle Vorwürfe hinunterschluckt, als sie Dorinas blasses und fieberhaftes Gesicht erblickt. «Ich bin heiser—» flüstert Dorina der Salvatori zu. Die Salvatori stürzt in die Küche. Getrocknete Pflaumen. Rohes Ei mit Zuckerkandis und Öl verrührt. Heiße Zitronenlimonade. Der Apparat zum Ausspritzen des Rachens. Ein Glas fällt aus ihren zitternden Händen und zerbricht. Die Salvatori atmet erleichtert auf. Ein gutes Zeichen, Scherben, sicheres Glück steht in Aussicht.

Im Wohnzimmer hat sich der Photograph aufgebaut mit kleinen Scheinwerfern und einer großen Kamera. Joujou springt Doris entgegen, ein sandfarbener Seidenball, irrsinnig vor Freude und Übermut. Sie hebt ihn hoch und drückt die Nase in sein Fellchen. Sie ruht einen Augenblick aus in der leichten Wärme und schon hat der Photograph geknipst.

«Nicht», flüsterte Dorina beschwörend, «ich sehe furchtbar aus, ich muß mich erst herrichten.» Aber da ist schon wieder eine Aufnahme gemacht. «Ich kann nicht begreifen, daß der Film Sie noch nicht geholt hat, Miss Rossi», sagt der Photograph. Er arbeitet angespannt und aufgeregt, der Rauch seiner Zigarette steigt an seinem linken Auge vorbei. Die Salvatori tritt ein mit allen ihren heilsamen Requisiten, und Doris trinkt dankbar und hoffnungsvoll die heiße Limonade.

«Ich bin plötzlich heiser geworden», flüstert sie klagend, als der alte Bryant aus der Bibliothek kam, und mit amüsiertem Lächeln unter der Tür stehen blieb. «Wir müssen Madame jetzt in Ruhe lassen, sie hat heute abend zu singen», sagte er zu dem Photographen. Noch eine Aufnahme wird gemacht und noch eine letzte. Doris hatte Routine im Photographiertwerden, sie hielt dem Apparat die linke Gesichtshälfte hin, die etwas besser geraten war, und auch Joujou wußte sich in vorteilhafte Positur zu legen. Er sah aus, als wenn das Photographieren ihm enormen Spaß machen würde.

«Danke, daß du mit Joujou gekommen bist», flüsterte Doris, als der Photograph gegangen war und nur der heiße Geruch seiner Blitzlichter zurückblieb. «Du kommst doch in die Oper?» fragte sie, denn der alte Bryant war schon im Frack. «Selbstverständlich», erwiderte er. «Und wenn du nachher nicht zu müde bist, können wir noch bummeln gehen.»

Doris blickte ihn nachdenklich an. «Du bist wohl nie müde, Frank?» fragte sie lächelnd. «Selten», gab er zu. «Meine schwache Seite ist mehr eine große Gefräßigkeit dem Leben gegenüber.»

«Alles haben wollen—?» fragte sie, noch immer lächelnd. Es war gut, den alten Bryant zum Freund zu haben.

«Nein—eigentlich nicht so ganz. Alles mit ansehen wollen. Ich bin der geborene Zuschauer—» antwortete er zögernd. «Aber jetzt sollst du nicht philosophieren, sondern ausruhen.»

«Richtig», sagte sie dankbar. Seit sie sich heiser fühlte, war sie die Sanftmut in Person geworden. «Ich kann noch zwei Stunden schlafen. Und was tust du einstweilen?»

«Ich gehe in den Klub, esse dort und sehe dich nach der Vorstellung.»

«Auf Wiedersehen», sagte sie deutsch und reichte ihm die Hand. «Au Revoir», sagte er und ging. Joujou blieb bei Doris und knabberte vorläufig die Ecke eines Sofakissens ab.

Doris war todmüde. Aber sobald sie in ihrem Bett lag und alles dunkel und still war, konnte sie nicht schlafen. Sie legte sich immer zu Bett vor den Vorstellungen, und sie konnte niemals schlafen ohne aus dieser Erfahrung etwas zu lernen. Schon begann unausweichlich das Lampenfieber. Es begann wie jede schwere Krankheit—mit einem Schüttelfrost. Mit klappernden Zähnen lag Doris im Bett, preßte sich eng in die Decken und versuchte warm zu werden. Aber sie konnte die Kälte und das Zittern nicht überwinden, und zuletzt gab sie nach und ließ die Zähne klappern wie sie wollten. Schon hatte in ihrem Gehirn die Tosca angefangen. Die Melodien und die gefährlichen Einsätze rollten ganz von selber ab. Unten hatte der Großstadtabend begonnen, das stetige Sausen wie im Innern einer Riesenmuschel. An der Ecke kreischten immer die Autobremsen vor einem Stopsignal, und auf der andern Seite vom Centralpark brüllten die Löwen, es klang bis in den achtundvierzigsten Stock herauf, aber nur wie ein Stöhnen. Doris stand auf und ging frierend zum Fenster, um es zu schließen. Das Zimmer war überheizt. Sie drehte die Lampe an und schloß die Augen. Die Salvatori schlich sich herein und schob eine Wärmeflasche unter Doris eiskalte Füße. So wurde es sechs Uhr.

Doris stand auf. Sie war ganz vollgepumpt mit Ungeduld, sie konnte die Vorstellung kaum erwarten. Sonderbarerweise hatte sie ganz vergessen, daß sie heiser zu sein glaubte. «Madame—» rief sie laut, und ihre Stimme kam klar und gesund daher. Während sie in der Badewanne mit dem heißen Wasser saß, überhorchte die Salvatori ihre ersten Einsätze. Mit dem Klavierauszug und einem Bleistift saß sie neben der Badewanne und gab die Zeichen wie ein braver Souffleur. Dorina sang nicht, sie überflog nur die ganze Oper, an klippenhaften Stellen ein wenig länger verweilend. Es war dieses heiße Bad und diese Kontrolle der Rolle, die ihr vor jeder Vorstellung Sicherheit gab. Miß Butcher hatte strenge Weisung, sich vor Vorstellungen unsichtbar zu machen. Doris konnte ihr gekränktes Gesicht einfach nicht vertragen in dieser Zeitspanne, da mit ihr etwas so Geheimnisvolles und Unheimliches vorging wie mit der Raupe, die zum Schmetterling wird. Ohne daß sie es spürte, verwandelte sie sich Zug um Zug in die Tosca. Als sie zwei Stunden vor Beginn der Vorstellung das Haus verließen, ging sie schon mit den federnden Schritten, die der Bühne geziemen.

«Guten Tag, Mr. Hadlock», sagte sie und setzte sich neben ihren Gentlemanchauffeur. Die Salvatori nahm im Fond des Wagens Platz, und langsam schoben sie sich von Stopzeichen zu Stopzeichen.

«L'ora del dolor-perche, perche signor...» dachte Dorina, oder vielmehr sie dachte nichts und die Kantilenen aus «Tosca» geschahen in ihr ganz ohne ihr Zutun. Diese Viertelstunde liebte sie am meisten, diese Erwartung, die zugeschnürte Enge um das Herz, die Gewißheit, daß nichts, nichts sie daran hindern konnte, auf der Bühne zu stehen und zu singen. Sie wußte nicht, wie fest aufeinandergeschlossen ihre Lippen sich abzeichneten im Widerschein der Straßenlichter. Ich habe es geschafft, dachte sie. Sie war stolz auf sich selber, und sie hatte eine namenlose Angst vor der Vorstellung.

Mit dem Auflegen der Schminke steigerte sich diese Angst und diese Erregung bis ins Untragbare. Nur in der Liebe gab es ähnliche Spannungen, in der großen Liebe, der unglücklichen, der Liebe zu Basil—nicht in den kleinen glücklichen Lieben mit den Renés. «Wo ist der Kuli?» fragte Dorina und starrte den leeren Platz vor ihrem Spiegel an. «Ich habe ihn doch fortgenommen», meldete die Salvatori. «Fortgenommen!» schrie Dorina auf. «Fortgenommen, den Kuli einfach fortgenommen! Bist du verrückt? Wie, glaubst du, werde ich singen, wenn du mir meine Maskotte einfach fortnimmst?»

«Sie haben es mir befohlen», murrte die Salvatori gekränkt. Die Rossi war gerade dabei, sich die Haare straff aus der Stirne zu legen und ein weißes Band um das Gesicht zu spannen, den Rahmen für die Maske, die geschminkt werden sollte. «Du weißt ganz genau, daß du nicht auf mich hören sollst, wenn ich nervös bin», sagte sie mit unerwarteter Sanftheit. Die Salvatori lachte in sich hinein und brachte den Kuli zum Vorschein. Er war unter dem Kissen der schmutzigen Couch versteckt gewesen, die in der Ecke stand. Seine zufriedene kleine Gestalt spiegelte sich in dem großen Ankleidespiegel. Der kleinere Schminkspiegel stand vor Doris auf einem groben gestrichenen Tisch. In der Ecke hingen die Kostüme auf dem Kleiderständer und führten ein Leben ganz für sich.

Dorina nickte dem kleinen Mann aus Zinn zu, während sie mit Schminkstangen und Hasenpfoten hantierte. Ich werde mit Gatti-Casazza wegen Renés Oper reden, dachte sie freundlich. Sie wurde vollkommen konzentriert und schweigsam, als sie ihre Augen zurechtmachte.

Fiorite e compi immenzi, ging es in ihr. Es war erstaunlich still in den Damengarderoben, denn sie sang die einzige Frauenrolle in der Oper. Sie vermißte das halblaute Murmeln und Singen, das an andern Abenden durch die Wände drang und die genußvolle Erregung ihrer Nerven steigerte. Sie wischte sich die Finger an ihrem alten fleckigen Schminkmantel ab, und nahm das dampfende Gebräu, das die Salvatori in der Ecke auf dem Gaskocher zubereitet hatte. Ein Brompräparat, eine Substanz, die wie Bouillon schmeckt und in die ein rohes Ei gerührt war. Dorina glaubte an die Wunderwirkung dieses Getränkes und deshalb wirkte es. Dankbar löffelte sie es in sich hinein, bevor sie daran ging, ihre Lippen zu schminken. Die

283

Salvatori gab kurze ermunternde Bemerkungen zum besten. «Es ist beinahe ausverkauft», sagte sie, und «Wenn du singst, mein Kind, ist es immer ausverkauft. Du mußt das ‚un folle Amor' wieder genau so ansetzen wie das letztemal», sagte sie. «Es war fabelhaft. Hast du gespürt, wie das Publikum den Atem angehalten hat?»

Doris hatte es gespürt, aber wollte nicht darüber sprechen. Dieses schwebende und fortgerissene Gefühl, das sie in kurzen Momenten überkam, wenn sie auf der Bühne stand und ihre Kehle alles hergab, was sie von ihr verlangte und wenn das Publikum zu atmen aufhörte—dieses Gefühl war geheim wie die Liebe. Sie sah sich nach der Salvatori um und fand, wie oft zuvor, daß sie zuviel Platz einnahm. Ihre Schuhe knarrten, ihr Akzent war zu hart und noch immer waren ihre Bewegungen auf die vierte Galerie abgezielt. «Laß mich jetzt allein und schicke in zehn Minuten die Friseurin», sagte sie ungeduldig. Die Salvatori verschwand wortlos, ein gekränkter Schatten von zweihundert Pfund Gewicht. Doris fuhr noch ein Weile fort sich im Spiegel anzustarren, dann warf sie die Schminke in die Kassette zurück. Es war noch die alte Kassette, die sie einst von der Salvatori als Geschenk erhalten hatte. Die Uhr an der Wand hatte zu ticken begonnen, als vollkommene Stille in der Garderobe eingetreten war. Dorina wartete auf den Beginn der Oper, ungeduldig, wie auf ein gefürchtetes und ersehntes und gefährliches Stelldichein. Nichts kam dieser Erwartung gleich, nichts, nichts.

Die Rossi war immer eine der ersten im Theater. Erst jetzt begannen sich die Gänge zu beleben, und undeutlich hörte man die ersten Instrumente im Orchester stimmen. Dumpf und dünn die Harfe, mit einem mageren und spröden Ton die Oboe und dann das humoristische Gurgeln eines Fagotts. Es klopfte. Blumen, zwei Sträuße und ein Korb. An dem Korb hing eine Karte. «Darf eine alte Freundin und Verehrerin Sie im Zwischenakt besuchen? Juddy Long.» Doris warf die Karte

284

kopfschüttelnd auf den Fußboden. Erst während des zweiten Aktes erinnerte sie sich, wer Juddy Long sein mochte. Long war ein Schriftsteller, der einen plötzlichen Erfolg mit einer Revue erzielt hatte. Juddy Long—das war wohl Juddy Bryant, die spätere Marquise Juddy de la Bruniére. Doris wunderte sich flüchtig, daß immer die gleichen Menschen in Abständen von Jahren am Rand ihres Lebens auf und wieder untertauchten. Es klopfte wieder. Die Friseurin, eine junge Spanierin mit wunderbaren Händen. Es klopfte. Doktor Wintrop, ein netter alter Mann mit weißen Haaren und schwarzem Schnurrbart. «Was haben wir denn heute nachmittag gehabt?» fragte er mit den optimistischen Manieren, die er sich in dreißig Jahren Theaterpraxis angeeignet hatte. Er sprach immer wie mit Kindern; Doris erwartete oft, daß er ihr gleich ein Schokoladenbonbon in den Mund stecken würde. «Immer unsere kleine nervöse Heiserkeit, vor jeder Vorstellung, nicht wahr? Jedesmal den alten Onkel Doktor erschrecken. Und nach dem ersten Ton ist die ganze Heiserkeit verschwunden, das wissen wir doch nun nachgerade.» Er klopfte ihr auf die Schulter wie einem Pferd, er schwor auf die beruhigende Wirkung dieser Geste. Unter der Tür warf er einen Blick verhohlener Besorgnis auf Doris. «Wenn wir ein bißchen mehr essen würden, dann hätten wir weniger Nerven», sagte er noch, bevor er die Tür sachte zuzog und auf Zehenspitzen weiterwanderte, auf die andere Seite der Bühne, die sogenannte Herrenseite, um nach Delmonte zu sehen.

Dorina war wieder heiser geworden, in dem Moment, da Doktor Wintrop sie daran erinnerte, daß sie heiser war. Sie sprang auf und lief in dem käfigartigen, schmalen, langen Raum hin und her. Sie nahm aus einer Lade eine Handvoll getrockneter Pflaumen und kaute hoffnungsvoll und pflichttreu die zähe, zu süße Masse. Sie versuchte leise ihren ersten Einsatz zu singen: kein Ton kam heraus. Die Angst schlug gegen ihr Herz wie eine Hand. «Verdammt», flüsterte sie, «verdammt.»

285

Eine Klingel schrillte jetzt, das erste Zeichen. Zehn Minuten vor Beginn. Beim dritten Zeichen fing die Oper an. Doris riß sich den Schminkmantel und das Hemd vom Körper, ließ alles auf die Erde fallen und sah sich nach ihrem Kostüm um. Es klopfte. «Ich bin nackt», sagte sie vollkommen heiser. «Kapellmeister im Dienst, asexuell», wurde draußen gutgelaunt geantwortet. Sie hob den fleckigen Mantel auf und hielt ihn nachlässig vor ihre Brust. Cranach öffnete die Tür. «Alles in bester Ordnung?» sagte er. «Und vergessen Sie nicht, im zweiten Akt: Pieta—pieta di mi—auf mich sehen. Nicht einsetzen, bevor ich das Zeichen gebe.»

«Jawohl. Danke», sagte sie geängstigt. Sie schmiß diese Stelle immer. René hatte sie ihr ungenau einstudiert. Sie würde sie auch heute schmeißen und Cranach tat ihr leid. Die Klingel. Zweites Zeichen. Und ich stehe noch nackt da, dachte Doris in plötzlicher Panik. «Madame! Wo stecken Sie?» brüllte sie zur Türe hinaus, sie war nicht heiser, aber das bemerkte sie nicht. Schon war die Salvatori zur Stelle und warf Dorina das Empirekleid aus perlgrauem Velvet über. Sie kniete vor Doris hin, zog ihr die Straßenschuhe aus und die Bühnenschuhe an. Die ganze Zeit schimpfte Dorina in gepreßtem Flüstern zu ihr hinunter. Die Salvatori nahm es hin wie Wind und Regen. Noch bevor die Schuhe zugeknöpft waren, riß die Rossi sich los und rannte auf die Bühne. Sie erreichte das Guckloch am Vorhang zwei Minuten vor dem dritten Zeichen. Da unten waren sie, ein Menschenbeet, bewegt und gefährlich. Da war die Bühne um sie, die Lichter der Rampe, die Höhle mit dem verläßlichen alten Schauspielergesicht des Souffleurs. Da war die Kirche, der Altar der Attavanti, da war die Leiter zu der Staffelei. Der Regisseur und ein Bühnenarbeiter halfen eben dem alten Delmonte seinen luftigen Sitz zu erklettern. Er hielt in seiner zitternden Hand ein Wasserglas, das er hinter der Leiter verbarg. Wenn Delmonte sang, dann hatte er überall Wassergläser verborgen, auf den Treppen, in den Kulissen, hinter

286

Stühlen, in seinen flatternden Mänteln sogar. Dorina lächelte und schaute hinauf. Da oben war die Welt des Schnürbodens, phantastisch, vertraut und geliebt. Zischend gingen die Scheinwerfer an. Das Stimmen des Orchesters vor dem Vorhang verstummte mit einemmal. «Bühne frei», wurde flüsternd gerufen. Dorina huschte in die Kulissen. Das dritte Zeichen. Ein alter Bühnenarbeiter trat zu ihr und spuckte dreimal auf ihre Schuhe. Sie hätte ohne diese Zeremonie nicht singen können. Das Vorspiel begann.

Doris rannte in ihre Garderobe zurück und setzte ihren Hut auf. Die Salvatori drückte ihr den hohen Empirestock in die Hand, sie war nun eben so erregt wie die Rossi selbst. Sie schlug ein Kreuz über ihre Brust. Ein Lichtzeichen über der Türe leuchtete rot. Zur Sicherheit kam auch noch ein Hilfsinspizient und keuchte: «Noch drei Minuten bis zum Auftritt.» Doris drängte sich gegen die schwere eiserne Bühnentür, ging mit blindem Gesicht zwischen ein paar Chorsängern durch und stellte sich in die Kulisse. Ein Korrepetitor mit einem aufgeschlagenen Klavierauszug nahm neben ihr Posten. Er war der Mann, der sie hinausschickte. Presto, sang Delmonte draußen. Presto-Presto. Doris' Knie zitterten. Sie hatte keinen Atem in der Brust, keinen Ton in der Kehle. Es war zu spät um sich zu räuspern. Eins—zwei—zählte sie. Mario—sang sie, noch in der Kulisse. Mario—Mario. Sie sang. Sie sang, sie atmete, sie betrat die Bühne. Sie spürte das Publikum, sie spürte die Bühne, sie spürte sich vor allem und ihre eigene wunderschöne, wunderklare Stimme. Zugleich aber war sie auch weit fort, in Rom, achtzehnhundert. Sie war die Tosca, ganz und vollkommen und zugleich sang sie die Tosca, eine gute Rolle in der Metropolitan Opera.

Es war ein guter Abend, obwohl Delmonte nicht gut bei Stimme war. Er gab sein Letztes her, sein Bestes, denn er wollte auch Erfolg haben, er auch. Nie war der alte Cavaliere so gut, als wenn er mit der Rossi sang. Weil sie seine beste Schülerin

287

ist, schrieben die Zeitungen. Weil er mich haßt und beneidet, wußte Doris. Die zitternden und nassen Hände vereint, verbeugten sie sich nach dem ersten Akt. Als der Vorhang nicht mehr hoch ging, drehte Delmonte sich um und ging wortlos zu seiner Garderobe. Die Rossi stürzte dem verschwitzten Kapellmeister Cranach entgegen, der einer unterirdischen Treppe entstieg. «Das Orchester ist viel zu laut», schrie sie ihm entgegen. «Wir spielen hier Oper, wir haben kein Symphoniekonzert. Wenn es so weiter geht, sind wir bis zum dritten Akt völlig kaputt.»

«Wir wissen alle, daß du nur singen kannst, wenn du auch in den Zwischenakten große Szenen hast», sagte der Kapellmeister gelassen. Die Bühnenarbeiter trugen Kulissen zwischen ihnen durch. Die Salvatori zerrte die Rossi in ihre Garderobe. «Zieh dich um, anstatt zu streiten», rief sie, «schone deine Stimme—der Mann ist es nicht wert, daß du dich mit ihm abgibst.» Plötzlich schien es Doris, daß dieser Kapellmeister mit seinem lauten Orchester ihr Erzfeind sei. «Er tut es absichtlich», sagte sie, während die Salvatori ihr das Kostüm abstreifte und das nächste überzog. «Er will sich nur in den Vordergrund drängen mit seinem Orchester.» Sie murmelte noch viele ungerechte Beschuldigungen und wußte, daß sie ungerecht waren. Aber es war ein unbewußtes Mittel, um die Erregung festzuhalten, bis zum nächsten Glockenzeichen. Puder auf das Gesicht. Die Salvatori schlägt ihr Kreuz. «Halt mir die Daumen», flüstert die Rossi. Sie reißt den Klavierauszug an sich und blättert die Stelle auf, an der sie immer patzt. Heute werde ich ihm nicht die Freude machen, denkt sie rachsüchtig. Eins, zwei und Pieta, Eins, zwei und Pieta... Das Lichtzeichen. Der Akt fängt an. Doris steht hinter einem großen Fenster, das Licht eines Scheinwerfers strömt an ihr vorbei und macht sie blind. Das ist gut. Sie will die Chordamen nicht sehen, mit denen sie die schwierigen Einsätze der Kantate zu singen hat. Sie schließt die Augen. Ihre Stimme steigt über die andern, sie steigt und trägt und schwebt. Doris sinkt auf einen Haufen von Tauen, wie auf alten Hafenbildern sind solche Bühnentaue, und sie wartet ganz ausgeleert auf ihren nächsten Auftritt.

Die Oper geht weiter mit ihrem süßen, heroischen, grausamen und dramatischen Geschehen. Doris spielt mit dem bösen Scarpia, ihr Liebhaber wird im Nebenraum gefoltert. Scarpia erpreßt ihr Geständnis, er erpreßt ihre Hingabe. Sie ermordet ihn mitten in einem Kuß und stellt drei Kerzen zu seinen Häupten auf. Es ist Oper, es hat gar nichts mit der Wirklichkeit zu tun, alles was geschieht, das geschieht auf einem andern Stern, wo die Menschen singen, anstatt zu reden und wo die Gefühle so gerade und einfach daherkommen wie nirgends auf dieser Erde. Nach dem zweiten Akt saß Doris ein paar Minuten in ihrer Garderobe und weinte. Sie weinte jedesmal in Tosca, die Tränen begannen kurz bevor das Gebet zu Ende war, sie versiegten für kurze Zeit und kamen dann wieder, bei dem letzten Trommelwirbel, der aus dem Hintergrund der Bühne heraufklang.

Sie schminkte sich neu, wusch ihre Hände, sie behielt das gleiche Kostüm an, weiße Seide mit tausend glitzernden und rieselnden Straßsteinen bestickt; sie hatte nur später ein schwarzes Tuch überzuwerfen.

Sie machte sich auf den Weg und suchte den Regisseur, der in einer Ecke stand und leise mit dem Beleuchter stritt.

«Bitte, erinnern Sie den Cavaliere doch daran, daß ich von links an ihn herankomme und hinter ihm stehen bleibe», bat sie sanft.

«Erinnern Sie ihn doch selbst», sagte der Regisseur schlecht gelaunt. Der Mondschein am Aktschluß war ausgeblieben, der kostbare Mondschein, der durch das Fenster kommen und des wüsten Scarpia Leiche bleich beleuchten sollte.

Doris klopfte an Delmontes Garderobe. Sie trat ein und küßte ihm zuerst einmal die Hand. Er ließ es sich gefallen, denn war die Rossi nicht seine Schülerin?

«Ich wollte Sie nur erinnern, Cavaliere, daß ich von links an Sie herankomme und hinter Ihnen stehen bleibe», sagte sie mit der Demut, die er von ihr erwarten mochte. Plötzlich geriet der alte Sänger in Wut. «Das habe ich nun schon begriffen», schrie er. «Für was haltet Ihr mich alle? Bin ich ein Idiot? Bin ich ein Schwachsinniger? Du kommst von links und bleibst hinter mir stehen, ich drehe mich um. Eine miserable Nuance—aber gut, schön, ich will es tun. Ich will nichts mehr darüber hören.» Er griff nach seiner Perücke und setzte sie auf. Doris empfahl sich.

Der letzte Akt. Doris steht in der Kulisse und hört zu, wie Mario seinen Abschied an sie singt. Sie liebt diesen Akt, die erwachenden Glocken von Rom, die herbe Knabenstimme, die hinter der Szene singt, und dann den verhaltenen Überschwang dieses Abschiedsgesanges. «Herrlich singt Delmonte», flüstert sie der Salvatori zu, die mit dem schwarzen Tuch in der Hand neben ihr wartet.

Sie tritt auf. Sie geht die sechs Schritte über die Bühne und nähert sich ihm von links. Sie bleibt hinter ihm stehen—da ist schon sein Einsatz mit ihrem Stichwort.

Delmonte singt nicht und ihr Herz bleibt stehen.

Delmonte hat alles vergessen. Er dreht sich nicht und er singt nicht, er verdeckt sie, er verdeckt die winkende Hand des Kapellmeisters. Sie setzt falsch ein. Auch Delmonte setzt falsch ein. Mühsam und holpernd finden sie sich zurecht und stolpern in das Duett, in das sie hätten hineingleiten sollen wie auf einem Boot, wie auf einer gewichtslosen Traumgondel. Außerdem ist es Doris ein paar Sekunden so, als würde sie nun gleich sterben, hier, auf der Bühne, im dritten Akt von Tosca. Ihr Herz setzt aus, lange und vollkommen. Sonderbar, daß sie trotzdem weitersingt. Dann schlägt wieder jene unsichtbare Hand dagegen und es setzt sich in Gang.

Das Duett, die Hinrichtungsszene, das Ende. Doris schwingt sich auf die Zinnen, sie singt ihr hohes B, sie stürzt sich hinab von der Engelsburg auf eine Matratze, die nach Staub riecht. Sie liegt da ein paar Sekunden, erschöpft, tot. «Vorhang, Rossi, Vorhang!» wird gerufen. An Delmontes nasser und zitternder Hand geht sie vor den Vorhang. Ein Platzregen von Applaus, ein Wolkenbruch. Sie sieht dem Cavaliere an, daß er sie vergiften würde, wenn er dazu imstande wäre. «Das ist das letzte Mal, daß ich mit dir gesungen habe», zischte er sie an, während der Vorhang sich senkt. «Ich lasse mich nicht von einer Anfängerin lächerlich machen. Ich lasse mich nicht von so einer zugrunde richten.» Applaus, Verbeugungen, Lächeln, Kußhände und noch mehr Applaus. «Man weiß ja, mit was die ihre Erfolge macht», hört man Delmonte ausrufen. «Mit der Stimme nicht. Mit dem Gesang nicht. Mit der Kunst nicht.» Er verschwindet in seiner Garderobe. Doris stürzt in die ihre und lacht atemlos und hysterisch.

Jetzt drängen Leute herein. Marcella mit zwei Männern, «Presse, wichtig», flüstert sie Dorina zu. Dorina lächelt und macht ihr Gesicht für die Öffentlichkeit. Eine Dame mit spitzem Gesicht und ausgezupften Augenbrauen, die zu viel und zu schnell mit britischem Akzent redet. Das ist Juddy, denkt Doris, ist dessen aber nicht ganz sicher. Küsse, die nach Coty duften, auf beide Wangen. Noch mehr Leute, noch mehr Küsse. Blumen. Ein Telegramm. Telegramme dürfen erst nach der Vorstellung ausgefolgt werden. Doris öffnet es. Basil—denkt sie sinnlos. Zuchthäusler senden keine Telegramme. Es ist von Cowen. Ich bedaure die Zusammenarbeit mit Chander ablehnen zu müssen. Seine Methoden zu verschieden von den meinigen. Wünsche Ihnen und dem armen Nemiroff weiter besten Erfolg.

Doris preßt die Lippen zusammen. Mitten in der vollen Garderobe, mitten im Erfolg, steht sie plötzlich wieder auf einem kleinen Bahnhof und Cowen bringt Basil zu ihr. Sie lächelt bewußtlos einem jungen Mann zu, der ihr ein Autographenalbum und eine Füllfeder aufdrängt. Ich muß morgen mit Cowen reden, ich muß ihm mehr Geld anbieten, denkt sie.

Cowen ist unbestechlich, denkt sie zu gleicher Zeit. Hoffentlich ist dieser Senator Foster bestechlich, denkt sie auch noch mit einem Gedankensprung ins Ironische. Die Salvatori räumt die Menschen aus der Garderobe, die Salvatori packt Doris in ihren Pelzmantel ein, als wenn sie ein Säugling wäre. Doris gähnt auf der Treppe. Sie bleibt vor dem schwarzen Brett stehen, wie jeder Mensch, der das Theater durch den Bühnenausgang verläßt. Um elf Uhr Probe für «Eugen Onegin». Sie gähnt wieder. Das ist eine schweinemäßige Schinderei, schimpft sie vor sich hin.

Draußen wartet der alte Bryant. Den habe ich ganz vergessen, denkt Doris, aber sie freut sich, als sie ihn sieht. Er hat Vanderfelt bei sich, den Moderechtsanwalt, der eine gute Frackfigur besitzt und es auch weiß.

«Was soll's sein?» fragt Bryant, als sie im Wagen untergebracht ist, in dem kleinen billigen Wagen, den er selber fährt. «Casino? Patio? Studio Club? Neunundfünfzigste Straße?»

«Das Bett—» sagt Doris. «Ich bin tot. Ich sehe überhaupt nichts vor Müdigkeit.» Sie legt den Kopf zurück, nicht auf das Wagenkissen, sondern auf Vanderfelts Arm. Sie ist zu gleichgültig, um sich zu bewegen.

«Wenn du im Bett bist, kannst du ja doch nicht schlafen nach so einer Vorstellung», sagt der alte Bryant und startet den Wagen. «Das ist wahr», sagt Doris gehorsam. Sie schließt die Augen lächelnd, Vanderfelt läßt einen Blick von ihr zu dem Alten gleiten. Der alte Bryant ist nicht mehr ganz so grauhaarig, wie er nach dem Krach war, spekuliert er. Der alte Bryant läßt sich nicht für eine Kleinigkeit die Haare färben. Es wäre nicht das erstemal, daß der alte Bryant und ich uns gütlich über ein Mädel einigen würden.

Der alte Bryant ist vier Jahre älter als er, sein Freund seit zwanzig Jahren. Doris scheint zu schlafen, wird aber sehr wach, als sie beim Casino anlangen.

292

Ganz New York ist dort, das brüchige und leise angestoßene New York von nach dem Krach und mitten in der Depression. Ein paar applaudieren, als die Rossi eintritt. Vanderfelt produziert zwei Flaschen Champagner, die unter dem Tisch versteckt werden, Shugers ist auch da, mit einer Blonden. F. O. Junior ist auch da, er trägt ein kleines Juxhütchen aus Pappe auf dem Kopf und ist betrunken.

Doris ist schwindlig, müde, glücklich, ja, auch glücklich. Entspannt jedenfalls wie nach einer Liebesnacht oder nach einem langen Weinen. Erfolg. Nun ja, Erfolg schmeckt gut—nicht so gut freilich, wenn man ihn hat, als wenn man ihn nur wünscht. Foster wird Basil freibekommen—es ist gut, daß ich jetzt genug Geld verdiene, denkt Doris. Sie lächelt Shugers zu und kneift vertraulich ein Auge zu. Auch Shugers ist ein Teil des Publikums, er darf nicht gekränkt werden.

Um drei Uhr morgens lehnt der alte Bryant sie an die Türe ihres Appartementhauses und öffnet für sie. «Und um elf ist Probe», jammert sie immerfort, «um elf ist Probe.»

«Gute Nacht. Du hast großartig gesungen», sagt Bryant. Er steht mit dem Hut in der Hand vor ihr, ein wenig Schnee kommt in weichen großen Flocken herab und auf sein nettes glattes Haar. Doris besinnt sich.

«Willst du noch mit hinaufkommen?» fragt sie gähnend. «Wie meinst du, mit hinaufkommen», fragt er steif zurück.

«Ich dachte—wenn du Joujou mitnehmen willst—ich könnte dir einen Highball aufwarten . . .»

«Danke. Du schläfst ja schon», sagt der alte Bryant freundlich. «Ich hole Joujou lieber bei Tag ab.»

«Wie du willst . . .» sagte Doris. Sie wartete noch einen Augenblick, bevor sie ins Haus ging. Da ist nun einmal einer, der gar nichts will, dachte sie halbschlafend im Aufzug.

Basil saß in Doris' Bibliothek und wartete. Vor ihm stand Tee, kleines Gebäck und eine Flasche kostbaren Brandys. Er aber konnte nicht essen, nicht trinken und nur mit Mühe atmen. Das einzige was er tat, um die endlose Zeit auszufüllen, war, daß er Zigaretten rauchte, immer eine neue an dem Rest der letzten anzündend. Da er es nicht mehr gewöhnt war, machte es ihm Herzklopfen und Schwindel. Von Zeit zu Zeit kam eine Dame ins Zimmer, die sich ihm als Doris' Sekretärin vorgestellt hatte und fragte: «Kann ich etwas für Sie tun?»

«Nein, danke ergebenst, wirklich», erwiderte er jedesmal mit gewählter Höflichkeit. Langsam sammelte sich in ihm ein Zorn an wie damals, als er den Aufseher mit der Gartenschaufel über den Kopf geschlagen hatte. Eine Woche Dunkelarrest mit Brot und Wasser. Man mußte wissen, was Dunkelarrest bedeutet, um sich zu wundern, daß er nachher noch ein geistig gesunder Mensch war. Nun also saß er auf einer witzig geformten Couch aus schwarzem dicken Atlas, zu deren Seiten zwei Lampen in chinesischen Vasen brannten. Schwaben gab es hier nicht, auch keine Ratten, die einem über das Gesicht sprangen. Er hoffte inständig, daß er kein Ungeziefer mitgebracht habe, in Doris' erlesene Bibliothek. Doris' Bibliothek. Er lachte, denn es war ein idiotischer Gedanke. Doris' Sekretärin. Doris' Chauffeur. Doris saß im Fett und ließ ihn warten. 48 Stunden Urlaub vom Zuchthaus hatte er gekriegt. 5 Stunden war er mit Mr. Hadlock, dem korrekten und schweigsamen Chauffeur von Baxterville bis New York gefahren. Eineinhalb Stunden saß er nun da und wartete, daß Doris heimkommen möge. Es schien ihm, als wenn er nach diesen verwarteten Stunden überhaupt nicht mehr fähig sein würde, mit Doris zu sprechen. Er griff nach einer Zeitung, blätterte darin und ließ sie wieder fallen. Ich kann ja auch fortgehen, dachte er und stand auf. Die Sekretärin erschien. «Kann ich etwas für Sie tun?» fragte sie. «Ich kann ja auch fortgehen», sagte Basil. Er schmiß seine Zigarette auf den Teppich und trat sie aus. Die Sekretärin besah es mit gehobenen Augenbrauen. «Madame Rossi hat vom Theater aus angerufen. Sie wird gleich da sein»,

294

sagte sie noch und zog sich zurück. Basil ließ sich wieder auf die Couch fallen. Es war fast fünf Uhr nachmittags. Fast sieben Stunden von den achtundvierzig verwartet. Ich werde sie schlagen, wenn sie heimkommt, dachte er.

«Guten Tag, Basil», sagte Doris zehn Minuten später. Im Moment, da sie eintrat, versagten Basil die Knie, er blieb sitzen, unfähig sich zu bewegen. «Guten Tag, Doris», sagte er erstickt. Sie trug einen Pelzmantel und eine kleine schwarze freche Mütze, sie sah unglaubhaft schön aus, und das Zimmer begann sogleich nach ihr zu duften. Noch in dem Augenblick, da sie unter der Tür stand, begriff Basil, daß er sie stärker liebte als je, daß er wieder schießen würde, immer wieder, wenn es um Doris ging.

Sie kam schnell zu ihm und es sah wie ein weiter Weg aus, von der Tür bis zur Couch. In der Mitte des Zimmers riß sie Mantel und Mütze ab, ließ sie einfach auf die Erde fallen und rannte in seine Arme. Was ein Schlag hätte werden sollen, wurde ein Kuß. Sie küßten einander wütend, verzweifelt, atemlos und ohne Ende. Nachher stand Basil mit hängenden Armen und gelockerten Gliedern vor ihr und spürte verwundert, daß er lächelte. Sie nahm ein kleines Taschentuch hervor und preßte es eilfertig gegen ihre Unterlippe, die zart zu bluten begonnen hatte. «Komm, setz dich», sagte sie dann. Sie nahm seine Hand zwischen ihre beiden, Bewegung voll alter Süße und Vertrautheit, und zog ihn auf die Couch. «Danke», sagte er. «Hier bin ich nun ungefähr hunderttausend Jahre gesessen.»

Sie nahm den kleinen Scherz mit unverhältnismäßiger Freude auf. «Du änderst dich gar nicht, Basil», sagte sie, «du bist noch derselbe, der du warst.»

«Aber du änderst dich. So oft ich dich sehe, bist du eine neue Frau.»

Sie begann zu lachen. «Wahrscheinlich bin ich immer schon in mir dringesteckt, wie die Blume in der Zwiebel», sagte sie. «Wie du mich zuerst gefunden hast, muß ich dir sehr simpel vorgekommen sein. Drei Kugeln und zwei Würfel. Komm, ich zeige dir etwas.»

Er erschrak ein wenig, als sie die Tür zu ihrem Schlafzimmer öffnete, zu einem sehr großen Raum, der aber etwas Vermummtes und Ersticktes hatte. Weiße Teppiche, Blumen aus Silber. Er haßte das Zimmer sofort und gründlich. Es sah aus, als wenn sie hier mit vielen Männern geschlafen hätte. Das Bett war so groß wie eine Wiese, er wollte nicht hinschauen und schaute trotzdem hin.

«Hier», sagte Doris und knipste eine Lampe an. Er erblickte ein rötliches Gebilde aus etwas mürbem gebranntem Ton, etwa drei Hände hoch. «Ja?» fragte er, aber da erkannte er schon, was es war.

«Ich habe es gekauft», sagte Doris aufgeregt. «Ich habe Raphaelson auf die Jagd geschickt, es dauerte vier Monate, bevor wir es aufgetrieben haben. Aber jetzt gehört es mir.» Sie bückte sich schnell und drückte einen spontanen und dennoch theatralischen Kuß auf die geometrischen Ausladungen der kleinen Statue. Basil fand dies lächerlich, die Statue sowohl wie Doris' Gehaben. «Schade», sagte er. «Ich habe mir immer noch manchmal eingebildet, daß ich ein guter Bildhauer hätte werden können. Ich habe nicht gewußt, daß ich solchen Dreck gemacht habe. Jetzt ist also diese Illusion vorbei.»

Doris sah erschreckt zu ihm hinauf. Sie war kleiner geworden, schien ihm, oder weniger vielmehr, leichter. Sie hatte niemals diese übergroßen Augen gehabt. Sie war geschminkt, aber die Adern schimmerten überall durch die Haut. Plötzlich wurde er von einem solchen Verlangen überkommen, daß er weiße Lippen bekam.

«Komm——» murmelte er und deutete mit dem Kinn auf das Bett. Doris wich sogleich von ihm zurück. «Oder hast du jetzt jemanden andern?» setzte er hinzu, mit einem Auflachen, das ——er bemerkte es mit Kummer——wie ein heiseres Husten klang. Sie schüttelte nachdenklich den Kopf. «Jetzt habe ich ja Geld, um die Leute zu bezahlen—» sagte sie zuletzt. Basil verstand sogleich, was sie damit meinte. Früher hat sie also mit sich selbst bezahlen müssen, dachte er. Eigentlich hatte er es immer gewußt. Er war aus der Zelle und aus der Dunkelhaft gewöhnt, daran zu denken und die Gedanken mit schmerzhaften Details auszumalen. Der Zorn, die Wut, der Haß auf Doris neuen Reichtum verließ ihn und nur Mitleid blieb zurück.

«Wir beide—» sagte er leise, «du und ich—wir beide—» und er nahm Doris Kopf in seine Hand und legte ihn gegen seine Brust. Er kam sich groß und stark vor und er glaubte zu spüren, daß er auch ihr so vorkam. Eine unmeßbare Zeit standen sie so, leise hin und her schwankend, wie Bäume. Draußen rief jemand «Telephon!» und Doris löste sich los. Sie nahm den Hörer von dem Apparat auf dem Nachttisch und sprach schnell und unfreundlich in die Muschel. «Ich kann nicht», sagte sie. «Ich bedaure. Alles hat seine Grenzen. Nein—ich habe gesagt Nein und dabei bleibt es.»

«Sie pressen einen aus und dann werfen sie einen auf den Misthaufen», sagte sie und wandte sich wieder zu Basil. «Ich bin tot. Ich muß morgen nachmittag die Donna Anna singen, ich kann einfach vormittags nicht probieren. Aber das sehen die nicht ein.»

«Ach so... Du mußt morgen singen», sagte Basil.

«Aber heute bin ich frei, den ganzen Abend und morgen bis Mittag—und morgen abend wieder», erwiderte Doris. Sie nahm seine Hand und führte ihn sachte fort aus ihrem Zimmer. «Du kannst dir garnicht vorstellen, was für einen Kampf das gekostet hatte. Erstens war alles anders eingeteilt, ich wollte dich selbst aus Baxterville abholen und drei Tage Urlaub haben, nur für dich. Aber man gehört sich ja nicht selbst in diesem verfluchten Beruf. Wir sollten vorgestern die Premiere von «Panan» haben, das ist eine ganz verrückte moderne Oper von einem Franzosen, sehr schwer. Aber der Bariton ist uns krank geworden und außerdem waren zu wenig Proben. Premiere verschoben. Generalprobe verschoben, Repertoire geändert—und ich muß auf der Probe stehen und diesen Mist singen, anstatt mit dir zu sein—»

«Ich wollte dich eigentlich ermorden, wie du mich so da sitzen und warten ließest», sagte Basil versöhnt. «Noch einmal—?» fragte Doris und verstummte erschreckt. Das hätte sie nicht sagen dürfen, dachte er, das nicht. Das Blut stieg ganz langsam in seinem Kopf aufwärts und seine Ohren begannen zu summen.

«Eigentlich ist es mir recht, daß du mich morgen singen hörst», fuhr sie schnell fort. «Magst du Mozart eigentlich leiden?»

Vollkommen blödsinnig, dachte Basil. «Du vergißt immer wieder, wo und wie ich mein Leben verbringe», sagte er. Doris stand sogleich von der Bank vor dem Feuerplatz auf und kam zu ihm. «Telephon», wurde draußen gerufen. Sie ließ ihn los und nahm den Hörer.

«Wir haben morgen um elf Uhr eine Besprechung mit dem Rechtsanwalt Chander», sagte sie, als sie den Hörer niederlegte. Basil war inzwischen ans Fenster getreten und schaute auf den Central Park hinunter. Was ihn vor allem aufregte, das war die Größe, die Weite, die Tiefe, die er sah. «Wenn du diesmal zurückgehst, dann ist es nur mehr auf Wochen», sagte Doris hinter ihm. «Chander ist vollkommen sicher, daß Foster es richtet. Der alte Bryant schiebt auch an, er hat noch gute Verbindungen. Ich habe auch den jungen Bryant dazu bekommen, das Gesuch zu unterschreiben . . .»

«Was hast du ihm dafür gegeben?» fragte Basil und wendete sich schnell um. Sie lächelte ihn an, frech, wie es ihm schien.

«Sechs Flaschen Whisky», antwortete sie.

«Telephon», rief es draußen und zugleich betrat die Salvatori das Zimmer. Während Doris wieder den Hörer nahm, ging die Salvatori auf Basil zu und drückte ihm stumm die Hand, wie bei einem Leichenbegängnis. Auch sah er mit Erstaunen, daß Doris' Gesicht sich völlig verändert hatte, während sie in das Telephon sprach. Er kannte noch nicht die wächsern lächelnde Maske, die sie dem Publikum hinhielt. Wohin er schaute, standen Vasen mit leise angewelkten Blumen. Es roch nach Erfolg und Verwesung. Die Wohnung schien voll von Menschen. Immerfort gingen Türen, rauschte die Wasserleitung in den Wänden, trabten Schritte durch den Korridor.

«Mit wie vielen Personen lebst du eigentlich?» fragte er.

«Laß mal sehen—» antwortete sie. «Mit der Köchin sind es fünf, aber die geht am Abend nach Hause, sie lebt mit einem wunderschönen Tänzer aus dem Charleston Club.»

Basil spürte, wie die Zeit verrann in großer Leere, wie nichts geschah, nichts gesagt wurde, um sie aufzuhalten, um sie auszufüllen mit etwas, das er als Erinnerung mitnehmen und an dem er bauen konnte, wenn er wieder in seiner Zelle saß oder in der Matratzenwerkstatt. Er griff heftig nach ihr und es tat ihm wohl, das kühle Fleisch ihres Armes unter seinen Fingern zu spüren. Sie schrie leise auf und auch dies freute ihn, daß er ihr weh tun konnte. «Komm doch zu mir», murmelte er inständig. «Du bist so weit fort, es ist so viel dazwischen...»

«Wir haben den ganzen Abend für uns allein», sagte sie. «Du weißt gar nicht was das bedeutet. Ich hätte in einem Konzert singen sollen, mit Toscanini. Die Absage hat mich tausend Dollar gekostet, und Toscanini ist obendrein böse auf mich.» Tausend Dollar, dachte Basil. Toscanini. Wieder bellte er sein Sträflingslachen und hörte es selbst mit Mißvergnügen.

«Auf was hättest du Lust heute abend?» fragte Doris noch. «Auf die Maison Fifi», sagte er brüsk. Sie schaute ihn nachdenklich und unsicher lächelnd an. «Bist du Basil—?» fragte sie. Sie aßen zusammen in der Bibliothek auf einem kleinen Tisch, den die Sekretärin mit schreiend diskreter Miene hereinrollte. Die Speisen schmeckten wie Luft für Basil. Als sie das Haus verließen, weil es ihn nach Lärm und nach New York hungerte, begleitete die Salvatori sie bis zum Aufzug. «Bringen Sie

Madame nicht zu spät heim», sagte sie warnend. «Madame hat morgen eine schwere Rolle zu singen und braucht Ruhe.»

«Brauchst du Ruhe?» fragte er vier Stunden später, als sie zurückgekehrt waren, mit dem Rauch der Nachtlokale in Haaren und Kleidern und mit dem Jazzgetöse einer Revue in den Ohren. Doris beachtete die Ironie nicht. Sie führte ihn über den weißen Teppich zu dem großen Bett. Seine Stiefel ließen schwarze Abdrücke darauf zurück. Er war schlecht angezogen, er benahm sich schlecht, er hatte harte Arbeiterhände, er war stumpf geworden, und nur das Verlangen nach Doris sauste in seinen Ohren. Erst als es dunkel im Zimmer wurde, hörte er auf, sich und sie zu hassen. Trotzdem war es, als umarme er Luft, als er Doris umarmte.

«Es ist furchtbar, daß die Zeit auch vergeht, während man schläft», sagte er am Morgen. Es war neun Uhr, einundzwanzig kostbare Stunden waren vergangen. «Bist du eigentlich glücklich?» fragte er Doris, die sich das rote Haar in Ringel kämmte. Es sah ein wenig matt und verstaubt aus. «Manchmal, wenn ich singe», erwiderte sie. Er vergaß immerfort, daß sie eine Sängerin war.

Um elf Uhr saßen sie in der getäfelten und lederbepolsterten Kanzlei von Chander und, nachdem sie eine Stunde mit ihm gesprochen hatten, sah es so aus, als würde Basil nur nach Baxterville zurückgehen, um seine Zahnbürste zu holen und dann für immer ein freier Mann zu sein. Um zwölf waren sie in einem Modegeschäft, und Doris zwang Basil in einen neuen Anzug, in einen Mantel, in ein neues Hemd. Er kam sich ungemein erniedrigt vor, während die Kommis ihn umtanzten, ihn aufputzten und besonders, als Doris nachher einen Scheck ausschrieb. Sie hat sich meiner geschämt, dachte er verbittert und sie hat recht gehabt. Sie bezahlt den Schneider, sie bezahlt den Anwalt, sie bezahlt die Freilassung. Eine irrsinnige Sekunde lang wollte er gar nicht freikommen um diesen Preis. Aber das verging.

Vorläufig machte ihn die Freiheit nervös und hilflos. Die Autos fuhren schneller, die Sonne schien gelber und blendender, die Leute auf den Straßen stießen rücksichtsloser ihren Weg, als er vertragen konnte. Sie aßen in einem Drugstore, auch zum Frühstück hatte Doris nur am Kaffee genippt und bald darauf begann sie nur mehr zu flüstern. «Ich bin heiser», flüsterte sie ihm zu, «ich werde absagen müssen.» «Das wäre herrlich», sagte er in unschuldiger Freude, und danach hörte sie ganz auf, mit ihm zu sprechen. Um ein Uhr verließ sie ihn, nachdem sie schon die letzte halbe Stunde gewissermaßen nicht mehr anwesend gewesen war, und er ging zu Cowen, um ihn zu versöhnen. Dort hatte er die erste friedliche und entspannte Stunde. Mit einer Zigarre im Mund saß er da und erzählte vom Zuchthaus und Cowen verstand ihn. Es war eine große Qual, daß Doris es vermied, über das Zuchthaus zu sprechen—denn dort spielte sich schließlich sein Leben ab. Es war dieselbe Sorte von Takt, mit der die Sehenden Blinde zur Verzweiflung bringen.

Mr. Hadlock holte ihn aus Cowens gemütlicher verräucherter Bude und verfrachtete ihn zur Oper. In seinen neuen Anzug gekleidet, der ihm zu schlaff und zu heiß schien, nach all dem Zwillich, saß er im Hintergrund einer Loge und langweilte sich bis zu Tränen. Wahrhaftig, Tränen der Wut und der Verzweiflung traten in seine Augen, als die Leute nicht aufhörten, ihre Arien zu singen, während dreieinhalb kostbare Stunden seiner Freiheit verrotteten. Auch machte es ihm Mühe, Doris unter den andern kleinen und entfernten singenden Gestalten der Bühne herauszufinden. Es war nicht ihre Stimme, nicht ihr Gesicht, nicht ihr Gang, nicht ihr Wesen, diese Donna Anna mit ihrem schwarzen Reifrock und den lächerlichen Prätentionen.

Gerade als Basil beschloß, sich davonzumachen, in die 56. Straße zu gehen und vielleicht dort noch einen Hauch des Vergangenen aufzuspüren—gerade da klopfte ihm jemand auf die Schulter, und es war aus. Die Sekretärin schleppte ihn über viele Gänge auf die Bühne. Es machte ihn nervös, daß die schweren Eisentüren mit solcher Endgültigkeit hinter ihm zufielen. Dann stand er in Doris Garderobe und fühlte sich ausgestoßen und idiotisch in seinem neuen Anzug. Doris sah gespenstisch aus mit blutigroten Schminktupfen in den Augenwinkeln und dunkelblauer Schminke auf den Lidern. Als sie ihm die Hand hinstreckte, war sie naß von Schweiß und zitterte. Wenn sie ein Pferd wäre, würde sie voll Schaum sein, dachte er. Die Garderobe war voll von Leuten, die alle auf einmal redeten. Ihn sah keiner an. Er ging in eine Ecke und amüsierte sich damit, die kleine Zinnfigur anzuschauen, die vor dem Spiegel stand. Das Männchen auf dem Büffel war von einer vollkommen idiotischen Lustigkeit. Kein Grund, so zufrieden zu sein, sagte Basil in Gedanken zu ihm. Das Leben ist keine Flötenkadenz, Sie kleiner Idiot. Doris streifte an ihm vorbei, sie preßte heimlich ihre Schulter gegen seinen Arm. Obwohl es ihn erregte, freute es ihn nicht. Das tut sie mit allen. Das sind so ihre Tricks, dachte er. Er schaute sich die Männer in der Garderobe an und war überzeugt, daß Doris mit jedem von ihnen geschlafen hatte. Einer sprach ein schnelles und geläufiges Pariser Französisch. Basil mochte sein Gesicht leiden. Er liebte alle Leute, die französisch sprachen, weil er lang in Paris und den Kolonien gelebt hatte.

«Das ist René», stellte Doris vor. «Ein alter Freund von mir. Wir führen seine Oper auf. Das ist Basil, René—du weißt?»

«Doris hat mir viel von Ihnen erzählt», sagte René geschmeidig.

«Das ist nicht wahr», rief Doris.

«Man kann auch erzählen, indem man handelt, anstatt zu reden», sagte René.

Basil suchte nach einer Bemerkung, die elegant und witzig sein sollte und fand keine. Als er René noch giftig anstarrte, sein schönes Gesicht und den steilen, nackten Hals, kam ihn plötzlich, unerwartet, unverhofft, zum erstenmal seit sieben Jahren, die Lust an, zu modellieren.

«Wenn ich nicht ins Zuchthaus zurück müßte, würde ich Sie bitten, mir zu einem Porträt zu sitzen», sagte er laut. Da er französisch gesprochen hatte, verstanden es nur wenige und die achteten nicht darauf.

«Doris erzählte mir, daß man Sie sehr bald auf Parole entlassen wird», erwiderte René mit einer kleinen zuvorkommenden Verbeugung. Sonderbarerweise erfüllte Basil diese nicht mehr als höfliche Versicherung mit einem festen Optimismus; er hatte Chander nicht geglaubt, aber er glaubte René. Auf einmal war er voll der Sicherheit, daß seine Befreiung nur eine Frage von Wochen sein könne .«Au revoir», sagte René, als sie sich auf der Treppe trennten. «Au revoir, à bientôt», antwortete Basil mit Gewicht, als wäre dies ein Versprechen.

«Du vibrierst noch immer—wie eine Stimmgabel—» sagte er eine Stunde später, als er mit Doris vor dem Feuer ihres Wohnzimmers saß. Er hielt ihre Hände, er benahm sich überhaupt mehr wie ein freier Mensch. Das Telephon ging. Der alte Bryant, wie es schien. Doris zwitscherte nette Dinge in die Muschel.

«Hat der alte Bryant dir das alles gekauft?» fragte er und umschrieb mit einer Armbewegung die jadegrüne Eleganz des Raumes. Doris fand dies komisch. «Ich werde dir sagen, was Bryant mir gekauft hat: meine Mittellage von F bis C», sagte sie vergnügt. «Alles andere habe ich mir selber verschaffen müssen.» Sie zog seinen Kopf zu sich und küßte ihn auf die Augen, die er schnell vor dieser Zärtlichkeit schloß. Trotzdem blieb er unzufrieden. Das Telephon. «Chander—» sagte Doris mit dem Hörer in der Hand. Sie lächelte zustimmend in die Luft, während sie horchte. «Er hat ein Ferngespräch mit Foster gehabt», meldete sie halblaut und horchte wieder. «Foster wird es richten, es ist so gut wie sicher, daß du in den nächsten vier Wochen herauskommst...»

303

Als sie den Hörer weglegte, saß sie ein paar Minuten tief nachdenklich da, als rechne sie etwas aus. Erst dann kam sie zu Basil zurück und lächelte ihm zu. Ich muß ihr sagen, daß ich hier nicht leben kann, dachte er. Ich werde davonrennen und wieder in die Fremdenlegion eintreten, dachte er. Es schien ihm einladend und leichter möglich, als die erniedrigte Existenz eines Mannes unter Polizeikontrolle neben der fremd gewordenen, erfolgreichen Doris. Sie war ganz in sich vertieft. Wahrscheinlich mußte das so sein, wenn man berühmt werden wollte, dunkel nur entsann er sich, daß auch er alles von sich geschoben hatte, wenn er arbeitete. Die Oper war es nicht wert, daß Doris sich davon auffressen ließ. Das lächerliche Tonklößchen in Doris' Schlafzimmer war es auch nicht wert gewesen, daß er sein Leben daran hing. Er ging im Zimmer auf und ab und spielte nervös mit den Schwielen in seinen Handflächen. «Komm, laß uns spazieren fahren», sagte Doris in seine Gedanken hinein, und er war erstaunt, daß sie seine Rastlosigkeit doch bemerkt hatte.

«Kannst du denn selbst fahren?» fragte er, als sie schon im Wagen saßen und Doris durch die Abendstraßen zum Riversidedrive hinaus lenkte. Sie schaute starr über das Lenkrad, denn sie war eine ungeübte Chauffeuse. «René hat es mir beigebracht, wie wir in Nordafrika waren», sagte sie. Basil überlegte dies einen Augenblick. Er war ganz wund, dort wo die Eifersucht saß, war nie geheilt seit jener Nacht in Greatneck. «War er dein Liebhaber?» fragte er. «Nein», erwiderte Doris sogleich. «Doch—», sagte sie etwas später, «ja. Ich habe es ganz vergessen. Der René, der jetzt für die Einstudierung seiner Oper hier ist, das ist nämlich ein Mensch, der mit dem damaligen René gar nichts mehr zu tun hat. Kannst du das verstehen.»

«Ich bin ja auch nicht mehr der Mensch, der ich war», sagte er voll Trauer. «Du auch nicht, Doris. Du auch nicht.»

Doris nahm ihre rechte Hand vom Lenkrad und legte sie auf die seine. Der Wagen schwankte ein wenig. Eine Zeitlang fuhren sie schweigend. Jetzt war es so, als wäre die Zeit stehen geblieben. Zum erstenmal seit er aus dem Gefängnistor getreten war, spürte Basil etwas Freiheit. Glück. Ja, Glück.

«Und du bist nur glücklich, wenn du singst?» fragte er. «Es ist eine angenehme Art, Selbstmord zu verüben», sagte Doris etwas später, als hätte sie an dieser Antwort lange gearbeitet. «Wieso?» fragte er, leicht erschreckt. «Ich weiß nicht—ich spüre das so. Man hat doch nur eine bestimmte Menge Leben zu verbrauchen—und man verbraucht so viel davon in jeder Vorstellung. Denk nur, wie oft ich schon gestorben bin—das spürt man im Herzen—»

Es rührte ihn, daß sie eine absurde Angelegenheit wie diese Oper so tragisch nahm. Es ängstigte ihn auch ein wenig. Sie ließ seine Hand nach einer Weile los, und ihre Hand war kalt geworden inzwischen. «Können wir jetzt umkehren?» fragte sie ihn lächelnd. Und unbeholfen rüttelnd, mit vielem Vor und Zurück drehte sie den Wagen heimwärts.

«Laß das Licht noch brennen», sagte er spät nachts, als sie den Arm ausstreckte, um die Lampe am Nachttisch abzudrehen. Sie lag schon im Bett, aber er war noch angezogen und ging ruhelos auf dem weißen Teppich auf und ab. «Ich muß dir noch etwas sagen», murmelte er. Er blieb in der Mitte des Zimmers stehen und starrte auf die Tonfigur in der Ecke, er brauchte etwas, um sich anzuhalten. «Ja, Basil?» fragte Doris sanft. Er erinnerte sich, daß sie auch beim Modellstehen nur sanft wurde, wenn sie zu Tode erschöpft war. Er nahm einen Anlauf.

«Es nützt mir nichts, wenn ich auf Parole entlassen werde. Ich kann hier nicht leben. Das ist schlimmer als Zuchthaus. Ich will zur Fremdenlegion», sagte er.

«Zur Fremdenlegion?»

«Ja.»

«Mein Gott—» sagte Doris da hinten tonlos.

«Wir sind uns vollkommen fremd geworden, merkst du das nicht? Ich bin ein Sträfling, ein Zuchthäusler und du bist eine

305

Operndiva. Ich hab mir das nicht richtig vorstellen können, solange du es mir nur geschrieben hast. Jetzt weiß ich, wie es ist. Du hast keine Zeit. Das Telephon, die Schminke, die Oper, die Zeitung, der Erfolg, die Liebhaber, die verflossenen und die zukünftigen. Ich kann das nicht mitmachen.»

«Komm, setz dich zu mir», sagte Doris leise. Sie war so blaß geworden, daß es ihn erschreckte. «Ist dir schlecht?» fragte er. «Nein», antwortete sie. Er trat zögernd auf das Bett zu und blieb dort stehen. «Setz dich doch», sagte sie. Es war so, als ob alles wieder gut würde, wenn er sich setzte. Er setzte sich und wollte ihre Hand nehmen, aber sie zog sie von ihm fort und barg sie unter der Decke.

«Was kannst du nicht ertragen?» fragte sie leise.

«Alles», sagte er. «Die drei Stunden, die du mich gestern warten ließest—ich bin kein Bettler—ich werde diese drei Stunden nie vergessen—»

«Zwei», sagte Doris. «Es waren nur zwei Stunden.»

«Mir kommen alle Leute, die ich gesehen habe, geisteskrank vor, bei Gott, das tun sie. Du auch, jawohl, du auch», rief er aus, bevor sie ihn unterbrechen konnte. «Ich weiß, was du sagen willst. Daß ich selber verrückt geworden bin. Möglich. Wahrscheinlich. Sicher sogar. Man kommt nicht als normaler Mensch aus dem Zuchthaus zurück. Wie denkst du dir die Zukunft? Du bist reich, du hast einen Hermelinmantel und einen Butler, und ich werde einhundertsiebzehn Dollar dreiundsechzig aus dem Zuchthaus mitbringen. Ich werde mich zweimal die Woche bei der Polizei melden müssen und darf nicht einmal über die Brücke nach New Jersey. Was soll ich hier anfangen? Ich kann Matratzen stopfen, das kann ich. Willst du mit einem Matratzenstopfer verheiratet sein? Ich kann nicht in deiner Nähe existieren, das habe ich gesehen. Ich sitze meine Zeit ab und dann gehe ich zurück zur Fremdenlegion.»

Basil fühlte sich leer und leicht, als dies gesagt war. Er hatte im Zuchthaus zuweilen Heimweh gehabt nach der Luft

Marokkos, nach den Kommandos und den Trompeten, nach der Disziplin und seltsamen Ehre der Legion.

«Was sollen wir denn tun?» fragte Doris flüsternd. Er wunderte sich, daß sie nicht weinte. Sie streckte nun doch den Arm aus und verlöschte das Licht. Im Dunkeln zog sie Basil an sich. «Was sollen wir denn tun?» fragte sie. «Du kannst ja nicht aufhören zu singen», flüsterte er. Es dauerte eine Weile, bevor sie antwortete: «Ich könnte ja wieder bei Schuhmacher arbeiten», und im Finstern fühlte er, daß sie lächelte. Er strich ihr übers Gesicht—nun waren da doch Tränen auf ihren Wimpern. Mit einemmal brach alles auf in ihm, was da gestaut gelegen hatte für Jahre. Er weinte, wie ein Krampf war das, wie eine schwere, schwere Geburt.

«Hast du denn ganz auf unsre Insel vergessen?» fragte Doris dicht über seinem Gesicht. Erst als er nackt und neu aus einer unmeßbaren Umarmung wieder auftauchte, konnte er ihr antworten: «Wollen wir zusammen fortgehen?»

«Es ist höchste Zeit», antwortete Doris.

«Ich meine es im Ernst, Doris.»

«Ich auch. Du weißt gar nicht, wie ernst ich es meine.»

«Könntest du das? Alles aufgeben und mit mir auf die Insel gehen?»

«Das war doch immer ausgemacht», sagte Doris. «Und man kann ja von dort wieder zurückkommen—» setzte sie noch hinzu. Basil drehte die Lampe an, er wollte ihr Gesicht sehen. Blasses überäugiges, geliebtes, geliebtes Gesicht. «Ich kann dein Herz durch die Haut schimmern sehen», sagte er.

«Das bist wieder Du—» erwiderte Doris träumerisch. «Ich schlafe schon», sagte sie. «Auf der Insel waschen die Frauen die Wäsche mit Steinen, Patikale heißt die Insel. Jeden Donnerstag fährt ein Boot von Tahiti hinüber. Wenn wir ankommen, muß der Mond scheinen.» Er dachte, sie spräche schon im Schlaf. Sie öffnete aber noch einmal die Augen. «Ist jetzt wieder alles gut?» fragte sie. Er nickte. Er liebte sie unwiderruflich. Ohne sie

307

würde er nie zurück ins Leben finden. «Wollen wir es gut haben?» fragte sie noch. Es klang kindisch, aber er spürte, wieviel es umschrieb. «Sehr gut», antwortete er. «Du mußt begnadigt werden—dann können wir fort von allem», sagte sie noch, als er die Lampe wieder verlöschte. Vor den Fenstern stand mit vielen Lichtern die Stadt. Ein Zifferblatt leuchtete auf dem Nachttisch. Zwei Uhr zehn. «Ich darf meinen Zug nicht versäumen», murmelte er. «Der Wecker ist gestellt—» sagte Doris, die schon auf seiner Schulter eingeschlafen war.

Der Wecker klingelte und Doris erwachte. ,Um zehn Uhr Generalprobe in Kostüm und Maske', war das erste, was sie dachte. Erst der zweite Gedanke fand Basil. Das Bett war leer. Basil war fort. Sie hatte den Abschied versäumt. Sein Anzug lag ordentlich über einen Stuhl gefaltet, der neue Anzug, den sie ihm gekauft hatte. Doris strich die Nacht aus ihren Gliedern und aus den Augen. Sie war seit Wochen am Morgen schon so ausgelaugt, wie früher nur am Abend. Sie zwang sich. Sie rüttelte sich in die Wirklichkeit zurück. Die Post, die Zeitungen, die Massage, das Bad. Sechsunddreißigmal bis vierzehn zählen und atmen. Miss Butcher, Marcella. Guten Morgen, Mr. Hadlock. Die Garderobe, die Schminke, das Kostüm. Die Generalprobe.

Die Generalprobe zu «Panan» war schlimmer als irgendeine Generalprobe, die Doris zuvor gehabt hatte. Die Musik war modern bis zur Selbstvernichtung. Das Orchester bockte. Der Kapellmeister mißverstand. Die Sänger quälten sich. Die Kulissen waren unfertig, der Beleuchter bekam einen Weinkrampf. René, der unglückliche Komponist René Beauxcamps, konnte nur französisch sprechen und das vermehrte die Verwirrung. Um zehn Uhr morgens hatte man begonnen, um sechs Uhr abends wurde man von der Bühne vertrieben, weil die Dekorationen für die Abendvorstellung aufgestellt werden mußten. Eine Massenhysterie griff um sich, wie bei Ausbruch eines

Krieges oder einer Revolution. Zehn Minuten lang sah es so aus, als wenn die Oper abgesetzt werden würde. René, ein geschlagener Mann, hängte sich an Doris und verlangte Trost. Aber sie wollte selbst getröstet werden. Ihr Herz ging zäh und widerwillig. Es war, als hätte Basil das letzte bißchen Kraft aus ihr herausgeliebt. Die Salvatori ging auf knarrenden Zehenspitzen durchs Haus und prophezeite einen großen Erfolg. Sie hatte günstige Resultate im Kartenlegen erzielt, und außerdem bedeutete Krach auf der Generalprobe todsicher Gutes für die Aufführung. Juddy Long, die unter den geladenen Gästen der Probe gewesen war, läutete an und war begeistert. Vanderfelt schickte eine Maskotte, ein Anhängsel aus Diamanten, ein Hakenkreuz wie es die Indianer haben. Es war ein zu teures Geschenk für einen Freund, der nichts von ihr wollte, aber es mochte immerhin Glück bringen.

Die Oper hatte einen von respektvollem Bedauern begleiteten Durchfall. Als der alte Bryant sie nach der Vorstellung nach Hause brachte, hatte Doris das Gefühl, daß ihre Nerven mit einem Knall entzweigerissen waren, wie es zuweilen die Saiten des Harfenisten im Orchester taten. Sie legte sich in das große Bett und konnte nicht schlafen. Sie war zu müde, um schlafen zu können.

Man gab die Oper dreimal und dann begrub man sie. Man begrub drei Monate Arbeit und begann etwas anderes einzustudieren. René fuhr zurück nach Paris, zerfallen mit sich und der Welt. Doris schickte ihm ein nettes Abschiedstelegramm an den Zug. Er antwortete mit einer kühlen Ansichtskarte. Damit war dies vorbei.

Doris warf sich mit aller Kraft, die ihr noch geblieben war, in die Verhandlungen mit Chander. Sie fühlte, daß sie bald auf die Insel mußte, wenn sie überhaupt noch dorthin kommen wollte. Die letzte Nacht mit Basil hatte sie an ihn festgeschmiedet mit der gleichen Gewalt wie damals die erste Nacht. Zwischen New York und Albany wurde eifrig telephoniert. Das

Begnadigungsgesuch war in Fosters Händen. Foster hatte mit dem Board of Parole gesprochen. Das Board of Parole hatte es befürwortet. Am Mittwoch würde es dem Gouverneur überreicht werden, der sich in einem privaten Gespräch günstig verlauten ließ. Am Donnerstag konnte im guten Fall die Entscheidung da sein. Es war kein Zweifel mehr daran, wie sie ausfallen würde. Doris schickte ein Telegramm an Basil und eines an den Gefängnisdirektor Tailor, den sie bat, es dem Gefangenen auszufolgen. «Noch einen Tag Geduld—und dann für immer», telegraphierte sie. Am Abend sang sie die Santuzza, und nachher ging sie mit Vanderfelt tanzen. Sie konnte nicht schlafen, gar nicht mehr, da war es besser mit irgend einem die Nacht zu durchtanzen. Überwach und großäugig sah sie sich im Spiegel daherkommen, an die wohlgestaltete Frackbrust des Rechtsanwaltes gelehnt. Er preßte sie von Zeit zu Zeit an sich, und sie quittierte es mit einem Lächeln. Er war fast so alt wie der alte Bryant. Sie war überzeugt, daß er nur aus Höflichkeit galant wurde.

Am Donnerstag erfolgte nichts. Am Freitagmittag gab es ein paar Abendblätter mit großen Überschriften. Der Senator Foster war in einen Skandal verwickelt, ihm waren Unredlichkeiten aller Art nachgewiesen, er war der Unterschlagung von Geldern angeklagt, er hatte schmutzige Geschäfte gemacht und war auf der ganzen Linie bestechlich und unredlich gewesen. Doris las es mit Verwunderung. Sie verstand nicht, wieso die Zeitungen so viel Lärm machten über ein paar Fakten, die jeder Einsichtige vorher gewußt hatte. Sie rief Chander an, der sich beim erstenmal verleugnen ließ und beim zweitenmal optimistische leere Reden führte. Doris vernahm es mit stockendem Herzschlag. Sie hatte sich in den letzten Monaten mit allem, was sie besaß und was sie vermochte, um diese Begnadigung bemüht. Sie hatte Basil nicht erzählt, was alles sie getan hatte, um diesen Foster reichlich genug bestechen zu können. Sie hatte ihm nicht gesagt, wie alles, alles, ihr ganzes Leben, nur auf diesen

310

Punkt hingelebt wurde, daß er frei würde, und sie von allem fort und auf die Insel gehen konnten. Ach, in der Liebe verschweigt man stets das Wichtige und spricht das Nebensächliche.

Die Begnadigung wurde abgelehnt. Die öffentliche Stimmung hatte sich gegen die laxe Handhabung der Gesetze gewendet. Der Fosterskandal deckte zu viel Übles auf: Bestochene Gefängnisleiter, entlassene Gangster und Mörder, ein sonderbares Mischmasch von Politik und Verbrechen. Die Bürger fühlten sich mit eins umgeben von zu früh freigelassenen Zuchthäuslern und Gefahr.

Doris erkämpfte sich einen kurzen Urlaub und reiste hinter dem Board of Parole her, hinter den drei schweigsamen und wichtigen Männern, die von Gefängnis zu Gefängnis fuhren und über das Schicksal der Gefangenen entschieden, die zur Freilassung auf Parole vorgeschlagen waren. Sie erreichte nichts. Das beste, das man ihr raten konnte, war, den Fall jetzt einmal ruhen zu lassen, auf ein Jahr vielleicht, bis sich die Öffentlichkeit beruhigt hatte. Basils Akten hatten einen leisen Beigeschmack von Kommunismus. Seine Führungsliste wies Flecken auf. Tätlichkeit gegen einen Aufseher. Teilnahme an einer Revolte. Achselzucken. Bedauern. Abweisung.

«Hab Geduld, Basil, hab Geduld», schrieb sie ins Gefängnis. Sie kehrte von ihren Irrfahrten nach New York zurück und suchte erst einmal Doktor Williams auf. «Ich habe ein Gefühl, als wenn mein Herz auf einer Seite immer kalt wäre. So wie wenn man vor einem Kamin sitzt, eine Seite geröstet, die andere Seite friert», meldete sie mit entschuldigendem Lächeln. Er klopfte und untersuchte. Er bestellte sie für den nächsten Tag, er legte sie auf den Tisch und spritzte ihr eine abscheuliche Substanz in die Adern. Zum tausendstenmal spürte sie sich sterben, ein Krampf schüttelte sie, aber dann war sie in den richtigen Zustand der Undurchsichtigkeit gebracht, die den Doktor befähigte, saubere Röntgenaufnahmen zu machen.

«Es ist nichts Schlimmes los, Sie sind nur überarbeitet», sagte er ihr. «Sie leben und singen, als wenn Sie ein gesundes Herz hätten. Sie müssen sich jetzt einmal ein paar Wochen so halten wie ein kranker Mensch. Keine Aufregung—»

«Keine Freude, keinen Kummer, ich weiß», setzte sie höhnisch seine Verordnung fort. Doktor Williams war etwas gekränkt. «Ich habe Sie gewarnt», sagte er. Doris ging in die Oper und sang die Tosca. Sie schmiß im zweiten Akt wie immer und Delmonte im dritten, als sie von links an ihn herantrat und hinter ihm stehen blieb. Aber sonst sang Doris so gut, wie sie die Rolle noch nie gesungen hatte. Es war keine Rolle mehr, es war mit einemmal sie selber geworden, es war ihr Liebhaber, der gefoltert wurde, Basil. Sie ruhte zwei Tage aus, ganz leer. Sie sang die Tatjana, sie sang die Carmen. Sie versuchte sich einzubilden, daß auch die letzten vier Jahre von Basils Haft vergehen würden. Sie versuchte zu denken, daß dies nicht so sehr lang war und zu glauben, daß sie auf ihn warten konnte. Sie sang wieder die Tosca, ihr Herz war noch immer kalt auf der einen, der rechten Seite. Von dieser Kälte breitete sich ein Netz von Schmerzen über die Brust, sie konnte es nicht nur fühlen, sondern in überreizten Momenten auch sehen, wie ein rotes Geflecht lag es über ihre Brust gespannt. Sie mußte es in der nächsten Woche aufgeben, am Morgen sechsunddreißigmal zu atmen. Sie zwang sich mehr zu essen, um stark zu werden. Sie ohrfeigte einen Bariton, der ihr eine Liebeserklärung machte. Sie kränkte die Salvatori in jeder Stunde. Sie bekam Krach mit jedem einzelnen Mitglied der Oper, und die Zeitungen füllten sich mit Anekdoten über ihr teuflisch böses Wesen. Ach, Basil saß im Zuchthaus und ihr Herz starb ab—Millimeter bei Millimeter verließ es sie und legte die Arbeit nieder.

Ein Mann mit geschorenem Kopf erschien an ihrer Wohnungstür, er war betrunken, und er brachte einen Brief von Basil.

«Ein Kamerad, der seine Zeit abgesessen hat, wird Dir hoffentlich diesen Brief hinausschmuggeln können. Sei nett zu ihm und hilf ihm über den Anfang. Ich verstehe nicht, was passiert ist. Ich kann es nicht länger hier aushalten. Man hätte mich nie heimlich hinauslassen dürfen, man kann es dann einfach nicht mehr. Wenn ich nicht bald herauskomme, passiert noch etwas Dummes. Man wird hier zum Mörder erzogen. Zwölf Jahre, zwölf Jahre, für etwas, das nur Dich angeht und mich. Bitte, nimm mich hier heraus, bringe mich auf unsre Insel, bevor ich etwas tue, das es für immer unmöglich macht. Sie sagen, daß man uns Tailor wegnehmen wird, weil er uns zu gut behandelt hat. Wenn das passiert—»

Damit brach der Brief ab. Wahrscheinlich hatte er keine Möglichkeit gehabt, ihn weiterzuschreiben. Doris gab dem betrunkenen Mann Geld und schenkte ihm den neuen Anzug, den Basil dagelassen hatte. Er würde ihn nun doch nicht brauchen, für eine lange Zeit...

Doris sang wieder die Santuzza. Sie sang die Aïda. Sie fühlte sich besser an diesem Abend und sie sang gut. Das: «Ritorna vincitor» hatte einen Schwung wie eine flatternde Fahne. Im Zwischenakt saß Doris ganz unbeweglich in ihrer Garderobe, nahm den Kuli auf den Schoß und streichelte das glatte graue Metall. Der alte Bryant schickte einen kleinen Veilchenstrauß für zwanzig Cent herein. Die Salvatori sprudelte Ei mit Öl. Hinter den Wänden übte der Frauenchor noch einmal den Schluß der Oper.

Doris betrachtete sich im Spiegel. Sie war braun geschminkt mit hochgezogenen Augenbrauen, wie Potter es wollte. Er hatte die Rolle der Äthiopischen Sklavin und Königstochter noch mit ihr studiert. Sie spürte ein wenig Sehnsucht nach dem verstorbenen Potter. Sie fror; sie hätte sich gern an alle die Männer angeschmiegt, bei denen sie irgend einen Wert gegen ein bißchen Prostitution eingetauscht hatte. Das Glockenzeichen. Das Lichtzeichen. Doris stand in der Kulisse und wartete auf ihren Einsatz. Sie trat auf und sang und ihre Stimme wuchs und wuchs und breitete sich schwebend über das große Finale des zweiten Aktes, über alle die andern Stimmen, über die Chöre der Priester, der Krieger, der Gefangenen, des Volkes, über die Stimmen der Solisten und über die drei Orchester des Aktschlusses. Einen seltsamen, schwindligen Augenblick lang spürte sie es so, als wäre ihre Stimme hoch und groß wie das ganze Haus, dieses Theater mit seinen Balkonen und Galerien, mit seinen Bühnen, Hinterbühnen, Seitenbühnen und mit der Höhe und Tiefe von Schnürböden und vielstöckigen Versenkungen.

Da geschah es. Da schlug wieder die unsichtbare Hand an ihr Herz. Sie rang nach Atem. Sie sang noch immer. Jetzt sterbe ich also, dachte sie. Es wurde schon schwarz um sie. Das Theater bäumte sich auf und fiel über ihr zusammen. Sie stand und sang noch, als sie schon glaubte, sie sei tot. Erst als der Vorhang herunterkam, fiel sie nieder.

Die braune Schminke war noch nicht ganz von ihrem Gesicht gewaschen, als der alte Bryant zwei Tage später zu ihr gelassen wurde. Er kam auf den Zehenspitzen in ihr Schlafzimmer und schaute sie an. Sie schlief mit einem angestrengten Ausdruck, ihre Brust hob sich in kurzen, flachen Atemzügen. Rings um die Augen, am Haaransatz und neben den Ohren war noch die Schminke. Der alte Bryant setzte sich nieder und wartete.

Doris lächelte ein wenig, als sie erwachte und ihn vorfand. «Nicht sprechen», sagte er sogleich. Es war wie damals im Spital. Nicht sprechen, nicht bewegen.

«Wie ich dich zum erstenmal kennenlernte, war ich auch krank», murmelte sie. «Du wirst wieder gesund werden», sagte er tröstend. Sie hob mit einiger Mühe ihre Hand von der Decke, betrachtete sie forschend, schüttelte den Kopf und ließ die Hand wieder sinken. «Wer singt die Tosca?» flüsterte sie

314

noch. «Man hat die Vorstellung abgeändert», antwortete Bryant.

Er log. Doktor Williams meinte, daß Doris' Herz auch nicht mehr ein Gramm Belastung aushalten könnte.

Sie liegt im Bett, zuweilen denkt sie gar nicht und zuweilen gehen hundert Gedanken auf einmal durch ihren Sinn. Nicht mehr singen, das denkt sie vor allem. Nie mehr singen. Was wird jetzt aus mir? denkt sie auch, und: was wird aus Basil? Ich bin nicht gestorben, denkt sie, mit Stolz und Triumph, als wäre dies eine große Leistung. Ja, so erscheint es ihr: Daß sie nicht gestorben ist, weil sie nicht sterben wollte. Ich komme doch noch mit dir auf unsere Insel, denkt sie, obwohl unter den obwaltenden Umständen dieser Gedanke wenig realen Grund hat. Aber Doris steht nur noch mit den Zehenspitzen in der Realität. Sie liegt im Bett, sehr krank und überaus gefährdet, und zugleich fliegt sie durch Vergangenheit und Zukunft, durch nahe und ferne Gegenden. Das Treppenhaus in der 56sten Straße. Salzburg. Eine kleine Gasse in Biskra. Der Drugstore in Baxterville. Eine Wolke, die abends über dem Dom von Milano hängt. Die Insel. Zuletzt und immer wieder landet sie unter Palmenwipfeln auf der Insel Patikale.

Es dauerte vier Wochen, bis sie zum erstenmal wieder gehen konnte. Der alte Bryant war da, er führte sie vom Bett zum Fenster, und wieder zurück zum Bett. Schon wieder wurde es März im Central Park. Sie wußte nichts von Basil und er wußte nicht, daß sie krank war. Was nun? dachte sie erschöpft.

«Wenn es dir recht wäre, könnten wir Anfang Mai heiraten», sagte der alte Bryant. «Ich habe mir das gut überlegt. Du sollst Ruhe haben. Für Ruhe kann ich dir in meinem Haus garantieren.»

Doris blieb wieder einmal der Herzschlag aus. «Ich kann dich doch nicht heiraten—» sagte sie überraschter, als sie je in ihrem Leben gewesen war.

«Nein? Warum nicht?»

Doris antwortete nicht. Von allen Seiten besehen, war es

eine unwahrscheinliche Angelegenheit. «Du wirst es gut bei mir haben», sagte Bryant nach einer Weile, als keine Antwort kam.

«Ich möchte mich wieder hinlegen», sagte sie. Der alte Bryant zog sie aus wie einen Säugling und brachte sie in ihrem Bett unter. Ihr Haushalt war schon in Auflösung geraten. Miss Butcher hatte eine andere Stellung angenommen, Marcella war entlassen worden. Nur die Salvatori war noch da. «Warum willst du mich heiraten?» fragte sie schließlich.

«Ich habe nicht von Liebe gesprochen—» antwortete Bryant.

«Warum also?» fragte sie wieder.

«Weil wir zusammenpassen. Du brauchst Ruhe und ich habe genug hinter mir, um dir Ruhe anbieten zu können. Und dann—»

«Was dann?» fragte sie, als er abbrach.

«Hauptsächlich, weil du mir Joujou geschenkt hast. Weißt du, es gibt nur zwei Sorten von Menschen. Solche die geben und solche die nehmen. Du hast mir etwas gegeben. Das ist eine große Seltenheit in meinem Leben gewesen. Daß du mir den Joujou gegeben hast, während es dir selber schlecht ging—»

Joujou, der auf Doris' Bettdecke lag, spitzte im Schlaf seine seidengefütterten Ohren, als sein Name vorkam. Bryant schob Doris' Kissen zurecht. Es kam ihr nun nicht mehr ganz so verrückt vor, daß er sie heiraten wollte.

«Ich bin aber ein entsetzlicher Egoist geworden—» sagte sie, und Bryant hob seine Hände mit einer begütigenden Gebärde, die ausdrückte: Ich weiß, ich weiß—

«Du weißt, daß ich nur eine einzige Sache will und daß ich sie kriegen werde», sagte sie hartnäckig.

Bryant stand auf und ging zum Fenster. Er drehte ihr den Rücken zu. «Basil hat noch vier Jahre. In vier Jahren kann sich vieles ändern. Laß uns erst mal verheiratet sein—»

«Ich weiß. Du denkst, daß ich keine vier Jahre mehr leben werde. Nun, ich sage dir, ich werde leben. Ich werde nicht

316

sterben, bevor Basil herauskommt. Ich bin diesmal auch nicht gestorben. Ich werde alles tun, um ihn so bald herauszubekommen wie möglich und an dem Tag, da Basil frei wird, gehe ich mit ihm fort. Du siehst, ich kann dich nicht heiraten.»

«Ich wollte diesmal Tulpen im Garten pflanzen—» erwiderte Bryant, als wenn sie gar nicht gesprochen hätte. «Ich dachte, es wäre nett, wenn du mir helfen würdest, die Farben auszusuchen. Ach Unsinn», sagte er plötzlich, verließ das Fenster und kam rasch zu ihr ans Bett. «Ich denke nicht, daß du sterben wirst. Vielleicht denke ich, daß ich sterben werde. Ich bin ein alter Mann, Doris, das vergißt du doch wohl nicht. Für mich würde es eine Menge bedeuten, wenn ich ein paar Jahre mit dir haben könnte. Ich gehe schon sparsam mit der Zeit um. Ich glaube, wir könnten es daraufhin riskieren. Du heiratest mich, du gibst mir erst einmal die nächsten Monate. Und ich verspreche dir, daß ich dich nicht halten werde, bei Gott nicht, wann immer dein Basil freikommt.»

Doris zog Joujou an sich heran, der widerstrebte und in einem köstlichen Bogen vom Bett abschnellte und auf einem Tisch am andern Ende des Zimmers landete. Sie überlegte. Der alte Bryant saß da, in nachlässiger aber höflicher Haltung, nett und zuverlässig. «Man sieht, daß du schon viele Verträge in deinem Leben gemacht hast», sagte sie. Sie lachte verlegen auf, was einen heftig stechenden Schmerz in ihrer Lunge verursachte. «Es kommt ein bißchen aus blauem Himmel», sagte sie noch.

«Du lieber Gott, aus blauem Himmel», erwiderte er mit Humor. «Hast du noch nie bemerkt, daß ich in dich verliebt bin—wenn also dieses geschmacklose Wort ausgesprochen werden muß. Und ganz New York hält dich für eine Messalina und eine Liebeskünstlerin in großem Stil. Ich habe mir in meinem Leben nicht so viel Mühe gegeben, um eine Frau zu gewinnen, wie in den acht Jahren unserer Bekanntschaft.»

Doris begann zu lächeln. «Das ist nett, was du da sagst—»,

317

murmelte sie. Das ist doch der alte Bryant, dachte sie. Das ist einer von den fünf oder sechs Königen unserer Zeit. Er hat alles verloren, aber er hat seinen guten Geschmack behalten. Würde, dachte sie noch. Es war ein selten gebrauchtes Wort. Auf den alten Bryant paßte es.

«Soll ich dir eine Tasse Tee kochen?» fragte er, als sie zusammenschauerte. «Danke. Nein», sagte sie geistesabwesend. Was wird jetzt aus mir? Ein kleines Haus in New Jersey, ein kleiner Wagen, ein kleines Einkommen. Tulpen im Garten.

«Werden wir jeden Abend Bridge spielen?» fragte sie mit einem plötzlich aufschießenden Zynismus. Doktor Williams hat unrecht—sie wird länger leben als sechs Wochen, dachte der alte Bryant, als er dem aufblitzenden Spott in ihrer Frage begegnete.

«Das kann ich dir nicht versprechen—» sagte er, gleichfalls lächelnd.

Dann wurde eine Weile geschwiegen. Joujou kam unterwürfig herbei, schnappte plötzlich nach der Uhr auf dem Nachttisch und raste mit seiner Beute davon. Er war ein Tier, das lachen konnte, wenn ihm ein Streich gelang. Er saß in der Ecke und lachte über sein ganzes grundgescheites kleines Fuchsgesicht, als er die Uhr zerbissen hatte.

«Nun?» fragte Bryant.

«Wenn du es riskieren willst—» erwiderte Doris nach einem unmerklichen Zögern. Erst jetzt nahm der alte Bryant ihre Hand von der Decke, räumte den schmalen Gegenstand behutsam aus dem Weg, dann beugte er sich über Doris und küßte sie. Er hatte glatte, warme und zugreifende Lippen. Seine Wangen rochen frisch nach einer guten Rasiercreme. Nach so viel dramatischen Operngebärden ruhte Doris in der warmen Kühle dieses Kusses aus.

«Darf ich dir jetzt Tee kochen?» fragte er, als dieser Kuß vorbei war. Und Doris, die Augen geistesabwesend auf das Licht der Lampe gewendet, erwiderte: «Ich bin dir sehr dankbar ...»

318

«Guten Tag, Roy, wie geht es Ihnen?» sagte Doris, als sie endlich in Vanderfelts Office gelassen wurde. Er erhob sich halb von seinem Schreibtisch; an der Wand hinter ihm hing ein Porträt Lincolns. «Guten Tag, Dorina», erwiderte er. «Das ist aber eine Überraschung.»

Sie trug ein graues Schneiderkleid aus Gabardine und eine Gardenie im Knopfloch. Ein winziger Hut aus kleinen perlmutterfarbenen Federn umschloß ihren Kopf so dicht, daß kein Haar zu sehen war. Sie hatte ein paar dünne Querfalten auf der Stirn, die ihr ein erstauntes und etwas angestrengtes Aussehen verliehen. Sie trug weiße Handschuhe und graue Oxford-Schuhe. Die letzte Vogue hatte ihr Bild in dieser Aufmachung gebracht und darunter geschrieben: Die perfekte Lady. Mrs. F. O. B., die Gattin eines bekannten Bankmannes.

«Bryant vermißt Sie. Sie fehlen uns sehr», sagte sie, während sie sich Vanderfelt gegenüber an den Schreibtisch setzte. Es war ein großer Schreibtisch mit vielen Klingeln und mit dem Diktograph, durch das von Zeit zu Zeit Meldungen gequäkt wurden. Der Schreibtisch eines wichtigen Mannes.

«Ich bin mehr im Flugzeug zwischen New York und Washington als irgendwo sonst», sagte Vanderfelt. «Er soll in zehn Minuten wieder anrufen», befahl er in das quäkende Diktograph. «Zigarette? Ein Glas Brandy?»

«Danke. Doktor Williams erlaubt nichts Derartiges. Pech. Gerade wenn ihr die Prohibition aufgehoben habt und jeder Mensch seinen legalen Schwips hat.»

«Sie sehen gut aus, Dorina», sagte er und schaute nicht auf ihr Gesicht, sondern auf ihre Brust, auf die zarte Wölbung der grauen Jacke. Die Gardenie duftete stark, mit bräunlichen Rändern, die sich leise einzurollen begannen.

«Sie sind so eine Institution in unserm Haus gewesen—wir können uns nicht daran gewöhnen, daß Sie nicht mehr jede Woche mit uns essen.»

«Tja—die Politik ist eine Menschenfresserin, glauben Sie

mir das, Dorina», seufzte Vanderfelt eitel. Er war vor etwa
zwei Jahren ins Politische umgeschwenkt, hatte sich an die
erfolgreiche Partei angeschlossen, hatte seine Erfahrung, seine
Menschenkenntnis, seine brillante Beredsamkeit ausgenutzt und
hatte nun eine Stellung im Department of Justice. «Ich komme
am ersten freien Abend, das verspreche ich. Wie ist alles draußen in New Jersey?»

«Danke. Bryant ist wohl, er hat einen schönen fetten Bonus
bekommen, nachdem er die Transaktion mit den United Air-
lines zu Ende brachte. Er hat mir einen Nerzmantel geschenkt.
Wenn es nicht so warm geworden wäre, hätte ich mich Ihnen
darin gezeigt», sagte Doris. Es war eine Lüge. Der Nerzmantel
war zu schwer, sie war nicht mehr stark genug, ihn zu schlep-
pen. Die Haut über ihren Schulterknochen war so dünn geworden, daß jeder Druck dort schmerzte.

«Wir werden zusammen tanzen gehen wie früher, und Sie
werden mir den neuen Mantel vorführen», sagte Vanderfelt.
«Ich kann jetzt nicht», rief er in das Diktograph. Doris wußte
genau, daß er ungeduldig war, aber sie vermochte es nicht,
sich ihrem Thema direkt zu nähern. Auch schien es ihr, daß
Vanderfelt gewillt war, das Gespräch so weiterplätschern zu
lassen, bis sie zur Sache kam. Er war der größte Scheidungs-
anwalt New Yorks gewesen, bevor er in die Politik ging, und
er hatte eine ganz besondere Technik in der Behandlung ner-
vöser Frauen.

«Wir haben einen großen Kummer gehabt», erzählte Doris.
«Joujou ist gestorben. Gehirnstaupe. Er bekam Krämpfe—»
sie brach ab, denn noch konnte sie den Tod des kleinen Freun-
des nicht berichten, ohne sich selbst in Gefahr zu bringen. Sie
wartete und holte Atem. Ihr Herzschlag setzte wieder ein. «Wir
haben ein kleines Stück Grund dazu gekauft, und Bryant hat
Gemüse gepflanzt. Wissen Sie, wir haben schon zwei winzig
kleine bittere Karotten aus seinem Beet gegessen. Radieschen
stehen uns auch noch bevor.»

«Wie können Sie es aushalten?» fragte Vanderfelt plötzlich und beugte sich über den Schreibtisch näher zu ihr. «Ich sitze manchmal da und denke: Wie kann die Frau es aushalten? Nicht mehr singen, keine Oper, keine Erfolge mehr. Wie halten Sie es aus?»

Nachdem die Frage einige Zeit im Raum gehangen hatte, doch nachklingend, als Vanderfelt schon verstummt war, sagte Doris halblaut: «Das ist doch alles nicht so wichtig: Oper.»

«Mich braucht man nicht anzulügen», erwiderte er schnell. «Und Ihren Fall kenne ich doch zur Genüge.»

Doris lächelte flüchtig darüber, daß er sie einen Fall nannte.

«Wenn man in der Oper drinnen ist, dann glaubt man, daß es überhaupt nichts anderes gibt. Wenn man draußen ist, dann sieht man erst, was für ein Hundeleben man gehabt hat.»

«Was das anbetrifft, das paßt auf die Politik genau so—und überhaupt auf die meisten Berufe, die unsereiner hat.»

«Bryant ist ein solcher Lebenskünstler—» sagte Doris unvermittelt.

«Das glaube ich. Wenn ein Mann mit dreiundsechzig die Courage hat, die Rossi zu heiraten, dann muß er wohl ein Lebenskünstler sein», erwiderte Vanderfelt noch und dann wartete er. Von dem Augenblick, da man ihm Doris' Visitenkarte gebracht hatte, war er davon überzeugt, daß sie zu ihm kam, um seinen Rat für eine Scheidung einzuholen. Er stand auf, kam um den Schreibtisch herum und stellte sich hinter sie. Er legte seine Hände auf ihre Schultern und sie sank ein wenig zusammen. Ihm blieb die Wärme dieser Berührung in den Händen sitzen.

«Es handelt sich um Basil», sagte sie. Vanderfelts Unterlippe klappte hinab. «Bryant hat mir erzählt, daß Sie jetzt der Mann sind, der ihm die Begnadigung durchsetzen kann.»

«Zu liebenswürdig von Bryant», murmelte er bissig. Dann besann er sich. «Ist Bryant idiotisch genug, Ihnen zu raten, wie Sie Nemiroff freikriegen können?» fragte er. «Ich habe gesagt,

in zehn Minuten, ich kann jetzt nicht», schrie er in das Diktograph. Doris lächelte schwebend, die Falten auf ihrer Stirn
stiegen hoch bis zu dem Federrand ihres Hütchens.

«Sie wissen ja, wie anständig Bryant ist», sagte sie nur.
Vanderfelt verstummte. Mit einem dicken silbernen Bleistift
begann er Figuren auf sein Löschblatt zu malen.

«Sind Sie eigens deshalb nach Washington gekommen?»
fragte er zuletzt.

«Basil sitzt jetzt seit neun Jahren im Zuchthaus. Es ist Zeit,
daß etwas geschieht—» sagte Doris. Sie spürte selbst, daß dies
ein zu schwacher Ausdruck war für die ungeheure, die unaus-
weichliche Wichtigkeit, die die Angelegenheit seit ihrem letzten
Gespräch mit Doktor Williams angenommen hatte. Vanderfelt
blickte von seinem Löschblatt auf. Er hatte hübsche, weiße, eitle
Zähne in seinem verwelkten Gesicht. «Warum lassen Sie die
ganze Sache nicht ihren Gang gehen», sagte er mißgelaunt. «In
drei Jahren kommt er heraus. Dann werden die Komplikationen
erst anfangen. Sie werden noch wünschen, daß er geblieben
wäre, wo er jetzt ist, glauben Sie mir.»

«Ich habe nicht mehr drei Jahre Zeit», sagte sie leise und
bestimmt.

«Sie haben nicht mehr drei Jahre Zeit?»

«Nein.»

«Hören Sie, Dorina», sagte Vanderfelt und begann im Zimmer auf und ab zu gehen. «Sie bilden sich Gespenster ein. Sie
sehen wunderbar aus, nein, kein Kompliment, so schön wie
jetzt waren Sie noch nie. Mein Gott», sagte er und blieb auf-
lachend vor ihr stehen, «wenn ich denke, was für ein zerzaustes
häßliches Entlein Sie gewesen sind, wie Sie zum erstenmal in
meiner Office auftraten. Schon damals sangen Sie dasselbe Lied:
Keine Zeit—einen Schuß in der Brust, na und so weiter. Ich
habe mich in der Zwischenzeit oft gewundert, was für ein
robustes Geschöpf Sie sind. Sie können zehn starke Männer
ausleben mit Ihrem Schuß in der Brust.»

322

Doris biß sich auf die Lippen und dachte nach. Ihre Handrücken bedeckten sich mit Schweiß. Das war eines von den lästigen Symptomen der stetig wachsenden, wachsenden Gefahr und Schwäche. Ich müßte jetzt eine große Szene machen, dachte sie kalt. Sie versuchte sich zu steigern wie auf der Bühne, aber der Anlauf versackte kläglich. Pieta—pieta—dachte sie dumpf. Tosca kniet vor Scarpia. Idiotisch, dachte sie schon zur gleichen Zeit.

«Sagen Sie mir, ob Sie Basil freibekommen können, wenn Sie wollen?» fragte sie. «Begnadigt meine ich—nicht auf Parole —ganz frei...»

«Wahrscheinlich—» erwiderte Vanderfelt mit einem vagen und etwas unverschämten Lächeln.

«Sie waren doch immer mein Freund—» flüsterte Doris. Sie versuchte Tränen in ihre Augen zu kriegen. Auf der Bühne ging das immer—hier versagten sie sich. Basil—dachte sie— sein dünnes Haar—die Grimasse, die er statt eines Lächelns hatte—Abschied—an alle die Abschiede dachte sie, die sie von Basil genommen hatte. Ihre Lider brannten trocken. «Ich habe fest auf Sie gezählt. Sie waren doch immer mein Freund—» sagte sie mit spröder Stimme.

«Notgedrungen...» erwiderte Vanderfelt.

Als dies gesagt war, setzte er sich wieder nieder und begann zu zeichnen. Lincoln sah mit starren Porträtaugen auf ihn hinunter. Doris rang ihre nassen Hände in den korrekten weißen Handschuhen. «Geben Sie mir eine Zigarette—» bat sie. Die Zeremonie des Anzündens nahm Zeit in Anspruch.

«Also», fragte sie dann.

«Also?» wiederholte Vanderfelt.

«Sie kommen da einfach zu mir und verlangen, daß ich Ihren Mann aus dem Zuchthaus holen soll», sagte er. «Warum sollte ich das tun, frage ich Sie? Ich habe mitgeholfen, ihn hinein zu bringen und aus guter Überzeugung. Sie sind mit einem meiner besten Freunde verheiratet, und ich sehe endlose

323

Schwierigkeiten voraus, wenn Nemiroff erst frei herumläuft. Warum also, fragte ich, warum? Warum gerade ich? Was bekomme ich dafür, was habe ich davon?»

«Sie wissen doch, Roy, daß ich kein Geld habe. Ich glaube, daß Bryant mir eine kleine Rente aussetzen wird, wenn wir uns trennen, aber ich kann doch nicht von ihm verlangen, daß er dafür bezahlt, daß Basil freikommt.»

«Aber von mir können Sie es verlangen, von mir schon?» rief Vanderfelt hitzig. Doris mußte lachen, obwohl ihr ziemlich übel zumute war. «Mit Ihnen bin ich ja auch nicht verheiratet, Roy», sagte sie sanft.

Sie war wütend auf sich selbst, alles was sie sagte, klang falsch oder trocken und doch wußte sie, wie es gemacht werden mußte. Tränen, Gebet, auf die Knie fallen, große Oper.

«Wie?» fragte sie, denn sie hatte Vanderfelts Antwort überhört.

«Wenn Sie mir auch etwas zuliebe tun—» wiederholte er.

Doris traute ihren Ohren nicht ganz. Dies klang wie aus einer der parodistischen Szenen, die René am Klavier zu improvisieren pflegte. Schrum, schrum. Die platteste Unverschämtheit, die dümmste Annäherung, die sie seit Jahren erlebt hatte. Und sie war nicht verwöhnt. Herr Wallert, dachte sie.

«Das verstehe ich nicht», sagte sie. Auch dies war aus der Parodie.

«Hören Sie zu, Dorina», sagte Vanderfelt. «Ich habe mir ein kleines Blockhaus in den Catskills gemietet, nächsten Freitag fahre ich hinauf und bleibe bis Montag oder Dienstag oben. Primitive Natur, wissen Sie, Forellenfischen und so weiter. Kommen Sie mit mir—und dann wollen wir besprechen, was sich für Ihren verdammten Basil machen läßt.»

«Nein. Das kann ich nicht. Sie meinen es ja auch gar nicht im Ernst mit dieser Einladung», flüsterte Doris erschreckt. Auf alles war sie gefaßt gewesen, nur nicht auf dies.

«Warum soll es mir nicht Ernst sein, gerade mir nicht? Warum geht es nicht? Was ist los mit mir, daß es nicht geht,

324

wie? Warum können wir nicht ein kleines Wochenende zusammen haben? Es ist nicht das erste derartige Wochenende in Ihrem Leben.»

«Aber, Roy», sagte Doris leise, «Sie sind Bryants bester Freund. Er schwört auf Sie. Sehen Sie denn nicht, wie unmöglich das alles ist. Sie sind mit ihm zusammen alt geworden, Sie sind täglich unser Gast gewesen—in was haben Sie sich bloß verrannt?»

«Was hat Napoleon gesagt—oder sonst einer: Im Krieg und in der Liebe ist alles erlaubt.»

Doris fühlte eine rasende Wut in sich hochkommen, als er von Liebe sprach. Gleich würde nun die große Szene beginnen. Sie hielt noch an sich. «Aber ich liebe Sie ja nicht—» sagte sie nur.

«Nein, Sie lieben mich nicht», rief Vanderfelt aus und trat dicht an sie heran. «Das haben Sie ja genügend demonstriert. Ich beanspruche auch nichts Derartiges, ich glaube nicht an Gefühle. Wenn man so viele Leute geschieden hat, wie ich, du lieber Gott! Ich will Sie haben. Einfach und klar. Ich will Sie haben. Ich habe Sie immer haben wollen. Warum gerade ich nicht, warum? Sie sind nicht immer so wählerisch gewesen, jeder hat Sie gehabt, ganz New York ist mit Ihnen zu Bett gegangen. Schön. Diesmal bin ich an der Reihe. Dieses ist meine Chance.»

Doris betrachtete den entfesselten Rechtsanwalt mit einer bohrenden und eindringlichen Neugier. Ja, sonderbarerweise war es vor allen Dingen Neugier, was sie erfüllte, während Vanderfelt mehr und mehr Beleidigungen auf sie häufte.

«Was ist falsch an mir, daß man mich einfach abweist?» tobte er. «Ich bin nicht so reizvoll wie Mr. Shugers und nicht so alt und verwest wie der alte Potters. Ich habe Sie beobachtet durch alle die Jahre—ich will nicht die Namen aufzählen, ich will nicht die Hände nennen, durch die Sie gegangen sind. Ich will Sie auch haben, das ist alles.»

Ich muß ihm einmal weh getan haben, dachte Doris mit gespannter Stirne.

«Roy, hören Sie mir einen Augenblick ruhig zu», sagte sie leise. «Ich bin krank, sehr schlimm krank. Ich habe mit Doktor Williams gesprochen—diesmal ist es das Ende. Er gibt mir nur mehr so wenig Zeit, daß ich mich nicht traue, darüber nachzudenken. Was wollen Sie von mir? Ich bin halb tot, ich quäle mich um jeden Atemzug, den ich noch tue. Ich bin keine Liebhaberin mehr, Sie würden wenig Freude mit mir haben. Sie haben sich in etwas verrannt, besinnen Sie sich doch. Ich muß noch ein bißchen Zeit mit Basil zusammen haben, mein Gott, mein Gott, ich hab ja noch überhaupt nicht gelebt. Ich war ja nur ein Gespenst, mein ganzes Leben lang, ich bin nur gejagt worden, immer sind Dinge mit mir geschehen, die ich nicht gewollt habe. Treiben Sie mich doch nicht in etwas hinein, das Ihnen auch leid tun würde. Ich bin keine Gesellschaft für ein vergnügtes Weekend, ich nicht. Haben Sie denn keine Angst, daß ich Ihnen unter den Händen sterben könnte, Mann?»

Doris hatte leise angefangen, aber während sie sprach, wurde sie lauter und schneller, und sie fühlte mit Genuß, daß ihre Stimme stärker und stärker wurde. Noch immer konnte sie nicht weinen, aber die große Szene war jetzt gut in Gang gebracht. Als sie verstummte, legte sie die Hände vors Gesicht, ein wenig erleichtert, wie nach einer Auftrittsarie in der Oper.

«Machen Sie kein Theater, Dorina», sagte Vanderfelt spöttisch. «Auf mich wirkt das nicht. Ich weiß beruflicherweise, wie man auf die Tränendrüsen drückt. Sie spielen jetzt seit acht Jahren immer dieselbe Walze. Dem alten Bryant haben Sie damals eine ganze Menge Geld damit herausgezogen. Für mich müßten Sie sich etwas Neues ausdenken.»

In der dunklen Muschel ihrer Hände geborgen, hörte Doris diese neuen Beleidigungen auf sich herabprasseln. Sie wußte nicht, warum der Mann sie so haßte. Er war eitel, und sie hatte wohl seine Eitelkeit irgendwann einmal verletzt. Sie nahm die Hände vom Gesicht und griff nach seiner Tabatière, die zwischen ihnen auf dem Schreibtisch lag.

Er beobachtete sie schweigend, während sie den Rauch trotzig tief in ihre rebellische Lunge zog. Sie dachte nach. Er hatte mit einem höhnischen Auflachen zur Kenntnis genommen, daß sie keine einzige Träne geweint hatte hinter ihren dramatisch erhobenen Händen.

Es geht um Basil, sagte Doris zu sich selbst, es ist völlig unwichtig, eine lächerliche Formalität. Es ist ein billiger Preis. Sie trug ein graues Schneiderkleid und weiße Handschuhe. Sie war die Frau des alten Bryant. Er hatte sie den Kampffeldern des Berufes entrissen, wo gefordert und bezahlt wird. Als sie zu Erfolg kam, da hatte sie aufgeatmet, weil sie nicht mehr auf dem Markt zu stehen brauchte. Hier nun, in dieser Office, unter Lincolns strengem Porträt, wurde sie wieder zurückgeworfen, aus der Geborgenheit, aus der Sicherheit einer verheirateten und wohlgestellten Frau, zurück zu den Erniedrigungen ihrer früheren Karriere. Zurück zu Herrn Wallert. Es ging um Basil, heute. Es war um Basil gegangen, als sie die ersten dreißig Dollar von Herrn Wallert erlitt. Gut, dachte sie trotzig und entschlossen. Keine Zeit ist zu verlieren. Kein Preis ist zu hoch. Sie warf die Zigarette weg und nahm ihr Gesicht unter Kontrolle.

«Wollen wir uns versöhnen, Roy?» fragte sie. Jetzt, da sie sie nicht mehr brauchte, kamen sogar die Tränen. Vanderfelt fühlte sich leichter, nachdem er die in Jahren aufgestapelten Beleidigungen losgeworden war. Er nahm ihre Hand, zog ihr den Handschuh aus, drehte die Hand um, wobei Doris das Gefühl einer schamvollen und sogar obszönen Nacktheit empfand und küßte sie auf die Innenseite. Er hatte einen kleinen eitlen Schnurrbart, dessen Haare auf ihrer schweißnassen Haut kitzelten.

«Also?» fragte er und schaute von unten herauf lächelnd in ihr Gesicht. Doris schüttelte den Kopf und zog ihren Handschuh an. Das Diktograph quakte. Sie dachte an den alten Bryant. Sonderbar, daß ich verheiratet war, dachte sie. Es ist eine wirkliche Ehe geworden, Schutz und Gemeinsamkeit.

Joujou ist gestorben, dachte sie. Nun wird auch der Kuli aufhören, auf seiner zufriedenen kleinen Flöte zu blasen.

«Gut—» sagte sie. «Ich bin also bereit, mit Ihnen Forellenfischen zu gehen—»

Ein großer Vogel mit hellgrauen Schwingen stieg aus dem Wasser auf, als das Boot in den kleinen Hafen von Patikale einlief. Es war heller gleißender Mittag, kein Kanoe war auf dem Meer. Die Hügel hinter dem Dorf und die Palmen am Bachlauf sahen nicht grün, sondern silbern aus in der Sonne. Die Wipfel bewegten sich mit einer trägen Heftigkeit im Wind. Ein Eingeborenenboot wurde von zwei braunen Burschen herangetrieben, die rote Blumen unter ihre weißen Kopftücher geschoben hatten. Zwei weiße Männer standen schwankend in dem Boot und riefen zu zwei andern Männern in Tropenanzügen hinauf, die ungeduldig an der Reeling lehnten. Doris schaute von der Seite her in Basils Gesicht. Es trug einen solchen Zug von hingerissener Neugierde, daß sie gerührt lächelte. Er schaute sie nicht an, sondern den Hafen, aber er hielt die ganze Zeit ihre Hand so fest, daß es schmerzte. Der Mann mit der weißen Leinenmütze, der sich auf der Überfahrt von Tahiti etwas an sie beide angeschlossen hatte, trat zu ihnen. «Wir einfachen Sterblichen müssen warten, bis die hohe Obrigkeit ausgebootet ist», sagte er munter und deutete auf zwei Franzosen, die eben seitlich an der Leiter hinunterwanderten und von den zwei Eingeborenen in ihr Auslegercanoe bugsiert wurden. «Die Papeete ist das Gerichtsschiff», sagte er. «Sie fährt auf allen diesen kleinen Inseln herum und hält Gericht.» Indessen hatte das Eingeborenenboot sich langsam von dem Dampfer zu entfernen begonnen, und erst jetzt konnte Doris fühlen, daß die Maschine aufgehört hatte, zu arbeiten. Es war nur mehr ein sachtes und stilles Gleiten. Jetzt wurden Postsäcke in ein zweites Boot verladen, das herangekommen war. Zwei Kinder riefen etwas herauf, aber ihr Eingeborenenfranzö-

328

sisch war nicht zu verstehen. Am Ufer, das etwa vierhundert Fuß entfernt war, wurde jetzt ein rhythmisches Rufen laut. Vor den weißgestrichenen Schuppen und Lagerhäusern stand eine Gruppe von schmalen und langbeinigen Eingeborenen in weißen Jacken und Lendentüchern. Es war heiß, aber nicht mehr so heiß, wie es auf der Fahrt gewesen war. «Ich sehe Sie noch im Hotel», rief der Mützenmensch und drängte sich durch die Matrosen, die mit Tauen und Ketten hantierten. Wieder schaute Doris auf Basils Gesicht. Geliebtes Gesicht, starkes großes Gesicht, voll durchlittener Leiden und mit einem neugeborenen Lächeln. Sie löste ihre Hand vorsichtig los und unternahm es, ihn zu stören. «Ich glaube, wir können aussteigen», sagte sie sanft. Er erwachte sogleich und lächelte ihr zu, bevor er sich gehorsam nach dem Gepäck umzusehen begann. Sie hatten zwei große Koffer, ihren alten schwarzen und einen neuen schweren, der außen mit Segeltuch bekleidet war und wie ein alter Weltreisender aussah.

Basil kam zurück und faßte sofort wieder nach ihrer Hand. Wo ihre Hände aufeinanderlagen, begannen sie zu dampfen in der Hitze. Die Luft zitterte silbern über dem Wasser. Ich werde schwindlig werden, dachte Doris, als sie am Kopf der Leitertreppe stand. Aber sie wurde nicht schwindlig. Richtig, dachte sie, mir geschieht jetzt nichts mehr. Basil kam hinter ihr die Treppe herunter, er trug ihren Handkoffer und die Kamera. Er stellte beides hin, während sie ausgebootet wurden und hielt wieder ihre Hand fest. Sie hatte noch nicht herausgefunden, ob er sich bei ihr anhalten oder sie beschützen wollte.

An der winzigen Landungsbrücke stand ein Franzose im Tropenhut und mit einer Art von Dienstabzeichen auf seiner weißen Jacke. Daneben stand ein Eingeborener und hielt einen schwarzen alten Regenschirm ausgespannt über ihn.

«Man erwartet Sie im Hotel», sagte der Beamte mit einer Verbeugung. «Ich hoffe, es wird Ihnen auf unserer kleinen Insel gefallen», setzte er hinzu und schaute Doris mit einem bewun-

dernden Blick an. Der Boden schwankte leise unter ihr, als sie
die ersten Schritte tat. Er hatte auch damals geschwankt, als sie
zum erstenmal nach Patikale kam. Sie wendete sich zu Basil
um, der hinter ihr über den Weg folgte, der aus schmalen
Holzbohlen am Strand hin gelegt war. Der französische Hafen-
beamte stand noch immer da und starrte ihr nach. Sie lächelte
ihm zu, mit jenem Lächeln, das fürs Publikum bestimmt war
und vergaß ihn augenblicklich. Zwei Schweine, grau mit erstaunlich hohen Beinen, kamen im Galopp dahergerannt und
polterten über die Bohlen davon. Die Namen der Blumen, die
am Wegrand wuchsen, waren unbekannt. Da war auch der
Duft der fremden Insel, der Duft, den sie oft ins Leere geträumt hatte: Holzrauch, Parfüm einer süßen fremden Blume,
geröstete Früchte und vom Meer her Salz und Fisch.

Ich lebe noch, dachte Doris. Vielmehr war das kein Gedanke,
nur ein triumphierendes und überwältigendes Gefühl. Sie lebte.
Basil war frei. Sie waren auf der Insel zusammen. Nichts mehr
konnte ihnen geschehen.

Im Hotel wartete der Besitzer auf sie, ein Chinese, europäisch
angezogen. «Madame hat geschrieben», sagte er eilfertig.
«Madame war schon einmal hier, es ist freundlich, daß Madame
zurückkommt. Patikale ist sehr schön, keine Schlangen, sehr
schön. Alle, die herkommen, kommen auch zurück. Wir haben
das große Zimmer für Madame reserviert. Monsieur et Madame»—sagte er wie ein Pariser und ging ihnen voran zu der
letzten Tür, die von der überdachten Veranda ins Haus führte.

Es war das gleiche Zimmer, in dem Doris schon einmal eine
Nacht verbracht hatte. Die Betten standen in der Mitte, weiß
unter den Moskitonetzen. In jener Ecke hatte Bryant betrunken
geschnarcht. Der Mond war untergegangen, und der Tag hatte
mit apfelgrünen Schleiern und Vogelgeschrei begonnen über
ihrer Erniedrigung. Jetzt war das alles gut gemacht und abge-
waschen. Sie blieb in der Mitte des Zimmers stehen, nachdem
der Wirt sie verlassen hatte. Basil kam sanft auf sie zu und

schloß sie in seine Arme ein. «Doroschka», sagte er nur, «Doroschka». Es klang wie in alter Zeit.

«Du hast seit vier Stunden kein Wort gesprochen», sagte sie lächelnd. «Ich habe ja immer so viel geschwiegen, erinnerst du dich nicht», sagte er gleichfalls lächelnd. Und Doris erwiderte eifrig, ja, sie erinnere sich. Ein lachender Bursche mit bloßen Beinen brachte ihr Gepäck und half ihnen beim Auspacken. Auch brachte er zwei schmale und hohe Krüge voll kühlen Wassers. Er deutete in die Ecke des Zimmers, wo eine Art Vertiefung mit einem Ablauf angebracht war und stellte das Wasser dorthin. Doris verstand nicht, was er sagte, aber Basil antwortete ihm auf Französisch und der Bursche legte die Hand vor seinen Mund, um sein Lachen zu verbergen, was wohl eine besonders feine Höflichkeit sein mochte, und verschwand.

«Was hat er gesagt?» fragte Doris lächelnd. Sie trat ans Fenster und atmete tief. Die Luft war leicht trotz der Hitze und tat ihr gut. «Er hat sich angeboten, dich mit Wasser zu übergießen und ich habe ihm erzählt, daß ich meiner Frau ihr Bad lieber persönlich gebe», erwiderte Basil, gleichfalls lächelnd. Er hatte wieder lächeln gelernt. Sie waren seit sechs Wochen unterwegs. Jeder Tag hatte Basil verwandelt.

Doris erinnerte sich an die ersten Nächte auf dem Schiff, das sie auf dem Pazifischen Ozean trug, wie an etwas Böses, Geträumtes. Die Ohnmacht des Mannes, sein zerbrochenes Weinen, sein Haß gegen alles, auch gegen sie, seine Menschenscheu, die beinahe wahnsinnig war. Und dann die Verwandlung, Tag um Tag. Stunde um Stunde. Sie schaute zu ihm hinüber. Er breitete die Kleidungsstücke auf den Betten aus, er hatte sein Hemd ausgezogen, und sein nackter Oberkörper war lebendig mit vielen Muskeln.

«Wie braun du schon geworden bist—» sagte sie, aber sie meinte viel mehr.

«Du auch—» antwortete er, kam um das Bett herum zu ihr und küßte sie. Noch während er sie küßte, hatte sie ein Gefühl von Kraft, wie noch nie zuvor. In dieser Sekunde kam es ihr unbegreiflich vor, daß sie je gedacht hatte, sie sei krank, gefährdet, sie würde sterben, bevor Basil frei kam. Sie war voll mit einem ausdauernden und starken Leben. Sie behielt noch eine Sekunde seine Schulter in ihrer Hand, als sie ihren Mund schon fortgenommen hatte.

«Jetzt Madame bekommen ihr kaltes Bad», sagte er im harten und kindlichen Französisch der Eingeborenen. Doris lachte laut heraus, so echt hatte es geklungen. Sogleich fuhr er fort in seiner kleinen Vorstellung. Schon hatte er die Leinenschuhe abgestreift und versuchte auf seinen nackten Sohlen so wenig Geräusch zu machen, wie der Bursche, der das Wasser gebracht hatte. Er hob Doris auf, setzte sie auf das Bett und begann sie auszukleiden, wobei er ihre Hände festhielt, indem er sie unter seine Arme klemmte, als wäre sie ein widerspenstiger Säugling. Er trug sie in die Ecke, hob den Krug auf und goß das kühle Wasser vorsichtig über ihren Rücken und ihre Brust. Sie schrie, mehr um ihm Spaß zu machen, als weil sie die kalte Dusche übel nahm. Er trocknete sie ab, hob sie wieder auf, warf sie über seine Schulter wie einen Sack und trug sie auf das Bett. Das bißchen Haar, das noch an seinen Schläfen wuchs, war nicht einmal grau zu nennen, es hatte überhaupt keine Farbe mehr. Aber es war eine unverwüstliche Kraft in ihm, die ihn auferstehen ließ, nachdem er acht Jahre tot gewesen war.

Um die Sonnenuntergangszeit saßen sie friedlich auf der Veranda, denn der Mann mit der Mütze hatte an ihre Türe geklopft und gesagt, sie müßten hinunterkommen und sie dürften den Sonnenuntergang am ersten Tag ihres Besuches nicht versäumen. Sie schaukelten sacht in den Rohrstühlen, während ein wenig Kühle aufstand und draußen überm Meer ein großes kupferrotes, apfelgrünes und dunkel purpurnes Schauspiel gegeben wurde. Doris hatte begonnen, vor sich hinzusummen, sie wußte es wohl selbst nicht. Es war ein deutsches Lied, etwas von Schubert: Das Meer erglänzte weit hinaus ...

Basil hatte ein Glas mit Whisky Soda neben sich auf dem Fußboden der Veranda stehen wie die andern Männer auch. Seine Augen sahen aus, als hielt er sie geschlossen, aber Doris wußte, daß er auf sie schaute mit einer starken Konzentration. Es war wunderbar zu beobachten, wie die Gebärden, die Worte, der Ausdruck seiner selbst zu ihm zurückkehrten.

Jetzt wurde im Dorf ein lautes, ein ostentatives und mehrstimmiges Weinen laut. Eine Magd, ein Halbblut, wie es schien, rannte über die Veranda und verschwand zwischen den Hibiskusbüschen. «Die Gerichtsverhandlung hat angefangen», sagte der Mann mit der Mütze, ohne sich zu bewegen. «Maui hat seine Frau umgebracht, aus Eifersucht; er hat sie erstochen und er denkt, es war sein gutes Recht. Es wird großen Jammer bei seiner Familie geben, wenn er verurteilt wird.»

Basil schaukelte noch eine Weile, das Weinen verstummte und begann wieder, und er fragte: «Was wird man ihm tun?»

«Verschickung und Zwangsarbeit. Die Franzosen haben da eine Art Strafkolonie für Eingeborene auf einer der Inseln», sagte der Mann träge. Er selbst war unverkennbar ein Engländer.

«Armer Teufel», sagte Basil gleichgültig und begann wieder zu schaukeln. Es war sonderbar genug, daß weder er noch Doris das Verwandte im Schicksal des armen Maui empfanden.

«Wollen Sie lange hier bleiben?» fragte der Engländer. «Ich bin Doktor Higgins, ich bin der Mann, von dem Sie Ihr Chinin bekommen, wenn Sie es nötig haben. Es gibt aber wirklich nicht viel Malaria, nur nach der Regenzeit muß man achtgeben», setzte er hinzu. «Das Wasser aus dem Bach können Sie trinken wie es ist, das Brunnenwasser müssen Sie abkochen. Die farbigen Kerls im Hotel habe ich schon dazu gebracht, es zu tun, aber ich würde Ihnen nicht raten, hier wohnen zu bleiben.»

Basil antwortete, nein, sie würden versuchen, ein Bungalow zu mieten oder zu kaufen, und Higgins wußte auch gleich Rat.

333

«Sie können das Haus von Bragnol mieten», sagte er, «es liegt sehr hübsch, ziemlich hoch, und es hat eine Art Badezimmer. Bragnol hat sein Jahr Urlaub und ist in Europa. Die französische Regierung geht sehr vernünftig mit ihren Kolonialbeamten um.»

Eben war die Sonne noch untergegangen. Als Doris wieder aufblickte, war es schon Nacht. Sie lächelte im Dunkeln zu Basil hinüber und er erwiderte ihr Lächeln. Sie spürte mit einer glückseligen Bestimmtheit, daß er bei ihr war, untrennbar diesmal, daß er in jedem Augenblick nah war und sie verstand und das Gleiche dachte. Er war wieder in Schweigen verfallen. «Na», sagte Doktor Higgins, «ich muß nach Hause. Ich wohne da oben», sagte er und zeigte irgendwohin in den zirpenden, plötzlichen Tropenabend. «Ich sehe Sie bestimmt wieder. Immer zu Ihrer Verfügung, wenn Sie etwas brauchen.»

Von den Stufen der Veranda kam er noch einmal zurück, um zu bemerken: «Ich möchte Ihnen raten, eine Flanellbinde um den Leib zu tragen, bis Sie an unsere Nächte gewöhnt sind, sonst gibt es Bauchweh. Es sieht hier warm aus, aber es kann verteufelt kalt sein. Auf bald.» Und damit verschluckte der Abend ihn, nur sein Schritt war noch auf dem Kies unten hörbar und verklang zuletzt.

«Ist es so, wie du es dir vorgestellt hast?» fragte Doris nach einer langen Stille. Basil kniete im nächsten Augenblick vor ihr und bohrte seinen Kopf in ihren Schoß, wie ein Tier, das nach Berührung sucht. Sie streichelte seinen Nacken, von dem sich die Haut in kleinen sonnenverbrannten Blasen abschälte und blickte über ihn hinweg in die Dunkelheit. Da der Himmel hell war über dem schwarzen Hafen, traten die Umrisse von Palmen und Häusern zögernd wieder hervor.

«Wie komisch—wir streiten uns gar nicht mehr», flüsterte Doris gerührt. Er hob den Kopf, sie fühlte seinen Atem, wie er an ihr Gesicht streifte. «Ich kann dich jetzt sehen», sagte er in der Dunkelheit. «Du Lügner», antwortete sie. Jedes der belanglosen Worte kam daher, schwer von Süßigkeit und Glück. «Gleich wird der Mond kommen», sagte sie träge. «Ist es dir aufgefallen», antwortete er, «daß man noch immer Sehnsucht hat, so dicht beieinander und man hat noch immer Sehnsucht.»

Sie lachte leise, denn solche Aussprüche sind es, die Liebende glücklich machen. «Manchmal wird es ein bißchen leichter—» antwortete sie etwas später. «Ja. Für zehn Minuten—» sagte Basil.

Der Wirt erschien und hängte eine Azetylenlampe auf die Veranda, eine schwere schwarze Lampe mit einem grellen weißen Licht, wie Doris sie schon in Nordafrika gesehen hatte. Gleich war ein Schwarm von Schmetterlingen da, die dagegen stießen und einander zu verdrängen suchten. Basils Gesicht sah weiß aus in dem weißen Licht. Seine Lippen lagen eng aufeinander in einer festen, schmerzlichen und schönen Linie. «An was denkst du?» fragte Doris.

«Hast du bemerkt, was für eine Schulterlinie der Bursche hatte, der uns das Wasser brachte?» sagte er. «Grade—wie ein Ägypter. Und das Schlüsselbein schwingt nicht erst nach unten und dann nach oben wie bei mir und dir, sondern umgekehrt.»

«Willst du ihn modellieren?» fragte Doris, nachdem sie eine Sekunde der Eifersucht überwunden hatte. Basil schüttelte den Kopf. «Ich denke, das ist vorbei», sagte er nur. Der Wirt erschien und meldete: «Monsieur et Madame est servi.» Basil stand auf, dehnte sich und streckte Doris die Hand hin, um ihr aus dem Stuhl aufzuhelfen. Insgeheim streifte er mit seiner Hand an ihrem Arm entlang, der bloß war. Die geheime Berührung erfüllte sie mit Sehnsucht und Glück. Im Dorf wurde jetzt nicht mehr geweint, sondern gesungen, was noch trauriger klang, und das Gezirpe von tausend großen Grillen zersägte die stille Luft.

Doris betrat den primitiven Speiseraum, den sie schon kannte. Eine große Petroleumlampe hing über dem langen Tisch, an dem alle Gäste des Hotels gemeinsam aßen. Außer ihnen waren

335

nur noch zwei Männer anwesend, die ein paar neugierige Fragen stellten und nach dem Essen eine Partie Schach zu spielen begannen. Der Wirt erzählte Basil flüsternd, dies seien die Vertreter der Kompanie, der die Zucker-Plantagen im Innern der Insel gehörten. Doris wunderte sich flüchtig, daß es noch ein Inneres gab. In ihren Gedanken war die Insel winzig gewesen, sie hatte nur aus den Plätzen bestanden, die sie kannte, aus dem Hafen, dem Hotel und dem Bach unter den nächtlichen Palmen.

Jetzt surrte irgendwo ein Auto und dann schrie ein Vogel, der eine Menschenstimme hatte.

«Komm, wir müssen spazierengehen», sagte Doris, als der Bursche mit den schönen Schultern—Matoata hieß er, wußten sie nun schon—den Tisch abzuräumen begann.

«Ich bin faul», sagte Basil und streckte seine Glieder aus. «Vorwärts, Faulpelz», sagte Doris. Es war wunderbar, daß sie wieder scherzen konnten, dumme und sinnlose Dinge sagen und darüber lachen. Basil erhob sich denn auch und sie führte ihn über die Veranda hinunter und an den Büschen vorbei, dorthin, wo der Bachlauf unter Palmen vom Hügel herunterkam.

«Da sind die Sterne», sagte sie, aber Basil sah nicht hinauf, sondern auf sie.

«Bist du denn nicht müde?» fragte er. Ihm summten die Ohren vor Müdigkeit. Doris lachte nur dazu. «Ich habe Riesenkräfte», sang sie. «Ich werde überhaupt nicht müde.»

«Das ist wahr», sagte er mit Hochachtung. Doris war niemals krank gewesen auf dem Schiff, während er für ein paar Tage voll stürmischen Wetters in seiner Kabine hatte bleiben müssen.

Es wurde kühler, als sie sich dem Bach näherten, zwei große Fledermäuse kreuzten dicht über ihren Köpfen durch die Luft. Jetzt konnten sie das dünne Rieseln des Wassers hören, paradiesisches Geräusch in der tropischen Landschaft. Das schwere

hohe Gras, das ihre Hände streifte, war kühl und feucht von
Tau. Noch immer wurde im Dorf gesungen und eine dumpfe
und rhythmische Begleitung hatte sich dazu erhoben.

Es war Doris so, als trete sie nicht auf Erde, sondern auf eine
Wolke, die zwischen ihr und dem fremden Pfad lag, auf dem
sie in die fremde Nacht hineingingen. Die Luft wurde immer
heller und immer lauter. Dann war mit einemmal der Mond
da, weiß und hell und plötzlich, wie ein Scheinwerfer, der an-
gedreht worden war. Doris schaute mit gehobenem Kinn zu,
wie er hinter den Hügeln aufstieg. Dies alles hatte gar keine
Wirklichkeit mehr. Ich werde wieder singen, dachte sie. Als
sie es aussprechen wollte, hatte es sich schon verwandelt. «Du
wirst wieder Statuen machen—» sagte sie nämlich. Basil wandte
sich ihr heftig zu und blieb stehen. «Ich habe es mir in diesem
Augenblick gedacht», sagte er. «Ich will versuchen, dein Porträt
zu machen. Sicher gibt es hier Ton—oder Lehm— die machen
doch ihre Gefäße aus so einer roten Erde. Hast du es gesehen?»
Und als Doris sich noch wunderte, daß sein Blick so kräftig
und praktisch das Wirkliche erfaßte und umschloß, sagte er:
«Vielleicht gibt es irgendwo auch Sandstein. Wir werden morgen sehen, ob man ins Innere der Insel reiten oder fahren
kann.»

Der Pfad hörte unvermittelt im Gebüsch auf und Doris griff
nach Basil. Er legte seinen Arm um ihre Schulter und sie war
geborgen. «Hier ist eine Brücke—» hörte sie ihn sagen. Eine
traumhafte Sekunde war sie in Baxterville, nachts auf dem Weg
zum Zuchthaus. Die Straßengräben hatten nach Ried und Kraut
geduftet wie dieses fremde, fremde Bachufer. Alles war nur
wie geträumt, das Damals und das Jetzt. «Halte dich an
mich—» sagte Basil und zog sie auf die Brücke, die nur ein
elastisches Geflecht war, und mit ihnen zu schwanken begann
wie eine Schaukel. In der Mitte der Brücke hielten sie an und
küßten einander. Warum kann man diesen Augenblick nicht
festhalten—? dachte Doris. Es war das Glück, das reine

unvermischte, schwingende, schwebende Glück, eine schwindlige und durchdringende Höhe, die nicht länger festzuhalten war als der höchste Ton einer Arie. Als antwortete er ihren Gedanken, flüsterte Basil: «So wird es jetzt immer sein—»

Über ihnen stand hinter Wipfeln der Mond in einem großen Himmel voll unbekannter Sterne. Zwei Regenbogen begleiteten ihn, zwei große Kreise aus dunklem Silber, weit um seinen runden Glanz gelegt.

Bragnols Haus, das sie zwei Tage später mieteten, stand auf halber Höhe des Hügels und über ihm und unter ihm standen die andern Häuser der wenigen Europäer, die hier lebten. Es war von Hibiskusbüschen umgeben, die in sieben verschiedenen Farben blühten, und Frangipani duftete nachts durch die offenen Fenster, vor denen Moskitonetze gespannt waren.

Das Haus hatte eine breite überdachte Veranda, auf die alle Türen mündeten. Die Beine der Betten standen in kleinen Töpfen mit Petroleum, und das Haus war auf kurzen Pfählen gebaut, der Ameisen wegen. Basil konnte sich schütteln vor Lachen über das vielfältige Kribbeln und Leben auf jedem Zoll dieser tropischen Welt und über Doris' Schrecken über all die Tiere, die ihr über den Weg liefen. «Joujou hätte es hier gefallen», sagte sie nachher und Basil erwiderte: «Wir werden nach Afrika fahren und einen neuen Joujou holen.» Doris überlegte dies, lange und eindringlich. Es hatte einen solchen Klang von Sicherheit und Zukunft.

Sie war sehr tätig in diesen ersten Tagen. Sie räumte das Haus um, die kleinbürgerlichen Möbel eines französischen Beamten, dem die Kolonie einen Schuß Weite und Abenteurertum beigesteuert hat. Nur das Kinderzimmer ließ sie, wie es war. Die Bragnols mußten einen kleinen Jungen haben, sein Spielzeug lag noch zerbrochen und geflickt in einer alten Zuckerkiste. Ein französischer Soldatenhelm war dabei, ein Holzgewehr und ein kleiner unansehnlicher Seestern. Doris ertappte sich dabei, wie sie über den kleinen Jungen der Bragnols nachdachte und sich ihn vorstellte. Im Eßraum hing eine wahrhaft grausame Photographie der Familie Bragnol, aber da war der Junge nur ein Baby im Steckkissen in den Armen seiner wildgelockten Mutter. «Ein Kind—?» dachte Doris wohl, während sie mit gefalteten Händen in dem Kinderzimmer saß und die Zuckerkiste anstarrte. «Und warum kein Kind?»

Es war ein durch und durch neuer und auch ziemlich irrsinniger Gedanke, wenn man in Betracht zog, daß Doris noch acht Wochen zuvor gefürchtet hatte, sie würde im Zug zwischen New York und San Franzisko sterben. Sie schaute ihre Hände an, die täglich brauner wurden. In den Adern spürte sie ihren gleichmäßigen, zufriedenen Pulsschlag. Ihr Herz benahm sich gut, das Atmen machte keine Mühe in der silbernen Luft von Patikale, und nie mehr schlug die unsichtbare Hand an ihre Brust und drohte mit dem Ende.

Sie arbeitete viel in diesen Tagen und wurde nicht müde. Nur der Boden unter ihren Füßen blieb elastisch und schwankend wie eine Wolke, aber sie gewöhnte sich an dieses Phänomen. Wahrscheinlich war es sogar ein Bestandteil von all dem Unwirklichen und Glücklichen, das sich um sie sammelte. «Ich gehe auf Wolken», meldete sie lachend Basil, der sie daraufhin hochhob und durch den sogenannten Garten trug, an den verwunderten Hibiskusbüschen vorbei. Sie kochte an dem sonderbaren Herd, unterstützt von einem zwitschernden eingeborenen Mädchen, das auf den Namen Antoinette getauft war, und ihr ärmelloses Kleid tränkte sich mit der Hitze und dem Geruch von Curry. Sie fuhr mit Basil ins Land hinein, um Ton und Sandstein zu entdecken; Doktor Higgins stellte ihnen sein unglaubwürdig altes Auto zur Verfügung, und der Straßenbau schien der französischen Regierung nicht viel Mühe gemacht zu haben. Sie summte, während sie fuhr, und sie fühlte all die Zeit, daß Basil neben ihr saß, sie fühlte es auf eine durchdringende und glückselige Weise. Eine Woche auf der

Insel—und schon begannen die Jahre, die hinter ihnen lagen, auszulöschen.

Übrigens fanden sie weder Sandstein noch Ton, und Basil schien darüber froh zu sein. Doris drängte ihn nicht. Auch sie hatte Angst vor dem Pianino, das die Bragnols in ihrem Wohnzimmer stehen hatten. Trotzdem schien es ihr mit jedem Tag sicherer, daß sie wieder singen würde. Die Insel war ein guter Platz, um gesund zu werden und zu vergessen. Nachher konnte man wahrscheinlich wieder zurück in das Leben, vor dem sie davongelaufen waren.

Doktor Higgins erschien und brachte eine Flasche echten Haig and Haig als Gastgabe. Er erkundigte sich nach der Gesundheit von ihnen beiden und versuchte herauszukriegen, wer sie eigentlich waren und was sie auf der Insel bezweckten. Basil verwandelte sich vor Doris funkelnden und amüsierten Augen in eine Art Gauguin, er warf mit Fachausdrücken der Impressionisten um sich, er sprach vom roten Sand und den blauen Schatten, und er gab an, gerade diese kleine Insel sei das notwendige Glied in seiner künstlerischen Entwicklung. Verwirrt zog der Doktor sich zurück. Sonst kamen nur solche Leute auf die Insel, die mit dem französischen Gouvernement oder mit dem Einkauf von Kopra etwas zu tun hatten.

«Wir werden Besuche machen müssen—» sagte Doris; es war wohl die letzte Spur von Miss Butchers gesellschaftlicher Erziehung. «Im Paradies macht man keine Besuche», antwortete Basil. Er saß in der Sonne, einen Palmenschirm über sich und bewachte eine aufgeschlagene grüne Kokosnuß, die er in die Sonne gelegt hatte. Antoinette hatte ihm erzählt, daß nach drei Stunden darin ein Getränk von großem Zauber entstehen würde, genug um sechs große Männer betrunken zu machen. Doris hatte große Lust, hinzugehen und ihn zu küssen, aber sie tat es dann doch nicht. Sie hatte Angst, die Liebe zu schnell zu verbrauchen. Basil lachte herzlich darüber. «Du stellst dir die Liebe scheinbar so vor wie ein großes Stück Kuchen, von dem

340

man nicht unbegrenzt abbeißen darf», rief er aus, «gestehe es, sage es: so stellst du dir die Liebe vor?»

Doris ging auf sein Lachen ein. «Nein», sagte sie, «doch nicht ganz wie einen Kuchen. Mehr wie den Mond zum Beispiel, bei dem man auch nicht recht wisse, wovon das Abnehmen komme, nur, daß er unweigerlich abnehmen müsse.» Über dies lachte Basil noch mehr. Auch Antoinette kam aus der Küche und lachte mit, ohne zu wissen, um was es sich handelte.

Jeden Abend gingen sie vom Hügel hinunter und am Bach entlang bis zur Brücke. Sie standen ein paar Minuten auf dem schwankenden Geflecht, eng aneinandergelehnt, oder indem sie sich trennten und nur an der Hand festhielten, und dann kehrten sie um und gingen zurück in ihr Haus. Wie ein enges Gehäuse, wie eine Muschel umschloß es ihr Glück. Der Mond hatte abgenommen, und Doris deutete hinauf und sagte vorwurfsvoll: «Siehst du, siehst du?» Basil lachte zuerst, dann wurde er ernsthaft und fragte: «Wie lang sind wir eigentlich schon hier?»

Sie rechneten eine Weile und fanden zuletzt heraus, daß es zwölf Tage waren, wenn man den Tag der Ankunft mit einbezog. Sie hatten den Begriff der Zeit verloren, es kam ihnen vor, als wären sie immer hier gewesen und zugleich doch so kurz, daß sie noch nicht die Gesichter der Eingeborenen unterscheiden konnten. Im Dorf wurde viel getrommelt in den Nächten, und Doktor Higgins kam vorbei, trank viel von dem Whisky, den er ihnen geschenkt hatte und warf hin: «Die haben Maui tatsächlich zum Tod verurteilt.»

«Wer ist Maui?» fragte Basil. Er hatte sich daran gemacht, eine Art Matte aus Palmblättern zu flechten, Antoinette unterrichtete ihn in den Künsten der Insel, obwohl das Mattenflechten eines Mannes unwürdig war.

«Ich erzählte Ihnen: der Bursche, der seine Frau erstochen hat», sagte Higgins. Basil hielt in seiner Arbeit inne und Doris warf ihm einen schnellen spähenden Blick zu. Er öffnete den

341

Mund, aber er schloß ihn wieder, ohne etwas gesagt zu haben. Nur die Linie zwischen seinen fest aufeinandergelegten Lippen vertiefte sich. Basil hatte zwei tiefe Längslinien, die schattig in seine Wangen einschnitten und die Doris niemals sehen konnte, ohne von diesem verzehrenden Gefühl der Liebe und des Mitleids überwältigt zu werden. So war es schon ganz im Anfang gewesen, im Treppenhaus in der 56. Straße. «Die sogenannte Gerechtigkeit ist ein großer Mist», sagte sie, um ihm zu Hilfe zu kommen.

«Tja—aber das Gouvernement mußte einmal wieder ein Exempel statuieren, sonst denken die Eingeborenen, daß sie sich gegenseitig die Hälse abschneiden dürfen, soviel sie Lust haben», bemerkte Higgins. Es schüttelte die Whiskyflasche, gähnte und ging. Basil blieb nachher noch eine halbe Stunde stumm über seinem Palmengeflecht, dann zerriß er es und warf es weg. «Ich glaube, ich werde anfangen zu zeichnen—» sagte er.

Ein Brief vom alten Bryant kam an, als das Boot von Tahiti seinen nächsten Besuch machte. Der Briefträger war ein alter Mann mit einem grauen Ziegenbart und mongolischen Zügen. Er verbeugte sich, rieb seine flache Tiernase und sagte oder vielmehr sang einen langen Kantus, den Doris gewillt war, für einen Segenswunsch zu halten. Basil verließ das Zimmer, er sah wütend aus. Er war eifersüchtig auf die Luft, auf die Eidechsen an den Wänden, auf die Blumen, die sie liebte. Eifersüchtig auf Doris' Träume und auf jeden, der ihr etwas Freundliches erwiesen hatte, während er festsaß.

Liebe Doris, schrieb der alte Bryant, dieser Brief soll dir Willkommen sagen, wenn du in deiner neuen Wahlheimat ankommst. Du mußt so gut sein, dir vorzustellen, daß ich sehr besorgt um dich bin, und du mußt mir sofort ein Kabel schicken und mich über dein Befinden beruhigen. Ich wünschte, du wärst irgendwo hingegangen, wo man dich leichter erreichen könnte. Aber des Menschen Wille ist sein Himmelreich—und ein solches, hoffe ich, findest du auf deiner Insel mit dem unaussprechbaren Namen.

Von hier ist nicht viel Neues zu vermelden. Das Dogwood macht leise Anstalten, zu blühen, die Theatersaison war gut und die Abendkleider der Damen werden üppiger, so viel der Laie sehen kann. Joujou fehlt mir, ich sollte mir wohl einen Hund anschaffen, damit es nicht so still im Haus ist, aber ich kann mich nicht entschließen. Junior hat mich einmal besucht, er macht eine Art Entziehungskur. Er läßt dich grüßen. In der Oper bin ich nicht mehr gewesen.

Und nun möchte ich dir noch danken für die Zeit, die du mir geschenkt hast. Es waren die kostbarsten achtzehn Monate meines Lebens—aber du bist vielleicht zu jung, um das zu verstehen. Ich will auch nicht sentimental werden oder dich sentimental machen. Ich hoffe nur, daß die höhere Instanz, die es ja doch irgendwo über uns geben muß, dich wohl-behalten ankommen läßt und daß dir eine so glückliche Zeit bevorsteht, wie du sie mir altem Egoisten gegeben hast.

Doris legte den Brief zusammen und steckte ihn zwischen die Seiten eines Buches, das sie auf dem Bragnolschen Bücher-brett gefunden hatte: Fauna und Flora der Freundschaftsinseln. Es war ein altmodisches Buch mit bunt kolorierten und über-triebenen, obwohl pedantischen Darstellungen von Blumen und Tieren. Sie saß nachher eine Weile auf der Veranda, die gefalteten Hände im Schoß und schaute über die kleine Hafen-bucht, aus der eben drei Fischerboote ins offene Wasser streb-ten. Antoinette sang in der Küche eine unfaßliche Melodie. Als sie verstummte, war es so still, daß Doris das Geräusch der Flügel hörte, mit denen ein blauer Vogel sich in die Luft erhob.

Zwei Tage später verkündigte Basil, daß er versuchen wolle, sie zu zeichnen. Doris war in diesen zwei Tagen etwas rastlos gewesen, sie hatte ihn gedrängt und ermutigt, etwas anzufan-gen. «Du kannst nicht immer neben unreifen Kokosnüssen sitzen und warten, daß sie zu gären anfangen», sagte sie. Übrigens hatte er keinen Erfolg mit den Kokosnüssen und auch seine Mattenflechterei führte zu nichts. Er war ins Dorf gegangen und hatte eine alte Frau ausfindig gemacht, die Hängematten verkaufte. Zwischen den Pfosten der Veranda wurde die Hängematte befestigt und Doris mußte sich hineinlegen. «Du siehst müde aus», sagte Basil. «Du mußt dich ausruhen.»

«Ich weiß gar nicht mehr, was das ist—müde sein», antwortete sie. Es war ihr so, als wollte sie immerfort in Bewegung bleiben, vieles tun, an vielen Orten zugleich sein und nichts versäumen. Ja, das vertraute Gefühl so vieler Jahre war wieder da, die Angst, daß die Zeit verging und das Wichtigste versäumt wurde. Obwohl sie also große Lust hatte, auf dieser unruhig schwankenden und wolkigen Erde weiterzugehen, gehorchte Doris dennoch Basils Kommando und ließ sich in die Hängematte tragen. «Was ist mit dir los?» fragte er, als er ihr noch einen flüchtigen und spaßhaften Kuß aufs Gesicht drückte.

«Nichts. Was soll denn mit mir los sein?» fragte sie zurück. Sie richtete sich in der Hängematte ein, während Basil ins Haus ging und mit Papier und Bleistift zurückkam. Er begann aber doch nicht zu arbeiten, sondern hockte sich auf die Matte, die auf dem Boden lag und schaute zu Doris hinauf. Die großen zackigen Schatten eines Brotfruchtbaumes spielten auf ihrem Gesicht.

«Du hast dir falsche Farbwerte zugelegt», sagte er. «Das Gesicht ist ganz braun und deine Augenlider sind violett. Deine Lippen auch—» setzte er hinzu und schaute sie forschend an.

«Gauguin?» fragte sie scherzend.

Er antwortete nicht, sondern fuhr fort, sie anzuschauen. Mit einem Aufzucken der Freude erkannte sie den Blick wieder, diesen geistesabwesenden und zugleich sezierenden Blick der ersten Wochen, damals in New York.

«Wie willst du mich?» fragte sie beflissen und richtete sich auf. Er winkte ungeduldig ab, er machte noch keine Anstalten, etwas zu tun.

«Am besten wäre es, wenn du schlafen könntest», sagte er etwas ungeduldig, wahrscheinlich ungeduldig mit sich selbst. «Weißt du, ich habe dich ein paarmal schlafend gesehen—ich meine nicht hier, sondern früher. Es war—es war eine große Sache in meinem Leben. Einen Menschen, den man liebt, schlafen zu sehen. Wenn ich dein Gesicht zeichnen könnte, so wie es ist, wenn du schläfst—wenn ich das könnte—dann bekäme ich auch wieder Courage—dann würde ich wissen, daß mich das Zuchthaus doch nicht ganz umgebracht hat.»

Es war das erstemal in all der Zeit seit seiner Begnadigung, daß er das Zuchthaus erwähnte. Das Wort hing in der Luft und klang nach, noch lange nachdem es ausgesprochen war. Doris schloß die Augen mit dem Eifer eines Berufsmodells. «Ist es so recht?» fragte sie. Er lachte.

«Du siehst aus, wie ein ungezogenes Kind, das sich schlafend stellt», sagte er. Sie versuchte, ihre Augendeckel still zu halten. Er stand auf und kam zu ihr. Er hielt seine Wange dicht vor ihre Augen, um die kleine zarte Liebkosung entgegenzunehmen, die sie in einer Nacht erfunden hatten, wie tausend Liebespaare vor ihnen. Sie ließ ihre Wimpern seine Wange berühren wie zwei winzige flinke Bürstchen. «Die Amerikaner nennen das einen Schmetterlingskuß», sagte sie. Seit sie auf der Insel waren, sprachen sie meistens französisch miteinander. Basil ging schnell von ihr weg und nahm den Bleistift in die Hand. «Einen Schmetterlingskuß. Reizend», sagte er finster. «Woher weißt du das?»

«Man hat es mir erzählt—» sagte Doris leise. Eine schmerzhafte Stille entstand. Sie hat das mit andern Männern genau so gemacht, dachte er. Ich habe das, gerade dieses kleine Spiel, mit keinem andern gespielt, dachte sie. Beide konnten nicht aussprechen, was sie dachten. Es blieb in der Luft zwischen ihnen stehen, eine unsichtbare Wand. Doris ließ den Kopf zurücksinken und schloß die Augen wieder. Ihre Lider waren dunkelblau wie Veilchen. Auch spürte sie jetzt ihr Herz; es schmerzte nicht, es setzte auch nicht aus, sie spürte nur, daß sie ein Herz hatte. Jetzt zog Basil mit einem heftigen Griff das Papier an sich heran und warf einen ersten Umriß darauf. Doris öffnete die Augen und schaute aus den Winkeln auf ihn hin. Es war Schwung in seiner Hand, und das Anspringende im Blick, das sie kannte und liebte.

«Hast du im Zuchthaus wirklich immer nur Eisenbahnen gezeichnet?» hörte sie sich fragen. Sie erschrak, denn dies gehörte zu den Dingen, über die sie niemals sprachen. «Tabu——» sagte er denn auch, und zwar im Ton von Antoinette. Auch Doris versuchte zu scherzen.

«Bin ich ein Kreis oder ein Quadrat?» fragte sie ihn. Er gab keine Antwort. «Bleib—so ist es recht—» sagte er hastig. Ein paar Minuten lang war Stille. Nur das Summen großer Insekten über den Büschen und von weit drunten im Hafen das regelmäßige Geräusch, mit dem ein Ruder in seiner Gabel knarrte.

«Warum sprechen wir nie darüber?» fragte Doris mit geschlossenen Augen. Die Hängematte hatte zu schaukeln begonnen, auch das Haus, auch die Insel, ganz wenig, ganz sacht schaukelte alles mit ihr davon. Er überlegte sich die Antwort.

«Man kann nicht darüber sprechen», sagte er dann. «Erinnere dich—nach dem Krieg hat auch niemand über den Krieg sprechen können. Es hat zehn Jahre gedauert, bevor ein paar Menschen den Mund aufgemacht haben und ein paar gute Kriegsbücher geschrieben worden sind. Vielleicht werde ich dir in zehn Jahren auch darüber erzählen können, wie es im Zuchthaus war...»

«Du hast mir einmal geschrieben, daß sie dich geschlagen haben. Haben sie dich geschlagen?» fragte sie beinahe singend. Sie öffnete die Augen nicht, und er warf Linie nach Linie auf das Papier. Sie konnte den Bleistift eilig scharren hören und lächelte.

«Ja. Sie haben mich geschlagen», antwortete er widerwillig.

346

Er begann böse zu lachen. «Zweimal habe ich zurückgeschlagen», fügte er hinzu. «Sonst wäre ich auch früher herausgekommen.»

«Ja. Sonst wärst du früher herausgekommen», murmelte Doris. Sie öffnete die Augen. Es schien ihr, als sei die Sonne fort, dunkler als zuvor. Der Brotfruchtbaum hatte schwarze Blätter, zackig und größer als sonst. Er bewegte sich auf sie zu. Sie schloß die Augen, und nun sah sie schwarze Kreise und Kreise in einer Farbe, die es gar nicht gab.

«Aber du bist ja noch zur rechten Zeit herausgekommen», flüsterte sie. «Was sagst du?» fragte Basil, der sie nicht verstanden hatte.

«Du bist noch zur rechten Zeit herausgekommen. Manchmal hatte ich große Angst, daß du zu spät herauskommen würdest. Aber du bist nicht zu spät herausgekommen.»

«Bleib so—sehr gut—bewege dich nicht—»

«Wir sind glücklich, nicht wahr?» fragte sie, kaum hörbar. Es klang so verwundert, daß er den Bleistift hinlegte und zu ihr trat.

Sie setzte sich auf und schaute ihn an mit einem Blick, der ihn wunderlich erschreckte. Plötzlich seufzte sie tief auf, fast stöhnend. «Du sollst mich nicht schaukeln—» flüsterte sie heftig— «tu das nicht—es macht mich schwindlig—»

«Aber Doroschka—ich schaukle dich nicht—» sagte er erstaunt.

«Doch—» rief sie gepreßt. «Hör auf—ich kann das nicht aushalten—hör auf—»

Er nahm rasch ihre Hände und stemmte sich gegen die Hängematte, um die Bewegung ganz aufzuhalten. Doris schloß wieder die Augen und ihre Hände entspannten sich. «Die Liebe—» sagte sie mit geschlossenen Augen lächelnd— «Das ist auch so eine Sache, über die man nicht reden kann—Tabu—»

«Ja. Über die Liebe kann man nicht reden», sagte er und kehrte zu seiner Zeichnung zurück.

«Vielleicht—wenn es zehn Jahre vorbei ist—wirst du darüber reden können—wie lieb wir uns gehabt haben—»

«Es wird nie vorbei sein. Es hat zuviel ausgehalten, als daß es aufhören könnte—» sagte er.

Plötzlich setze Doris sich auf und öffnete die Augen. Auch den Mund öffnete sie. Sie streckte die Hände nach ihm aus mit sonderbar gekrümmten Fingern. «O—Basil—», flüsterte sie. «O Basil—Basil—»

Die Hängematte hatte zu schwingen angefangen. Er ging schnell hin, um sie festzuhalten. Da sah er, daß ihre Lider fast schwarz waren, ihr offener Mund fast schwarz. Unter den Augen begannen die Wangen wegzusinken. Antoinette sang in der Küche. Ein Vogel flog von einem roten Hibiskusstrauch zu einem blaßgelben. In der Bucht knarrte das Ruder. Es war alles so deutlich, so genau.

«Was gibt's, Doroschka?» schrie er, «sieh mich an—was ist dir?»

Sie wendete Kopf und Augen nach ihm, aber sie sah ihn nicht. Sie sah nur Schwarzes, die Sonne war fort. Eine große, große Hand schlug gegen ihr Herz, daß es dröhnte wie eine Glocke. Dann löste sich alles. Sie lächelte mit ihrem verfärbten Mund.

«Nichts—» flüsterte sie. Sie legte sich wieder zurück und schob Basils Hände von sich fort.

«Es tut mir leid—» sagte sie leise und deutlich. «Es tut mir so leid . . .»

Basil beugte sich über sie. Sein Bleistift fiel zur Erde. Antoinette sang noch. Doris hatte die Augen offen. Aber sie war schon gestorben.